U0442803

壹卷
YE BOOK

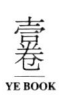

让思想流动起来

岂有此理？

中国文化新读

李竞恒 著

四川人民出版社

目录

序 .... 鲍鹏山　001

人文与自由的中国传统

告别五四的有色眼镜 014
"家"的前生与今世 024
从师友到主奴：中国古代君臣关系 036
给皇帝磕头？岂有此礼！ 055
不断重建自治共同体的中国史 066
儒家的商业观，和你想象中的不太一样 088
中国古代女性 102
儒家的人道主义 117
中国历史的人口重建 132
中国平民在全世界最早获得姓氏 137
你以为家谱土得掉渣，其实自古是贵族专利 142
姓氏从父，文明起点 147
父亲角色的社会、文化意义 153
从中国传统看江浙两头婚 157

西方不是"农耕文明"？ 161
独尊儒术？ 168
古代儿童与成人 172
清明节和生死观 176
中国平民刚获得姓氏的时候有点任性 180

司法传统与正义

"普天之下莫非王土"是没有私产保护吗？ 184
中国古代司法的疑罪从无、从轻 190
儒家主张连坐吗？ 196
从"古今之争"看张扣扣案 204
竹简中的秦国冤案 210
无为而治其实是儒家思想 214
秦人逃往楚，还是楚人逃往秦？ 218
秦始皇爱护儿童？你想多了 222
秦和楚是"天下乌鸦一般黑"？ 225
天不生仲尼，万古如长夜？ 229
修身齐家的"家"是什么？ 232
早期儒家是个能打的武力团体 236
华夏的骑士传统 240
烧　书 246
"规训"与"屈服"：清代政治合法性的建立 250
古代精英承受更沉重的礼教 257

汉服可以是一个开放系统,但被强制接受的内容不算 262

纣王形象和殷周鼎革史实 267

中国方言和汉字促进统一 273

重回思想史

思想史、左右之争与"共同的底线" 278

比隆虞夏 288

"古今之争"与原儒之道 300

天命中的"王权与神祇" 306

酒的思想史 318

诸神的黄昏

衣冠之殇:晚清民初政治思潮与实践中的"汉衣冠" 328

试论周礼与习惯法 344

以儒化耶:以儒学背景信仰基督教的蒋中正 364

墨家失败的原因 378

孟子与三代时期的小共同体治理 402

王官学新说:论三代王官学不是"学在官府" 419

大禹时代"执玉帛者万国"与天下治理 435

孟子的"性善论"是为小共同体自治的辩护 450

后　记 454

序

人类历史上,大概没有一个国家像中国这样,其现代化过程如此波澜壮阔,又如此曲折淹蹇;如此让人赞叹,又如此让人唏嘘。在野士子,在朝官僚,西洋留学生,东洋同盟会;国民党,共产党,一代又一代人持续奋斗,抛头颅洒热血,蹈深海引快刀,可谓君子无所不用其极,只求旧邦维新。而作为一个大国——无论其历史之悠久,还是其幅员之辽阔,人口之巨量,中国的现代化,在某种程度上,应该是世界现代化的一具标尺,一个分界点,她的成功,世界才可以说成功,她的步入现代,世界才可以说整体上步入现代。

令人叹息的是,中国抬脚起步并不晚:1912年1月1日,孙中山在南京宣誓就任临时政府第一任大总统,宣告中华民国临时政府成立,亚洲的第一个民主共和国就此诞生。中国,这个世界上历史文化积淀最深厚的国家,儒家文化的发源地和大本营,成了亚洲第一个建立共和政体的国家。

正如《共产党宣言》所说,"资产阶级……把一切民族甚至最野蛮的民族都卷到文明中来了。……它迫使一切民族——如果它们不想灭亡的话——采用资产阶级的生产方式；它迫使它们在自己那里推行所谓文明"。在西方强大的现代文化和现代技术的碾压下，世界上绝大多数国家和民族，根本没有接招的能力：既不能引入、理解、消化和融入这种现代文化，也无力抵抗，只能被动麻木地卷入。而中国，则是另一番情景：她竟然具备了面对新世界、新文化、新时代的能力——既能审时度势，判断世界大势，通晓古今之变，认知到国家的落后；又能把握未来方向，化被动为主动，融入接纳，迎头赶上。

中国为什么有这样的能力？

我的答案是：古老的中国为中国的现代化准备了够格的知识分子。他们既有来自体制外的士人商贾，也有来自体制内的官僚大员。这些饱读传统经典的知识分子，其思想空间足够开阔，其文化视野足够远大。我在《儒风大家》杂志的专栏文章《孔子过时了吗》里，有这样一段文字：

> 在中国的现代化历程中，那些先知先觉者，从龚自珍到严复，从康有为、谭嗣同、梁启超到孙中山，从蔡元培到胡适、陈独秀、鲁迅，还有那些因各种方便，可以就近观察西方的徐继畬、薛福成、郭嵩焘、王韬们，他们岂不都是饱读传统文化经典？他们思想活跃的事实，就已经证明：传统文化不但不会成为人们思想的禁锢，恰恰是革命者的温床。

这些传统中国的传统知识分子，他们以及他们的知识并不是为了中国的现代化而储备，而是为了管理和运行一个古老帝国而准备。

但是，当中国猝然面对一个全新的西方世界和西方文化时，当古老的帝国必须面对无可选择的现代化而不是在老路上行进时，他们那些来自传统的学术训练和文化储备，竟然足够让他们对一切应付裕如。他们有能力认识和面对"三千年未有之大变局"，有能力理解一个新的世界，有能力面对和走进新的时代。在对现代西方和现代文明的理解上，他们的理解力、接纳力，其实是超过今日中国很多缺乏传统经典储备的自由主义知识分子的。

这足以证明，中国的传统文化有足够的现代性，至少有对现代性足够的接纳融通空间。

而传统文化培育出来的知识人，实际上成了一个民族走向现代世界的先知先觉者、领路人、拉纤者，甚至殉道者。

这是中国文化的光荣，更是中国的幸运。

但是，中国有中国的不幸，一个很大的不幸。

这个不幸就是秦制。虽然秦制在秦朝灭亡以后被主流价值观质疑，从而在后来的时代——自汉至宋——得到了很大的改善，在宋朝，中国几乎已经看到了现代政治的曙光，但是，很不幸，这种君主政体在和金、元游牧奴隶制结合以后，其专制独裁，其傲慢颟顸，在明清时期达到了登峰造极的程度。如果说，元朝之前中国的君主制，其君主统治国家，还是法家倡导的"通过固定的和确立的法律"（孟德斯鸠《论法的精神》第二卷第一章）来统治，还有相当的制度设计来制衡君主一人独大；而元朝及以后的君主制，则是典型的孟德斯鸠所说的,君主"在没有法律和规则的情况下,从他自己的意志和随意的念头里面引出所有的事情"(同上)。我当然不是说元、明、清并无相应的君主行使自身权力和意志的规范,但问题在于,这些规范只有在他们愿意遵守的时候才是有效的。

于是,中国的君主政治,就成了缺少有效制衡的真正的专制体制。

从这个意义上说,中国历史,从宋朝以后,是逆向行进的。常常是:进一步,退两步。

而这种倒退,恰恰是中国文化——以儒家为中心的文化——逐步被抑制、扭曲、改造甚至被摈弃的结果。

与之相应的,则是外来的较为落后的文化入主中原。与先秦时代的秦来自较为落后的地区一样,金、元等游牧文化之影响中国,都是先例。并且,不是最后的例子。

一个更大的悲剧性事件,是我们把自家的传统文化当成了自己的敌人。

我们面对着不请自来的西方资本,以及为资本开道的坚船利炮,我们首先看到的是:我们的技术落后了。接下来,我们意识到:我们的制度落后了。人家有民主政体,而我们,是君主专制。

再往下的逻辑看起来非常顺畅:那为什么我们没有一个更好的制度呢?因为我们有一个糟糕的文化传统。

本来,我们除了专制君主,我们还有作为对这种专制君主进行制约的儒家文化——虽然这种制约的有效性并不总如人意,但"尔爱其羊,我爱其礼",毕竟这是一种高悬政统之上的道统。孔子,作为道统的代表,一直拥有至高的地位,以至历代帝王都必须对他进行祭祀。在帝王的祭祀对象里,除了天地、祖宗,就是孔子。孔子,是全体中国人的最大公约数。

对于统治者来说,他们固然需要一个教化人民的偶像;但对于下层人民来说,他们也需要一个高于政统的道统,需要一个高于权势的道义,需要一个评价权势的标准,需要一个起诉暴政的理由。孔子就是这样的一个"理由",人民制约、反抗、推翻暴政的"天理之由"。当历代那些骨鲠士大夫和人民对着暴君喊出"无道昏君"这四个字并挺身反抗或揭竿而起的时候,他们依据的这个"道",就是孔子之道。无孔子之道,就是昏君、暴君,就该被推翻。孟子说"贼仁者谓之'贼',贼义者谓之'残'。残贼之人谓之'一夫'。闻诛一夫纣矣,未闻弑君也。"(《梁惠王下》)这个作为君主统治合法性的"仁义",就是孔子的"仁义",就是孔子之道。残贼孔子之道,就是独夫民贼,人民就有推翻他的权利!

在中国文化里,在中国政治伦理里,孔子,是道统的核心象征,是社会正义的基本诠释,是苦难民众的最后希望,是人民反抗暴政的合法性来源。

今日很多论者,动辄文化决定制度。其实,文化和制度之间,不是这么简单直接的母子关系——文化是母,制度是子。制度坏,那一定是文化的原因,要改变制度,必先变革文化。这是"新文化运动"的伦理思路,也是他们的逻辑思路。这种思路,到现在还在很多中国知识分子——尤其是一些自诩自由主义知识分子那里顽强的存在着。

我想问的是:为什么不是一种制度造就了一种文化,造就了民族性?

为什么同一种文化传统，东、西德国民性不一样，东、西欧不一样，朝鲜半岛国民性不一样？

其实，新文化运动的先贤们，他们已经指出了：长期的君主政体，尤其是元明清以后的专制政体，养成了我们民族性中的诸如奴性、愚昧、野蛮、迷信等文化问题。他们在批评国民性的时候，已经有意无意地说明了：制度才是根本，制度往往造就文化。

但不幸的是，面对中国的现代化问题，新文化先贤们的批判锋芒，却一致对准了传统文化。

当然，他们这样做没有问题。因为，中国传统文化确实有很多问题，对中国文化的反思也确实非常必要。但是，造成中国历史、中国现实、中国国民性诸多问题的，是鼓吹君主独裁、致力于建设权力通吃社会的法家，而不是儒家。如果我们能区分这些，对孔孟之儒手下留情，我们未必不能从发生学的角度，从原始儒家的"三代"描述和向往中，找到自家的思想资源，走进现代。

秦晖先生指出过，最早睁眼看世界的中国知识分子，当他们发现欧美的时候，他们的感觉是发现了中国一直梦寐以求的"三代"。儒家心目中的"三代"，当然还不是西方的"现代"，但是，这些饱读儒家经典的知识分子，在西方的"现代"中看到的竟然是他们在经典中读到的"三代"，这至少可以证明：他们理解的"三代"，与西方的"现代"至少是不抵牾的，是可以直通的。

所以，即便我们从文化的角度去找中国的病根，我们也还有机会避免最坏的情景出现。

但是,最坏的事情还是发生了。我们喊出的口号是:"打孔家店"。

是的,我们没有去"刺秦",我们去"刺孔"了。我们看起来痛恨专制君主,但是我们干了一件专制君主——比如朱元璋——试着干却没有干成的事:我们终于把孔孟打倒了。若朱元璋地下有知,当额手相庆:唯一制约君主的力量,被我们毁掉了。权力被松绑了,从孔子以来的政教分离,终于又一次如权力者所愿,政教合一了。专制君主不仅代表了世俗政权,还代表了天道真理。而权力轮子下的我们,则失去了文化的纽带,失去了文化共同体及其保护,我们成了原子状态的单个的人,心灵无有安顿,人身无处依托,而我们还以为我们摆脱了一切羁绊获得了自由。

这是中国的悲剧。也是世界的噩梦。

"打孔家店",现在已经成了完成式,成了"打倒孔家店"。孔家店已然坍塌,已然不再成为我们的生活尤其是精神生活、政治生活的信念或约束,我们的政治中已经没有了儒家道统,我们的国民生活中也不再有孔教和礼制。但是,即便如此,今天仍然有很多人把诸多社会问题归咎于孔子和儒家。这很讽刺和荒谬,但却是确确实实存在的事实。

今天的中国社会,对中国文化——尤其是孔子为代表的儒家文化——抱有偏见以至敌意的人,仍然非常普遍。概述之,有以下几种人物类型:

一、深受二十世纪新文化运动影响,接受其既定结论,而没有进一步思考者;

二、深受上一世纪"文化大革命"、批儒评法尤其是批林批孔运动影响而没有走出来者；

三、民粹主义者。他们认为孔子讲礼制，讲等级差别，从而与他们理解的现代平等思想相冲突；其实，他们既不能理解古代中国的礼制，也并不真正了解现代西方的平等；

四、一些自由主义知识分子。他们的知识结构主要来自西方经典，其中不少人对中国经典知之不多，隔膜严重，视中国传统文化为中国现代化之障碍；

五、其他并无深入思考而人云亦云者。

这些人中，除了第四类，文化层次和社会阶层普遍不高，理性思考能力不强，但他们人口基数大，数量多，凭借着数量优势，再借来第四类人的现代西方文明的大旗，几乎凝聚成了我们这个时代对孔孟儒家的基本认知和态度。

中国的文化悲剧和国运悲剧在延续。

四

当然，对这个悲剧性的历史，国内的学术界实际上已经有了相当明晰的反思。

问题是，这种反思，并未获得一致认可，并且，由于这种反思只是在高峻的学术圈子里发生，在专业的壁垒里自说自话，还无法以它的智慧之光照亮现实，无法纠正大众的公共认知，从而无法改变公共话语和公共生活。

也就是说，学界中的人，应该不只满足于圈子内部的研究和沙龙式交流，不只满足于在艰深而狭窄的专业学术杂志上发表自己的成果，而是应该走出来，让自己的研究成果得以传播，并且是向大众传播。

李竞恒先生本书所做的，就是这样的纠正和传播。我以为，这是中国现在最迫切需要的工作。

李竞恒先生学术基础扎实，学术训练规范，学术视野广阔，对李竞恒先生的学问，我一直是钦敬的；对他的著作，也是抱持学习的态度的。当李竞恒先生给我发来微信，希望我给他这本书写个序的时候，虽然我觉得自己不是合适的人选，而且最近几年我也一再表示不再为人写序，但我一刻也没有犹豫，马上答应了。因为，这本书里的一些文章，我已经在其他地方读到过，我知道他的学术关注点在那里。而且，我们有共鸣。我前几年也在《儒风大家》开设过为孔子辩护的专栏"被误解的孔子"，恰好也是二十几篇，恰好也要结集出版。他为传统辩护，我为孔子辩诬，我们做着同样的工作，有着同样的关怀。

这本书不难读，李竞恒先生要解决的，都是一些具体而微的问题。但是，见微知著，他的学术指向却非常宏大。通读全书，我的感受是：

这是一部忧患之书。

这是一部温情之书。

这是一部责任之书。

这是一部学术之书。

"作易者，其有忧患乎？"今日学术从业者，从忧患角度著书立说者，有强烈的问题意识和现实关怀者，有，但比例不高。我说李竞恒先生这本书是忧患之书，是因为我读出了他的现实指向和学术关怀。显然，他的兴趣不仅仅是从学术的角度去澄清一些长期以来被广为误解的问题，他的真正目的，其实是对一个更大问题的关怀，这个更大的问题，是中国的现代化，是本民族几千年的文化及其命运。所以我又说它是一本温情之书——他对中国文化，有一种同情之理解，又有一种来自理解的同情。

在本书的前言《告别五四的有色眼镜》中，李竞恒先生说：

> 五四及其后学的思维方式与知识生产，其实占据了长期的优势，我们还需要更好地挖掘和整理本国历史文化传统，才能获取有效的认知。有鉴于此，笔者曾在一些刊物上发过一些小文章，对一些常见的误会稍微做出了些解释……希望对五四这一百年来的反思做一点点小补充。由于这一主题过于庞大，这本小书未必能给出一个整体性的全面解释，但笔者希望达到的效果是，一些读者能从更客观的角度来重新审视中国的历史文化传统，告别这一百年来的有色眼镜。

一百年来，有多少学术累积，又有多少观点已经成为先验的存在，成为不证自明的共识。正如李竞恒先生所言，"五四及其后学的思维方式与知识生产，其实占据了长期的优势"，对中国传统文化的现代性做整体的否定性鉴定，对中国文化现代化转型做整体性消极判断，这种五四以来主流的宏大叙事已经到了不证自明的程度，并且弥漫于中国的舆论场。要"告别这一百年"，告别一百年的成见，这是多大的学术志向？正如鲁迅所问的，"从来如此，便对么？"敢于对一百年来的学术和话语体系发出这样的疑问，正是李竞恒先生这本书的价值所在。本书涉及的二十多个问题，看似很小，其实都对应着五四以来的诸多宏大叙事，每一个小问题都辐辏这样的大主题。五四以来对中国文化的整体误判，都建立在对这些具体问题的误判之上，李竞恒先生把这些问题集中起来，一一加以化解，这种做法，比用宏大叙事去反驳宏大叙事更加有效。看似他解决的是一些具体而微的小问题，实际上是一点一点销蚀掉五四以来对中国文化整体否定的基础，瓦解了否定中国文化这种大论调的立足点。

鲁迅先生说："要我们保存国粹，也须国粹能保存我们。"（《随感录》三十五）李竞恒先生对中国传统文化的温情，乃是源于对这种文化的信任——相信这种文化乃是我们安身立命之根，生生不息之源，走向现代之起点和法门。中国文化的命运，其实就是中华民族的命运。以抛弃本民族文化，全盘移植外来文化来换取国家的现代化，代价巨大，且付出巨大代价之后亦不可能成功。而从本民族文化中阐发现代性，生成现代化，才是正当之路，也是当今世界所有现代化转型成功的国家的通例。中国这样历史悠久、幅员辽阔、人口众多的国家，当更该如此。这是今日人文学者的责任，担当这样的责任，需要他们的学术能力和价值生成力，更需要他们继往开来的愿力。

其实，做学问的人都知道，越是具体的问题，越是难做，越是难以做踏实，做成铁案。做这类事，需要老实的态度，需要扎实的学问，有幸的是，李竞恒先生有充分的学术准备，使他有能力出色地完成这项工作。所以，我说这是一本学术之书。

还有一点很重要：本书的语言显然是学术的。但本书涉及的问题，因为是大众舆论常常涉及以致耳熟能详的，所以更容易引发更广泛的读者的兴趣。为了照顾这些非专业读者，更好地让思想之光在大众中传播，他的语言又是努力活泼和通俗的。

所以，我觉得，这本书具有了这样两个特点：

第一，致力于解决具体问题；第二，致力于更加广泛的传播。

这是这本书相比很多壁垒森严的学术大部头可贵的地方。

拉拉杂杂写了这么多，是我读了全书之后，深感其价值，深感其忧患，这些，触动了我。我相信，这本书讨论的问题，对今天所有关心中国文化、关心中国现在和未来的读者，都是重要的。而更多的读者，也会和我一样，在李竞恒先生冷静客观的笔下，感受到他的情怀。

鲍鹏山

2019 年 4 月 30 日于偏安斋

人文与自由的中国传统

告别五四的有色眼镜

一百年前爆发的五四新文化运动,不但深远地影响了二十世纪以来的中国历史,更是塑造起一个对中国历史的想象传统,即以儒家文化为主体的中国文化从根子上、从基因上就是败坏的,四千年的吃人史和劣根性,体现为辫子、缠足等令人厌恶的象征符号,并进一步被延伸为"亚细亚社会"或"东方治水社会",因此必须得到彻底的清算和涤荡。与之相对的是,"西方"自古以来凯歌高唱,古希腊人有"民主",中世纪有"教权限制王权",近代以来更是"新教伦理"以及"启蒙理性的光辉"。如果说中国文化还有一些可取之处的话,那么也一定是长期被儒家"压迫"的各类异端思潮,如庄子是"个体自由",商鞅、韩非是"讲究法制",墨子是"人道主义和科学",一直到李贽是"个性解放"。如果说再稍微温和一点,就会较为肯定黄宗羲,觉得黄宗羲虽然比"西方启蒙思想家"差一点,但是能出现在中国这块古老干涸的"黄土文明"上,一定是宇宙射线辐射后基因突变的产物。

此种状况和喜爱大谈"中西文化比较"的趣味交织在一起,形成了知识界的热点和各种大行其道的"文化比较",如"西方自古是海洋商业文明,中国自古是农耕文明","西方文化是个体主义文化,中国文化是集体主义文化","西方文化主张个性解放,中国文化主张循规蹈矩",诸如此类的"中西文化比较"下,真实世界的影像变得越来越模糊和光怪陆离。此种对"西方"的误读,早在五四时期就已显现其荒谬,如1919年陈寅恪与吴宓谈及当时国内流行的误以为"西方自由婚姻",便指出真相是"西洋男女,其婚姻之不能自由,有过于吾国人","盖天下本无'自由婚姻'之一物,而吾国竟以此为风气,宜其流弊若此也。即如宪法也,民政也,悉当作如是观。捕风捉影,互相欺蒙利用而已"[1]。对二十世纪早期西方社会有深切了解的陈寅恪,对当时国内流行的那种想象中"西方"颇为不屑,但这种想象的"西方"在国内大行其道,不仅仅只是对当时欧美社会婚姻和家庭制度的无知,而且对相应的宪法、民政等领域都是类似的捕风捉影和一知半解的想象。即使是有"英国通"之称的胡适一派的陈源,在1922年柏林听到陈寅恪将印度与欧洲视为更接近的文化,而非是中国文化时,也是大开眼界,"不得不惊叹他的见解"[2]。而留学美国的胡适本人,也在日记中感慨"盖此邦号称自由耳,其社会风尚宗教礼俗,则守旧之习极深,其故家大族尤甚"

---

[1] 桑兵:《陈寅恪的西学》,《学术江湖:晚清民国的学人与学风》,广西师范大学出版社,2017年,第265页。
[2] 桑兵:《陈寅恪的西学》,《学术江湖:晚清民国的学人与学风》,广西师范大学出版社,2017年,第266页。

(《胡适日记全编》1915年2月3日）。这种"守旧极深"的社会，显然与国内新文化青年们想象的"西方"画面大相径庭。

如果说五四第一代人的西学虽然短浅，但至少对中国传统学问尚且了解，因此尚能够洞见到一些真实问题的话，那么五四后学，从第二代、第三代直到今天反中国传统的知识分子，由于传统经史知识和相关训练的匮乏，加之陷入先入为主的抽象观念，"即使其中有人肯花些功夫去翻阅古籍，他们所戴的'五四'眼镜也使得他们很难'与立说之古人，处于同一境界'。至于连古籍都读不太通的人，那就更不在话下了。所以'五四'以来反传统风气越到后来便越发展成'一犬吠影，百犬吠声'的情况"①。流风余韵所及，无论是五四后学，抑或是捍卫"国学"者，其思维方式往往如出一辙，五四后学大谈"中西比较"，说中国自古奴性。捍卫"国学"者也大谈中西比较，如宣称西方人吃饭用铁器刀叉，因此"好战"，而中国人吃饭用竹木筷子，因此"和平"；又或是宣称西装为上下结构，因为"西方文化天人相分"，"中国的长衫上下一体，因为天人合一"。

比较有趣的是，最早观察西方社会与文化的晚清士大夫，却很少有人热衷于大谈"中西文化比较"，他们眼中更多的却是从欧美国家看到了和中国的相近，是类似华夏民族的"三代"。如徐继畬认为华盛顿不当国王，是三代时期的天下为公；薛福成认为当时的美国类似"虞夏"时期；郭嵩焘、王韬认为当时英国是华夏的三代；康有为认为欧美政治是三代和两汉；孙文在给李鸿章的信中，也认为

---

① 余英时：《中国近代思想史上的激进与保守》，《现代儒学的回顾与展望》，生活·读书·新知三联书店，2005年，第41页。

"泰西诸邦"是"三代之遗风";宋育仁以当时西欧的政俗为"三代之治象"。张之洞在《劝学篇》中,从各个方面论述了欧美政俗与中国传统之间从大体而言,其实并无根本性的区别,如谈到西方虽然"尊严君上不如中国,而亲爱过之",但西方同样有君臣之伦;当时西方家庭供奉祖父母、父母的照片,并且省墓插花,这是因为西方同样有父子之伦;另外还谈到,当时的西方,结婚要请命父母,夫人也并不参与政事、议院、军旅等,西方人也是有夫妇之伦的。张之洞提到当时已经出现了激进主义者提议要废除三纲,但"中无此政,西无此教,所谓非驴非马"①。

张之洞的观察比较接近事实,即十九世纪晚期中国和当时西方之间的差异,小于现今包括了中西方在内的世界与十九世纪时中西方在内的世界之间的差异。换言之,"古今之争"的问题可能才是真正实质所在,而非五四以来所想象的"中西之争"。十九世纪的英国,正是处在"不古不今"的状态,它拥有现代的自由市场和贸易结构,但又尊敬君主、贵族,父亲在家中是权威和道德的榜样,所以张之洞能从中看到君臣、父子、夫妇之伦。当时英国人口比例中少数的绅士精英才有参与社区或国家治理的资格,而非人人有份,属于一种古典自由的状态。晚清士人从西方看到并欣赏的内容,不是西方和中国之间具有根本性的差异,而是西方的君臣、父子、夫妇这些内容更接近古典的华夏文明。他们要做的,不是彻底否定自己的文明,而是通过作为"他者"的西方,重新唤醒并回归古典华夏文明。

---

① [清]张之洞:《劝学篇》,中州古籍出版社,1998年,第70—71页。

然而在此之后，中国知识精英接受的"西学"，却日趋激进化。"西方"的形象，也不再是有君臣、父子、夫妇的面貌，而是逐渐变为了越来越接近五四时期人们想象中的形象。冯克利教授曾经感慨，中国在甲午战争以后开始大规模学习西方，但这个学习的时间节点非常不幸，因为1870年普法战争后的西方进入到一个糟糕的状态，普鲁士式的国家统治经济与军国强权的模式逐渐替代了英国主导的自由贸易式旧欧洲。随之出现的，便是种族主义、社会达尔文主义、无政府主义、军国主义、帝国主义等各类现代激进意识形态。对于1870年以前的整个西学渊源了解并不多，像《旧制度与大革命》《联邦党人文集》这些都居然是改革开放以后才有中文翻译的，像民国时期最吃香的便是费边社拉斯基之类的左翼思想，有一个叫"鲍桑葵"的人，现在根本没人提的，他在20世纪20年代写了一本书，马上就被翻译过来，而《联邦党人文集》这样重量的著作，却根本无人问津（冯克利：《我们学习西方的时机非常不幸》）。

实际上，随着各类激进思潮的引入，晚清的最后十年间，中国精英也出现了大量的激进观点，如今人推崇的宋教仁、蔡元培，都有过废除家庭和私有制的观点；章太炎和康有为之间完全属于对立，既是政敌，又是经学今、古文之敌，但是他们居然都相信"母系社会"，因为"母系社会"这个神话确实有助于解构以父系为纽带组建的家庭、家族。康有为的终极理想是无家庭、无国家的"大同世界"，章太炎的理想则是"五无"，不但无家庭、无政府，甚至无世界。在著名的《民报》中，大量宣传的是俄国无政府主义、德国社会主义革命家、巴枯宁、万国社会党、法国大革命、国家主义等欧陆激进主义意识形态。而对于真正西方更深厚的历史文化渊源，无论是英美普通法,还是中世纪封建习惯,抑或是苏格兰启蒙思想之类,其实都是非常陌生的。五四时期那种对"西方"的无知和想象,其实就是这种学习西方时机不幸的延续。

到了五四时期,随着整体氛围的日趋激进化,像康有为、章太炎这种激进主义者都迅速沦为了"守旧派",因为他们一个在打孔家店的氛围下居然还有提倡孔教的主张,另一个还反对白话文,主张读经。严复虽然翻译了大量符合激进人士口味的社会达尔文主义作品,但他对西学的态度相对较为审慎,希望"苞中外而计其全",调和中国学问与西学,反对"悉弃其旧"式的彻底否定本国文化。因此,这位向来主张维新的士人,也和康有为、章太炎一样,在五四前后迅速沦为了"守旧人士"。这种思想光谱的激速变化,显示了学习西方时机不幸,却又狂热崇拜"西方",在迅速引入大量19世纪70年代以来的各种激进思潮后,如野马般狂飙的状态。

经过了五四声浪的口诛笔伐,中国传统几乎被等同于垃圾,"全盘西化"的口号甚嚣尘上,甚至连汉字、线装书也都被赋予了原罪的属性,更遑论经史之学的命运了。但是有趣的是,在历经了数十年的风雨之后,五四的执牛耳人物胡适、傅斯年却在晚年又对中国传统产生了某种回归性的重新肯定,如胡适在台北中山堂的演讲,肯定了"中国从古代以来都有信仰、思想、宗教等自由";"在中国这二千多年的政治思想史、哲学思想史、宗教思想史中,都可以说明中国自由思想的传统"[①]。在1960年美国西雅图召开中美学术合作会议上,他发表了"中国的传统及其将来"的演讲,强调了中国历

---

① 胡适:《中国文化里的自由传统》,《新生报》1949年3月28日。

史文化传统,是"人文与理性的中国",对中国文化报以乐观的态度(《中国的传统及其将来》,《胡适文集》第 12 册)。又如傅斯年,在五四时期尤其控诉"名教杀人",厌恶孔孟之道,在晚期也逐渐发生转变。到 1941 年他卧病在床,收到胡适的信中劝他读读《论语》《孟子》,"想想那'发愤忘食,乐以忘忧,不知老之将至';'不怨天,不尤人'的通达人情,近乎人情的风度"。傅斯年承认,在经历了这场病痛后,他在一定程度上皈依了中国传统。在台湾大学第四次校庆演说中,他强调了"中国民族五千年文化,必定不会泯灭","我们现在要看清我们的面孔,想到我们的祖先,怀念我们的文化"(《台湾大学校刊》第四十五期),对中国历史文化传统寄予了强烈情感。在他生命的最后阶段,他将早年厌恶的《孟子》列为学生的教材:"傅斯年过去以不谈仁义礼智自豪,但他充台大校长后,却规定以《孟子》及《史记》为大一国文教材,这可能是表现由他们过去无思想性的学风的一种转向。"①

这两位五四旗手在晚年对中国传统态度上的转变,是值得玩味的。这其实意味着中国的启蒙式知识分子,在经历了大量具体历史经验后,对于早年"致命的自负"有所反思,意识到无根之树的理性建构,只能是沙子一样的城堡,没有根深叶茂的历史文化渊源滋养,一切理想蓝图也不过是缥缈的海市蜃楼。另外一个例子是殷海光与中国传统的关系,殷海光一生激烈反传统文化,但在他死前却对此进行了很多反思,从"对西洋文化的热爱远超过中国文化"变

---

① 徐复观:《五十年来的中国学术文化》,《中国思想史论集》,上海书店出版社,2005 年,第 222 页。

为"转而喜欢中国文化";晚年殷海光认为"从社会层面看,中国在强大的帝制下,人民却有很大的社会自由。拿犹太教和□教来说,比孔教要专断多了。历史的社会应与历史的社会比较,拿历史的社会与近代西方的社会比较,是一个根本的错误"(陈鼓应:《殷海光最后的话语》)。对于晚年殷海光的转变,郭齐勇先生评论道:"殷海光大半生认定传统道德与民主政治、自由精神完全不相容,晚年转而肯定'孔仁孟义'是中国实现民主自由的根基,至于如何说明、论证后者,殷已来不及做了。但至少他肯定了政治自由的道德基础。这是他最重要的转变。"(郭齐勇:《殷海光晚年的思想转向及其文化意蕴》)

这三位有重大影响力的五四知识分子晚年转向的例子,当然并不是说就意味着中国的启蒙主义者已经放弃了五四的遗产,转而投入文化保守的阵营。这三个重要人物转向的象征意义在于,这意味着在经历了众多历史反思之后,秉承了中国五四道统的启蒙知识分子已经意识到最初"砸烂孔家店""全盘西化"的简单幼稚,他们开始用更成熟、严谨的态度来面对悠久的中国文化遗产。当然,这不是说港台知识分子如柏杨、孙隆基等就不再继续从根子上彻底否定中国传统,而是说主流的知识界已经不再以仇恨的粗暴态度来处理与中国传统文化的关系。

中国大陆知识界的"河殇"一代,其实继承的正是五四后学那种状态,对于西学颇为隔膜,而对于本国传统也难深入。在他们的叙事之下,中国文化一无是处,浑身是毒,或顶多只有道家还能勉强与海德格尔对话,儒家则一无是处,最多还有一点点"修身"的用处。与之相对的是,"国学热"的热闹,大量"国学信徒"居然与五四后学共同分享了一套关于"中国传统"的想象，二者貌似对立，但唯一的区别只是前者认为这个很坏，后者认为这个很好。

例如，五四后学们认为中国传统对妇女戕害，夫为妻纲太可恶，"国学大师"的女德班就宣称夫为妻纲很好，妻子就是要"逆来顺受"方为美德。无论是五四后学们，还是"国学大师"们，二者显然都不清楚宋儒解释"夫为妻纲"，是丈夫首先要做出更好的道德表率，其实是对丈夫提出了更高的要求。又如二十四孝，郭巨埋儿之类的惨酷，五四后学宣称这是儒家孝道吃人，"国学大师"们宣称二十四孝真乃中华传统美德。实际上，这二者都不清楚，这"二十四孝"根本和理学家或儒家无关，其起源只是民间混杂了草根佛教的愚夫愚妇故事，如"郭巨埋儿"这种残忍的故事，在明清时期就受到正统士大夫如方孝孺、王延相、戴君恩、李默、林俊、李世雄、袁枚等人的强烈批评，说郭巨的行为不但残忍、虚伪，而且也不孝，没恻隐之心，连人都算不上。显然，由于对真实传统历史文化的无知，五四后学说二十四孝是儒家的"吃人礼教"，"国学大师"们说这是"中华美德"，其实都和历史上真实的儒学无关。又以跪拜礼为例，五四后学认为这是中国文化"奴性的体现"，"国学大师"们则认为这是"感恩父母、师长的中华传统美德"，二者看似对立，其实仍然是分享了同一个关于"中国传统"的想象。而实际的真实历史是，古人席地而坐，双方礼貌的坐姿本来就是跪，跪坐而拜，其实类似鞠躬，并没有后世那种主奴尊卑的色彩。身份低的人要拜身份高的人，身份高的人也会回敬并答拜对方，臣拜君，君答拜臣；新妇拜姑舅，姑舅也答拜新妇；甚至在年轻人的冠礼上，是母亲先拜，再受儿子的答拜。跪拜古礼的含义，既不是五四后学们说的"奴性",也不是"国学大师"们要在垂足而坐时代鼓吹的"拜师礼"。

五四已经过去了整整一百年,但五四巨大波澜的一圈圈涟漪,却至今未曾消散,它所建构出的中国传统想象,甚至成了其反对者的"基本常识"。余英时先生说,新儒家为了对抗科学主义,结果最终变为对现代科学主义有一种有意无意的"反模仿",而反模仿其实也是模仿的一种[1]。同理,现在大量号称信奉"国学"的人,其实也是在对五四话语建构下的"中国传统"进行反模仿,二者的认知其实如出一辙。这其实意味着,五四及其后学的思维方式与知识生产,其实占据了长期的优势,我们还需要更好地挖掘和整理本国历史文化传统,才能获取有效的认知。有鉴于此,笔者曾在一些刊物上发过一些小文章,对一些常见的误会稍微做出了些解释,如"普天之下,莫非王土"到底是怎么回事,给皇帝三跪九叩是不是"中国传统文化",儒家是否主张缠足,儒家是否主张连坐,中国传统是否有无罪推定原则之类。此次正值五四一百周年之际,笔者在原来文章基础之上进行了修改和增补,并集合了一些和主题相关,以及一些未曾发表的相关文章结集出版,希望对五四这一百年来的反思做一点点小补充。由于这一主题过于庞大,这本小书未必能给出一个整体性的全面解释,但笔者希望达到的效果是,一些读者能从更客观的角度来重新审视中国的历史文化传统,告别这一百年来的有色眼镜。

---

[1] 余英时:《论士衡史》,上海文艺出版社,1999年,第377页。

"家"的前生与今世

巴金在写出小说《家》之后谈到"我来向这个垂死的制度叫出我的 j'accuse（我控诉）""封建大家庭制度必然崩溃的这个信念鼓舞我写这部封建大家庭的历史，写这一个正在崩溃中的地主阶级的封建大家庭的悲欢离合的故事"。晚清以来，博物馆心态在不断编织自己的美丽新世界，"家"作为"旧世界"的基本单元，自然被囊括在迟早被送入博物馆作为展览品的名录之中。这份博物馆的名单，至少应包括如下事物：中国文字（钱玄同）、国故（吴稚晖）、"封建"经典（顾颉刚）、《论语》（陈序经）、古琴（蔡元培等）、八股（傅斯年）、三寸金莲（萧子暲）、烟枪（鲁迅）、文腔（瞿秋白）。如列文森（Joseph R. Levenson）所说，他们并非一定要粗暴地践踏过去，但绝不能容忍历史对当下的支配（《儒教中国及其现代命运》）。

在"老英雄"吴虞看来,"家"乃是一切万恶之源(《家族制度为专制主义之根据论》);也有人主张,"割家族之恋爱""破家族之圈限""铲家族之恶果"(《家庭革命说》);而在胡适的笔下,"家"有四大恶德,所谓自私自利、奴隶性、假道德、怯懦(《易卜生主义》)。既然作为筑造古老历史的基本细胞,兼具"四大恶德","家"自然也应当与三寸金莲及烟枪为伍,被送入博物馆中尘封展示了。

在美丽新世界中,早已被送入博物馆的"家",获得了如下评价:

> 家却是个不但物质上肮脏,而且心理上也肮脏的地方。物质上是个兔子洞,是粪堆,好多人紧紧挤在一起,摩擦生热,动着感情,发着臭气。那亲密的关系多叫人窒息!家庭成员之间的关系又是多么危险,多么疯狂,多么猥亵!母亲把她的孩子(哼!她的孩子)疯狂地搂在身边……像母猫护着小猫,不过那猫会说话,会一遍又一遍地叫,'我的乖乖,我的乖乖',叫个不停。

将"家"逐出对当下历史的支配,并非仅只是巴金们的憧憬,列诸"旧派"的康有为们,也同样津津乐道于此,梁任公慧眼如炬,一语点破其机要,所谓"其最要关键,在毁灭家族"(《清代学术概论》);而号称中立于"新""旧"之间的蔡元培,也渴望破除家庭,从而进为国民(《新年梦》);更有人认为,废除家庭制度可以增长"道德",增加生产力,促进"社会进化"(陈顾远:《家族制度底批评》)。甚至诉诸废除政府、家庭、资本制度,为实现人类绝种的"宇宙革命",最终手段为自杀和自由恋爱(朱谦之:《无政府革命的意义》)。晚清以降,"大同"理念被广泛宣扬传播,破灭家庭以求大同的各式版本,纷纷滋长,《礼运》一篇,则被强行赋予了毁灭家庭的意义。

晚清、五四以来精英们所诅咒的"家",以先秦秦汉语言论之,实际上包括了封建贵族"有国有家者"之"家"与商君"民有二男以上不分异者,倍其赋"之"家",故而或称为"家族",或称"宗族",抑或是"家庭""家"。

揆诸文字,时人解"家"多以为"象形",即在"室内养猪"者为"家"之本义。但从甲骨卜辞看来,"家"最初指先公、先妣的宗庙,如"上甲家"(《合集》13580)、"妣庚家"(《合集》19894)、"报于家"(《合集》13581)、"侑家"(《合集》13588)、"奏家"(《合集》13590)。在卜辞中,"家"是祭祀的宗庙,在其中举行报祭、侑祭,并伴有奏乐。因此,"家"中有"豕"的结构,并非意味着"养猪",而是以猪肉为祭品,献祭给先公、先妣。"家"的本质,首先涉及贵族共同体的祭祀,以祭典凝聚世代的死者与生者。

三代古礼,封建贵族才有姓、氏、族、庙,建立宗庙,意味着可以慎终追远,以祖先崇拜为纽带,形成世谱和宗法,凝聚为自治的小共同体。而当时的平民,既无姓、氏,也没有宗庙、世谱,因此是散沙化的状态,只能接受有共同体组织力的封建贵族之治理。

祖先崇拜和世谱对于组建共同体具有重大意义，在世界各地为普遍现象，因此古代夏威夷的酋长，严格禁止平民记录自己祖先的世系（陈淳：《文明与早期国家探源》），而秦政收割先秦原生贵族之后，汉代平民重建世家，也是以修订世谱为切入手段（田余庆：《秦汉魏晋南北朝人身依附关系的发展》）。

中国平民有姓、有家谱，这在世界各地均极为罕见，欧洲、日本、朝鲜、匈奴等各地平民都无姓，像中国三代一样，姓和世谱属于贵族特权。而秦政毁灭了三代的原生贵族，因此汉儒只能通过重建古礼，让平民中的精英脱颖而出，模仿古代贵族，在散沙中重建世家，成为新的社会凝结核，《潜夫论·志氏姓》《风俗通·姓氏》中多收录有汉代由平民形成的新世家。

宋儒鼓励平民模仿远古贵族，兴建宗庙，如张载鼓励平民像上古的下层贵族一样，可以祭祀三代的祖先；程颐、朱熹主张平民可以祭祀五代以来的祖先（王鹤鸣：《宋代家祠研究》）。以"收宗族"为目标，即达到上古贵族组建自治小共同体的能力。此种在历史上不断重建的文化，无论是"中世社会与共同体"，抑或是宋人"收宗族"，最终都旨在给流沙一般的平民社会提供自组织的能力。

"家"源自凝聚死者、生者共同体的宗庙，因此先秦贵族才有"家"。是否有"家"，是区分自由人与非自由人的区别，这一点中国并不特殊。"自由"一词，liberty 的词源拉丁文 libera 派生自 liberi "子女"，原意为与家长之间有血亲关系的家庭成员；free

一词源自古高地日耳曼语 fr，指有血缘关系的家人[1]。无论是拉丁或是日耳曼词源，古老的"自由"都是与"家""家人"这些共同体紧密联系在一起的，而非原子个体忽然从抽象的"天"那里获取的"权利"。

"家"是贵族、自由人才拥有的，殷周古文字材料中，从国王、诸侯到各级贵族，多以称"家"而自豪。如历组卜辞称"王家"（《屯南》332）、典宾卜辞称"我家旧老臣"（《合集》3522）、午组卜辞称"家亡震"（《屯南》2672），是殷人从王到豪族长皆有"家"之例。周人贵族也以"家"而自豪，《书·金滕》《酒诰》《君奭》《蔡簋》《克鼎》《望簋》《康鼎》皆言"王家"，周王首先有自己的"家"，才能掌控格局。大贵族也称"家"，《卯簋》《毛公鼎》《叔向父簋》《叔夷镈》铭文中，毛公、荣伯、叔向父、伯和父等豪族贵族都自豪地谈论"我家"。

所谓"有国有家者""修身齐家"的"家"，只有在这一语境中才能获得更深入的理解和体会。"封建宗族是一个政治体，古代文献称作'家'，也是具体而微的国"（杜正胜：《从眉寿到长生》）。殷周时代"国"的规模极小，多是以一处小堡及其周边村落为中心，散布在广袤的原始森林之中，星罗棋布，不同于今人所感受的 nation。故当时"国"与"国"之间疆场之役，"不过如今村邑之交哄"（吕思勉：《先秦学术概论》）。而"家"又是此种规模极小之"国"的微缩，因此规模更小，如王船山所言，三代世卿之"家"，"实则今乡

---

[1] 陈国华：《宪法之祖〈大宪章〉》，《大宪章》，北京商务印书馆，2016年，第17页。

里之豪族而已"(《读通鉴论》),规模甚小,但却是一种真实有效的自治小共同体。

"家"颇小,因此内部亲密互爱。如商代非王无名组卜辞《乙》8816,多卜问贵族家内"多臣""多妇"不会生病的问题,这些"臣"和"妇"都是"家"的成员,因此得到家族长各种关心(彭裕商:《非王卜辞研究》)。《礼记·曲礼上》记载,贵族乘坐家臣的马车,虽然驾车的人身份低微,但乘车的贵族在接过挽索之时,按一下驾车人的手,表示谦谢。《曲礼下》说,各级贵族对"家"中的男女老臣,都不能称呼"名",而应用更尊敬的"字",大夫对自己的家臣,都要"答拜之"。朱熹提到,当时贵族"待臣仆如子弟,待子弟如臣仆"(《朱子语类》卷十三)。至傅斯年也感叹"那时人民对于那时公室的兴味何其密切"(《论孔子学说所以适应秦汉以来的社会的缘故》)。

四

"家"是内部亲密互助,对外保持自治的小共同体,卿大夫之"家"中有家宰、家司马,掌管家族的管理和武力,有祝宗、卜、史、乐工、雍人、工师、邑宰等职务。《逆钟》记载族长(君)给自己的家臣举行册命仪式,可知"西周晚期世族已有效仿王朝的政治机构家朝"(朱凤瀚:《商周家族形态研究》)。伴随着"家"实力的增长,东周时期,已有"百乘之家"(《论语·公冶长》《礼记·坊记》),实力等于一个小国。

战国时代逐渐进入全国总动员的军国体制,王权希望打破大大小小的"家",将"家"中的每一个人、每一颗粮食、每一滴血都榨取出来,投入到漫无止境的战争前线中去。而"家"则试图保护自己的共同体成员,二者之间的矛盾不可调和,因此"变法"迭起,魏有李悝,赵有公仲连,楚有吴起,韩用申不害,齐以邹忌,秦用商君,相继掀起了打破"家"的竞赛。商君两次变法,严厉打击旧"家",行"弱民"之法,"民有二男以上不分异者,倍其赋",强迫人民不能聚族而居,必须分"家",将过去有一定规模的家族共同体瓦解为一夫一妇的核心小家庭。贾谊就说,变法后的秦国风俗"秦人家富子壮则分家"。"家"的价值在秦国瓦解最为成功,分"家"成为秦人的风俗,而"家"之毁灭也同时伴随着"暴秦"军事国家的节节胜利。

列国变法以破"家",楚地之"家"保留较好。包山楚简中,楚人身份由"居处""名族"两部分构成,其"名族"正是楚人"家"的身份。钱穆论屈原之死,亦注意到楚人贵族看重"一宗"的家族忠诚,与他国不同(《国史大纲》)。湖北荆门罗坟岗,发现秦白起灭郢后延续了六十年的楚人墓地,虽经秦政,但仍然凝聚为高度组织结构的家族墓地,未受秦的毁灭,亦可窥见楚人重视"家"的文化。其后项梁、项羽反秦,基本盘仍然是"宾客及子弟"(《史记·项羽本纪》)。楚人重"家",秦人无"家",故秦楚矛盾与仇恨最深(陈苏镇:《〈春秋〉与"汉道":两汉政治与政治文化研究》)。

相比而言,秦国"家"的组织与文化濒临毁灭,"借父耰锄,虑有德色;毋取箕帚,立而谇语;抱哺其子,与公并倨;妇姑不相悦,则反唇而相稽"(《汉书·贾谊传》)。"家"的组织与文化既已崩溃,一夫一妇核心小家庭内唯一仅剩的秩序便只有赤裸利益与暴力,苏秦之嫂贪慕多金,陈平之嫂讽其白食,刘邦之嫂表演羹颉,因此官府唯有赋予丈夫以极大夫权，控制这一残破无"家"的秩序。

"夫为妻纲"之说，就最早出现在《韩非子·忠孝》篇中。北大藏秦代竹简《善女子方》中，就强调"善衣（依）夫家，以自为光"，人身依附于丈夫，"虽与夫治，勿敢疾当"，丈夫打妻子，也不要躲，且要"屈身受令"。秦朝"用法令来对女子作严厉的压迫，是此前所未有的"（杨宽：《战国史》）。汉初法律《二年律令》中规定："妻悍，而夫殴笞之非以兵刃也，虽伤之毋罪"，丈夫打妻子，只要不用兵器，打伤了也没有罪。官府赋予丈夫极大的夫权，恰恰是"家"崩溃后的需要。

五

战国秦汉，王权、军国大兴，而"家"几近于毁灭，同时也伴随着生育率的溃败，以至于朝廷屡次下达《胎养令》，产子者复勿算三岁，夫勿算一岁，以此奖励人口，但效果并不明显。而可庆幸的是，汉儒重建"家"与"家"的文化，至西汉晚期，一般平民都出现了姓，姓的普及化为"家"的重建提供了契机，并对中国历史产生了深远影响：

> 要恢复大家族，多子多孙的理想复兴，人口恐慌方可免除。人口维持，不像罗马帝国因患贫血症而待死，等日耳曼狂风暴雨一来就立刻气绝。中国五胡入侵能抵住并再造新生，归功于大家族。
>
> （雷海宗：《中国文化与中国的兵》）

徐复观也曾论及：

宗法中的亲亲精神，乃成为我国二千年来，社会组成的坚韧的纽带；也成为我国能渡过历史苦难的真实力量。永嘉之难，能渡江南去的，或渡陇西去的，多是强宗大族。能立足中原，保持中国文化于夷地之中的，依然是强宗大族。强宗大族是专制政治的敌人，但却是民族动力的保持推进者。

（徐复观：《两汉思想史》）

文明是极其脆弱的，能延续数千年不坠，本身并非如同阳光、雨露、空气一样自然而然，凭空免费，而是不断付出巨大努力维系的结果。梁启超曾经感慨：

罗马帝国的繁荣，虽然我们不能看见，看发掘出来的建筑遗址，只有令现代人吓死羞死，如今都往哪里去了呢？远的且不说，维也纳、圣彼得堡战前的势派，不过隔五六年，如今又都往哪里去了呢？

（梁启超：《中国历史研究法》）

汉语文献从来不缺少黍离之悲、铜驼荆棘的哀叹，但有"家"在，"国"虽亡而"天下"尚在。五胡与北朝兵荒马乱的岁月中，是大海中零星的岛屿"家"守护了中国文明的火种，是郗公含饭、忍饥相待这些"家"的哺育和艰辛，最终守护了黑暗中的最后火种。

中国文明最终没有被印度文明或其他文明所取代，但在当时已初现端倪,《魏书》《资治通鉴》都记载冯熙、常伯夫相继为洛阳刺史,公然破坏汉儒石经,"以建浮屠精舍"。洛阳出土的汉石经,是同碎砖瓦一起垫地的,被有意识地切割,改作他用(《考古》1982年4期)。前一个文明的经典,对新的取代者来说,不过等同于铺地的砖瓦。

唐宋以来,"国"屡有覆亡,而"天下"尚在,能免于人相食者,最后的一道防线往往是"家"的屏障,顾炎武亲历明末大乱,对此有最为深切的体会:

> 予尝历览山东、河北,自兵兴以来,州县之能不至于残破者,多得之豪家大姓之力,而不尽恃乎其长吏;
>
> 夫不能复封建之治,而欲藉士大夫之势以立其国者,其在重氏族哉!其在重氏族哉!
>
> (《裴村记》)

❀

晚清、民国以来的"老英雄"们,面对的就是这样一个艰难重建并延续了两千年的"家"之遗产。但时间的斗转,让他们感觉到重回了"战国时代",在1861年到1894年之间,至少有十多个人用"战国"解释当时的国际现状(王尔敏:《中国近代思想史论》)。薛福成言俄国是秦、英国是楚、法国是齐、德国是赵、美国是燕、意大利是魏、奥匈是韩、土耳其是宋、日本是中山,而中国则为东周国(《出使英法义比四国日记》)。面对高度军国主义动员力的纵横世界，其焦虑感延至民国，如陈天启感叹"近百年来，我国既已入于新战国之大变局中，将何所恃为国际竞争之具乎"（《韩非子校释》）。

既然重回战国，则必然诉求超强力的军国民动员体制，以便用机枪与帝国主义对打（吴稚晖语）。然而对"家"的依恋，必然导致众人不乐于"祈战死"，而"家"也倾向于将诸人守护在怀中，顾炎武所盛赞的"豪家""氏族"，开始被视为军国的阻碍。梁任公对完成了商君之法的日本，发出了"流连而不能去"的艳羡。既要破除"家"，方能将"家人"化为编户黔首，驱策以为现代长平炮灰，故晚清诸公多赞许商君、秦皇。章太炎作《商鞅》《秦政记》，赞美商君使得"秦日富强"，赞美秦皇仅有"微点"，其余则大圣贤；刘师培作《中国民约精义》，赞《商君》之书与欧陆国家主义者伯伦知理（Bluntchli Johann Caspa）学说相通；梁启超作《中国法理学发达史论》，盛赞法家为"新学派"，"为今日救时唯一之主义"；吴虞则宣称商君、韩非之书对于"反对旧道德"，具有不可估量的价值（《道家法家均反对旧道德说》）。

为了新战国和新长平的尸山血海，必须摧毁"家"以"祈战死"，而此阀门一开，则洪水汹涌，不可阻遏。与此相伴，为了不同版本的大同美丽新世界，更有了破除"家"的必要。谭嗣同以"破家"为冲决罗网，臻至仁境之妙途；康有为以"去家族"、灭私产为最终通往大同世界与"至极乐"的不二法门；梁启超渴望"以个人为单位（Unit）"，"直接以隶于国"，蔑视"以家族为单位"，以成就其"新民"理想（《新民说》）；蔡元培则希望废除婚姻制度，以毁灭家庭（《蔡子民先生传略》）；傅斯年认为中国的家族情形，就是"猪圈",并且他和李大钊都宣称"家"是"万恶之源"(《万恶之源》);甚至新儒家熊十力居然也认为"家庭为万恶之源、衰微之本"(《中国文化散论》),可见此种观念已经深入人心,剑锋直指传统中国的心脏。伴随着这些思潮的纵深发展,到1917年,严复所观察到的情况便是"凡今略讲新学少年,莫不以军国民自居,于古人娶妇所以养亲之义,本已弃如涕唾。至儿女嗣续,尤所不重"(《严几道与熊纯如书札节录》第五十四),被这些"新学"吸引的年轻人,对于家庭价值早已弃之如敝履,祖先、父母、子嗣所构成延绵的生命之河,不再被视为具有任何意义。到1921年,激进青年对"家"的毁坏,已经到了五四旗手陈独秀都看不下去的地步,"你说要脱离家庭压制,他就抛弃年老无依的母亲"(陈独秀:《青年的误会》)。

"家"既以父系、私产为基础,因此需釜底抽薪,以"知母不知父"的上古想象来灭其根基。从康有为、章太炎至郭沫若,都相信巴霍芬(Johann Bachofen)以来所谓"母系社会"之说,并以文献中所谓"知母不知父"、姓氏多从"女"旁论证"乱婚""群婚""杂交""母系"方为上古不祧之祖,以此瓦解父系之"家"的常理。即使在西方主流人类学早已扬弃"母系"说之后的多年,"母系社会"仍在中国大行其道(关飞:《人伦的"解体"》)。

"家"在二十世纪遭受重创,顾炎武的痛彻犹如魔咒,仍萦绕在铜驼荆棘的瓦砾之上。越来越多的人失去"家",成为流浪的原子,而"家"的焦虑也仍在印刻在流民们的黑话切口之中——正晌午时说话,谁也没有"家"。

从师友到主奴：中国古代君臣关系

清宫剧中多见主奴一般的君臣关系，常被很多人视为中国古代君臣关系的常态，皇帝高高在上，臣跪地磕头高呼圣明。但实际上，中国历史上主流君臣关系的常态并非如此。

夏商周的贵族制时代，君臣多为一个家族的成员，如商代甲骨子组卜辞、午组卜辞的主人就是商王的兄弟或堂兄弟。商王与各诸侯的关系，还不是后世意义上的君臣，而只是"盟主"而已（王国维：《殷周制度论》）。周王与诸侯之间有了更明确的君臣关系，但周代宗法制下，嫡长子为君，庶子为臣，君臣即兄弟。如《虞簋》铭文中弟弟虞对哥哥"君公伯"行礼，自称"厥臣弟"（《集成》04167）;《繁卣》铭文中辛公为兄，繁为弟，两人之间行君臣之礼

(《集成》05430)。周王将同姓诸侯称为伯父、叔父,异姓诸侯称为伯舅、叔舅,全部是血缘或模拟血缘的关系。西周铜器《荣簋》铭文中,周王就将大臣荣称为"臣父荣"(《集成》04121),也就是叔父。殷周时期的君臣关系,一般是笼罩在亲人血缘温情脉脉的氛围之中,并无后世"尊君卑臣"的现象。

当时君臣之间是一种相对概念,臣在自己领地上也是君,据《仪礼·丧服传》的郑玄注,所谓"天子、诸侯及卿大夫有地者,皆曰君",就是说无论是天子、诸侯还是卿大夫,在自己的领地上都是君主。所以当时,"一个国家内存在着不同层次的众多君主"[1]。阎步克先生使用"等级君主制"描述当时的君臣关系,"周代贵族政治下君臣身份相通,级差较小"[2],当时贵族政治下的君臣共治,"堪与罗马帝国以前的共和时代媲美"[3]。

在这种等级君主制下的各级君臣之间,在礼制上都比较对等,君臣之间互相拜。《礼记·曲礼下》记载"大夫见于国君,国君拜其辱;士见于大夫,大夫拜其辱","君于士,不答拜也,非其臣则答拜之。大夫于其臣,虽贱,必答拜之"。

这种封建贵族政体下的君主,也不可能做到乾纲独断,而是只能和各级贵族一起共同治理,权力受到多方面的制衡。一种是孟子所说的贵戚之卿,君主犯了大过错,"反复之而不听,则易位"(《孟子·万章下》),即君主不听贵族劝阻,就会被赶下君位,如周厉王就是被赶走的典型。还有一种是师保之臣,君主犯大错可以惩罚他,

---

[1] 赵伯雄:《周代国家形态研究》,湖南教育出版社,1990年,第245页。
[2] 阎步克:《宗经、复古与尊君、实用》,《北京大学学报》2005年6期。
[3] 杜正胜:《周代城邦》,联经出版事业公司,1985年,第117页。

如楚文王沉溺声色犬马，便被太保用"细荆五十"给打了一顿（《吕氏春秋·直谏》），伊尹放太甲更是人们耳熟能详的典故，而伊尹在甲骨卜辞中得到了隆重祭祀，也证明了贵戚之卿传统的巨大能量。所谓"有君而为之贰，使师保之，勿使过度"（《左传·襄公十四年》），意思是要有和君主同样博弈能力的大臣，来规训君权，不能让它放纵。也即顾炎武所说"太宰之于王，不惟佐之治国，而亦诲之齐家也"（《日知录》卷五）。

正因当时权力结构的分散，所以一些国家在君主不在场的情况下，仍然可以正常运转。如清华简《郑武夫人规孺子》中，武姜就给少年的郑庄公讲大夫之政的重要性，"吾君（武公）陷于大难之中，处于卫三年，不见其邦，亦不见其室。如毋有良臣，三年无君，邦家乱也"①，郑武公三年不在国内，但郑国由众多良臣治理，因此井井有条。另外又如鲁国的鲁昭公，"昭公败而出奔，至死不能归国，鲁国国内七年无君，却一切照常，此最可显示出当时世族在社会上的力量"②。当时的臣多是世族、世卿，是社会治理的定海神针。诸侯国层面的郑国、鲁国无君，但都可以正常运转，王朝层面的周厉王被驱逐，由贵族豪族联合执政的"共和"时代也是井井有条的。

春秋时代礼崩乐坏，传统以血缘凝聚的小共同体社会瓦解，人员流动加速，很多世族也解体了，转变为陌生人之间互相选择成为君臣。所以孟子说，孔子会随身携带一种叫作"质"的礼物，以便将其献给新选择的君主（《孟子·滕文公下》）。选择新的君主，献

---

① 李学勤：《有关春秋史的清华简五种综述》，《文物》2016年3期。
② 何怀宏：《世袭社会》，北京大学出版社，2011年，第116—117页。

上礼物建立起君臣关系,称之为"委质为臣",君臣之间是互相选择的。郭店楚简《语丛》就提到"君臣、朋友,其择者也",《父无恶》:"友,君臣之道也",将君臣和朋友视为一伦。"朋友"一词在西周金文中指有血缘关系的兄弟或堂兄弟,商周时代朋友(血缘亲人)就是君臣,东周陌生人社会,"朋友"成为非血缘的友谊,君臣之间像建立朋友关系一样互相选择①。在《说苑·尊贤》一篇中,就赞许了魏文侯以朋友之礼相待田子方。

除了朋友一伦,战国时代的君主也会将士人尊为老师或宾客,《史记·孟子荀卿列传》记载魏惠王以"宾主之礼"待邹衍,燕昭王待之以老师之礼,自居弟子行列。《孟子·万章下》则言鲁穆公想与子思当朋友,但子思认为自己应该担任国君的老师,而费惠公则以子思为老师。《说苑·君道》则认为,王者与大臣之间是朋友关系,霸者与大臣之间是宾主关系,最坏的君臣关系才是将臣视为仆役。

战国秦汉以来,法家及道法家主张尊君卑臣,以实现耕战机器的最高效率,即《商君书·君臣》所谓"君尊则令行"。韩非认为,对君主最大的威胁,就是"大臣太贵,左右太威"(《韩非子·人主》),因此他也最早提出了"三纲",所谓"臣事君,子事父,妻事夫,三者顺则天下治"(《韩非子·忠孝》)。《管子·明法》《鹖冠

---

① 李竞恒:《论语新劄:自由孔学的历史世界》,福建教育出版社,2014年,第13—14页。

子·天则》等道法家也都提出"尊君卑臣"之说,主张明君要以势制臣。《鹖冠子·道瑞》主张"君者,天也","本出一人,故谓之天。莫不受命,不可为名,故谓之神",认为君主的尊贵等同于天,一切都在他掌控之内,像是神一样。马王堆出土道法家佚书《伊尹·九主》中,也主张"制命在主","诤理皆塞",(《文物》1974年11期),一切权力归于君主,甚至禁止臣下的谏诤。

以法家立国的秦始皇自称"大圣",朱熹就谈到:"至秦欲尊君,便至不可仰望。抑臣,便至十分卑屈"(《朱子语类》卷二十四)。秦始皇自居至尊皇位,但儒者对此极为反感,《说苑·至公》中记载了一个叫鲍白令的人说"五帝官天下,三王家天下",天下为公才是对的,因此应当"选天子",并以此说来面责秦始皇为桀纣。蒙文通先生考证,这位勇于面责秦始皇的鲍白令,就是传授《诗经》的儒者浮丘伯[①]。

汉承秦制,行尊君卑臣之法,叔孙通制朝仪令群臣震恐,而皇帝刘邦则大喜,说终于知道皇帝的尊贵了。《汉书·礼乐志》记载"叔孙通因秦乐人制宗庙乐",既然能用秦朝的法度制汉朝的宗庙乐,那么这朝仪应当也是同一来源。这套东西,朱熹早就看破了不过继承的是"秦人尊君卑臣之法"(《朱子语类》卷一百三十五)。

汉初尊黄老的道法家,其实并非很多人想象中的一派祥和的温柔面貌,而是大致继承了秦的遗产,在信奉道法家的汉初统治者看来,反对尊君卑臣的儒书不过是"城旦司空书"而已(《史记·儒林列传》),其心态和秦始皇很相似。尽管如此,汉儒仍然尝试对无

---

① 蒙文通:《经学抉原》,上海人民出版社,2006年,第164、216页。

限制的君权做出一定修正。董仲舒提出"屈君而伸天"之说（《春秋繁露·玉杯》），以天命灾异抑制非理性的君权。晚清学者皮锡瑞对汉儒的这一行为有充分的理解："当时儒者以为人主至尊，无所畏惮，借天象以示儆，庶使其君有失德者犹知恐惧修省。"[1]钱穆先生则对此评价更高："汉儒论灾异，而发明天下非一姓之私，当择贤而让位，此至高之论也。"[2]另外，汉代公羊学也有"贬天子""君臣朋友"之说。余英时先生指出："董仲舒的'贬天子'说来自公羊家，而公羊家是齐学，汉初齐学中颇有坚持儒家批评精神的人，如辕固生的'汤、武革命'论便是'贬天子'的一种具体表现。"[3]

汉儒提倡的《公羊》学思想，对君臣关系的处理，也强调先秦时期的朋友之义。《公羊传·定公四年》引《诗》"朋友攸摄，摄以威仪"，解释"朋友，谓群臣与成王同志好者"，《公羊》还以吴王阖闾与伍子胥的关系，说明君臣应当作为朋友一样合作。[4]东汉的郑玄，也主张"古者君臣犹朋友"的观点，将君臣和朋友视为一类（《孝经正义》引郑玄《六艺论》）。此外，汉儒的《韩诗》亦提倡君主以士人为师、友，赞美了魏文侯与卜子夏、田子方、段干木三人"君皆师友之"的关系，更赞美了周公践天子之位，与众多布衣之臣为师友的美德（《韩诗外传》卷三）。随着汉代复古更化的进程，君臣关系出现了某些向先秦的回归，如《汉书·礼乐制》记载汉明帝"养三老五更于辟雍"，颜师古解释这是天子以尊父亲的礼敬养三老，

---

[1] 皮锡瑞：《经学历史》，中华书局，2008年，第106页。
[2] 钱穆：《秦汉史》，生活·读书·新知三联书店，2009年，第327页。
[3] 余英时：《中国思想传统的现代诠释》，江苏人民出版社，1989年，第70页。
[4] 龚鹏程：《儒学新思》，北京大学出版社，2009年，第92页。

以尊兄长的礼侍奉五更。其后三国至南北朝，亦有天子尊养三老五更大臣之礼，如《周书·于谨传》记载北周武帝在太学敬养老臣于谨，大臣"南面凭几而坐，以师道自居"，皇帝以弟子身份跪，听老臣讲学，"皇帝再拜受之"。

汉晋之际，由于部分地向先秦文化回归，封建时代的等级君主制又重新出现。当时并非皇帝一人才是君，郡守长吏与其属下之间也属于君臣关系。顾炎武提到，汉代长官与属吏之间是君臣，"齐、梁以后，王官仍复称臣，而属吏则不复称矣"（《日知录》，卷二十四）。也就是说，汉代到南朝之间，君臣关系带有儒家模仿封建时代建立的"等级君主制"色彩。赵翼谈到，当时三公、刺史、二千石的大臣可以自己招募属下，所以他们之间有君臣的关系，"虽帝王不禁也"（《廿二史劄记》卷三），钱穆认为郡太守也称君的习惯，属于"古者诸侯封国自专之遗意"[1]。不但郡守可以称君，县令也称君，如《华阳国志》卷十记载严道县的主簿就将县令称为"我君"。《后汉书·左雄传》说"今之绶墨，犹古之诸侯"，意思是汉代的令、长也带有"古诸侯"的地方君主色彩。2010 年成都天府广场出土东汉的《裴君碑》中，太守裴君的属吏造碑，文中提到"臣有褒君"，也是将太守与属吏之间视为君臣关系。整个汉晋之际部分重建了先秦封建遗意的君臣关系，并非皇帝一人才是君，君臣关系具有相对性。钱穆先生指出，"当时的士大夫，似乎有两重的君主观念"，这种现象到南北朝发生变化，到隋唐而消失[2]。

---

[1] 《秦汉史》，生活·读书·新知三联书店，2009 年，第 291 页。
[2] 钱穆：《国史大纲》上册，商务印书馆，2012 年，第 217—218 页。

既然庙堂之上的君臣部分重建"师友之间"的回归,而地方官和下属之间又有君臣之伦,此种流风所及,一些"犹古之诸侯"的地方官,也对自己的下属重建"师友"的关系。如《汉三老赵宽碑》就记载,金城郡浩亹县的县长兰芳,让赵宽出任功曹,并尊为县三老,对赵宽"师而不臣"[①]。县长对于赵宽在当时属于君主,但因为尊敬这位三老,便以老师的规格对待,而不用臣的身份对待赵宽,这正是庙堂重建了部分君臣"师友之间"氛围下,流风所及的产物。

晋朝以后至唐,君主大多情况下不称呼大臣之名,而是称呼平等身份的"字",以示尊重,顾炎武曾列举南北朝、隋唐时期多个例子,认为"其时堂陛之间未甚阔绝,君臣而有朋友之义,后世所不能及矣"(《日知录》卷二十三)。《世说新语·纰漏》中,晋元帝不小心当着司空贺循的面,说出了他父亲"贺劭"的名字,这一对人臣不礼貌的行为,让元帝"惭愧三日不出",惭愧得三天没法见人。《晋书·殷仲堪传》中,晋孝武帝问患耳聪的殷仲堪父亲名字,殷仲堪表示这是不礼貌的,因此自己感到"进退惟谷"。当时大臣在君主面前不称父名,本来是君主对士大夫应有的尊重。但在高度尊君卑臣时代的清朝学者王鸣盛看来,"君前不名父,未闻于经,乃见于史。君之于臣,若是隆乎?"(《十七史商榷》卷五十),觉得当时君主不称大臣的名字,简直不可思议,并因此得出东晋"君弱臣强"

---

① 沈年润:《释东汉三老赵掾碑》,《文物》1964年5期

很不正常的结论。明末清初的顾炎武赞美君主不称大臣的名是一种美好,而乾隆时期的王鸣盛却对此表示无法理解,其间精神气质的严重倒退和猥琐化,二者之间形成了鲜明对比。当然,清朝乾嘉时期"士人"的猥琐化是一种普遍的状态,据《啸亭杂录》记载,看不起东晋"君弱臣强"的王鸣盛,"尝馆富室家,每入宅时,必双手作搂物状。人问之,曰:'欲将其财旺气搂入己怀也'。"每次到富贵人家,就用双手搂富家的空气,认为可以把财运气息搂到自己身上。此种情况,正如钱穆先生所说"乾嘉以往,则学者惟自限其心思于文字训诂考订之间,外此有弗敢问。学术思想之转变,亦复迁移默运,使屈膝奴颜于异族淫威之下而不自知,是尤可悲而可畏之甚者也。"[①]。

中古时期的唐代皇帝和宰相坐而论道,从容赐茶而退,是大家熟悉的君臣画面。宋代天子与士大夫共治天下,所谓"天下事当与天下共之,非人主所可得私"(《宋史·刘黻传》)。治理天下的组成,包括了宰相、台谏、君主、士林,君主是其中一个世袭担任的机构,但并非天下是此一家一姓的私产。天下非一家之私的观念,是华夏主流文明的古老共识,先秦的《逸周书·殷祝》就有"天下非一家之有也"的记载;《吕氏春秋·贵公》也说"天下非一人之天下也,天下之天下也";《汉书·谷永传》"不私一姓,明天下乃天下之天下,非一人之天下也";《白虎通·三正》"明天下非一家之有"。从先秦到汉代以来,天下为公的观念可谓一脉相承。

宋代进一步继承并发展了天下为公、共治天下的思想,成为

---

① 钱穆:《中国近三百年学术史》上册,商务印书馆,1997年,第80页。

当时君臣的共识。"夫天下者非一人之天下，乃天下之天下"（王禹偁：《小畜外集》卷一一《代伯益上夏启书》）；"天下者，天下之天下，非一人之私有故也"（朱熹：《四书章句集注·孟子》卷九）；"陛下毋谓天下为一人私有"（《鹤山大全集》卷八十九《吴猎行状》）；方庭实也告诫皇帝"天下者，中国之天下，祖宗之天下，群臣、万姓、三军之大卜，非陛下之天下"（《宋史全文》卷二十中，绍兴八年十二月辛未）。天下不是一家一姓的私产，这是宋代君臣和全社会的共识，也是共治天下的观念基础。"总之，与皇帝'同治'或'共治'天下是宋代儒家士大夫始终坚持的一项原则。熙宁三年神宗正式接受了'共定国是'的观念，则象征着皇权方面对这一基本原则的认可。南宋高宗虽极力提高君权，也仍不能不在表面上尊重'国是'的法度"①。

在君臣共治天下的基本原则下，宋代君主与士大夫之间多处于宾客、师友之间，如叶适描述孝宗与宰相史浩之间的关系是"以师以友"（《水心集》卷二十八）；王安石则认为大臣应当与人了"迭为宾主"（《临川先生文集》卷八十二），神宗则将其尊为"师臣"（《续通鉴长编》卷二三三）；马永卿记刘安世《元城语录》中也说王安石"与人主若朋友，一言不合己志，必面折之，反复诘难，使人主伏弱乃已"；即使是北宋君臣已共治天下，程颐仍然告诫皇帝，觉得"友臣之义未著"（《河南程氏文集》卷一），反复强调君臣的本质就是师友。此外，梅尧臣《太师杜公挽词》："国佐三公进，师臣一品归"，也是以"师臣"描述大臣太师；至南宋末期度宗亦尊贾

---

① 余英时：《朱熹的历史世界》，生活·读书·新知三联书店，2011年，第228页。

似道为"师臣"(《宋史》卷四七四)。

甚至有学者认为，宋代的皇帝其实更类似一件象征性的"橡皮图章"，大臣李沆等人，只是借这颗图章发号施令而已。宋真宗认为"四方之事，各有司存"，"就是说作为皇帝的他，听政不听政，都无关紧要，对正常运营的政务没有什么影响"①。

辽金元的部族传统重视主奴关系，将大臣视为私属奴婢，多有鞭笞臣下之事，元朝大臣上奏亦多见自称"奴婢"的现象。明朝在此基础之上创制廷杖，并废除宰相中书，皇权独大，但终以士大夫文官集团与皇帝的僵持对抗而渐至消磨。但即使面对此种扭曲的皇权，明代士大夫仍然拥有"道统"这一武器与皇权博弈，明代皇帝无法做到清朝那种"君师合一"，占有真理的终极解释权。正因如此，明代士大夫的肉体虽然遭受庭杖，但其人格则会受到社会的普遍尊敬。孟森先生指出："明之廷杖虽酷，然正人被杖，天下以为至荣，终身被人倾慕，此犹太祖以来，与臣下争意气，不与臣下争是非所养成之美俗。清则君之处臣，必令天下颂为至圣，必令天下视被处者为至辱，此则气节之所以日卑也。"②

又以经筵为例，宋代、明代的经筵课程是士大夫教育皇帝，道统高于君统的体现。宋代的宋仁宗，在经筵的课堂上，如果左顾右盼，或者用足敲踏床，显得漫不经心或者失礼之时，负责讲学的儒者孙奭，就会"拱立不讲"，一直到皇帝意识到错误，"竦然改听"为止(《续资治通鉴长编》卷九九，乾兴元年十一月辛巳)。明代的

---

① 王瑞来：《宰相故事：士大夫政治下的权力场》，中华书局，2010年，第38页
② 孟森：《明史讲义》，上海古籍出版社，2002年，第81—82页。

崇祯皇帝，有一次在经筵课堂上听讲，不留神之间跷起了二郎腿。给他讲学的儒臣文震孟便停止了讲授，而反复诵到"为人君者，可不敬哉？"一直到皇帝意识到错误，改正坐姿为止，崇祯甚至"即袖掩之，徐为引下"，对自己的失礼感到抱歉（《明史·文震孟传》、《春明梦余录》卷九）。这些都说明，宋代和明代的经筵，皇帝对士大夫代表的道统非常尊敬。

但是到了清朝，经筵的功能完全被反过来了，成了圣君教训奴臣的课堂，奴臣也借此歌颂圣君。康熙在1677年提出经筵要由自己先讲，"皇上随意或先将四书朱注讲解，或先将通鉴等书讲解"。在一次经筵中，康熙还教训讲官，要"学问无穷，不在徒言，要惟当躬行实践，方有益于所学"，完全是君师合一的教训口吻。康熙是君师合一的身份，也得到了奴臣的承认，所谓"我皇上"是"以君道而兼师道"（魏裔介：《兼济堂文集》卷二）；"皇上圣德神功，卓越千古，道统治法，兼总百王"（张玉书：《张文贞集》卷三）。宋儒主张治理天下归宰相，经筵的功能是训练君主的道德。但随着清朝将经筵转化为皇帝教育奴臣的课程，乾隆时期的文臣对此已心领神悟，于是提出"君德成就责经筵，犹为三代以下之君德，而要非语于生知安行之圣学也"（钱维城：《茶山又钞》卷十），意思是夏商周以后的君主，水平不行，所以需要通过经筵提升他们的德性。但是现在乾隆则属于生而知之，而不是需要学而知之的圣人，所以不在经筵教育的功能范围之内。

乾隆尤其厌恶臣下以皇帝的老师自诩，在尹嘉铨文字狱中，尹嘉铨因为私下著作中自诩帝师，乾隆震怒，"其书中又有为帝者师之句，竟俨然以师傅自居，无论君臣大义，不应如此妄语"。皇帝君师合一，臣下便只能歌颂皇帝的英明神武，如大学士张廷玉，就赞美乾隆在经筵上"圣训精微，实阐先儒所未发，臣等不胜钦服"。正如杨念群先生指出，清朝的经筵"无论是皇帝还是官僚都已逐渐习惯于教化角色的颠倒状态，在这种情况下，不仅讲官的'帝师'之位完全动摇，而且一般士人也已失去了其掌握儒家'道统'的能力"[①]。

四

邢义田先生指出："外族王朝的统治对中国皇帝的专制化和残暴化也有推波助澜的作用……他们通常会借助中原固有的统治方式和经验，同时也将部族的旧俗带入中原，结果竟使得王权趋于专制和残暴。"[②] 清朝皇权高炽，"惟以一人治天下"，以君师合一自诩，所谓皇帝"以君道而兼师道"。李光地歌颂清朝皇帝是从朱熹以来五百年的圣贤帝王，"天其殆将复启尧舜之运，而道与治之流复合乎！"张玉书则吹嘘"钦惟皇上圣德神功，卓越千古，道统治法，兼总百王"[③]。清朝皇帝决不允许出现传统华夏"师臣""宾友"之类大臣，并辅以密折制度使诸臣相互告发。雍正在独裁方面，刷新了所有的历史记录，创建了完整的密折制度，促使内外大臣相互监督告密，"他在位四千多天，仅批阅过的密折便超过十六万件，平均每日批三十多件，就使秦始皇'以衡石量书'即每天批阅一石重的公文竹

[①] 杨念群：《何处是江南？——清朝正统观的确立和士林精神世界的变异》，生活·读书·新知三联书店，2010 年，第 102 页。
[②] 邢义田：《天下一家：皇帝、官僚与社会》，中华书局，2011 年，第 31 页。
[③] 姚念慈：《康熙盛世与帝王心术：评"自古得天下之正莫如我朝"》，生活·读书·新知三联书店，2015 年，第 76、89 页。

简的记录相形见绌"①。

"天下乃天下人之天下",自先秦、汉唐、宋明以来,是为士林的基本共识。且不说宋代君臣共治天下,便是明代皇权高炽的情况下,这一点仍然是社会共识。如明儒"争国本"事件,其实是捍卫嫡长子继承的古老宪制传统,因为从宪制结构而言,君主被视为治理天下的一个机构,而非个体的人,所以君主嫡长子继承,属于"公天下"范围内的机构制度,不能以皇帝一己之私的私人意志来改变。如顾允成对万历皇帝因宠爱郑贵妃而改立太子之事指出:"皇太子国之本也,忠言嘉谟国之辅也,两者天下之公也。郑贵妃即奉侍勤劳,以视天犹皇上一己之私也,以私而掩公,以一己而掩天下,亦以偏矣"(高攀龙:《顾季时行状》,《高子遗书》卷一一);他还指出:"天下事非一家之私事,盖言公也。况以宗庙社稷之计,岂可付之一人之手乎!"(顾允成:《恭请册立皇太子疏》,《小辨斋偶存》卷二)这里的基本常识非常明确,君主是一个制度下的机构,其合法性是必须符合"天下之公"的,如果皇帝任意妄为,便是一己之私,以天下为私产了。

经过明儒的努力,争国本取得了成功,万历最终不能将皇位传给自己喜爱的儿子,明儒守护了当时的宪制,化解了危机。但是到了清朝,则建立起了秘密立储的制度,皇帝完全根据自己的好恶,将选定儿子的名字放在乾清宫"正大光明"匾后,死后开启,被选中者继位。秘密立储制度完全取决于皇帝的个人意志,如同土财主一般任性,将天下视为莫大的产业,随意处理。如果万历是清朝皇

---

① 朱维铮:《重读近代史》,中西书局,2013年,第302—303页。

帝，他大可以"正大光明"地将郑贵妃儿子的名字放到"正大光明"匾额背后，没有什么儒臣能够置喙，根本不用耗尽几十年心血痛苦地与士大夫缠斗。这块匾额的"正大光明"四字，可谓对正大光明最大的嘲讽。

既然天下为清皇私产，则宋明制度文化必然遭到强烈否定。雍正的儿子乾隆仇视宋明体制下的君臣聚议："设不断以乾纲，如宋、明庸主，遇事辄令廷臣聚议，众论纷纷，迄无定见，征调纷繁，缓不济急。宁不如金世宗所云，南朝集议既成，北兵已渡河之语，其何以握胜算而奏鸿捷耶！"（《清实录》乾隆五十三年二月，卷一二八）。在清朝皇帝看来，宋代、明代士大夫与天子共治的聚议不过是"庸主"所为，只有乾纲独断的皇权才是正道，对金世宗一声令下的高效率欣赏也跃然纸面。这个画面，也就是我们熟悉的清宫剧皇帝了，但它并不是中国历史的主流常态。

清朝皇帝自诩君师合一，乾纲独断，儒家古老的诤谏传统也在清朝被打断。宋代人早就指出过，如果皇权独断，则士人们只会噤声沉默看戏，"夫人主所欲为，人臣岂能强变之哉！顾自今以往，事复有大于尧佐者，在列之臣噤嘿拱手视之而已矣"（司马光：《论张尧佐除宣徽使状》，《温国文正公文集》卷一六）！司马光的预言在清朝出现了，康熙时期，众臣便尽量不管事，康熙指责这些汉臣"若不涉于彼之事，即默无语"，都是一群"泥塑木雕之人"（《清圣祖实录》卷二三六，四十八年正月乙未）。士大夫不再是积极以天下为己任，而是沉默无语、尽量不惹事的聪明人。比如历经了乾隆、嘉庆、道光三朝的大官曹振镛，晚年回答门生的提问，为何自己能为官五十多年，不但没犯错，还越来越富贵？曹振镛的回答是，"无他，但多磕头，少说话耳"。当时有《一剪梅》词描述清朝官员的风格是"莫谈时事逞英雄，一味圆融，一味谦恭"（朱克敬：《暝庵杂识·暝庵二识》）。泥塑木雕加多磕头少说话的"圆融"，是清朝士人保命和获取富贵之道。"难得糊涂"，也成为这个朝代受到推崇的价值观。在1993年出土的郭店楚简儒书《鲁穆公问子思》中，先秦时代的儒者子思主张"恒称其君之恶者，可谓忠臣矣"[①]，古儒认为要鼓励大臣不断指出和批评君主的恶行，这话如果让乾隆看到，要么又会撰文攻击，要么就是烧掉这批竹简。

到乾隆时期，满朝除了沉默，便是颂圣，而且要颂得有水平，颂不好也可能获罪。宋、明时期大臣规范皇帝的诤谏、抗议之类都消失殆尽，对于清朝士人来说，这些东西是不可想象的。到乾隆死后，嘉庆下了道应景的诏书，说要找特别能进谏的，这时出来一个洪亮吉，提了一些建议——而且是远远不能和宋、明士大夫规训皇帝那样的气势，却因此触碰了清朝的底线，被发配到伊犁做苦役。正如王汎森先生所说："像洪亮吉在嘉庆初年因言事获谴，直声震天下，在清代士大夫的历史中成为极罕见的特例，但如果与明代士大夫相比，则简直是小巫见大巫，足见两朝士气之不同。"[②]

这种圆融沉默和"难得糊涂"的状态持续到晚清，中国士人有机会到英国这样的君主立宪国家，看到了西洋版的"天子与士大夫共治天下"，心中百感交集。郭嵩焘就谈到："朝廷又一公其政于臣民，直言极论，无所忌讳。庶人上书，皆与酬答。其风俗之成，酝

[①] 《郭店楚墓竹简》，文物出版社，1998年，第141页。
[②] 王汎森：《权力的毛细管作用》，台北：联经出版事业公司，2013年，第463页。

酿固已深矣……西洋一隅，为天地之精英所聚，良有由然也。"①恍惚之间，他或许可以感觉到，清朝那种政治文化，不是中国的传统，从当时的"西洋"身上反而可以看到中国传统的影子。

五

刘师培对清朝士大夫风气文化的评价是："明儒之学用以应事，清儒之学用以保身；明儒直而愚，清儒智而谲。"②明代士大夫的学问都是为了参与天下兴亡和治理，清朝士大夫的学问是用来明哲保身的。明代士人的精神气质是有点接近愚笨的正直，而清朝士人的精神气质是聪明绝顶的狡诈。龚自珍的诗《咏史》"避席畏闻文字狱，著书都为稻粱谋"，正是对清朝士人精神气质的准确描述。

在康熙看来，皇帝就应该乾纲独断，绝不可能让宰相来掺和。所谓"或有为君者，凡事俱付托宰相，此乃其君之过"(《康熙起居注》卷二百二十四，三月丙寅)。按照此说，宋代士大夫以天下为己任，将皇帝虚化为礼仪象征，那简直就是大逆不道。乾隆尤其蔑视君臣共治的宋、明传统，宋儒程颐曾经主张"天下治乱系宰相"，"君德成就责经筵"(《论经筵第三札子》帖黄)，即君主扮演礼仪道德的表率角色，具体治理更多由士大夫负责。这一观点放到宋代政治文化中，是非常容易理解的，但在清朝皇帝看来，简直是大逆不道，架空皇权。乾隆曾专门撰文《书程颐论经筵札子后》，批驳程颐

---

① 《伦敦与巴黎日记》，《郭嵩焘等使西记六种》，中西书局，2012年，第146页。
② 刘师培：《清儒得失论》，中国人民大学出版社，2004年，第259页。

的这一观点，说这是要把皇帝变为木偶摆设，而大臣以天下治乱为己任，这是"目无其君"，这是最不能忍受的。正如余英时先生所观察到："乾隆的政治感觉十分敏锐，深明宋儒压抑君权的意向。以乾隆与宋神宗对比，即可见'士'的政治地位在宋、清两代的升降状态。"[①] 钱穆先生也一眼看穿乾隆这篇批宋儒的大字报，因为宋代、明代儒者的追求，便是以天下为己任，而现在乾隆专门强调"以天下治乱为己任，尤大不可"，也难怪乾嘉学者最终只能走向支离破碎的考据，作为人生唯一的消遣[②]。

除了程颐，乾隆还撰文批驳宋儒王禹偁的文章，因为王禹偁在《待漏院记》一文中强调了宰相执政的重要性，"是知一国之政，万人之命，悬于宰相，可不慎欤"！将宰相视为政府首脑，乾隆见之大怒，说"所谓一国之政，万人之命，悬于宰相，则吾不能不疑也"，"是则一国之政，万人之命，不悬于宰相，而悬于为君者，明矣"（《御制文三集》卷十，《王禹偁〈待漏院记〉题辞》）。宋代宰相面对皇权，能保持人格的独立与气节，乾隆对此也非常不满。如宋神宗熙宁三年，韩琦要求废除青苗法，王安石听说后就称病不出，神宗打算废除青苗法，请司马光拟定诏书，其中有"大夫沸腾，黎民骚动"这样的话，王安石听说后，便写奏章辩论，"帝为巽辞谢之"，给王安石道歉。乾隆读到这里，说"安石抗章，神宗巽谢，成何政体（《御批历代通鉴辑览》卷七七）"？在乾隆看来，臣子竟敢抗辩，这是找死，而宋朝皇帝不但不把大臣杀全家，还要给大臣道歉，一

---

① 余英时：《朱熹的历史世界：宋代士大夫政治文化的研究》，生活·读书·新知三联书店，2011年，第226页。
② 钱穆：《中国近三百年学术史·自序》，商务印书馆，1997年，第2页。

点都没有给奴才当主子的威风，简直是可忍孰不可忍。

经过清朝的摧毁，中国传统主流文化中的君臣之道被毁坏，成了大家比较熟悉清宫剧那种动辄奴才磕头"喳"的画面，也成了很多启蒙派知识分子心目中的"中国传统"。对中国传统的看法，启蒙派知识分子分两类，一类是动辄谈"四千年吃人史"，接近鲁迅、柏杨一类的态度，否定整个中国历史文化。另一类是认为"秦以后皆大盗"，类似谭嗣同的态度，认为秦以前还可以，但秦以后的就是一片黑暗。但实际上，只要稍微深入中国历史的发展脉络就不难发现，主流中国传统的君臣文化，并不是清宫剧和启蒙派知识分子想象中那个样子，秦以后的历史中，从汉晋到宋明，甚至晚清，同样也闪烁着令人尊敬的光辉。

黄宗羲将君臣关系比喻为共曳木之人，是一起拉木头的合作伙伴关系，而非主奴。这种君臣观，其实并不是很多人想象中那样，是忽然被"晚明启蒙思想家"给发明出来的。纵观整个中国史，无论是先秦还是宋代、晚明，君臣之间是合作伙伴，是师友而非主奴的思想和历史实践，如同一条不绝如缕的漫长河流，从未断绝，更不是黄宗羲忽然灵光一闪发明出的"启蒙思想"，而是华夏古老自发秩序的产物。黄宗羲、顾炎武等伟大儒者的思想，更多是在回应古儒，并向他们致敬而已，并非忽然冒出来的。

给皇帝磕头？岂有此礼！

清宫剧流行，很多人认为三跪九叩、对皇帝磕头、跪着谈事是中国历史的常态，甚至一些唐代背景的电视剧如《唐明皇》《大明宫词》中居然也出现了大臣跪奏的画面，其实是将清朝的情况视作中国历史常态了。但是中国历史的大部分时期，君臣之间是比较平等的同坐之礼，或至少没有跪奏和三跪九叩，君臣之间更接近师友关系而非主奴。

先秦时代，君臣之间都是温情脉脉的亲戚，如甲骨中的子组、午组卜辞的主人，就是商王兄弟或从兄弟，君臣兼兄弟之伦。周王称呼同姓诸侯为"伯父""叔父"，称呼异姓诸侯为"伯舅""叔舅"，《尚书·顾命》就记载大臣拜周王，周王回礼答拜。君臣之间互相拜，在人格上是互相尊重的。对于商朝后裔建立的宋国，周王对宋国君主之间更是行宾主之礼，而非君臣之礼。《礼记·曲礼下》就说国君对大夫以上的臣都要答拜，仲长统在《昌言》中也谈到：“古者君之于臣，无不答拜也。”朱熹提到，"三代之君见大臣多立，乘车亦立"，当时君主并不是高高在上的"万岁爷"。他还提到"古者天子见群臣有礼，先特揖三公，次揖九卿，又次揖左右，然后泛揖百官"（《朱子语类》卷九十一）。正如阎步克先生所说，先秦封建时代是一种"等级君主制"，当时"贵族政治下君臣身份相通，级差较小"①。体现在礼仪上，天子不但拜揖三公，也对百官行拜揖之礼。

《礼记·曲礼上》记载周人贵族之礼，"若仆者降等，则抚仆之手"，意思是驾车的家臣若身份低下，乘车之君也应该按驾车人的手，以表示感谢。正如朱熹所说，古人"待臣仆如子弟"（《朱子语类》卷十三），君臣的小共同体之间关系是以类似模拟亲属的方式展开的，因此礼制上有一种温情的氛围。《曲礼下》还记载，国君对于大臣和世妇，不应该称呼他们的名，而应该称呼他们的字，以表示尊重；大夫对于自己的家臣，士对于自己的家相，都应该如此，以示尊重。《说苑·臣术》："诸父臣而不名，诸兄臣而不名，先王之臣，臣而不名。"意思是君主对自己的伯父、叔父、庶子哥哥、异姓的长辈大臣，都应该只称呼字，而不能称呼名，以表达尊敬。

战国时代，三代以来的小共同社会与贵族之礼开始解体。虽然也还有孟尝君、信陵君、春申君等宗室血缘之臣，但游士流动，已经是陌生人社会了，因此多举用没有血缘关系的臣。列国之间竞争激烈，于是竞相招揽外来人才，各国君主多敬礼士人，以师傅、朋友之礼相待。战国早期，魏国最得人才，因为魏文侯以士人为师、

---

① 阎步克：《宗经、复古与尊君、实用》，《北京大学学报》2005年6期。

友"魏文侯以卜子夏、田子方为师,每过段干木之庐必式,四方贤士多归之"(《资治通鉴·周纪一》),魏君不但对子夏、田子方等士人行师礼,还对贤士段干木的居所行礼,当时士人普遍认为,能作为国君老师的大臣比仅仅只是当臣的更重要。又据《史记·孟子荀卿列传》记载说,邹衍到魏国,魏惠王亲自到郊外迎接,对他行宾主之礼;到了赵国,平原君侧身跟随他,亲自为他拭席位;到了燕国,燕昭王手持扫帚在前面为他清扫道路,把他请入碣石学宫,拜为老师,自己坐在弟子的座位上学习。《战国策·燕策》中也提到,能完成帝业的君主是将贤能大臣尊为老师,能完成王业的君主则与贤臣做朋友。

到了秦汉,君臣之间不再是殷周时代那样一群宗族亲戚,温情抱团互相拜,而是皇权独大。君权甚强,也不再是战国时代的礼尊士人之风,而是尊君卑臣。扬雄曾比较了秦汉前后待士人之礼的巨大变化:"邹衍以颉亢而取世资,孟轲虽连蹇,犹为万乘师";而到了秦汉,"当今县令不请士,郡守不迎师,群卿不揖客,将相不俯眉"(《汉书·扬雄传下》)。战国时代,邹衍、孟子等士人能获得万乘之尊,大国君主以老师相待之礼,而到了秦汉,就连郡守、县令也不再礼敬这些士人。秦汉式的皇权,强暴而扭曲,所谓"当此之时,虽下愚之才居之,犹能使恩同天地,威侔鬼神,暴风疾霆不足以方其怒,阳春时雨不足以喻其泽,周孔数千,无所复角其圣;贲育百万,无所复奋其勇矣"(《后汉书·仲长统传》)。秦汉式皇权如同超人之位,有大地一般的巨大能量,鬼神一般的超级权威,与凡人之间几乎不再是同一物种,自然不必礼敬士大夫。

有了此种超凡能量,秦朝实行尊君卑臣的制度,叔孙通制作上朝礼仪，可以达到令"群臣震恐"的效果，朱熹早就看透叔孙通这套"礼仪"不过是"秦人尊君卑臣之法"（《朱子语类》卷一百三十五）。这套能让大臣吓得哆嗦的"礼制"，却深受皇帝的喜爱。叔孙通让群臣震恐之后，刘邦就感慨自己终于知道皇帝的尊贵了。尽管秦汉以来，尊君卑臣成为大背景，但汉代皇帝见丞相、三公仍要起立，以示尊敬。《汉书·翟方进传》："丞相进见圣主，御坐为起"，颜师古注释引用了《汉旧仪》说，汉代制度有谒者负责高喊："皇帝为丞相起"，然后皇帝起立后再坐下。《后汉书·陈宠传》也提到，汉代皇帝对三公之礼，也是"御坐为起"。汉儒还认为，丞相和三公之外，皇帝对所有的大臣都应该以礼相待，所谓"圣王之于大臣，在舆为下，御坐则起，疾病视之无数，死则临吊之"（《汉书·王嘉传》），即皇帝见到大臣，如果在车上就要下车以示尊重，如果在座位上就要站起来致敬，关心并探望生病的大臣，或参加并悼念死去大臣的葬礼。

并且随着汉代儒学重建，随着时间的流逝，出现了向先秦的部分回归，尊君卑臣之礼开始褪去。儒者主张重建先秦士人作为君主之师的尊严。为了压低秦汉皇上的跋扈，董仲舒提出了"贬天子"之说，此说与同属于齐地的辕固生之间可能存在着思想的渊源[①]。汉儒的公羊学，则强调朋友是"群臣与成王同志好者"，同时也以吴王阖闾与伍子胥的关系，说明君臣为朋友之伦的道理（《公羊传·定公四年》疏）。同为今文经学的《韩诗》，也提出了周公践天子位后，将十位有德性的士人尊为老师，将十二位比较有德性的人援为朋友

---

① 余英时：《中国思想传统的现代诠释》，江苏人民出版社，1989年，第70页。

的说法（《韩诗外传》卷三）。在洛阳新安县出土的一件西汉瓦当铭文是"尹寿亦王"（《文物》2000年10期），根据《汉书·古今人名表》，这个"尹寿"是尧的老师，这个铭文的意思是，君主的老师也是和君王一样尊贵的人。这些观点公然被铭刻在建筑瓦当铭文上，说明儒者的宣传，已经逐渐成为社会的共识。

在此背景之下，君臣之间又出现了天子"养三老五更"之礼，皇帝对三老大臣行对父亲的礼，对五更的大臣行对兄长的礼，此种尊敬大臣的回归，和秦始皇那种让群臣"震恐"的"礼仪"之间形成了鲜明对比。程颐描述该礼，"择三公之有年德者，天子以父事之，谓之三老；孤卿之有年德者，天子以兄事之，谓之五更"（《二程集·南庙试策五道》）。《后汉书·明帝本纪》记载，汉明帝就在辟雍里"尊事三老，兄事五更"，恭敬地迎接他们，并亲自割肉奉酒侍奉。汉章帝见老师张酺，也是"先备弟子之仪，使酺讲《尚书》一篇，然后修君臣之礼"（《后汉书·张酺传》）。三国时期曹魏的王祥担任太学的三老，"南面几杖，以师道自居，天子北面乞言，详陈明王圣帝君臣政化之要以训之"（《晋书·王祥传》），也是以尊贵老师的身份接受皇帝的行礼，并对皇帝进行教化。

"养三老五更"之礼在以后的南北朝仍然继续使用，如《周书·于谨传》就记载北周武帝对老臣于谨行礼，大臣坐在尊贵的南面，皇帝以更卑微的北面坐，给皇帝讲学，最后皇帝对大臣行再拜之礼。在南方的东晋，门阀政治也带有向先秦贵族政体回归的色彩，皇权并不强大，晋元帝与宰相王导一起同坐，以朋友的关系相处。元帝、王导二人之间的法帖，都用朋友平辈之间的"顿首"一词。而到了晋成帝时期，他写给王导的手诏则多使用"惶恐言""敬白"等对尊长的敬语,中书省起草的诏书,则称"敬问",这以后就成了定规。正月初一,王导入朝,成帝还亲自起来迎接(《晋书·王导传》《晋书·荀弈传》)。

晋朝以后一直到唐,君主在大多数情况下还是像先秦一样,不称呼大臣的名,而是称呼字或者官职,以表示尊敬。顾炎武就举了南北朝、隋唐时期多个例子,如《南史》中梁武帝称呼蔡撙的姓名,蔡撙并不回答,直到梁武帝改称"蔡尚书",他才回应,并告知"陛下不应以名垂唤",因此"帝有惭色"。皇帝不小心呼唤了大臣之名,这是非常不礼貌的,因此梁武帝会为此感到羞愧。顾炎武指出,当时"君臣而有朋友之义,后世所不能及矣"(《日知录》卷二十三)。

唐以及五代,宰相见皇帝议事,"必命坐面议之,从容赐茶而退"。宋初宰相虽不再与皇帝同坐并赐茶,而是站着议事,但其他大臣仍时有同坐并赐茶的礼遇,如真宗时杨亿担任顾问,就同坐并赐茶;理宗时真德秀经筵上讲课完毕,也是同坐赐茶,类似的还有一些例子。此外,宋代君臣常有"夜对"论事,也往往"命坐赐酒",君臣之间亲密如"僚友"①。

宋代人认为,宰相不再像是唐、五代时期那样坐而论道,从容赐茶而退,主要是因为他们拥有核心的决策权,没有闲暇与皇帝坐而论道。正如宋英宗在治平三年对宰相所说:"朕日与公卿等相见,每欲从容讲论治道,但患进呈文字频繁,所以不暇及。"因此,唐和五代负责和皇帝坐而论道的部分,转移到了代表士大夫道统的经筵

---

① 王化雨:《宋朝的君臣夜对》,《四川大学学报》2010年3期。

讲官那里①。总体而言，宋代政治属于"士大夫与天子共治天下"，君臣之间并非清朝那种主奴关系。

跪奏最早出现在女真统治下的金国，《金史》记载金国的宰相高汝砺向金宣宗跪奏。古代北方诸族重视主奴关系，赵翼就发现从鲜卑开始到金元，多有杖打大臣的情况，"魏初法严，朝士多见杖罚"，但南朝的情况就较好，至于"金元二朝此风尤盛"，"元时官吏杖罚之制，更烈于前代矣"（《陔余丛考》卷二十七）。陶晋生先生就指出，在契丹和女真部族中，经常有对大臣的笞刑，在完颜阿骨打时期，就普遍对本族臣下实施鞭打和杖打，到了金熙宗和海陵王时期，则开始鞭笞汉族士大夫。"这种野蛮的刑罚，后来才叫作'廷杖'，在元、明两代继续使用，是屈辱士大夫的有效方法"②。金、元不仅鞭打、杖打士大夫，而且元朝大汗还可以下令在朝堂上打大臣的脸，也没有任何人异议。元成宗时杖打了平章、御史，消息传出后，居然"众呼万岁"。

王船山早就说过："女真、蒙古之世，鞭笞之，桎梏之，奴虏斥诟之。于是而有'者厮可恶'之恶声施于诏令，廷杖锁拏之酷政行于殿廷。三纲裂，人道毁，相反相激，害亦孔烈哉！三代之后，必欲取法焉，舍赵宋待臣之礼，其谁与归？"（《读通鉴论》卷十三），将奴化和肉体羞辱大臣的惨酷渊源追溯到金、元，并指出三代以后宋代对待士大夫之道才是华夏正统。近世学者吴晗也认为，明代廷

---

① 邓小南:《祖宗之法：北宋前期政治述略》，生活·读书·新知三联书店，2006年，第222页。
② 《金代的政治冲突》，《中研院历史语言研究所集刊论文类编·历史编·宋辽金元类》第二册，中华书局，2009年，第1708—1709页。

杖是从元朝继承而来。美国学者牟复礼也认为,明代廷杖士大夫,应当与它在辽、金、元时期的盛行有关。[1]

到了清朝也打大臣,如康熙就号称"朕于他人欲打即打,若御史、给事中,亦必思而后打之"。朝鲜使臣也记载了,清皇杖打臣下的情况,或杖打二十,甚至在清皇"大怒"之后,可以"杖之至八十"[2]杖打大臣,正是因为他们将臣视为家奴或养狗,《清太宗实录》卷三七就记载,皇太极训斥大臣,说养狗"畜养日久,尚收其益",但这些汉族大臣没用,所以"曾鹰犬之不若",直接用养狗来比喻他和大臣的关系。"在皇太极的心目中,汉族儒臣不过是恩养不杀以待其效力的奴才,与豢养的鹰犬没有两样"[3]。正是在这种被视为养狗,随时可以被主人鞭打的主奴关系背景下,金国的高汝砺才选择了跪奏,并从此形成了新的制度。

姚大力教授谈到,元朝皇帝将臣下视为奴婢,一些官员给皇帝的上奏中也自称"歹奴婢每""奴婢""奴婢年幼事上"之类,其中包括了御史台首席大夫伯撒里、御史台第二大夫也帖木儿、降将范文虎、回回天文家扎马剌丁,甚至连元末权臣脱脱也对元顺帝说"郎主使奴婢侍亲"[4]。

主奴结构下的元朝也实行跪制,据《续资治通鉴》记载,文

---

[1] FrederickW. Mote, *The Growth of Chinese Despotism: Acritique of Wittfogel's theory of Oriental Despotismasapplied to China, Oriens Extremus8 (1961), PP1—41.*
[2] 俞拓基:《沈行录》,林基中编《燕行录全集》第38卷,首尔:东国大学校出版部,2001年,第158页。
[3] 郭成康:《也谈满族汉化》,刘风云、刘长鹏编《清朝的国家认同:"新清史"研究与争鸣》,中国人民大学出版社,2010年,第72页。
[4] 《论蒙元王朝的皇权》,王元化主编《学术集林》卷十五,上海远东出版社,1999年,第305—307页。

天祥被召去见元朝宰相,他说南宋都只是作揖,元朝才是下跪,我是宋人,当然应该行宋的礼仪,而不是下跪。窝阔台时期,臣下见到大汗就需要跪拜,而忽必烈时期出现了跪奏,所谓"皆跪奏事"(《元朝名臣事略》卷八)。

到了明朝,君权更为集中,还继承了金元杖打大臣的传统,发展为廷杖。另一方面,继承了元朝的跪拜制度,为了彰显皇权的强大,发展出"五拜三叩首"的礼仪,而清朝更是发展出三跪九叩。钱穆先生指出,清朝"君尊臣卑,一切较明代尤远甚";"清始有三跪九叩之制";"明大臣得侍坐,清则奏对无不跪"。此外,清朝初期,汉族大臣不但要对清皇行三跪九叩跪拜礼以及跪奏,甚至对满洲亲王,也要行引身长跪的礼[1]。柳诒徵先生也对清代和明代礼仪进行了对比:"帝王威权之重,惟清为甚。如明代朝仪,臣僚四拜或五拜耳。明代大臣得侍坐,清则奏对无不跪于地者,盖满人惟恐汉人之不尊之,故因前代帝王之制而益重耳。明代六曹皆称'卿',清则率斥之为'尔',而满、蒙人吏之于奏折,咸自称奴才。以奴才而为大吏,其国之政治可知矣。"[2]

这一系列的现象,正如余英时先生所说:"塞外诸族在未征服中国以前虽诸部落之间维持着比较平等的关系,甚至还实行酋长选举的制度,但他们在入主中原以后反而更加强了中国原有的专制制度……所以明代朝仪,臣僚对皇帝仅四拜或五拜,清代则改为三跪九叩了。"[3]

---

[1] 钱穆:《国史大纲》下册,商务印书馆,2012年,第833—834页。
[2] 柳诒徵:《中国文化史》下册,北京师范大学出版社,2016年,第760—761页。
[3] 余英时:《论士衡史》,上海文艺出版社,1999年,第128页。

清朝在入关中原之前,就发明了一套比明朝五拜三叩首更加尊君卑臣的礼仪,即三跪九叩,满语叫 hengkilembi,入关以后便将这套东西推广全国。《清会典》规定:"大朝,王公百官行三跪九叩礼,其他朝仪亦如之",即所有君臣之礼都使用三跪九叩。同时,清朝也坚持跪奏制度。据清人《啸亭杂录》记载,乾隆十三年,一个叫刘于义的大臣因为跪得太久,居然被活活跪死。这种跪奏不但贬低士大夫的人格,而且更是对体力和耐力的严重消磨。所以李鸿章、翁同龢等六十多岁的老臣,都还会经常坚持练习三跪九叩的技巧,并且自制护膝以保护膝盖,一些护膝可以厚达一寸。

正是因为金、元、清以来形成了主奴关系的皇权,所以当晚清儒者见到西方国家君臣之间那种比较对等的礼节之后,强烈的对比下会产生痛苦感,并因此回忆起中国古代君臣之间其实和西方一样,是互相尊重的,如郑观应在《盛世危言》中就感到"西礼之暗合乎中国古礼之遗意者",实在批评清朝主奴关系的那种扭曲的皇权。郑观应提出:"三代以上,揖让而已,今则有登降跪拜,且极至于九叩之烦文矣;三代以上,三公常坐而论道,今则由坐而立班列侍者,且变为长跽敷阵矣。"①郑观应意识到,中国的主流传统是君臣对等的揖让,三公坐而论道,根本没有三跪九叩和跪奏这些主奴仪式。

可以说,中国历史漫长且复杂,金、元、清那种君臣为主奴、鞭打士大夫、跪奏的源流虽然时间上更近,但从整个中国主流传统来看,则不是常态,而只是一种畸形且扭曲的破坏。辛亥革命后,君主制被废除,也就不存在传统意义上的君臣关系了。虽然梁启超

---

① 《盛世危言》,辽宁人民出版社,1994年,第98页。

等学者认为,现代的工厂经理和雇员、上司与下属、教师与学生等仍然带有一定"君臣"的含义①,但民国至今,各类正式的礼仪都是人格对等的握手礼,其精神也是向中国主流优秀传统的回归。当然,现在一些以"传统文化"为名,行跪拜的拜师礼,就其精神而言,其实并不符合古礼。窃以为,在席地而坐时代,学生对老师跪拜是适合的,而在垂足而坐时代,学生对老师行鞠躬礼即可,这才更符合传统文化的精神。

---

① 梁启超:《先秦政治思想史》,上海古籍出版社,2014年,第81页;余英时:《中国思想传统的现代诠释》,江苏人民出版社,1989年,第26页。

不断重建自治共同体的中国史

"予尝历览山东、河北,自兵兴以来,州县之能不至于残破者,多得之豪家大姓之力,而不尽恃乎其长吏。""夫不能复封建之治,而欲藉士大夫之势以立其国者,其在重氏族哉,其在重氏族哉!"

(顾炎武:《裴村记》)

"自由是古老的",夏、商、周三代时期最基本的社会单位,便是各种类型的自治共同体,封建诸侯、卿大夫领主、宗族、聚族而居的村落等等,犬牙交错为复杂的网状结构。甲骨子组卜辞中的"墉""邑"等就是贵族自治家族共同体的属地,是家族的都城所在[①]。

---

① 朱凤瀚:《商周家族形态研究》,天津古籍出版社,2004年,第154页。

《左传》中所谓"执玉帛者万国",其实不过是几十或上百家形成的自治小团体(《朱子语类》卷五十五)。这些大小不等的各类自治组织之间,根据古老的习俗、惯例"礼"而承担各不相同的义务,并享有相应权利,而当其正当权利受到损害时,则会对上级封君实施抵抗。

如《国语·周语》中记载阳邑之人不服其新封君晋文公,遭到晋军讨伐,阳人抗议"何其虐之也",晋侯也没有办法,只好撤军;又如《左传·昭公十二年》记载,领主周原伯绞因为侵犯邑人的权益,而遭到邑人的驱逐;《左传·襄公十四年》中,卫献公对卿士孙文子无礼,孙文子便据采邑戚讨伐卫君,将其驱赶到齐国。周代铜器《渊卣》铭文记载,贵族"渊"的兄长伯氏将六家武装封臣给了渊,这些封臣不服,便聚集到"大宫"抗争。"从金文案例来看,西周各级贵族对维护自身利益不遗余力,并不会因为身份的差异而忍气吞声"[①]。著名的周厉王被驱逐,也是因为他侵犯了各类豪族和领主们的正当权利,违背了古老封建习惯法的各种传统和惯例。可以说,这一时期的中国历史,充满了古老自由生机蓬勃的活力。

降至战国,古老的封建秩序逐渐崩坏,各国相继掀起变法,旨在强化绝对君主的力量,其中最彻底的便是秦国,全面推行"民有二男以上不分异者,倍其赋"的政策,强行拆散家族、宗族等小共同体,并在基层社会全面推行编户齐民,形成了深刻影响秦汉时期的全面吏治国家模式。这种体制,绝对不是一般人想象中"传统中国皇权不下县","县以下都是自治",而是对基层社会的全面覆盖。

---

① 王沛:《刑书与道术》,法律出版社,2018年,第67页。

据《汉书·百官公卿表》，这种秦汉体制的国家基层有众多的吏员，百石俸禄以下的有斗食、佐史之类的少吏。十里一亭，有亭长和亭卒，县以下有乡，有乡啬夫、乡佐、有秩、游徼、里正、三老等诸多乡吏。《汉书·食货志》记载，这种体制下，五家被按照军事体制编制为伍邻，五个邻构成一个里，里作为定居点，修建有围墙和大门，每天早上里长坐在大门右边，伍长坐在大门左边，监督农民出门劳作，晚上必须背负砍的柴火才允许进来。出土汉初法律竹简《二年律令·户律》也规定，"居处相察，出入相司"，让农民集体劳作，互相监督，小吏"田典"负责掌管里门的钥匙，"以时开，伏闭门，止行及作田者"。

这一体制下的管制事无巨细，吏员众多，里耶秦简《迁陵吏志》中，这个只有三个乡的边远小县，居然有吏员"百三人""令史廿八人""官啬夫十人""校长六人""官佐五十三人""牢监一人""仓吏三人"。根据陈直先生研究，即使是在最基层的组织"里"中，也有各类职务的人员，如"安民里祭尊"印，可知"里"中除里正，还有祭尊[①]；汉简《二年律令·钱律》"正典（里典）、田典、伍人不告，罚金四两"，可知"里"中有田典；《后汉书·范宽传》附《孔嵩传》还记载"佣为新野阿里街卒"。岳麓书院秦简 1373+1405+1291 记载说，三十户以上的里，必须要有里典和里老，三十户以下的至少要有里典，可以没有里老，里典、里老由低级爵位的人担任。可知，最小的"里"中，至少也有里正、里老、田典、街卒等职务。而一个基层治安单位"亭"中，也至少有包括了亭长、校长、求盗、发

[①] 陈直：《汉书新证》，天津人民出版社，1979年，第140页。

弩等成员。杜正胜认为这些基层职务，也都是官府派任的[①]。除了亭，县下的乡也有"邮"这个系统，根据里耶秦简木牍的记载，邮人的任命也是由县负责的。

里耶秦简的 J1 ⑧ 157 号木牍记载，秦朝迁陵县启陵乡，区区只有二十七户人的一个小小的里，其里典的任命先由乡官夫报告给县，又遭到县丞的审核和驳回，再由县尉将里典候选人改为乡的邮人，最基层的控制达到如此严格和绵密的程度，和我们比较熟悉的后来儒家重建社会后"皇权不下县"的画面，形成了鲜明的对比。

庞大的基层管制，导致运行成本极高。另外，这种秦汉军国体制，对基层的信息掌控可以达到惊人的程度，如岳麓秦简中规定了官府券书登记，对鸡犬之类的失误率也不许超过六百六十钱。西汉太守黄霸，对辖区内哪一棵大树可以做棺，哪一个亭养的猪可以充作祭品都全部了然于胸（《汉书·循吏传》）。在另一方面，秦汉国家则尽可能压制社会的自治空间，所谓"秦兼天下，侵暴大族"（《全后汉文》卷一〇三《尹宙碑》）。

不仅仅是将六国大族等迁徙到咸阳、蜀地，而且"禁民私所立社"（《汉书·五行志中》），禁止民间的结社，甚至到了"汉律，三人以上无故群饮酒，罚金四两"的程度（《汉书·文帝纪》文颖注），岳麓秦简中的秦律甚至规定，当兵砍了脑袋被赏爵位，同里的邻居让他请客吃喝，或者请客给他庆祝，都是犯法的，"赀戍，各一岁"都要被罚当一年戍卒[②]，尽可能让黔首之间处于原子化的状态。

---

① 杜正胜：《编户齐民》，联经出版事业公司，1990 年，第 219 页。
② 陈松长主编：《岳麓书院藏秦简（肆）》，上海辞书出版社，2019 年，第 220 页。

禁止民间吃喝的规定到汉代也一直持续，所谓"郡国二千石或擅为苛禁，禁民嫁娶不得具酒食相贺召，由是废乡党之礼"（《汉书·宣帝纪》），正是因为禁止民间无故群饮，一些郡守干脆简单粗暴，连婚丧嫁娶的宴会也禁止了，就是不让民间以"乡党之礼"而形成结社共同体。

秦和汉初体制下的散沙化社会，原子化的人们互相告发、互害，人与人之间的关系冷漠得令人窒息。贾谊写秦国社会的风俗是："借父耰耡，虑有德色；母取箕帚，立而谇语。抱哺其子，与公并倨；妇姑不相说，则反唇而相稽。"（贾谊：《治安策》）父母用了属于儿子的一点儿东西，立刻闲言碎语，骂得不可开交。妻子一边抱着小孩哺乳，一边以最不礼貌的姿势与公公坐在一起。有一点儿矛盾，婆媳之间便反唇相讥，互骂不已。"（秦）时不知德，惟爵是闻。故闾阎以公乘侮其乡人，郎中以上爵傲其父兄"（《晋书·庾峻传》），在乡村邻里之间，爵位比邻居高一点，就可以公开欺凌侮辱别人；而在家庭之中，爵位略高，则可以傲慢骄横地对待父亲和兄弟。

岳麓书院收藏的秦简中，有一个案件《得之强与弃妻奸案》：一个叫"得之"的隶臣抛弃了妻，后来一次遇到，便使用暴力"捽偃"和"殴"，将她强行拖到"里门"去强奸。这时遇到了一个叫"颠"的人，她向"颠"求救"救吾！"，但是"颠弗救，去，不知它"[1]。同一个社区的邻居，见到对方遭受暴力和强奸呼救，却只是冷漠地转过身去离开，这就是当时原子化社会的基本风貌。

---

[1] 陈松长主编：《岳麓书院藏秦简（叁）》，上海辞书出版社，2013年，第196—201页。

战国七雄中，秦最彻底地建立起全面控制基层的吏治国家。其他各国情况则较为复杂，三晋距离秦制更近。齐国虽也有"五十家而为里"（银雀山汉简齐律《田法》），"十家为什，五家为伍"，"置闾有司以时闭"，但仍然给"长家子弟臣妾属役宾客"这样的自治共同体留下了部分空间（《管子·立政》），"族"仍然对于齐人身份具有一定意义，"问国之弃人，何族之子弟"，"问乡之贫人，何族之别也"（《管子·问》）。从齐国临淄故城出土的战国陶文来看，同一个姓的陶工，多聚居在同一个里或乡，其民间手工业企业仍带有较浓厚的家族色彩（高明：《从临淄陶文看乡里制陶业》）。

相比而言，楚国社会保存了更丰富的小共同体自治传统，包山楚简中，人的身份是由"居处名族"组成的，包含了地缘和血缘属性，家族共同体并未遭到拆散。楚国甚至不能做到将全部人口登记在国家劳役的档案中，包山简《集箸》中，一位叫"墨"的贵族其家臣有四代人，其中只有一名叫"庚"的人被登记在"司马徒书之"的劳动力登记中。楚人家族自治共同体有强大生命力，秦的长期统治，并未能有效瓦解楚人的自治能力。在湖北荆门岁坡岗，发现了秦将白起攻占鄢都后延续了六十年的楚遗墓地，分为九个家族墓区，男性墓都随葬武器（《华夏考古》2012年3期），并未被秦所同化瓦解为散沙。即使秦灭楚后，项梁仍然能够"阴以兵法部勒宾客及子弟"（《史记·项羽本纪》），其后项羽集团的基本组织结构也依托于"诸项、妻之昆弟"（《史记·陈丞相世家》）这样的宗族或联姻结盟家族共同体，并进而依托江东各世族组成八千江东子弟。

正因制度文化差异如此巨大，所以楚人最不能忍受秦的统治，秦末战争，楚人反秦最为积极，对秦制仇恨最深。而刘邦集团，则几乎全盘继承了秦的领地和制度遗产，萧何的九章律，几乎是照搬秦律，甚至刘邦集团后来的基本武力，也最终以关中秦兵为主。刘邦集团的崛起，实际是第二次秦灭六国（陈苏镇：《〈春秋〉与"汉道"》）。因此西汉前期的制度、法律、氛围，与秦朝并无太大差异，仍然打击大族，将齐、楚大族迁徙关中（《汉书·高帝纪》），酷吏王温舒残杀民间宗族，"至流血十余里"。酷吏陈咸为南阳太守，打击当地大族立威，手段极其酷烈，"辄论输府，以律程作司空，为地臼木杵，舂不中程，或私解脱钳钛，衣服不如服，辄加罪笞。督作剧，不胜痛，自绞死岁数百人，久者虫出腐烂，家不得收"（《汉书·陈万年传》）。汉初大族的悲惨处境，正是"豪富莫必其族姓"（《盐铁论·国疾》），只要是大族，都在重拳锤击之下难以存活。而所谓的"文景之治"，其实异常残酷。汉景帝的阳陵旁，发现有八万平方米的区域，埋葬着上万具修墓人的尸骨，汉武帝的茂陵旁则有两万具修墓人的尸骨（《考古与文物》2011 年 2 期），这归因于秦汉强大的国家汲取体制和严酷的秦政律令。正是在这一背景下，汉儒艰难展开了重建自组织力小共同体的努力。

汉儒韩婴就赞美了"古者"时代自治小共同体"疾病相忧，患难相救，有无相贷，饮食相召，嫁娶相谋，渔猎分得，仁恩施行，是以其民和亲而相好"，三代时期的小共同体之间是密切互助的团体，民风醇美。但是"今或不然，令民相伍，有罪相伺，有刑相举，使构造怨仇，而民相残，伤和睦之心，贼仁恩，害士化，所和者寡，欲败者多，于仁道泯焉"（《韩诗外传》卷四），到了秦汉国家体制这里，用编户齐民、连坐和告密统治基层社会，散沙化的原子之间互相伤害，民风败坏。在此，汉儒对秦汉编户齐民的国家模式进行了强烈的批评。

由于汉代儒学的复兴和流行，宗族开始重建，一些人开始摆脱了原子化的生存状态。徐复观先生发现，在西汉中期以后，平民普遍都有了姓，而姓的普及，对于族的重建是重要的。"无族之家，孤寒单薄，易于摧折沉埋。有族之家，则族成为家的郭郛，成为坚韧的自治体，增加了家与个人在患难中的捍卫及争生存的力量"[①]。在此之前，普通平民都只是"不敬""猎从""畜""豹""熊""醉"之类的名字，几乎没有姓。而经过汉儒的努力建设，西汉中晚期的普通民众，都开始模仿先秦贵族，建立了自己的姓氏。如在居延汉简所见普通士兵名字，"李延寿""周万年""赵延年""李寿""张彭祖""薛去疾""周千秋""王安世"之类，这些名字会让人感到非常熟悉。早在两千多年前，中国平民就模仿贵族，全面普及了姓氏，这在人类史上是极其独特的现象。欧洲、日本和朝鲜平民普遍获得姓氏这一过去贵族才有的事物，要迟至十九世纪了。按照法国学者库朗热（Fustelde Coulanges）的研究，古罗马时代的平民们是通过模仿当时的贵族家族样式而学会了组建自己的氏族[②]，那么我们可以说汉代的中国平民精英们，是通过模仿儒家古籍中记载的先秦贵族价值观，来重建了新的家族小共同体，开始逐渐摆脱原子化的状态。

民间复苏需要经济力量，因此董仲舒提出"盐铁皆归于民"

---

① 徐复观：《西汉思想史》第一卷，华东师范大学出版社，2002年，第192页。
② ［法］库朗热：《古代城邦》，谭立铸等译，华东师范大学出版社，2006年，第90页。

(《汉书·食货志》)。汉朝法吏认为,民营盐铁会导致"众邪群聚,私门成党",儒者则主张"王者不畜聚,下藏于民"(《盐铁论·禁耕》)。经过汉儒的不断努力,至东汉章和二年四月,窦太后终于下诏书,"郡国罢盐铁之禁,纵民煮铸"(《后汉书·和帝纪》),陈苏镇先生认为:"此事表明,《公羊》家关于国家不得与民争利的观点在东汉朝廷中占有优势。"[1]汉儒的努力,使得富民成为合法,仓廪足而知礼仪,社会的富裕有利于小共同体的重建。

《汉书》等文献记载,汉代很多精英努力重建社会,建立并维系自治的小共同体。如杨恽"及身封侯,皆以分宗族",循吏朱邑"禄赐以供九族乡党",樊重"赀至巨万,而赈赡宗族",《四民月令》记载汉代宗族重建后的共同体互助,"赈赡穷乏,务施九族","存问九族孤寡老病不能自存者"。由于儒学观念的传播,皇帝也逐渐放弃了此前常用打击大族的强制迁徙措施,元帝初元三年下诏,尊重民间"骨肉相附"的人伦,而不再强制迁徙。西汉社会在元帝以后,带有更多的儒学色彩,宗族共同体得到进一步的重建。

王莽要"复古",恢复"井田",但由于时代久远,他早已不能理解,三代时期的井田,其实是一种类似于英国中世纪封建习惯法下面的土地制度。"公田"的"公",是指封建领主,而非秦汉式的

---

[1] 陈苏镇:《〈春秋〉与"汉道":两汉政治与政治文化研究》,中华书局,2011年,第466页。

"国家"。井田是领主从周王或诸侯那里获取的保有领地，村社小共同体再从领主这里获取保有的土地，作为报偿，给领主的"公田"提供一点封建义务的服务。这种小共同体基础下的封建习惯，既不是"土地国有制"，也不是"土地私有制"，而是每一层保有者都根据习惯得到一部分的权利，并履行其封建义务。

从小生活在秦汉国家体制下的王莽，显然无法理解早已消逝的真实井田，而是根据自己经验，将其理解为土地国有，并强制分田，禁止土地买卖。其善意的动机加上对历史的无知，再结合秦汉国家的超强动员体制，最终给社会带来极大灾难。在当时儒学化的大族看来，理想主义者王莽的这些行为与暴秦无异。如第五伦就认为"秦以酷急亡国，又目见王莽亦以苛法自灭"（《后汉书·第五伦传》），将王莽的治理和秦朝的酷烈政治视为同类。王莽的失败，其实是混淆了小共同体和大共同体的边界，用小共同体的治理手段去实现大共同体的治理，自然最终天怒人怨。对此，吕思勉先生有很好的分析："原来古代的法制，是从极小的地方做起的。所谓国家，起初都是个小部落，君主和人民，本不十分悬隔；而政治上的机关，却极完备；所以一切事务易于推行，而且也易于监察，难于有弊。到后世，就大不然了。一县的地方，县或大于古代的一国，何况大于……就有良法美意，也无从推行。"[①]

新莽政权逐渐崩坏，战乱迭起。但由于汉儒对自治小共同体的重建，为激烈乱世中守护社会提供了基本保障，《后汉书》中记载了王莽末期天下大乱，多有宗族乡党凝聚自保的情况，如第五伦因为

---

① 吕思勉:《白话本国史》，上海古籍出版社，2007年，第208页。

"义行",所以"王莽末,盗贼起,宗族闾里争往赴附",自组织的范围,超过了血缘宗族,还囊括了乡党。此外又如"暴乱三辅,郡县大姓,各拥兵众"(《冯异列传》),"百姓各自坚守壁","太行山豪杰多拥众"(《陈俊列传》);"率子弟宗族宾客千余人,往谊伯升"(《阴识列传》);马援则感慨"凡殖货财产,贵其能施赈也,否则守财虏耳","乃尽散之以班昆弟故旧"(《马援传》)。凝聚宗族、乡党、宾客武装自保的遍地小共同体,最终成为支撑东汉重建秩序的基本力量。

东汉的建立,得到了遍地豪族的支持,所谓"今天下所以苦毒王氏,归心皇汉者,实以圣政宽仁故也"(《后汉书·独行列传》),东汉政权的合法性,正是建立在承认遍地宗族自治这一"宽仁"的政策基础之上。一些大族被"宽仁"政策吸引倒向东汉,但有时又会被地方官吏欺压,如鬲县就发生过"五姓共逐守长"的事,李贤的注解释这个县的五姓是当地的"强宗豪右",他们忍无可忍,驱逐了地方官,拒城反叛。对此,东汉吴汉的方法是逮捕了当地得罪了大族的地方官,并"使人谢城中",向大族们道歉,于是"五姓大喜,即相率归降"(《后汉书·吴汉传》),以宽仁的政策赢得大族的支持。另外又如王畅为南阳太守,曾经试图以"使吏发屋伐树,堙井夷灶"的激烈手段打击当地大族。最终在功曹张敞的谏议之下,意识到治理的关键系于"五教在宽","汤去三面,八方归仁","明哲之君,网漏吞舟之鱼",最终改弦易辙,"更崇宽政"(《王龚传》)。

东汉时代,伴随着对社会的"宽政",遍地的自治宗族共同体崛起,终于冲破了秦汉国家垄断的军公爵耕战体制,不再"利出一孔"。所谓"民不知爵者何也,夺之民亦不惧,赐之民亦不喜"(王粲:《爵论》),治理的重心偏向了乡里的大族。有学者将西汉时期各地墓葬距离县城的距离和东汉时期的数据进行比较统计,通过大量墓葬资料和 GPS 经纬度坐标数据研究,发现山东、江苏、湖北、河南、四川等众多地区的东汉聚落,都比西汉更加远离县城为代表的官府中心。如山东地区西汉聚落到县城的平均距离为 6.2475 千米,到了东汉则平均为 8.9539 千米;江苏的西汉聚落到县城平均为 6.2475 千米,到东汉则变为平均 12.9332 千米;湖北西汉为 4.1672 千米,东汉则变为 10.6446 千米;四川西汉数据为 6.2352 千米,东汉变为 12.3121 千米。这些明显更远离官府所在政治中心的距离变化,意味着东汉时期的大族邬壁等聚落,可以更有效地进行自治(《考古学报》2015 年 1 期)。

另外值得注意的是,东汉以来的豪族或自治邬壁,其建立过程往往要先基于某种契约的达成。如东汉末的田畴,率领宗族与外姓避入徐无山中,通过"推择其贤长者以为之主"的方式选举了共同体的首领,并建立起"约束"的契约:内部杀伤、盗窃等行为要受到惩处外,还有二十条抵罪的约定。并在此契约基础上,"制为婚姻嫁娶之礼,兴举学校讲授之业"。在此"五千余家"的自治共同体内部,达到了"道不拾遗"的治理效果(《三国志·魏书·田畴传》)。而邬壁主胡昭的治理权,也源自"避兵入山中千余家"之间频繁发生纠纷,胡昭长期扮演调解者的角色,获取了众人心目中的权威,因此"众咸宗焉"。通过此种自发产生的自然精英权威,自治共同体内部实现了"二百里无相侵暴者"的水平(《三国志·魏书·张骑传》裴注引《高士传》)。汉晋时期小共同体的领袖,就像田畴一样,往往是共同体成员选举的结果。如李矩"素为乡人所爱,乃推为坞主"(《晋书·李矩传》),祖逖也是被推举为行主。

此种流风所及,当时的流民武力团体,大多也在内部以推举或多数人意志来选择共同体的头领。如魏该"欲率众南徙,众不从,该遂单骑走至南阳",但其后的头领马瞻骄虐,"部曲遣使呼该,该密往赴之,其众杀瞻而纳该"(《晋书·魏浚传》)。武力团体首领的确立,实际上来源于共同体中部曲、众人的共同推举。又如郭默曾领取代刘遐的部曲,但刘遐"妹夫田防及遐故将史迭、卞咸、李龙等不乐他属,共立肇"(《晋书·刘遐传》),这一武力共同体不认同外来的首领,其核心成员便共同推举出自己共同体的首领。类似的情况,武装流民、滨海天师道武力团体的首领都源自推举,如杜弢是巴蜀流人"共推弢为主"(《晋书·杜弢传》),苏峻因为能收葬战乱而死者的白骨,"远近感其恩义,推峻为主"(《晋书·苏峻传》)。孙恩死后,"余众推恩妹夫卢循为主",后来卢循被桓玄招安为永嘉太守,但因为部众习惯了劫掠,因此"循虽受命,而寇暴不止"(《宋书·武帝纪》),就是说武力共同体的首领必须首先遵从团体内众人的意志,而不得随性而为。

四

儒学鼓励平民模仿先秦贵族,重建自治共同体,东汉以来出现了诸多新的世家,王符《潜夫论》有《志氏姓》篇,应劭《风俗通》有姓氏篇,其中就多有两汉时期形成壮大的宗族。这些起自平民的世家,深刻影响了魏晋自隋唐的历史,如钱穆先生所说:"魏晋南北朝下迄隋唐，八百年间，士族门第禅续不辍，而成为士的新贵族。"[①]

在五胡南下的兵荒马乱之中，朝廷土崩瓦解，生灵涂炭，但正是这些儒学传家的世族，在洪水滔天之中，扮演了自组织拯救邻里乡党的凝结核角色，如同遍地的救命岛屿。如庾氏家族的祖先庾乘，本来只是东汉时代的卑贱门卫，但因为学儒，经营家风，使得颍川庾氏精英辈出，西晋末大乱之时，庾氏家族的庾衮，因其德性名望，得到了族人和乡亲的信任，"率其同族及庶姓保十禹山"，修建邬壁自保，尊老慈幼，抵御石勒的入侵，"是以宗族乡党莫不崇仰"（《晋书·孝友传》）。追随并加入庾衮的人，都必须同意这一自治共同体的契约并宣誓："无恃险，无怙乱，无暴邻，无抽屋，无樵采人所植，无谋非德，无犯非义，戮力一心，同恤危难。"

又如早年即"以儒雅著名"的郗鉴，在永嘉之乱中遭遇饥荒，将自己所得之粮，分给"宗族及乡曲孤老，赖而全济者甚多"。但他因此自己缺粮，有人因其名望，愿意给他饭吃，但不能保障他的侄儿、外甥，郗鉴因此每次前往就食，都忍饥将省下的饭包在两腮之间，"还吐与二儿"，回去哺育侄儿郗迈、外甥周翼，两个孩子因此得以存活，并一起渡江（《晋书·郗鉴传》）。类似的还有祖逖，在京师大乱后，率领"亲党数百家"这一共同体避乱于淮泗，"以所乘马载同行老疾，躬自徒步，药物衣粮与众共之"，"是以少长咸宗之，推逖为行主"（《晋书·祖逖传》）。从这些例子都可以看出，在这些苦难的岁月，守护华夏文明火种的，正是这些以美德为纽带凝聚起来的小共同体。

[①] 钱穆：《国史大纲》下册，商务印书馆，2012年，第561页。

为了维持这些自治小共同体的延续,需要共同体成员具有相当的德性。如北朝的崔士谦,"性至孝,与弟说特相友爱,虽复年位并高,资产皆无私焉,居家严肃"(《北史·崔士谦传》),在共同体内部孝父母,和兄弟特别友爱,家族内实行族产。该博陵崔氏家族的家风,"一钱尺帛,不入私房,吉凶有须,聚对分给,诸妇亦相亲爱,有无共之"(《魏书·崔孝芬传》)。又如著名的杨愔家族,"抚养孤幼,慈旨温颜,咸出人表。重义轻财,前后赐与,多散之亲族,群从弟侄十数人,并待而举火","轻货财,重仁义,前后赏赐,积累巨万,散之九族"(《北齐书·杨愔传》)。这一家族也是族人共财,一起举火吃饭,并用财富资助远亲。同样是弘农杨氏的杨播,兄弟之间"有一美味,不集不食","若在家,必同盘而食,若有近行,不至,必待其还,亦有过中不食,忍饥相待"(《魏书·杨播传》),共同体内部的兄弟之间相爱护,宁愿忍饥挨饿也要等兄弟回家一起吃饭。兵荒马乱之际,家人之间同样抱团,如江陵城破之后,"特相爱友"的王氏兄弟被乱兵所围,"争共抱持,各求代死"(《颜氏家训》卷一)。赵郡名族李士谦,在饥荒时焚烧了所有给别人的借贷债权,"他年又大饥,多有死者,士谦罄竭家资,分给贫乏,赵郡农民德之"(《隋书·隐逸传》)。华夏文明的艰难岁月中,正是自治小共同体成员们的德性,守护着座座孤岛,才保留下文明的火种。"门第之在当时,无论南北,不啻如乱流中岛屿散列,黑夜中灯炬闪耀"[1]。

正如日本学者谷川道雄所言,六朝时期"豪族赈恤宗族、乡党

---

[1] 钱穆:《国史大纲》上册,商务印书馆,2012年,第310页。

中的贫困者,花费心血扶助其生活,日常还要指导农事、调解纷争;面临外敌,则团结宗族、乡党以图自卫","豪族层的这种行为,经常是用'轻财重义''轻财好施'等的语言来评价的。而这种无私之心以及来自宗族、乡党的信任,就成了豪族共同体不可缺少的精神要素。为了度过后汉至六朝时期充满苦难的岁月,人们是需要站在这种超越自我之立场上的"①。

五

唐宋时代,中国的自治小共同体继续发育。唐代时期,除了中古的豪族、乡党的共同体,还出现了广泛的民间互助结社。如专门为丧葬互助的亲情社、兄弟社、妇女的结社、佛教徒烧香拜佛的结社,还有农民集资买牛的牛社,共同从事治理水利的渠社等。以丧葬互助的结社为例,唐代人重视厚葬,但花费过多,因此只好形成互助的结社,集资办丧葬,社中有成员死去,便由社司向社中成员发布通知,社中成员至少要拿出一瓮酒和一斗粟米来资助。

从敦煌文书的结社资料来看,为了抗拒天灾人祸,很多农民组成经济上互助的结社,如《纳赠历》中记载一位"阿婆"身故后,得到了六石粟米、一千枚饼、色物四十五段。另一位"新妇"身故后,得到了八百四十枚饼、二石四斗粟米、油二十合、柴火三十三束,迅速得到大笔经济资源,正是结社众人合力资助的结果。除了

---

① [日]谷川道雄:《中国中世社会与共同体》,马彪译,上海古籍出版社,2013年,第219页。

结社成员临事缴纳资助，结社往往还有公共的储存积累，称之为"义聚"，在一件敦煌文书中记载，"所置义聚，备凝凶祸，相共助诚，益期赈济急难"，意思是结社备有日常的物质储蓄，以作为救济社员的预备金。

通过结社，人们形成了经济上的抗风险共同体，几乎所有社条都有规定："大者同父母之情，长时供奉。少者一如赤子，必不改张"，结社不但为孤老孤儿提供了情感上的慰藉，同时也在经济上帮助社中成员的孤儿寡母。敦煌的结社文书中写道："父母生其身，朋友长其值。危则相扶，难则相救。与朋友交，言如信。结交朋友，世语相续。大者如兄，少者若弟。"（唐耕耦等：《敦煌社会经济文献真迹释录》第1辑）文书的意思很清楚，结社是模拟兄弟关系组建的互助共同体，在遭遇危难时互相救济。唐代大量结社的存在，提高了社会的抗风险能力。

唐末五代的大乱，东汉、魏晋以来形成的中古传统大族和士人新贵族毁灭殆尽。这一时期的北方迅速散沙化，即钱穆先生所说："贵族门第以次消灭，其聪明优秀及在社会上稍有地位的，既不断因避难南迁；留者平铺散漫，无组织，无领导，对于恶政治兵祸天灾种种，无力抵抗；于是情况日坏，事久之后，亦淡焉忘之。"[1]

在此背景下，宋儒对小共同体作为社会凝结核的重要功能，又有清醒的认识，所谓"强宗豪族犹足以庇其乡井"（《问汉豪民商贾之积蓄》，《陈亮集》卷一三）。因此宋儒强烈渴求在社会上重建各类的共同体。如程颐就对原有共同体的散沙化感到无比焦虑："宗法

---

[1] 钱穆：《国史大纲》下册，商务印书馆，2012年，第769页。

不立，既死遂族散，其家不传"，"宗子法坏，则人人不自知来处，以至流转四方，往往亲未绝，不相识"（《河南程氏遗书》卷十五）。张载则感慨："今骤得富贵者，止能为三十四年之计，造宅一区及其所有。既死则众子分裂，未几荡尽，则家遂不存"（《张载集·经学理窟》）；陈著也谈到"今之人族未至服尽，已视为行路人"（《本堂集》卷四十五）。宋儒已经观察到，如果没有礼教，则社会迅速散沙化，人与人之间便只存在行同路人的原子个体，无法形成并维系自组织的小共同体。为了重建自治的宗族共同体，宋儒提出在重新散沙化的荒漠上建立家庙和宗族财产，朱熹批评"今士人无家庙"（《朱子语类》卷九十），张栻尝试"谋建家庙"（《张栻集》），赵鼎则强调"田产既不许分割，即世世为一户"（《忠正德文集》卷十）。

重建自治的家族共同体，必须建立稳定的经济基础，典型的模式便是范氏义庄。范仲淹在皇佑二年（1050年），用多年积累的俸禄资金，在苏州购买十多顷良田，用每年的田租来赈济族人，这就是著名的范氏义庄。除了田租，义庄还包含了供族人居住的义居和子弟学习的义学。范氏义庄的模式，被很多宋儒赞赏和模仿，"晚仿范文正公义庄之制，赡宗族，长幼亲疏，咸有伦序。岁以为常，有余又以及姻戚故旧无遗力"（《渭南文集》卷三十九），即模仿范氏义庄救济族人，并扩大到异姓的姻亲和故旧，成为地方社会治理的凝结核。

范氏义庄从北宋以来一直运作，存在时间长达九百年。明末清初的顾炎武感叹，"至今裔孙犹守其法，范氏无穷人"（《日知录》卷六）。共同体的优势，从经济上保证了范氏后裔的生活质量，家族中没有穷人。除了周济族人的义庄，宋代还出现了很多资助血缘关系以外，以乡党为援助对象的义庄，如吴奎就在家乡潍州北海建立义庄，救济范围包含了"亲戚朋友"。四明史氏的史浩，就在绍兴创办过乡曲义庄，以救济当地士绅后裔中的贫困者，后来他在福州又兴办过一个给养贫困孕妇的义庄。在退休回到家乡后，他与当地的士绅朋友沈焕、汪大猷共同商议兴办乡曲义庄，当地士绅纷纷捐献，凑到五顷田产并修建了房屋，救济"凡仕族有亲之丧不能举，孤女之不能嫁者"（楼钥：《义庄记》）。

宋代最著名的结社共同体实践，当属吕氏乡约。吕氏乡约是理学家张载的弟子吕大钧兴办，由当地士绅和乡民自由入社形成的自治共同体，目标是恢复先秦时代的"里仁之美"。该社活动的内容主要是德业相劝、过失相规、礼俗相交、患难相恤。社中成员如果有善行美德，就会被记录下来，以示表彰。而如果有造谣、赌博等不良行为，也会被书写下来，作为实施惩罚的依据。在婚丧嫁娶方面，恢复《礼记》中的礼仪精神，去除粗鄙的习俗，社中成员对婚丧嫁娶所需物品或人力提供帮助。患难相恤也是其中重要内容，在遭遇水灾、火灾、盗贼、疾病、孤儿、冤案、贫困等患难情况时，社中成员都有义务提供钱财、物质方面的援助。对于乡约结社以外的乡民，乡约中人也应该提供救恤（陈俊民：《蓝田吕氏遗著辑校》"乡约"篇）。显然，吕氏乡约所体现的治理精神，是担任的地方自治凝结核和移风易俗的功能。

吕氏乡约深远地影响到了宋代和明清，在此之后出现了大量的自治乡约，如朱熹就在对吕氏乡约充分研究的基础之上，制作了《增损吕氏乡约》，朱熹的弟子和再传弟子如阳枋等人都热衷于在实践中组建乡约共同体。在面对被蒙古侵入和屠杀后残破的四川，乡土满目疮痍，社会秩序濒临崩溃，一些乡人在绝望下接近犯罪边缘，阳枋在此时挺身而出，重建乡约共同体，并"悉所有以济困乏"赈济众人（阳枋：《字溪集》卷十二《附录》），达到患难与共，重建社会的效果。

对于宋代士人不断建设自治社区共同体的实践，美国汉学家狄百瑞（Willim Theodorede Bary）论述道："宋代政府的权力日益膨胀，朱熹觉得只在家庭生活中或只在保伍的乡党组织中实践公众道德是不够的，更应该在地方社区中设法建设起自发的精神，因为这种地方社区或许可以在政府权力与家庭利益之间起调和的作用。"①

六

明清时期，出现了士商一体的观念和实践，绅商成了民间社会重要的自治力量。根据余英时先生的研究，明代出现了"士商异术而同心""异业而同道"的观念，一些人"处乎儒若贾之间"并"友天下贤豪长者"，或"贾而士行"，或"士而贾行"，绅商逐渐合一，形成社会自治的重要力量。"举凡建宗祠、修宗谱、建书院、建义塾、刊行图书之类的民间事业都是士与商共同为之，缺一不可"，"即以明末的商业书而言，其书名常以士商合称，如《士商类要》《士商要览》皆其著例"②。

---

① ［美］狄百瑞：《中国的自由传统》，李弘祺译，香港中文大学出版社，1983年，第30页。
② 余英时《时尚互动与儒学转向》，《现代儒学的回顾与展望》，生活·读书·新知三联书店，2005年，第235页。

在此背景下，多有绅商背景的宗族或行会组织，能实现有效的自治。如广东佛山，最初为商业性的墟市，由绅商背景的宗族进行自治，只用向官府缴纳一笔银两作为墟市税，便可以自行管理。在明朝正统十四年（1449年），流寇进攻佛山，佛山自治共同体的二十二位耆老组织市镇的民兵进行抵抗，取得胜利，并得到朝廷的封敕（冼宝干：《民国佛山忠义乡志》卷十四《人物》）。这意味着，明朝承认佛山自治市镇的地位和当地耆老的权威。作为自治市镇，明代佛山没有官府机构，而是由宗族商绅的自治组织"嘉会堂"实施管理，"乡事由斯会集议决"。清中期以后，由商绅组织"大魁堂"进行自治，包括市镇的公共治理，救济贫困，公共教育、祖先祭祀等事项。共同体内部地缘和血缘的纽带，降低了管理成本，佛山商民乐意于服从这些自然精英的权威，秩序井然，佛山的商品经济得到巨大发展。发展到晚清，佛山绅商更是主张近代模式的自治，冼宝干就提出"官之治民，不如民之自治"（冼宝干：《民国佛山忠义乡志》卷三），并在晚清预备立宪的背景下，组建了更加近代化的"自治会"。

又如在江南地区，也存在大量不在法律建制"县"与"乡""里"之外的市镇，所谓"市镇统于州县，例无设官"（嘉庆《南翔镇志》卷四"职官"）。明清政府虽在市镇驻有极少量的官员和下属弓兵、捕役、军健之类，但根本无法胜任对市镇的管理。对此，江南市镇多设立"四栅"，在镇区四界设立栅栏，说明江南的市镇已经成为一个独立的治安系统，这也是市镇自治能力加强的体现。尤其是到了晚清，伴随着太平天国战争的动荡，江南市镇的绅商多自发组建民兵，进行自卫。民兵的长官由镇内的绅商推举，再由政府加以委任，并自筹经费。市镇绅商的民兵，在太平天国的战乱中对于保护地方秩序、人身和财产安全做出了贡献。

此外，明清市镇还组建有完全自治的慈善机构、商业行会组织。慈善范围包括了赈灾、收养弃婴、养老、济贫、救火等多个领域，有育婴堂等组织。商业自治则体现为商业会馆，北方最著名的为山西晋商的会馆，南方有福建、金陵、宁绍、江西等会馆，会馆内多为众人商议，根据地方习惯法进行仲裁，调解各类纠纷。另有各行业的行会组织，实施公议管理的自治模式。这些自治团体的成熟运转，有效地降低了当地的管理成本，有利于社会的稳定和经济发展，并在中国社会的近代化转型过程中提供了水到渠成的现实资源。

在一些启蒙知识分子看来，中国传统只有官府和臣民，而没有社会中间层的自治文化传统，这其实是基于各类偏见和误解形成的错误史观。如果客观理性地审视历史，应该能承认，以儒家文化为代表的中国主流传统，有着强大的历史生命力。在秦汉国家模式的框架下，仍然具备不断重建自组织小共同体的能力，并依据不同的历史条件和问题意识，建设形式各异的中间自组织，带有鲜活的生命力，为漫长的中国历史之河源源不断地提供源头活水。

儒家的商业观,和你想象中的不太一样

商业在中国有悠久的历史,《周易·系辞下》记载说在遥远的神农氏时代,就出现了原始的市场,"聚天下之货,交易而退,各得其所"。"商人""商业"词汇的来源,便是擅长经商的商民族,《尚书·酒诰》说商民族的人"肇牵车牛远服贾,用孝养厥父母",他们驾驶着牛车到远方经商,赚钱孝养自己的父母。商民族的祖先首领王亥、王恒等人,也是擅长经商的,《周易·大壮》《旅卦》分别提到他们"丧羊于易""丧牛于易",赶着牛羊四处经商,遭到有易部落的袭击而丧生。部族首领亲自经商,甚至为此而死,说明商民族有重视商业活动的传统。商代金文族徽中,有些是人背贝串的图像,代表了以贸易为职业的氏族,以商贸为族徽,也显示了商业具有受人尊敬的社会地位[1]。商亡国后,商王畿地区的遗民仍然擅长经

---

[1] 张光直:《中国考古学论文集》,生活·读书·新知三联书店,1999年,第382页。

商，如殷遗民的聚居中心洛阳，在周代发展为重要的商业中心，商贾众多。西周铜器《颂簋》铭文记载周王命颂"司成周贾，监司新造贾用宫御"(《集成》04332)，可见殷遗民扎堆的成周商业十分活跃，因此周王专门指定人对此加以管理，并采买王室所需商品。《史记·货殖列传》说洛阳的商人"东贾齐、鲁，南贾梁、楚"，遍布各地，十分活跃。在一般民间，如原商王畿的卫国，商业活动也活跃，人们熟悉的《诗经·卫风·氓》，就描写当时卫地民间"抱布贸丝"的商业活动，而著名的儒商子贡也出生于卫，当是受到此种风俗的熏染。

孔子为殷人后裔，应当也对商业文化并不陌生，如余英时先生所说，孔子反复说"沽"，使用商人的语言，说明他对市场非常熟悉[①]。和一般人想象的陈腐穷老头形象不同，孔子本人并不敌视商业活动和富贵，他认为"富而可求也，虽执鞭之士，吾亦为之"(《论语·述而》)，富有是值得追求的，所反对的只是"不义而富且贵"，而"富而好礼"(《学而》)，则是他最赞赏的模式。《史记·孔子世家》中，孔子曾笑着对爱徒颜回说："颜氏之子！使尔多财，吾为尔宰"，希望颜回能够富有，自己来担任其管家。这也可以解释孔子对其爱徒子贡的态度，他将儒商子贡比喻为"瑚琏之器"这样的宗庙宝物(《论语·公冶长》)，而不是将其批评为"满身铜臭的财主"，就很能说明原始儒学对于商业活动与财富的基本态度。

很多人认为，中国没有契约传统，但西周的郑国在立国时代，

[①] 余英时：《商业文化与中国传统》，《人文与理性的中国》，程嫩生等译，上海古籍出版社，2007年，第276—277页。

便和商人们建立起一项宪法性的契约，所谓"尔无我叛，我无强贾，毋或匄夺。尔有利市宝贿，我勿与知"（《左传·昭公十六年》），意思是只要你们商人不背叛国家，那么国家就保证不强买你们的商品，也不会强行索取或抢夺。你们有怎样的巨额财富，都与国家无关。这一契约，在日后对保护郑国商人财产权方面，起到了巨大作用。两百年后，势力强大的晋国权臣韩宣子向郑国商人索要一件玉环，郑国执政官子产以"这不是国家府库收藏的器物"为理由回绝了。韩宣子又用压价的方式，向商人强行购买玉环。这时，子产搬出了两百年前的这项契约，谈到了商人与国家的约定，国家有义务保护商人的财产权，否则"敝邑强夺商人，是教敝邑背盟誓也"。最后，韩宣子只能放弃强买的打算。

子产坚持了郑国的古老契约，守护了商人财产，他能"养民"的德性，受到了孔子的高度评价，认为他是"惠人也"（《宪问》），"其养民也惠"（《公冶长》）。郑国有保护商业和财产权的契约传统，因此商人地位较高，也愿意维护国家的利益。最著名的便是弦高犒师的典故，公元前627年，郑国商人弦高到成周去经商，在滑国遇到了要偷袭郑国的秦军，为了保护郑国，他急中生智假冒郑国使者，用自己的十二条牛犒劳秦军，并派人回国报信防备，秦军认为郑国已有准备，便放弃了偷袭计划（《左传·僖公三十三年》）。

《左传·成公三年》记载，晋国的大臣知罃在邲之战中被楚国俘虏，有"郑贾人"试图将他藏在要贩运的丝绵"褚"中带走逃离，但还未行动，楚国人就将知罃放回去了。知罃想报答这位郑国商人，商人却说"吾无其功"，因为知罃是楚国人放的，自己没帮上忙，便拒绝了赏赐，又到齐国去做生意。从这里也可看出，郑国商人很讲究诚信，讲究无功不受禄。此外，他们经常参与国际间的政治活动，也说明社会地位不低，有一定道义和理想的观念。显然，只有长期生活在一个财产得到良好保护的社会，才会养成这样的品德和趣味，所谓仓廪足而知礼仪。

先秦时期的儒家，有时也以商业契约的思维，来比喻和理解君臣关系。例如清华大学收藏竹简的儒书《治政之道》中，就提出了"君臣之相事，譬之犹市贾之交易，则有利焉"（《文物》2019年9期）。意思是，君臣关系本质上是一种和商业交易相似的契约关系，臣带着礼物"质"寻找合作的君，双方达成合作契约，便通过"委质为臣"，建立起契约关系。通过契约合作，让君臣双方都获得受益。

到了战国时代，孟子对商业和市场也持开放态度。在《孟子·梁惠王下》，他提出治国需要"关市讥而不征"，在《尽心下》中，他提出"古者之为关也，将以御暴。今之为关也，将以为暴"，意思是古代建立关隘，是为了保护社会，而不是为了多收税，他主张对民间商业不收关隘税。这一点与英国《大宪章》第13条，免除各市、区、镇、港的关卡税，皆享有免费通关权的主张是一致的[①]。战国时期各国设立有很多的关卡收税，如包山楚简《集箸》简149就记载了七个邑、四个水道日常要收取"关金"，但是从战国时代的鄂君启节铭文来看，像鄂君启这样的特权贵族，又可以沿途关卡免税，这是非常不公平的。孟子的主张就是，各个关卡，无论贵族还是普通商人，都统统不收税，藏富于民。所以梁启超先生对这一

---

① 《大宪章》，陈国华译，商务印书馆，2016年，第33页。

主张的评价是:"儒家言生计,不采干涉主义。"[1] 孟子认为,只要能更好地保护民间商业,就会"商贾皆欲藏于王之市"(《孟子·梁惠王上》),天下的商人都希望来这个低税率的国家,市场则会进一步繁荣。

孟子的另一项关于社会分工的思想,也是有利于商业发展的。哈耶克曾谈到,远古以来的人无法理解商业活动的实质。他们看到商业"贱买贵卖",因此将其视为一种可怕的魔法。西方柏拉图与亚里士多德,都对商人表示藐视[2]。与之形成对比的是,在中国的原始儒学这里,就没有这种偏见,无论是孔子还是孟子,对商业活动都持一种开放的态度,而非蔑视。当时有神农家的许行,反对社会分工,带领其弟子自己耕田、打草鞋和织席子(《滕文公上》),对此孟子的态度是,既然许行戴的帽子、耕作用的铁农具,都是用自己种的粮食交换而来,那就说明了社会分工的必然性,没必要事必亲为,这也正是市场经济和自由贸易的合理性。许行还认为,理想状态是市场上所有商品价格相等,轻重相等的丝绸和麻布也都价格等同,就会实现社会正义。孟子针对这种人为干预市场价格的谬论,提出这是乱天下的观点,如果大鞋和小鞋子都同一个价格,谁还去生产大鞋子?可以说,儒者孟子是为自由市场辩护的,而那位反对社会分工,主张干预价格的许行,根据钱穆先生考证,是南方楚地的墨家,禽滑厘的弟子[3]。

---

[1] 梁启超:《先秦政治思想史》,上海古籍出版社,2014年,第190页。
[2] [英]弗里德里希·哈耶克:《致命的自负》,冯克利等译,中国社会科学出版社,2011年,第101—102页。
[3] 钱穆:《先秦诸子系年》,商务印书馆,2002年,第408—409页。

即使是战国晚期，出现了荀子这种比较法家化的儒者，也仍然重视市场分工和贸易的优势。《荀子·王制》中强调，中原地区能够得到北海的走马吠犬，南海地区的羽毛、象牙，东海地区的鱼、盐和染料，西海地区的皮革。水边的人能获得足够的木材，山上的人能得到足够多的鱼，农民不用冶炼能获得足够的农具，工匠不用亲自耕田却能获得足够的粮食，"天之所覆，地之所载，莫不尽其美，致其用"。能产生这样神奇效果的，只能是充分发育的市场贸易和社会分工。

在诸子百家中，儒学对商业和市场的态度最为肯定，而最为敌视商业和市场的则是法家。《商君书·弱民》提出弱民的主张，主张"利出一孔"，只有为君主耕战才能获取利益，而民间若能通过经商致富，即所谓"商贾之可以富家也"（《农战》），显然会削弱"利出一孔"的机制，民间便可以"皆以避农战"，不会为君主所用。在《垦令》一篇中，商鞅将商人视为"辟淫游惰之民"，要"赋而重使之"，达到"商劳"的效果。主张"商贾少，则上不费粟"，认为商业活动是消耗了社会资源，要达到"商怯，则欲农"，"商欲农，则草必垦"，另一方面加重关口的税率，"重关市之赋，则农恶商"，逼迫商人成为耕战之民。同样，韩非子对商业也极其敌视，他认为"夫明王治国之政，使其商工游食之民少而名卑"，将工商业者视为可恶的游民，要让他们身份卑贱，因为商人"聚敛倍农而致尊过耕战之士"（《韩非子·五蠹》），经商致富会破坏耕战的吸引力，削弱"利出一孔"的制度。

秦国坚持法家重农抑商的耕战政策，导致秦国几乎没有出现著名的大商人，如吕不韦是来自东方，并非秦人，而且在秦国的身份也只是参与政治，而非商人。又如《史记·货殖列传》中出现的两位"秦国大商人"乌氏倮、寡妇清，其实也并非秦人，而是属于受到政策优待的边境少数民族。乌氏倮是甘肃戎狄游牧部落的商人，通过给戎狄王送礼而得到便利，因而发财致富。巴寡妇清是西南巴族豪酋的子孙，经营祖传的丹砂矿致富，能"用财自卫"，即当地拥有部落武力的豪族，并非秦国的编户齐民。秦始皇为其筑怀清台，并非重视商业，而只是笼络边境少数民族首领的一种权术而已。秦始皇对商人的真实态度是敌视的，在秦《琅琊刻石》中，他就吹嘘自己"上农除末"，即尊崇耕战之术的农业，打击了末业（商业），这才是秦皇真实的想法。云梦睡虎地秦简《为吏之道》后附录有收入秦律的《魏奔命律》，其中提到对"假（贾）门逆旅"即商人和开客店者的仇视，要将他们全部抓到前线当炮灰，吃犯人的伙食，"攻城用其不足，将军以堙壕"[1]，拿这些商人和店老板去填壕沟，当炮灰。

整个秦朝，儒家、商业社会都遭受重创。岳麓书院收藏秦简《金布律》中，规定"禁贾人毋得以牡马、牝马高五尺五寸以上者载以贾人市及为人就载，犯令者，赀各二甲，没入县官马"[2]，不允许商人使用高头大马经商，否则没收马匹并重罚款。此外，《金布律》规定，商贾如果在大路上做买卖，就会被"没入其卖也于县官"，当然，官府卖东西，则"不用此律"。刘邦集团继承了秦的基本遗产，继续执行"抑商"的政策，"高帝禁商贾不得仕宦"（《盐铁论·本

---

[1] 睡虎地秦墓竹简整理小组：《睡虎地秦墓竹简》，文物出版社，1978年，第294页。
[2] 陈松长主编：《岳麓书院藏秦简（肆）》，上海辞书出版社，2019年，第110页。

议》），降低商人的政治地位。《史记·平准书》记载，"高祖乃令贾人不得衣丝乘车，重租税以困辱之。孝惠、高后时，为天下初定，复弛商贾之律，然市井之子孙亦不得仕宦为吏"，不但用重税打击商人，并且规定商人子孙不得当官，不能乘坐马车和穿丝绸。应该说，汉代国家继承了秦朝的基本政治遗产和治理观念，所不同的是，汉初经济凋敝，又部分吸取了亡秦的教训，而官方的道法家思想虽然和纯法家思想之间具有共同渊源，但却更加灵活，可以在不全面启动秦制的前提下实行部分"无为"，以启动民间巨大的经济创造力。

到汉武帝时期，汉朝重新启动半休息状态的秦制，打击商人以汲取财富。元朔二年，强制将天下"赀三百万以上"的富商迁徙到茂陵，进行控制（《汉书·武帝纪》）；另一方面是垄断盐铁经营，"敢私铸铁器煮盐者，钛左趾，没入其器物"（《史记·平准书》），经过桑弘羊将其直属于大司农，进行全国性的垄断；并且实行酒类的国家专卖，"县官自酤榷卖酒，小民不复得酤也"（《汉书·武帝纪》）；此外又对商人收取算缗的财产税，规定商人财产每两千钱就要上交一百二十钱作为财产税，其后又鼓励告缗，如果商人不如实登记和上缴财产税，有人告发，就可以获得该富商的一半财产。2013 年在成都老官山西汉墓葬 M1 中出土的木牍，记载有"贾皆没入所不占""令诸郡国贾"等文字，正是对商人进行管制和打击的记录（《考古》2014 年 7 期），整理者认为这批简牍文书内容与汉武帝的算缗、告缗政策有密切关系（《考古》2016 年 5 期）。严酷的告缗打击，导致当时一半中产以上的人家破产（《史记·平准书》）。著名的铁器大商人卓氏家族、程氏家族，在西汉中期以后便没有相关的记载了，很可能便是在武帝的盐铁和算缗打击下，走向了衰败和灭亡。武帝死前将负责盐铁垄断的桑弘羊作为精心安排的托孤之臣，后来实际上仍然继续执行武帝的时政方针①。

　　面对此一困境，儒家士人的态度是反对此类抑商政策。早在武帝刚实行盐铁政策不久，儒者董仲舒就主张"盐铁皆归于民"，"薄赋敛"，将盐铁经营还给民间商人，并减少过高的赋税（《汉书·食货志上》）。在昭帝始元六年的盐铁辩论会议上，主要以儒家士人为主的"贤良文学"站在民间立场，高度反对武帝遗留下来的盐铁政策。主张盐铁垄断的官僚们赞美商鞅，垄断了山泽大川的利益，实现了"国富民强"。相同的道理，盐铁垄断也是"有益于国"的。贤良文学们则反驳，汉文帝时没有盐铁垄断，而民间富裕，而现在则导致了"百姓困乏"（《盐铁论·非鞅》）；主张垄断的官僚们认为民营盐铁的商人是"不轨之民"，如果一旦"利归于下"，保障了民间能获取利益，就会"县官无可为者"。针对此说，贤良文学们强调"公刘好货，居者有积，行者有囊"（《盐铁论·取下》），强调古代的贤王从来不会与民争利。他们还指出，官府垄断的铁器生产，质量低劣，"县官鼓铸铁器……不给民用，民用钝弊，割草不痛"；"今县官作铁器，多苦恶，用费不省，卒徒烦而力作不尽"（《盐铁论·水旱》），官府役使大量卒徒生产，这些被役使的劳动力也不会尽心，保证产品质量。官府生产的烂农具，价格还定得特别高，导致很多农民只能"木耕手耨"，用木头耕土，用手薅草。

　　汉代官府垄断导致铁器品质低劣，这也得到了考古资料的证实，

---

① 辛德勇：《制造汉武帝：由汉武帝晚年政治形象的塑造看〈资治通鉴〉的历史构建》，生活·读书·新知三联书店，2015年，第27—28页。

在居延汉简中就记录到了铁官所造武器，弩口有伤洞，釜口缺漏。连军用铁器的质量尚且如此，当时农具的品质可以想象得到。而尹湾汉墓出土的木牍《武库永始四年兵车器集簿》中，则记载了数量颇为巨大的库存武器，仅仅是一个东海郡的武库，就藏有五十三万多件弩、上千万的箭矢、十四万件甲、九万八千件盔、四十五万件铍、九万九千把剑等数量极其巨大，可以武装上百万人的武器。一个东海郡，显然并不需要这么巨大数量的武器。如此众多的闲置武器，也可以窥见官府铁器生产的规模甚巨，有庞大的生产计划，所谓"务应员程"，即"计其人及日数为功程"（《汉书·尹翁归传》颜师古注），但产品却是质量低劣，一般铁器不能卖出，只能"颇赋与民"，强行摊派，掠夺民间。而武器装备，则堆山填海地储存在各地武库中。最新考古资料也发现了类似的现象，2017 年在山东青岛土山屯 147 号西汉晚期墓出土木牍记载，元寿二年，一个小小的堂邑县，就储存了二十七万三千多件武器，而其中竟多达三万二千多件都存在质量问题，需要"可缮"（《考古学报》2019 年 3 期）。从这些迹象都能看出，汉朝官铁垄断的效率和质量非常低下。

针对官营盐铁的低效和扰民，贤良文学们强调了以家族为纽带的民营效率："家人相一，父子戮力，各为善器，器不善者不集"（《盐铁论·水旱》），民营的家族企业，家人们同心协力，能够制作高质量的商品，品质低劣的产品根本无法流入竞争充分的市场。此外，贤良文学提出，"王者务本不作末"，"是以百姓务本而不营于末"，"天下不言多少"，看起来好像是看不起"末业"和赚钱，但其实这些话是有针对性的，所反对的是朝廷垄断的"末业"，而非民间。正如徐复观先生所说："贤良文学此处真正所反对的，不是民间工商业，而是以盐铁、均输等重大措施，由朝廷直接经营的工商业。"①

虽然盐铁论战未能战胜与民争利的制度垄断，但儒者有理有据地展现了他们的经济思想。到东汉儒学更进一步发展后，他们坚持的努力终于起到了效果。章和二年四月，朝廷下诏书，"郡国罢盐铁之禁，纵民煮铸"（《后汉书·和帝纪》），废除了盐铁垄断的制度，允许民间商业自由参与，这正是多年来儒者与社会一起努力的结果。

另外值得一提的是，著名学者司马迁对商业的积极态度。可能一些人会说，司马迁不是儒家，而是道家或杂家。实际上，司马迁的学术虽然确有百家驳杂的色彩，但却又以儒学为基本底色。徐复观先生认为"他以儒家为主，同时网罗百家"②，应该是很准确的归纳。《汉书·司马迁传》说他"年十岁则诵古文"，清代学者王先谦注释说"史公从安国问"，意思是司马迁从小就跟随大儒孔安国，学习用战国文字书写的先秦儒书。他关于《春秋》的知识则是"余闻之董生"，就是跟随大儒董仲舒学习《春秋》，后来他写《史记》也是模仿作《春秋》。在学术训练和知识传承上，受业于两位儒学名家，以儒学作为底色。在《史记·孔子世家》中，司马迁将孔子尊奉到诸侯级别的"世家"，并评论"中国言六艺者折中于夫子，可谓至圣矣！"他将孔子尊为至圣，正是儒者背景的体现。周德伟先生曾谈到："吾人须知司马迁乃儒学正统，孔子之大成至圣地位，即由彼所确定，其所言点点均符合孔子及以后圣哲之教……圣哲何尝不重

---

① 徐复观：《两汉思想史》第二卷，华东师范大学出版社，2002年，第86页。
② 《两汉思想史》，第三卷，第194页。

视经济因素及人民之利。但反对以政治手段干涉经济势力的自然发展,则以司马迁表现得最明朗。"①

作为以为儒为根基的学者,司马迁对商业和市场的态度与《盐铁论》中的贤良文学们相似。他在《史记·货殖列传》中记载并赞美了大量优秀商人和家族企业,如范蠡、白圭、倚顿、邯郸郭纵、蜀卓氏、程郑、宛孔氏、曹邴氏、宣曲任氏、韦家栗氏等,他赞美儒商子贡,能通过巨大的财富和社会影响力"使孔子名布扬于天下",子贡对儒家的发展做出了巨大贡献。

司马迁甚至发明了一个词语"素封",就像将并没有实际王位,但却行有王者之事的孔子被尊为"素王"一样,优秀的商人和企业家被他尊为"素封"。他指出,工商业和社会分工是必须的,而这一切会自然形成,所谓"人各任其能,竭其力,以得所欲",人们为了牟利,便会竭尽所能,参与市场分工。自由的市场一旦形成,便会"不召而自来,不求而民出之",社会变得繁荣。"故待农而食之,虞而出之,工而成之,商而通之。此宁有政教发征期会哉?人各任其能,竭其力,以得所欲。故物贱之征贵,贵之征贱,各劝其业,乐其事,若水之趋下,日夜无休时,不召而自来,不求而民出之。"他的意思是,农民生产粮食,虞人运输物流,工人将原材料制作为产品,商人把产品四处贩卖,这些市场分工是自发形成的,根本不需要官府事先通过人为设计把他们配置在一起。根据自由市场的规律,价格的波动自然调配商品流动,就像水一样日夜不息地自然流淌,

---

① 周德伟:《论经济价值德业与社会组织原则》,《周德伟论哈耶克》,北京大学出版社,2005年,第164—165页。

不用强制的行政命令，市场自然会将产品送到消费者面前。

对于自然形成的市场秩序，最佳状态是应该不加干涉，即"善者因之"，其次才是进行引导和教导，"最下者与之争"，最糟糕的情况便是朝廷去与民争利，其实是批评当时的盐铁垄断和均输政策，其态度与贤良文学是一致的。过去一些主张自由市场的西方经济学家对儒家的经济思想有误解，如罗斯巴德（Murray Rothbard）就认为，儒家与法家接近，而老庄才主张自由经济的，鲍芝（David Boaz）也认为，老子是第一个自由经济的主张者。但实际上，随着认识的深入，已经有西方经济学家指出，根据《论语》《孟子》以及《盐铁论》等文献中反映的儒家思想，恰恰是主张自由经济和商业传统的。[1]

可以说，儒家思想的经济底色既不贬低商业活动，更不是主张"抑商"，而是尊重市场的基本自然法则，体现为"无为"。这一思想，在近代传播到欧洲，并对主张自由贸易政策的法国重农学派曾产生过积极影响。如魁奈（Francois Quesnay）就曾通过西卢埃特受到过"中国哲学家的书籍"影响，并且颇为崇尚儒家思想，而西卢埃特是在1687年从孔子的著作中获取到了关于"听从自然的劝告"，"自然本身就能做成各种事情"的观点，由此联想到以天道观念为基础的中国"无为"思想，有助于对西方自然法的研究。英国学者赫德森认为魁奈的自然秩序思想就是中国主张君主"无为"的观念，日本学者泷本诚一认为法国重农学派的自由放任观念与中国思想相

---

[1] Roderick T. Long, *Austro-Libertarianthemesinearly Confucian*ism. Journal of Libertarian Studies: Volume17, no. 3 (Summer2003), PP35—60.

同，我国学者侯家驹也曾指出"我国儒家经济思想启发了西方自由经济思想"。谈敏先生认为，儒家主张的无为，以治理为目的，尤其讲究德治，这对于魁奈当时正在积极寻求一种新的经济原则，以此取代他所坚定反对的国家干预型重商主义政策来说，显然产生了很大启迪作用。综合考察来看，"重农学派的自由放任原则，实际上主要是中国儒家的无为思想之变形"[①]。

---

① 谈敏:《法国重农学派学说的中国渊源》，上海人民出版社，2014年，第212—214页。

中国古代女性

对于从小读鲁迅杂文成长起来的许多人来说，中国古代女性只是和缠足、贞节牌坊联系在一起，总之一片黑暗。但实际上，真实历史的情况要复杂得多，古代女性的身份地位在不同时代和文化背景下的差异很大，一般情况下并非五四话语中描述和想象的状况。

殷周时代，多有女贵族、女领主活跃于政治、经济和军事领域，如著名的商代妇好，一条典宾卜辞记载妇好从自己的封地上提供了三千人的武力（《合集》39902）。妇好是女领主，有自己的封地、财产、封臣及武力，并率领军队出征，她不是商王的奴仆，而更类似合作伙伴。另外一位女领主妇妌，也是有自己封地和臣民的，如典宾卜辞记载"妇妌不受年"（《合集》9756）、"妇妌不其受黍年"（《合集》9607），是占卜向神灵询问，妇妌领地上的农作物是否能获得丰收。此外，甲骨卜辞中还有其他一些被称为"妇"的女领主，如妇庞有封地叫"庞田"，还有妇良、妇杏、妇杞、妇喜、妇息等女领主，王卜辞中多有她们向朝廷进贡财物的记录，表明这些女领主各有自己的领地，并享有经济管理之权。在甲骨卜辞中，往往将这些女封君、女贵族统称为"多妇"，仅武丁时期的这些女领主就至少有六十四人之多[①]。

周代的青铜器铭文中也多有女封君、女贵族治理领地、管理封臣的记录，最出名一位是王姜。如《作册夨令簋》铭文就记载了"作册夨令尊宜于王姜，姜赏令贝十朋、臣十家、鬲百人"。女领主王姜对臣下赏赐了贝壳、封臣，显然是自己拥有大批财产、领地和人口的女领主。《蔡簋》铭文记载，周王室的家宰蔡负责掌管王室百工，并"出入姜氏命"，可见姜氏也掌管工业生产。周王告诫蔡，"汝毋弗善效姜氏人"，就是说要客气地对待姜氏的人，姜氏显然掌管着一个庞大的臣属团队。《鼎》铭文中，也记载了"王姜"给领主史赏赐了三块土地。这位王姜，"不但率军出征，主持封赏，而且自有僚属……她地位之崇高，权力之重大，周初彝铭中除周公、伯懋父、召公等人外，很少能与之相比的"[②]。康王时器的《叔盉》则记载，"王姜使叔使于太保"，即命令臣下"叔"前往重要大臣太保的领地执行任务。《作册嬛卣》铭文记载，"王姜令作册嬛安夷伯"，即命令一位叫作册嬛的封臣，去负责招待一位东夷诸侯，可见王姜还负责政治和外交。

此外，《季姬方尊》铭文中，记载女领主"王母"被称为"君"，管理臣属宰，并赏赐给女儿季姬土地、人口、马牛、粮食等；《螨鼎》

---

① 胡厚宣：《甲骨学商史论丛初集》上，河北教育出版社，2001年，第97页。
② 杜正胜：《古代社会与国家》，台北：允晨文化实业股份有限公司，1992年，第348页。

也记载，女君"任氏"被家臣称为"皇君"，赏赐给家臣人口。琱生诸器中的召氏家族女领主"召姜"被称为"君氏"，《琱生尊》铭文中召姜赐给琱生礼物，说"余老止，仆庸土田多扰"，并提出大宗召氏和小宗的分家方案。这位女领主召姜，显然掌管着体量巨大的土地、附庸和财产。《次尊》《次卣》铭文都记载女领主"公姞"命令一个叫"次"的封臣"司田人"，即管理自己领地上的农业，并且赏赐给他马、衮衣；《邢姜太宰簋》铭文记载"邢姜太宰巳铸其宝簋"，即女领主邢姜有自己的太宰名字叫"巳"，显然是属于邢姜的封臣。西周早期《奢簋》铭文记载，一个叫公姒的女贵族给一个叫"奢"的臣赏赐贝壳，这位奢很可能就是她的封臣。新公布的西周《霸姬盘》铭文中，女领主霸姬和自己的封臣"气"打官司，向大领主穆公诉讼，因为气违背了封臣的誓言，没有将投奔自己但原属于霸姬的"仆驭臣妾"归还给霸姬（《考古学报》2018 年 2 期）。在此，西周女贵族不但拥有众多家臣，还能通过司法，对违背契约的封臣提起诉讼。

  1975 年在陕西扶风出土的一件周代铜簋铭文记载，某贵族率领师氏攻击戎胡，该贵族的"文母"也参与了这次战争，"很可能是一位出众的女将军"[①]。《论语·泰伯》中周武王说自己有十位能臣，其中一位是"妇人"，也就是王后女君。西周王后，也掌管王室的工业和武器生产[②]。不但西周王后参与治国和管理，诸侯国君的夫人也参与治理，如《晋姜鼎》铭文记载，晋文侯的夫人晋姜及其姑妈——

---

① 吕文郁：《周代的采邑制度》，社会科学文献出版社，2006 年，第 39 页。
② 沈长云：《金文所见西周王室经济》，《上古史探研》，中华书局，2002 年，第 200—202 页。

晋穆侯的夫人都曾经"君晋邦"，即担任晋国的治理者，具有"君"的身份以"治我万民"，她们没有闲暇逸乐，而是审慎地辅佐晋侯治国。

又如南方的诸侯曾国，国君的夫人也具有"君"的身份，如随州擂鼓墩二号墓出土青铜簠（M2:49）铭文是"盛君縈之御簠"①，曾君的夫人盛君縈，也是一位女君。又如淅川和尚岭一号墓出土"曾仲化君"镇墓兽铭文②，这位墓主是一号墓主的配偶，也是女性称君之例。2019 年 5 月在随州枣树林墓地 M169 出土的《嬭加编钟》铭文记载，曾共公的夫人嬭加"行相曾邦"，掌管曾国之权。她不但"典册厥德"，而且是"民之氏巨"，即掌握了治国的典章制度，并且是曾国百姓的依靠。并按照宗法封建领主的称谓，自称"小子加嬭"（《江汉考古》2019 年 3 期）。铭文中这位女君的记载，显然是封建女领主的口吻。

贵族制下女子"三从"，实际上只是表述贵族妇女服丧之礼。《仪礼·丧服》记载，"妇人三从之义"意思是女子出嫁前为父亲服斩衰的丧服，出嫁后如果丈夫死则为丈夫服斩衰，夫死从子意思是改嫁后，前任丈夫的儿子为继父服一年的齐衰，所以该女子可以按照儿子为继父的标准，也服一年齐衰就可以了。五四以后很多人不读古书，却将"三从"片面地理解为人身管辖权，是非常错误的解读。

夫权的崛起与贵族制崩溃有关，殷周时代贵族妇女也可担任宗

---

① 随州市博物馆：《随州擂鼓墩二号墓》，文物出版社，2008 年，第 46 页。
② 河南省文物考古研究所、南阳市文物考古研究所、淅川县博物馆编著：《淅川和尚岭与徐家岭楚墓》，大象出版社，2004 年，第 109 页。

族管理者、称女君，因为她们被视为从属于宗族共同体，但礼崩乐坏，编户齐民的一夫一妇核心小家庭取代了大宗族，妇女只能从属于官府登记户口为丈夫的小家庭。这种原子化、散沙化、互相算计且鸡飞狗跳的小家庭氛围，贾谊《治安策》中曾做过生动描述。从管制角度，成本最低的简单粗暴方式便是赋予这种核心小家庭丈夫以极大的"夫权"。"夫为妻纲"之说，就最早出现在《韩非子·忠孝》篇中。

北京大学藏秦代竹简《善女子方》中，就强调"善衣（依）夫家，以自为光"，人身依附于丈夫，"虽与夫治，勿敢疾当"，意思是丈夫打妻子，也不要躲，而且要"屈身受令"。这种对女性的严酷要求，从未见于此前封建贵族时代的礼制和社会文化氛围中。在秦朝的统治下，女性地位卑贱，甚至被大量残酷肢解用以殉葬。2013年秦始皇陵园发现了十座小墓，墓道填土中发现大量未成年女性散乱人骨，是遭到肢解后埋入的。"这一葬仪的发现说明始皇帝死后，二世处理先王的后宫人员时有着不见于历史文献记载的复杂、血腥的过程"（《考古》2014年7期）。

西汉早期的法律《二年律令》中规定："妻悍，而夫殴笞之非以兵刃也，虽伤之毋罪"，就是说丈夫打妻子，只要不用兵器，打伤了也没有罪。官府赋予丈夫极大的夫权，恰恰是编户齐民一夫一妇小家庭管理的需要。杨宽先生就说，秦朝"用法令来对女子作严厉的压迫，是此前所未有的"[1]。类似的奇葩法律，后来恐怕只有野蛮的女真部族才能相比，金国的法律规定"殴妻致死，非用器刃者不加刑"

---

[1] 杨宽:《战国史》，上海人民出版社，1998年，第294页。

（洪皓:《松漠纪闻》卷上）。《金史·世宗纪》记载大定十八年，才规定了"杀妻无罪而辄殴杀者罪"，就是说此前金人殴杀妻子确实无罪，此后妻子有过失被殴杀，金人也将其视为无罪。《剑桥中国辽西夏金元史》中表述是"如果一个丈夫因故殴打其妻，而她曾犯过罪并被打致死的话，像这种情况丈夫便可以不受惩罚"[1]。

汉儒面对的是秦朝的巨大遗产，汉承秦制的特点是西汉前期的法律和秦朝区别不大，需要在这个框架下做出点滴的突破。董仲舒的《春秋决狱》，有几个判例保留至今，其中一条涉及妇女问题。某甲的丈夫遇到海难，船只沉没找不到遗体，不能得到埋葬。几个月之后，某甲的母亲安排她改嫁。当地官员根据当时汉承秦制的法律，"夫死未葬，法不许嫁。私为人妻，当弃市"，提出要将某甲处死刑。董仲舒显然反对秦律那种机械不考虑人情的判决机制，他指出妇女有"更嫁之道"，是可以改嫁的，并且是听从母亲的安排，不是"私为人妻"，因此是无罪的[2]。如果按照一般汉承秦制的刀笔吏思维，那位可怜的某甲就会被处死，尸体陈列在市场示众。但经过儒者董仲舒的努力，不但拯救了这位妇女的生命，而且也在点滴地改变秦朝的遗产。

秦汉时代，夏商周的贵族制虽然崩溃，但其贵族文化被则记录在儒书之中，随着汉儒的社会重建而得到了部分的复活。这些涉及妇女地位的，如《礼记·昏义》记载公婆飨宴新媳妇，一方降自西阶，一方降自东阶，意思是将宗族内部管理托付给新的女贵族媳妇，

---

[1] ［德］傅海波、［英］崔瑞德:《剑桥中国辽西夏金元史》，史卫民等译，中国社会科学出版社，2007年，第298页。
[2] 程树德:《九朝律考》，中华书局，1963年，第164—165页。

用的是宾主之礼，体现的是新妇宗族管理责任的重大；《礼记·曲礼下》也有贵族"男女相答拜也"的相关记载。所以后来汉儒重建的家庭文化中，产生了夫妇之间"举案齐眉"的互敬典故，汉儒汇编《白虎通·嫁娶》亦言："妻者，齐也，与夫齐体"，指夫妇之间为对等的关系。汉儒郑玄在注释《礼记·内则》中也认为"妻之言齐也，以礼则问，则得与夫敌体"，意思是夫妻是对等的关系。《后汉书·樊英传》记载，樊英生病，他的妻子派遣婢女去拜问，樊英下床答拜，别人问为什么，他指出"妻，齐也，共奉祭祀，礼无不答"，意思是夫妻人格对等，妻子拜丈夫，丈夫也应该答拜妻子。

随着儒学文化的点滴重建，两汉、魏晋时期的学术发展中，也出现了著名的女性大学者，以学问著称于世。如两汉之际的女性经学大师"师氏"，《后汉书·崔骃传》记载崔篆"母师氏能通经学、百家之言，莽宠以殊礼，赐号'义成夫人'，金印紫绶，文轩丹毂，显于新世"。这位女性经学大师佩戴三公的金印，以学问而著称。而东汉著名的班昭，则以史学之才著称于世，完成了班固未竟的《汉书》八表及其《天文志》，当时"皇后、诸贵人师事焉，号曰大家"（《后汉书·列女传》）。十六国时期韦逞的母亲宋氏，也是经学大家，精通《周官》，被苻坚封为"宣文君"，并"置生员百二十人"跟随这位女大学者学习（《晋书·列女传》）。

两汉至魏晋女性，则有获得封侯、封君的情况，如刘邦封其嫂为阴安侯，萧何的夫人后来封酂侯，到文帝元年，又让其子萧延继承其母的酂侯爵位（《汉书·萧何传》）。此外樊哙之妻吕媭为临光侯（或作"林光侯"）。《史记·高祖功臣侯者年表》中记载奚涓之母"疵"被封为"鲁侯"。东汉东海恭王希望自己三个女儿为"小国侯"，李注"即妇人封侯也"（《后汉书·光武十三王传》）。女性封侯之外，更常见的是封君，如徐州西黑头山出土西汉刘慎墓的妻子萧真，有"平阳君"的封号（《文物》2010年11期）。文献中从汉代到南北朝也一直有女性封君，如汉武帝尊太后母为平原君，东汉梁冀妻子为襄成君，梁家"食邑称君者七人"，何进异母妹的母亲是舞阳君，董卓母为池阳君，西晋贾充妻郭槐是广城君等。而在三国时期的走马楼吴简中，还出现了平民女性和男子一样拥有爵位的情况，如"公乘大女黄客""公乘大女五西"等，"足以确证这时的妇女可以同男子一样获得'公乘'爵位"[①]。

魏晋南北朝到唐代，法律进一步儒家化，妇女地位并不像一些人想象的那么低。首先，杀妻要判处死刑，《梁书·何点传》记载，何点的父亲"无故害妻，坐法死"，这和汉初以及金国那种杀妻不犯法的法律是完全不同的。另一方面，当时妇女作为家长，也具有很高的权威，如"王大司马母魏夫人，性甚严正。王在湓城时，为三千人将，年逾四十，少不如意，犹捶挞之，故能成其勋业"（《颜氏家训》第二章），王僧辩的母亲作为家长，具有很高权威。值得注意的是，汉晋时期的女性中多有能统兵作战的情况。如《后汉书·刘盆子传》记载琅琊吕母为子报仇，起兵"众至数千"，吕母"自称将军"，攻城略地。《晋书·刘遐传》记载刘遐的妻子邵续女"骁果有父风。遐尝为石季龙所围，妻单将数骑，拔遐出于万众之中"，带领几名骑兵冲锋，便在几万人的羯族铁骑中救出了刘遐。《晋书·列女传》记载了三位勇猛刚烈的女性，一位是王凝之的妻子

---

① 高敏：《长沙走马楼简牍研究》，广西师范大学出版社，2008年，第90页。

谢道韫，在遭逢孙恩之难的危急时刻，"既闻夫及诸子已为贼所害，方命婢肩舆，抽刃出门，乱兵稍至，手杀数人"。这位谢道韫不但勇武刚烈，而且极有才华。《世说新语·言语》刘孝标注曾引《妇人集》谈到谢道韫有文才，所著诗、赋、诔、讼，都传于世，她的作品在《隋书·经籍志》中也有记载。

《晋书·列女传》记载荀崧的小女儿荀灌，"时年十三，乃率勇士数十人，踰城突围夜出。贼追甚急，灌督厉将士，且战且前，得入鲁阳山获免"。这位十三岁的少女，率领几十名勇士翻墙突围，还能激励将士突破追兵的袭击，最终找到周访派出三千救兵援救了被包围的襄城。张茂的妻子陆氏，"倾家产，率茂部曲为先登以讨充"，这位女性率领家族的部曲武力，作为先锋讨伐沈充，在胜利后得到了嘉奖赏赐。《晋书·朱序传》记载前秦围攻襄阳的危急时刻，襄阳守将朱序的母亲韩氏，"自登城履行，谓西北当先受弊，遂领百余婢并城中女子于其角斜筑城二十余丈，贼攻西北角果溃，众便固新筑城，丕遂引退。襄阳人谓此城为夫人城"。她通晓军事，观察到城墙西北角的危险，便率领城中女性队伍新造出二十多丈的城墙，挽救了城池，这段城墙被尊称为"夫人城"。从这些都能看出，南北朝时期并非只有北朝才有"花木兰"，更不能将当时女性"万里赴戎机，关山度若飞"视为是"北族妇女"才有的权利和能力。南方儒家社会的女性，具有武德和领兵作战的能力与文化，这是华夏文化自身的渊源。

此外，当时妇女可以主动离婚改嫁，如谢安的侄孙谢邈之妻郗氏，因为谢邈纳妾，因此"郗氏怨怼，与邈书告绝"（《晋书·谢邈传》），主动选择离婚。中国传统中妇女有主动离婚的自由，《唐律·户婚·义绝离之》中将男女双方自愿离异称为"和离",是合法的。在敦煌发现的"夫妻相别书文样""女及丈夫手书样文",都显示了女性不但可以自由离异,而且男方也祝愿女方"愿妻娘子相离之后,重梳蝉鬓,美扫娥眉,巧逞窈窕之姿,选聘高官之主,弄影庭前,美效琴瑟合韵之态"。相比来看,西方传统女性的离婚自由几乎为零,例如在英国,婚姻被视为宗教宣誓,因此1857年以前,英国居然是一个"无离婚"的社会。"盖英人传统婚姻受宗教之束缚,碍于誓言难违,婚姻关系不能因为男女双双同意即可轻易解除"[1]。显然,这种用神权强制捆绑的"无离婚"社会,其实对妇女的自由和权利伤害更大。相比而言,中国敦煌的和离文书中强调的"一别两宽,各生欢喜",反而更能保护妇女免遭伤害。

中古时期以来形成的中国家庭秩序,妇女的地位其实远在一般现代人的想象之上。陈鹏在《中国婚姻史稿》中指出,中国传统婚姻下"妻之能力,实与夫相表里……故妻得宗揽家政,主持一切,自唐以后,已成惯例";"儿媳受姑命,主家政,大量在,仍不敢夺其权,母权之重,观此可知。而妻主家政之能力,亦可想见。妻既统理家政,固有独立处理家产之权"[2]。

很多人误以为宋代女性地位低下,而且是"程朱理学"造成的,认为宋儒的"存天理灭人欲"导致了如女缠足,这其实是对历史的误解。首先宋代女性的地位并不低下,也享有财产权和离异的权利。另一方面,宋代民间出现了缠足现象,但这属于社会一般的审美趣

---

[1] 苏亦工:《中法西用:中国传统法律及习惯在香港》,社会科学文献出版社,2007年,第217页。
[2] 陈鹏:《中国婚姻史稿》,中华书局,1994年,第458页。

味,并不是知识精英设计出来"压迫妇女"的。傅斯年先生就指出:"欧美时装女子的高跟鞋,实与中国妇女之缠足在心理及作用上无二致。"[1]现代女性手术整容、抽脂、削骨之类,也是类似缠足,是为了美而伤害身体,属于社会一般的审美成本,但现代精英也不可能强制要求国家去禁止这些社会趣味。同理,儒家士大夫也不可能去强制废除缠足趣味,因为这是社会的私人领域,国家强制介入反而更不好。但是,儒家士人对社会上流行的缠足习惯,则有批评,如宋代理学家车若水就指责:"妇人缠足不知始于何时?小儿未四五岁,无罪无辜,而使之受无限之痛苦。缠得小来,不知何用?"(《脚气集》)而理学创立者程颐的所有后代,一直到元朝都忠实沿袭不缠足的家族传统[2]。对此,清朝学者俞正燮看得很清楚,他的《癸巳类稿》引用元朝《湛渊静语》"伊川先生后人居池阳,其族妇人不缠足",指出这是"其族女子不肯随流俗缠足也"。对于缠足这种社会审美习俗,理学家的态度是:即我不强行改变社会的一般美学趣味,但我可以要求自己的家人不跟风,不去学这些不好的。

此外,朝鲜半岛的理学家态度,也可以作为一个例证。如果缠足是"理学"倡导的结果,那么以理学立国,甚至比同时期中国更加虔信理学的朝鲜李朝,应该是缠足大国才对。但是历史资料恰恰相反,朝鲜李朝前往清朝的燕行使臣,对缠足提出了大量批评。如李在学就说缠足是"骷髅"且"丑恶",并认为这是起源于"妲己"的不良风俗(《燕行记事》,《燕行录全集》第59卷);朴趾源则

---

[1] 傅斯年:《史学方法导论》,上海古籍出版社,2011年,第38页。
[2] 余英时:《人文与理性的中国》,程嫩生、罗群等译,上海古籍出版社,2007年,第329页。

将缠足称为"足厄",并将其归入和吸烟恶习一样的"三厄"之一(《热河日记》,《燕行录全集》第54卷);金允植则说缠足是"伤父母之遗","自戕之为尤可哀也"(《金允植全集(贰)》,《韩国近代思想丛书》),将缠足视为伤害父母所遗完整身体的可哀自残行为。从理学家程颐的家族坚守,到信奉理学的朝鲜士人态度都能看出,缠足这种丑恶的畸形审美习俗,根本就不是什么"理学"造成的,而"理学"一直就反对缠足。

经常被误解的程颐,对于女性的温和立场,不但反映在他坚定反对缠足的态度上,也体现在他对侄女的态度上。他的侄女很有才华,多年来虽然多有人提亲,但侄女眼光很高,所以一直没嫁人,是当时的"大龄剩女",后来不幸在二十五岁逝世。程颐在给侄女写的悼念文中写到,"颐恨其死,不恨其未嫁也",意思是我只是为她的早逝而悲伤,但不为她未出嫁而悲伤(《二程集·孝女程氏墓志》),因为如果只是迫于"大龄剩女"的压力,就随便将其嫁给不贤德的俗人,让侄女痛苦终身,那还不如尊重她的自由选择。在这里,程颐对侄女自由选择的尊重,和很多人想象中的"礼教吃人"印象,形成了鲜明对比。

至于经常被误解的"存天理灭人欲",实际上是宋儒限制皇权和规范精英的手段,而不是要"压迫妇女"。朱熹在给皇帝上的劄子中表示,"臣闻人主所以制天下之事者,本乎一心。而心之所主,又有天理人欲之异,二者一分,而公私邪正之涂判矣"(《辛丑延和殿奏劄二》)。很明显,朱熹给皇帝的奏劄中强调存天理灭人欲,是一种限制皇权的行为,反对皇帝放纵欲望。另一方面,这也是对宋代精英的要求,"学者须是革尽人欲,复尽天理,方始是学"(《朱子语类》卷十三)。一个社会的精英,当然需要节制,才能有更好的担纲。这些对皇帝、精英的要求,与"压迫妇女"属于风马牛不相及。

对于三纲中的"夫为妻纲"问题,宋儒的解释也和今人的误读完全不同。宋儒真德秀在《大学衍义》中说:"即三纲而言之,君为臣纲,君正则臣亦正矣;父为子纲,父正则子亦正矣;夫为妻纲,夫正则妻亦正矣。故为人君者,必正身以统其臣;为人父者,必正身以律其子;为人夫者,必正身以率其妻。如此则三纲正矣。"意思是君主要首先做好人格表率,君主做好了,臣也就会做好。同理,夫为妻纲的意思是,丈夫有义务做出道德的表率,丈夫做好了,妻子也会做好。所以,"夫为妻纲"恰恰不是在"压迫"妇女,而是要求丈夫肩负起"正身"的表率作用,是对丈夫提出了更高的要求。

宋代士大夫文化也重视妇女权益,如范仲淹范氏义庄《义庄规矩》规定,如果家族妇女再嫁,义庄出钱二十贯,男子再娶则不支钱。范仲淹不但并不反对妇女再嫁,而且在经济上会出钱去保护她们的权益。而著名的学者赵明诚则称其妻李清照为"亦妻亦师亦友",夫妇之伦在师友之间,和很多人的想象画面非常不同。

明代士人归庄《兄子》诗:"古风妻似友,佳话母为师。"可知当时士人认为以妻为朋友是中国文明的古老传统。据赵园《家人父子》一书搜集材料,类似例子甚多,如黄宗羲《李因传》"夫妇自为师友";理学家大儒刘宗周《刘子暨配诰封淑人孝庄章氏合葬预志》妻死,他痛悼为"失吾良友";孙奇逢《祭亡妻槐氏文》"尔虽吾妻,实吾良友";叶绍袁《百日祭亡室沈安人文》"我之与君,伦则夫妇,契兼朋友";毛坤《敕赠亡室姚孺人墓志铭》谈其妻"予所结发而床笫者四十五年，未尝不师之友之"①。出土的明代墓碑上，也有赞美夫妇之间"如宾如友"的文字（《文物》2007年3期）。夫妇之间的关系，通常被认为可以介于老师、朋友、宾客之间，在人格上是对等的。

更有甚者，中古以来到明代的士大夫文化中，甚至常见"惧内"的现象。明代人沈德符记载说："士大夫自中古以后多惧内者，盖名宦已成，虑中冓有违言损其誉望也，乃若君相亦有之。"此外他还提到"本朝名臣，亦大有此风。往事不及知，如吾浙王文成之立功仗节，九死不回，而独严畏夫人，唯诺恐后。近年吴中申、王二相公，亦与夫人白首相庄，不敢有二色。至如今上初，蓟帅文登之戚少保继光、今宁夏帅萧都督如薰，皆矫矫虎臣，著庸边阃，俱为其妻所制"（《万历野获编》卷五）。如果说前面我们看到了明代士人文化中尊重老婆为"师友"的这一面，那么这里则能窥见现代人所谓"炕耳朵"的情况，在当时士大夫圈子中也颇为常见。

胡适说"八百年的理学不能指出裹小脚是不人道的野蛮行为，然而几个传教士带来了一个新观点就能唤起中国人的道德意识，能够把小脚永远废了"，这种评价其实是并不公正的。理学家不是没有指出缠足的错误，而是反对用国家强制的触手渗入民间习俗，程颐的态度就是代表。清朝初年，从顺治的1645年、1660年到康熙的1664年，都曾用国家的强制行政命令禁止缠足，这其实和强迫汉族男性剃发留金钱鼠尾小辫子是一样的强横武断，并不是要"解

---

① 赵园：《家人父子：由人伦探访明清之际士大夫的生活世界》，北京大学出版社，2015年，第54—60页。

放"汉族妇女,而是要汉族男女都表示臣服。这一强横政策,导致"民间诬妄举报,牵连无辜",对社会造成更大的伤害,也激起了社会上强烈的逆反心理。实际上,儒家对这类恶俗的态度是因势利导,用精英家族的榜样力量去点滴影响社会,移风易俗,因为儒家相信"夫风化者,自上行于下者也,自先而施于后者也"(《颜氏家训·治家》)。缠足的消亡也并非"传教士"的功劳,而是儒家反缠足的本能,迅速与西方思潮合力的产物。晚清郑观应在《盛世危言》中,就极力主张废除缠足,但他也指出,如果像清朝早期那样蛮干,"立法太严,牵连无辜",也只能是失败。好的办法是"禁不过严,持之以恒"[①]。1887到1898年之间,从康有为到黄遵宪、唐才常、徐仁铸、樊锥、易鼐等人推动的"不缠足会",通过地方士绅之间的君子约定,持续推进不缠足的实践,其实取得了比简单粗暴禁止更多的成效。

  简言之,历史是复杂的,不同时期不同背景均有不同面相,不可简单一概而论。"客观地说,传统家庭婚姻制度下妇女的实际处境要比理论上或想象中的高得多"[②]。鲁迅将整个中国历史简化为一个"四千年的旧账",本身是没有任何历史学实证依据的。

[①] 郑观应:《盛世危言》,辽宁人民出版社,1994年,第34页。
[②] 苏亦工:《中法西用:中国传统法律及习惯在香港》,社会科学文献出版社,2007年,第189页。

儒家的人道主义

"人道主义"这个词汇是由 Humanitarianism 翻译而成,但这并不意味着翻译传播之前的中国没有人道主义的思想和文化。实际上,以儒家思想为主体的中国历史,具有丰富的人道主义传统,在世界文明史上,也是非常超前的。

从孔子开始,就强调了以仁为核心的价值观,主张"泛爱众,而亲仁"(《论语·学而》)。孔子甚至提出"'始作俑者,其无后乎!'为其象人而用之也"(《孟子·梁惠王上》),死者用陶俑或木俑殉葬,也是不人道的,因为这些俑模仿的是活人,这么做就隐含有拿活人殉葬的残忍心理成分。子游曾询问孔子:"葬者涂车刍灵,自古有之,然今人或有偶,偶亦人也,是无益于丧?"孔子回答说:"为刍灵者善矣,为偶者不仁,不殆于用人乎!"(《孔子家语·曲礼公西赤问》)。孔子认为,用茅草扎成人马之形的"刍灵"被用于殉葬是可以接受的,因为茅草并不像真人。但用陶和木做成的人俑殉葬,就是不人道的，因为人俑非常真实，和残忍的人殉就有相通之处。

东周以来，随着礼崩乐坏，殉葬的恶习在一些地方死灰复燃。对此，儒家进行了强烈的批评和抵制，儒家的经书中记载了这些努力。《礼记·檀弓下》记载齐国大夫陈子车死后，他的妻子和家臣计划为他用人殉陪葬，陈子车的弟弟陈子亢是孔子的学生，自然坚定地反对人殉。陈子亢对嫂子和家臣说："以殉葬，非礼也！"这是不符合华夏礼制的不人道行为。这时他话锋一转，说如果真要殉葬，那最适合的人选也是妻子和家臣，到黄泉去陪伴。如果不用人殉，那倒好说，如果你们非要坚持人殉，那只好用你们二位了。听了这席话，嫂子和家臣自然也就放弃了人殉的计划。《礼记·檀弓下》又记载了另一件事，一名叫陈乾昔的贵族病重，在死前嘱咐自己的儿子说"如我死，则必大为我棺，使吾二婢子夹我"。在他死后，他的儿子却并没有遵照父亲的人殉命令，理由是"以殉葬，非礼也"。因此，最终没有按遗愿搞人殉。儒家的经书将此事作为赞美记录下来，正是仁者之礼的基本原则。类似的例子还有晋国的魏颗，他没有听从父亲魏武子死前的乱命，以妾殉葬，而是将她改嫁，这一善行最后得到了善果（《左传·宣公十五年》）。儒者将其记录下来，也是对人殉恶习的批判，赞美反对该恶习的人会得善果。

春秋战国之际，西部的秦国逐渐崛起，带来了野蛮的力量。秦人源出戎狄，与华夏文化颇有不同[①]。《诗经·秦风·黄鸟》就记载秦国用"三良"殉葬，这种残忍的制度，也和华夏传统的礼制不同，

[①] 邢义田：《天下一家：皇帝、官僚与社会》，中华书局，2011年，第519页；蒙文通：《周秦民族与思想》，《经学抉原》，上海人民出版社，2006年，第129页。

因此遭到了批评。在甘肃礼县大堡子山秦公墓 M2，共殉葬有十九人，生殉者作痛苦挣扎状，死殉者的头上有洞。这反映出人殉是秦人固有的习俗，这个制度和周人的礼制形成了强烈对比[①]。

另一方面，秦国还有发达的奴隶制，和华夏中原各国不同，正如李学勤先生所说："在秦简发现以前，学者已经从秦兵器的铭文里，察觉大量刑徒的存在。与此作为对比，在东方六国的兵器铭文中则很难找到类似的人名……有的著作认为秦的社会制度比六国先进，我们不能同意这一看法，从秦人相当普遍地保留野蛮的奴隶制关系来看，事实毋宁说是相反。"[②]在出土秦简《日书》中，奴隶制的使用十分广泛，并且人被和牛马牲畜视为一类："入臣徒、马牛""入人民、畜生""出入臣妾、马牛""入马牛、臣""入货、人民、畜生"。这些将人和畜生同列的行为，印证了汉代人对秦国社会的描述："置奴婢之市，与牛马同栏"（《汉书·王莽传》）。另外在秦印章中，也有很多与奴隶买卖有关的名字，如"得臣""贾市人""贾臣""得奴""求仆"等[③]。

从里耶秦简的材料来看，这些臣妾的死亡率是很高的，如简 7-304 正记载秦始皇二十八年，一个小小迁陵县的隶臣妾死亡人数就有一百八十九人，上年有一百一十六个隶臣妾，后来新买了三十五人，一共一百五十一人，但又迅速死了二十八人[④]。从秦陵赵背户村发掘的刑徒乱葬坑来看，这种高死亡率的尸骨或被腰斩，或身首分离，或被肢解，甚至有小孩也死于非命（《文物》1982 年 3 期）。

---

① 曹旅宁：《秦律新探》，中国社会科学出版社，2002 年，第 24 页。
② 李学勤：《中国古代文明十讲》，复旦大学出版社，2005 年，第 72 页。
③ 刘钊：《关于秦印姓名的初步考察》，《出土文献与传世典籍的诠释》，上海古籍出版社，2010 年，第 366 页。
④ 郑曙斌等：《湖南出土简牍选编》，岳麓书社，2013 年，第 18 页。

秦灭六国，将这套野蛮的制度推广到整个中国，引起了原东方六国地区尤其是楚地的严重反感。在秦朝之前，秦王称帝，就曾引起儒者鲁仲连的强烈反感，"连有蹈东海而死耳，吾不忍为之民也"（《史记·鲁仲连邹阳列传》），宁愿跳海而死，也不能忍受秦的统治。在后来反对秦朝的战火中，儒者颇为积极，孔子的八世孙孔鲋便是战死在反秦的过程之中，除了他，鲁地有大量儒者持孔家的礼器参与反秦（《史记·儒林列传》）。在其后的楚汉战争中，继承了秦制的刘邦集团拥有更强的军事动员力，最终击败西楚。但刘邦集团的合法性，却并未得到儒者的肯定，项羽死后汉军包围了曲阜，但城中儒者依然读书演奏礼乐，并不拿刘邦当回事。后来秦博士叔孙通为刘邦制作能让"群臣震恐"的尊君之礼，邀请鲁地的儒者参加，遭到一些儒者的拒绝和批评，因为战争刚结束，"死者未葬，伤者未起"的悲惨景象下，哪里是给皇帝拍马屁的时候（《史记·刘敬叔孙通列传》）。在此，儒者既反对了尊君卑臣的游戏规则，同时也是充满了对战乱中"死者"和"伤者"们同情的人道主义立场。

在儒家看来，"天地之性人为贵"（《孝经·圣治》），天地之间的人是最宝贵的，也是需要以人道态度去对待的，因此"仁者爱人"（《孟子·离娄章句下》）。余英时先生曾专门强调，作为一项制度，奴隶制从不被儒家认为是合法的。《论语》《孟子》与其他儒学文本对普遍人性和人类尊严的表述，也是同样清晰。在公元一世纪，儒家文献中关于人类尊严的内容，已经开始被作为禁止买卖和杀害奴隶的法律依据[①]。两汉禁奴隶的诏令，主要根据便是"天地之性人为

[①] 余英时：《人文与理性的中国》，上海古籍出版社，第328—329页。

贵"的儒家观点①。董仲舒在给皇帝的上书中，就主张"去奴婢，除专杀之威"(《汉书·食货志》)，反对奴隶制度，或至少也要废除主人能随意杀戮他们的威权。到了东汉，禁止杀害奴婢的诏书，正是继承了"天地之性人为贵"的思想。《后汉书·光武帝纪》："是一年春二月己卯，诏曰：'天地之性人为贵'，其杀奴婢，不得减罪"。

康有为说："孔教之行，免奴之制，中国先创二千年矣，真于大地最光哉！"②此种说法略微夸张，东汉确实通过儒家思想的推动减少了奴婢数量，并改善了其待遇，但还未能废除这一制度。然而至迟在一千年前的宋代，儒家化的中国最终成为这个世界上第一个从法律上废除奴隶制的民族和国家，在这个意义上，说儒家化的中国"于大地最光"，则是丝毫不为过的。

汉儒虽然未能从法律上废除奴隶制，但也在点滴改良社会，在对待奴隶的态度上，是充满了人道精神的。《后汉书·刘宽传》记载："尝坐客，遣苍头市酒，迂久，大醉而还。客不堪之，骂曰：'畜产。'宽须臾遣人视奴，疑必自杀。顾左右曰：'此人也，骂曰畜产，辱孰甚焉！故吾惧其死也。'"刘宽一次请客人吃饭，派出家奴去买酒，结果家奴自己喝醉了，客人很生气，骂该奴是畜牛。刘宽没有骂奴隶，还派人去探视他，害怕他受辱自杀，并认为即使是对奴隶，也不应该使用这种侮辱人格的语言。刘宽的另一件事："夫人欲试宽令恚，伺当朝会，装严已讫，使侍婢奉肉羹，翻污朝衣。婢遽收之。宽神色不异，乃徐言曰：'羹烂汝手？'其性度如此。海内称为长

---

① 余英时：《中国思想传统的现代诠释》，江苏人民出版社，第 17—18 页。
② 康有为：《大同书》，上海古籍出版社，2005 年，第 107 页。

者。"他的夫人想试探他，便故意派了女奴打翻肉汤，弄脏了刘宽上朝的礼服，刘宽不但没有打骂，而是首先关心奴隶，热汤是否烫伤了你的手？他的这种品质，得到了海内所有人的赞美，对社会的公序良俗起到了很好的示范作用。

另一件事也能看出儒者的精神，《后汉书·宋则传》中记载鄢陵令宋则："子年十岁，与苍头共弩射，苍头弦断矢激，误中之，即死。奴叩头就诛，则察而恕之。颍川荀爽深以为美，时人亦服焉。"这位儒家士大夫的儿子在一次意外中被家奴的弩误伤而死，家奴磕头等待被杀，但宋则认为，这只是意外，并非家奴的罪过，因此宽恕了家奴。这一事，得到了另一位大儒荀爽的高度赞扬，而社会舆论对此也非常认同。儒者与社会的良善化趋向之间，形成了很好的互动。这种以情理宽恕家奴的精神，与仅仅因为失手打碎一个水晶盘子，就发怒把家奴拿去喂七鳃鳗的古罗马贵族维迪乌斯·波利奥形成了鲜明对比。

东晋的陶渊明也有善待奴仆的典故。他在担任县令期间，不让家眷跟随，派了一名奴仆回去，并附有书信："汝旦夕之费自给为难，今遣此力，助汝薪水之劳，此亦人子也，可善遇之。"（《南史·陶潜传》）强调了即使是奴仆，但他首先是人，是父母所生养，是需要得到善待的。可能有人会说，采菊东篱下的陶渊明是道家，不是儒家。其实魏晋时期，士大夫流行玄学，是以儒为体，以三玄为谈资。宋儒真德秀就指出，"渊明之学，正自经术中来"（《跋黄瀛甫拟陶诗》，《真文忠公文集》卷三十六）。陶渊明学问和人格的基础，是从儒家经学中涵养出来的，其人道主义精神，不在老庄，而在周孔。

汉儒推动的另一项人道主义改良，也体现在对罪犯管理方面。

由于秦和西汉早期法律的严酷性，以及连坐制度，导致大量人口沦为罪犯，数量极其庞大。秦和西汉早期对罪犯的态度，是法家式的残酷手段，这些都得到了考古资料的证实。如秦始皇陵旁的修墓死亡罪犯，多有被肢解、腰斩的，甚至还有儿童。汉初的情况和秦朝并无二致，如汉景帝阳陵发现的修墓死亡罪犯，一些或身首异处，一些或被腰斩，没有棺材和随葬品，被草草掩埋而已（《文物》1972年7期）。后来随着儒家的发展，开始逐渐改变实行酷刑的状况，比如到了儒学较有影响力的时期，朝廷对罪犯的管理就带有了更多的人道色彩。《汉书·宣帝纪》记载诏书："今系者或以掠辜若饥寒瘐死狱中，何用心逆人道也？朕甚痛之。其令郡国岁上系囚以掠笞若瘐死者，所坐名、县、爵里，丞相、御史课殿最以闻。"汉宣帝是"霸王道杂之"立场的君主，这篇诏书中对罪犯的人道态度，显然属于儒家"王道"的内容。到了东汉，还规定了"徒在作部，疾病致医药，死亡厚埋葬"（《后汉书·桓帝纪》）的政策，对罪犯提供医疗，死亡则提供较好的埋葬。这些情况，也得到了考古材料的证明。在汉魏洛阳故城南郊发现的东汉罪犯墓地，都发现有棺材的钉子，说明死后是有棺材埋葬的，和秦朝、汉初那种草率乱葬不同。其中还有死者的刻字砖上写有"留官庙致医"，说明能得到医药的救治[①]。

魏晋南北朝时期，法律进一步地儒家化，在《太平御览》卷六四三中，保留有一条晋朝的《狱令》："狱屋皆当完固，厚其草蓐，家人饷馈，狱卒为温暖传致。去家远无饷馈者，悉给廪。狱卒作食，

---

① 中国社科院考古所：《汉魏洛阳故城南郊东汉刑徒墓地》，文物出版社，2007年，第118页。

寒者与衣，疾者与医药。"要保障罪犯基本的居住、饮食、保暖、医疗条件。南朝还规定"治下囚病，必先刺郡，求职司与医对共诊验。远县，家人省视，然后处理"（《南齐书·王僧虔传》）。这些详细的法律规定，显示了儒家人道主义的精神。唐宋是儒学对政治实践发生重要影响力的时期，在新发现唐宋《天圣令》的《狱官令》中，罪犯也得到了人道的对待，"诸狱皆厚铺席褥，夏日置浆水，其囚每月一沐"（《狱官令》宋51条），"诸狱囚有疾病，主司陈牒长官，亲验知实，给医药救疗，重病者脱去枷锁钮，仍听家内一人入禁看侍"（《狱官令》宋52条）。这些详细的规定，包括了居住条件、消暑、清洁、医疗、看护等内容，是古代欧洲监狱所无法比拟的。

狱政以外，儒家也反对司法活动中的酷刑，有"慎刑恤罚"的思想。王夫之提到："政为隋定律，制死刑以二，曰绞、曰斩，改鞭为杖，改杖为笞，非谋反大逆无族刑，垂于至今，所承用者，皆政之制也。若于绞、斩之外，加以凌迟，则政之所除，女直、蒙古之所设也。"（《读通鉴论》卷十九）王夫之指出，中国的主流刑罚传统是较轻的，死刑只有两种，即绞刑和斩首，鞭刑被改为较轻的杖刑，杖刑改为笞打，原则上不连坐。至于凌迟这种残酷的刑罚，并不是中土华夏传统，而是源自女真、蒙古。明代的丘濬也认为，自隋唐以来的正统王朝，死刑只有斩首和绞死，并没有凌迟，"至元人又加之以凌迟处死之法焉"（《大学衍义补》卷一〇四），认为凌迟源自元朝。晚清法律学者吉同钧则认为"辽始制凌迟重刑而金因之"[1]，即

---

[1] 闫晓君、陈涛主编：《大清律例讲义·自序》，知识产权出版社，2018年，第13页。

凌迟最早源自契丹人，后来被女真部族所沿用。晚清法律学者沈家本，也有类似的考察和结论，认为"辽时刑多惨毒，而凌迟列于正刑之内"①。有学者研究考察，《辽史·太祖本纪》《辽史·刑法志》记载凌迟适用于契丹部族的刑法制定于神册六年，即公元921年，而汉族社会对凌迟的法律记载最早见于清宁六年，即公元1060年，时间上晚得多，应当是契丹的刑法，在五代十国的乱世混入了中原②，这种酷刑并不是中原传统，更是和"儒家"无关。

对于凌迟这种外来的酷刑，宋代皇帝和士大夫的态度是审慎的，如景德四年（1007年）"御史台尝鞫杀人贼，狱具，知杂王随请脔剐之，帝曰：'五刑自有常制，何为惨毒也。'……诏：'捕贼送所属，依法论决，毋用凌迟'……盖真宗仁恕，而惨酷之刑，祖宗亦未尝用"（《宋史·刑法志》）。宋真宗对凌迟非常审慎，并不使用。到了宋仁宗时期，则因为巴峡、荆湖一带社会上有"杀人祭鬼"的残酷风俗，仁宗出于义愤，下诏对"杀人祭鬼"者使用凌迟。仁宗是出于仁心，对恶徒用凌迟，但这种义愤也导致凌迟可能从一种"非法"的状态，逐渐正式进入法律，如同打开潘多拉的魔盒。所以，宋代士大夫如北宋钱易、南宋陆游，都对凌迟表示反对和警惕（吴钩：《宽仁的宋仁宗为什么要动用残忍的凌迟之刑》）。

在儒家看来，合法的死刑只有斩首和绞刑，其他酷刑都是非法的。反观西方的历史，则存在大量极其不人道的酷刑，且不论中世纪和近代早期，哪怕是进入了"近现代文明"的18世纪40年代的

---

① ［清］沈家本：《历代刑法考》，中华书局，2013年，第2024页。
② 马泓波：《凌迟入律时代考》，《晋阳学刊》2002年2期。

北美纽约，奴隶还是会被缓慢的方式烧死、车裂，或用链子吊起来饿死①。1741年3月18日，纽约总督府屋顶着火，三个被怀疑的黑奴遭到逮捕，并被施以火刑。所有遭到怀疑的人都被处以绞刑或绑在火刑柱上烧死②。在18世纪的法国法律中，重婚罪要处以剥皮之刑，而当时中国法律则只是杖六十；19世纪初英国偷盗一先令，就要处以死刑，而同时期的中国法律偷盗一百二十两，才判处绞监候。"在19世纪以前，中国法律所规定的刑罚算得上是世界上最文明、最人道的"③。

宋代士大夫文化有丰富的人道主义氛围，比如北宋士大夫拒绝坐轿子，普遍都选择骑马，因为他们认为轿子是"以人代畜"，是对人类尊严的践踏。"南渡以前，士大夫皆不甚用轿，如王荆公、伊川皆云'不以人代畜'。朝士皆乘马。或有老病，朝廷赐令乘轿，犹力辞后受。"(《朱子语类》卷一百二十八)宋代儒家的人道主义，还推动了中国法律的演进，在宋代成为世界上第一个废除奴隶制的国家，比英国在1833年，美国在1865年都要早数百年。大量的宋代笔记和法律使用可以证明，最迟到南宋，在法律制度层面上，废除了良贱制度，奴婢制度转化为签订契约的雇佣关系，称为人力、女使。法律意义上的奴隶制被废除，代之以雇佣制，从雇主到人力、女使，所有人在法律层面上都是良民。在新发现《天圣令》中，就有十七条废弃不用关于奴婢的唐令，因为这些内容已经不符合宋代社会的

---

① [美]林·亨特:《人权的发明》，商务印书馆，2011年，第55页。
② [美]撒迪厄斯·拉塞尔:《叛逆者》，山西人民出版社，2013年，第9页。
③ 郭建:《獬豸的投影》，上海生活·读书·新知三联书店，2006年，第91—92页。

情况。宋代对重罪犯的家属，也不是没为奴婢，而是编管或流放[①]。这是人类历史上，第一次以国家制度化的形式宣布：所有国民都是自由的（但不是平等的）。这一制度性突破，正是儒家人道主义观念下的结果，配得上康有为盛赞的"大地最光"。

法律上所有宋人都是平民，表明奴隶制作为一种制度被废除。当时的人力、女使，在法律上与雇主只是雇佣关系，但又具有"主仆名分"。这一点，与作为早期近代的19世纪英国雇佣制有相似之处。在1875年废除《主仆法》之前，英国的雇主与雇工之间，也具有"主仆名分"。[②] 这种主仆名分，是一种象征性的不平等，但却不是人身占有，雇主也无权买卖或典押。宋代法律实质上已经废除了奴隶制，但唐代律文在宋代仍然有保留，其中有"奴婢贱人，律比畜产"之类的文字，相当于存而不用的化石。宋代司法官员很清楚这些关于奴隶制的唐代律文，其实已经被废除了，只是保存在法律文本中的历史痕迹而已，所谓"世为奴婢，律比畜产，此法虽存而不见于用"（《文献通考·刑考》）。尽管实际上已经成为历史痕迹了，但宋儒看这些践踏人尊严的文字，仍然觉得非常不满，要求修改汉唐以来的律文，尤其要删除"奴婢贱人，律比畜产"这种既过时，又践踏人尊严的语言（赵彦卫：《云麓漫钞》卷四）。

但令人遗憾的是，靖康之变后，女真统治下的中国北方，又引入了奴隶制，而且规模巨大。在入主中原之前，女真酋长就有残酷

[①] 戴建国：《唐宋变革时期的法律与社会》，上海古籍出版社，2010年，第300—356页。
[②] 刘成：《英国现代转型与工党重铸》，生活·读书·新知三联书店，2013年，第84—85页。

的杀奴殉葬之风,"贵者生焚所宠奴婢,所乘鞍马以殉之"(《三朝北盟会编》卷三)。《建炎以来系年要录》记载,女真部族大量捕获华北平民为奴婢,"以俘获赐将士",而且数量很大,动辄就是"奴婢百、牛三十","奴婢百三十人","人口、牛马各千"。金国还专门设立有管理国家奴隶的机构,叫太府监。《金史·食货志二》记载,1183 年金国的人口统计中,奴隶一共有 1345967 人,高达一百三十多万人。金国奴隶的数量,占其全部人口的 22%强[①]。《金史·世宗纪》记载,女真金国在大定十八年才规定"辄杀奴婢及妻无罪而辄殴杀者罪",就是说此前金人不但可以随便杀掉奴婢,而且还可以随意殴杀妻子,只要不用兵器杀就没事。

南宋的范成大,在出使金国的时候,遇到过一位被女真从淮河地区抢来的婢女,脸上刺着"逃走"二字。怀着对她的同情,范成大写下了《清远店》一诗:"女僮流汗逐毡軿,云在淮乡有父兄。屠婢杀奴官不问,大书黥面罚犹轻。"一个金国的小女奴,跟在主人毡车后面拼命奔跑,已是汗流浃背,她说自己家乡在淮河边,是被金人抢来的,遥远的家乡还有自己的亲人。在金国主人可以随意处死自家的奴婢,官府从来不会过问,自己脸上被刺"逃走"两字,已经算是很轻的处罚了。

随着崖山海战与南宋的灭亡,蒙古征服者则又在南方中国重新引入奴隶制,甚至大量的儒士也不能幸免:"时淮、蜀士遭俘虏者皆没为奴,智耀奏言:'以儒为驱,古无有也'"(《元史·高智耀传》)。元朝的大都、上都,都设立有奴隶市场:"今大都、上都有

[①] 乔幼梅:《女真奴隶制的演变》,《文史哲》1992 年 5 期。

马市、牛市、羊市，亦有人市，使人畜平等"（《历代名臣奏议》卷六七），和秦朝一样，把人视为牲畜。元朝的奴隶制规模十分庞大，残留影响也极深，谢国桢就认为，宋代已经没有蓄奴现象，但为何到明代又出现了繁盛？"我以为由于元代蒙古贵族之来侵……我们要知道明代买卖奴仆是承了元代的遗风"[1]。清朝的统治，更是强化了奴隶制度，残酷的"逃人法"可谓臭名昭著。谈迁就记录清朝的北京城有奴隶市场，"顺承门大街骡马市、牛市、羊市，又有牛市"，和秦朝、元朝一样，把人当作牲畜买卖。对此，谈迁感慨"噫！诚天之刍狗斯人也"，这是把人当作刍狗。此外，谈迁还记载了满洲豪酋残忍的杀人祭神之风，"满洲始事好杀戮，享神辄杀辽人代牲，或至数百"（《北游录·纪闻下》）。

尽管有这一系列对文明传统的破坏，但儒家人道主义思想的种子仍然保留了下来，在合适的时候便会发芽。例如在曾国藩1842年的一封家书中，就提到了自己读《周易·旅卦》"丧其童仆"的理解，如果对奴仆"刻薄寡恩，漠然无情"，对方也会将自己视为陌生人。他给自己定下了新的要求，"以后予当视之如家人手足也"，将奴仆视为亲人和手足来对待（《曾文正公家书·致诸弟》）。到了晚清，儒者郭嵩焘就对英国禁止奴隶贸易的行为赞赏有加。他在1877年了解到英国与埃及订立了禁止贩卖黑奴章程七条，准许英国军舰在埃及各出海口巡查，查到贩卖黑奴就听从英国处理。对此，郭嵩焘赞美："所有黑奴及其子孙，一以平民视之，听从各营生理，并送其所生之子女入学读书"，"西洋大国以爱民之心推类以及异国无

---

[1] 谢国桢：《明清之际党社运动考》，上海书店出版社，2006年，第195—196页。

告之民，设法以维持之，其仁厚诚不易几也。其勃然以兴，又何疑哉？"①

到 1906 年，周馥写出《禁革人口买卖折》，其中认为"中国三代盛时无买卖人口之事"，赞美"英国则糜数千万金币赎免全国之奴"，希望将"原有之奴婢一律以雇工论"。沈家本也认为"奴亦人也，岂容任意残害。生命固应重，人格尤宜尊。正未可因仍故习，等人类于畜产也"。他提出的解决方案是"嗣后贫民子女不能存活者，准其写立文券，议定雇钱年限，作为雇工。年限不问男女长幼，至多以二十五岁为断，限满听归亲属。无亲属可归者，男子听其自立，女子择配遣嫁"②。沈家本提供的这个解决清朝奴婢问题的方案，其实基本是宋代法律和社会下的演进水平。

经历晚清儒者的努力和推动，最终在 1910 年的《钦定大清刑律》中，废除了奴隶制③。经过几百年的残酷折腾，最终在现代世界秩序的帮助下，儒家人道主义的种子再次发芽，回归到数百年前宋代的水平。

可以说，正是由于儒家思想的人道主义种子，才使得晚清以来的中国人可以迅速接受现代的人道主义价值观，这也是中国文明的伟大遗产之一。一些人对儒家和中国传统有误解，以为好的事物都是近代从西方来的，而本国传统一片黑暗，毫无优点。实际上，通过对历史的梳理不难发现，儒家文化有丰富的人道主义资源，并且

---

① 《伦敦与巴黎日记》，《郭嵩焘等使西记六种》，中西书局，2012 年，第 148—149 页。
② ［清］沈家本：《历代刑法考》第四册，中华书局，2013 年，第 2040 页。
③ 周永坤：《中国奴隶制的终结及其意义》，《北方法学》2010 年 3 期。

在历史上曾经取得过值得尊敬的成就,但由于其他因素的干扰或打断,导致了文明的退步,但这不是儒家的过错。要理解中国史,就必须认识到历史的复杂性,对本国传统持有一种温情的敬意。正如余英时先生所说:"中国人文传统中何尝没有为'现代人'所迫切需求的精神养料?如果我们懂得孔子所谓'善人为邦百年,亦可以胜残去杀'的道理,如果我们了解孟了所谓'不忍人之心'的道理,中国近几十年的政治史会是这样残酷吗?我们且慢讥笑孔、孟之道是'封建'的东西。"①

---

① 余英时:《现代儒学的回顾与展望》,生活·读书·新知三联书店,2005年,第40页。

中国历史的人口重建

人口危机并不总是现代国家才会面对的，和人们想象中"古人"特别能生孩子的印象相反，至少战国、秦汉时期，原子散沙化的平民们生育率其实并不高，以至于当时政府屡次下达鼓励生育的命令，但效果并不佳。

从出土秦汉时期政府档案简牍记载当时平民的子女数量来看，独生子女或有二孩家庭其实很普遍，如里耶秦简记载一些家庭，只有一个男孩（里耶 K30/45、K13/48、8-237）或一个女孩（K2/23），只有两个小孩也很常见；居延汉简档案中记载，很多平民也只有独生子女，如只有一个男孩（居延汉简 203.19、203.32、231.25、居延新简 EPT65.288），或只有一个女孩（居延汉简 29.1、55.25、194.20、203.13、286.5、居延新简 EPT40.17、EPT44.1、EPT59.675），两个小孩的现象也很多；在肩水金关汉简中，大量平民背景的基层小吏隧长、亭长之类，也只有一儿子（金关 73EJT6:42、73EJT11:24、

73EJT24:206、73EJT37:521、73EJT37:762、73EJT37:779、73EJT37:855、73EJT37:1007、73EJT1:105），或者一个女儿（金关73EJT6:41A、73EJT3:89、73EJT9:87、73EJT37:178、73EJT37:755、73EJT37:761、73EJT3:138）。从这些简牍档案来看，秦汉时期有相当数量的平民只有独生子女，而且即使是算上很多二孩家庭，子女数量也是低于一个社会维持最基本人口量2.1生育率的。这就意味着，战国、秦汉社会其实存在着严重的人口危机。

其实当时的人，也注意到这个现象，《太平经·兴帝王》就提到"今何故其生子少也？"对这一现象产生极大困惑。而统治者也高度关注人口增长，但收效甚微。梁惠王就曾向孟子诉苦，说凶年给民移粟米，但却是"寡人之民不加多"（《孟子·梁惠王上》），汉高祖七年规定"民产子，复勿事二岁"（《汉书·高帝纪下》），即鼓励人口生育，生一个小孩免除家长两年徭役。惠帝六年又下令，"女子年十五以上至三十不嫁，五算"（《汉书·惠帝纪》），试图以五倍人头税的重税率，强制适龄女性嫁人来增加生育率，但显然没有太大作用。汉武帝时期，"民产子三岁则出口钱，故民重困，至于生子辄杀"（《汉书·贡禹传》），重税之下，民间有浓郁的杀婴氛围，人口大量减少。根据王子今先生研究，杀婴在秦汉社会是极其严重的现象，虽然在云梦秦简中就有擅杀子会被"黥为城旦舂"的刑罚，但这一现象在秦汉社会一直普遍存在，根本无法以法律禁止（王子今：《秦汉"生子不举"现象和弃婴故事》，《史学月刊》2007年8期）。一直到东汉，汉章帝颁布了著名的《胎养令》，免除生育前后四年的重税算赋，还提供"胎养谷"，用尽手段，以期增加人口。

那么是什么原因导致了战国、秦汉社会的生育率低下？以至于杀婴成风，用于避孕的房中类书籍也普遍见于《汉书·艺文志》和出土文献中，以至于两千多年前的社会中，却有大量"独生子女家庭"的存在。这一问题的答案，就在于商鞅变法之后的散沙化社会，一夫一妇原子小家庭，并不存在太高的生育意愿。

柳诒徵先生曾谈到："专以个人道德而言，为女子者，惧嫁夫生子之为累，为男子者亦惧娶妻生子之为累。其人之思想单简，性情凉薄，为何如？吾国人无此思想者，以为妇之助夫，天职也，夫之助妇，亦天职也，父母之助子女，更天职也。天职所在，不顾一身，虽苦不恤，虽劳不怨。于是此等仁厚之精神充满于社会，流传至数千年，而国家亦日益扩大而悠久。"①柳诒徵注意到，如果从原子个体的角度，最划算的是及时行乐，避免承担生养的重负，中国民族能数千年延续，很大程度是家庭成员抱团合作，一起努力的结果。他所说的"天职"，其实可以理解为维持共同体的习俗。

从原子个体的角度，人都是会死的，及时行乐最划算，所以秦汉时代除了房中术，还特别流行原子个体的求仙思想，《神仙传》中的成仙者茅君，冲破了父亲父权为代表的家族共同体羁绊，飞升为神仙；河上公干脆飞到天上，脱离了君臣关系的羁绊。以赛亚·伯林（Isaiah Berlin）谈到，城邦小共同体衰败的"希腊化时代"，学者不再关注共同体生活，转变为关心"个体幸福、个体兴趣、个体性格"②。对只关心"个体幸福"的人来说，多子女的家庭吸引力并不大。

---

① 柳诒徵：《明伦》，《学衡》1924年。
② ［英］以赛亚·伯林：《自由论》，胡传胜译，译林出版社，2011年，第326页。

雷海宗先生注意到，三代时期是大家族本位，多子多孙的观念和愿望是必须的。而商鞅之后的散沙化社会，家族解体，"小家庭中，儿女太多，的确累赘。人类的私心，总不能免。与个人太不方便时，团体的利益往往就被牺牲"[①]。西周、春秋时代的铜器铭文，最常见就是以"子孙其永宝""其万年宝用""其万年子子孙孙永宝用"这类句子结尾。个体的生命有限，但宗族、大家族的生命伴随着子孙的蔓延，是无限展开的，祖先的生命通过众多子孙，得到了永恒，因此大家族时代的生命盼望，是以"万年""永（远）"为线度和单位的。在家族共同体的生命观、价值观中，个体之死不是真正的死亡，家族"无后"才是真正的死。孔子批评始作俑者"其无后乎"，就是对不仁者的最大诅咒。孟子也指出，不孝有三，无后为大，让生命之河的断绝，是最大不孝。

此外，大家族的互助生活方式，相比起核心小家庭来说，更有利于养育家族子孙。而子孙众多，人口增长，又提升了宗族的竞争力。周代宗法配合封建，以开枝散叶的方式，在全国各地建立起众多武装殖民据点，对于中国文化的发展和崛起，起到了重大作用。商鞅变法瓦解了大家族，其后果便是战国、秦汉以来日趋严峻的人口危机。如果这种情况进一步持续，中国文明是否能延续下去，都是值得怀疑的。

汉儒对人口危机做出的贡献，便是鼓励平民模仿先秦贵族，创造自己的姓氏，模仿先秦贵族组建宗族、大家族等共同体。贾谊描述秦朝社会散沙化平民，哪怕是父母子女之间，也是像乌眼鸡一样

[①] 雷海宗：《中国文化与中国的兵》，商务印书馆，2001年，第62页。

互啄（《汉书·贾谊传》）。这种社会环境，并不利于人口增长，生养子女的吸引力也不大。但汉儒对社会重建，开始出现一些模仿先秦贵族的家族，这些家族依靠内部互助，获得了更高生存、发展机会，子女众多的优势逐渐显现。

翻开《后汉书》或《三国志》，这类情况颇为常见。如任隗"常以赈恤宗族"，宋弘"分赡宗族"，韦彪"禄赐宗族"，宣秉"辄以收养亲族"，廉范"悉以赈宗族朋友"，童仲玉"倾家赈恤，九族乡里赖全者以百数"，诸如此类例子，举不胜举。由于宗族共同体的重建，提升了抗风险能力，而宗族人口的增多，则强化了宗族的政治地位。两汉之际、汉末的大乱中，也是大族以众多人口为基础，实现了脱颖而出。如耿纯家族的地位，是因为有"宗族、宾客二千余人"，刘植崛起底色也是"宗族、宾客数千人"，阴识能帮助刘秀家族，基础也是"率子弟、宗族、宾客千余人"。

多子多孙的家族（包括乡党），有更高竞争力、更高生存率，因此平民中稍有志向者，都通过学儒，模仿先秦贵族，重建共同体。此起彼伏的过程中，其实开始消解人口危机的根源。虽有汉末、永嘉的大乱，但生育文化不绝如缕，民族的生命力得以延续，只要环境稍好，便得以实现人口的增长。

中国平民在全世界最早获得姓氏

今天人们都有姓氏，似乎习以为常。但从世界史的角度看，姓氏其实是贵族的专利，平民拥有姓氏，是比较晚近的现象。例如在德国，平民长期是只有名而无姓。平民普遍获得姓氏，要迟至19世纪。平民在获得姓氏的时候，比较随意，因此往往以自己职业为姓氏名称，如 Muller 是磨坊主，Schmidt 是铁匠，Schneider 是裁缝，Fischer 是渔夫，Weber 是纺织工，Wagner 是车轮工匠，Becker 是面包师等。英国平民获得姓氏的时间比德国早，但也最多只能追溯到公元 1066 年诺曼征服以后，其平民大多也是以职业为姓氏，如铁匠行业的 Smith 演化出一些姓氏，铸剑匠姓氏 Sword，泥瓦匠 Plaster，石匠 Stone，剪羊毛者 Shearer，纺织工 Spinner 等，甚或是以大个子 Longman、小个子 Small 为姓氏。

在日本，平民一直无姓氏。普通农民、町人使用姓氏功能的"苗字"，属于违法行为。1819 年日本萨摩漂流到朝鲜，安田义方在笔谈中自称"以庶民之类，无姓无实名者，我日本通例也"（安田义方：《朝鲜漂流日记》卷一）。直到19世纪明治维新以后，平民才被允许拥有姓氏功能的"苗字"，其标志是明治政府在1870年9月颁布的《平民苗字容许令》，1875年2月又颁布了《平民苗字必须令》，要求平民必须有姓氏。当时平民给自己起姓氏，也颇为随意，如住在上山，就以"山上"为姓，类似的还有山中、山下、川上、川中、川下等，住在松树下的就以"松下"为姓，住在青木村的，就以"青木"为姓，饭量大的人，干脆以"大唉"为姓，酒量大的则以"五枡酒"为姓。

在朝鲜半岛，平民也是长期没有姓氏，朝鲜李朝时期，"两班"贵族拥有姓氏。平民开始获得姓氏，要迟至中国明代晚期的壬辰战争以后。由于大规模战乱导致人口流动和户籍遗失，庶民和两班身份发生模糊和混乱，一些庶民借此模仿两班贵族，开始拥有姓氏。随着朝鲜科举制的发展，要求参与者登记姓氏，也进一步加速了姓氏的普及。到19世纪，朝鲜半岛平民开始普遍使用姓氏，最终1909年韩国颁布《民籍法》，将姓氏覆盖到全体国民，这已经是20世纪早期了。

古代匈奴社会，姓氏也是贵族特权。《史记·匈奴列传》记载匈奴社会"其俗有名不讳，而无姓字"，可见匈奴一般人是没有姓氏的。而《汉书·匈奴传》又记载说："其大臣皆世官。呼衍氏，兰氏，其后有须卜氏，此三姓，皆贵种也"。可见，虽然匈奴一般平民没有姓氏，但作为"贵种"的大贵族，则有呼衍、兰、须卜这三种姓氏。根据朝鲜人《燕行录》的记载，满洲人原本也没有姓氏，但是入关之后逐渐模仿汉人平民，也开始搞出自己的姓氏，如果母家是汉人，就用母家的汉姓,"否则别作姓氏"[1]。

纵观世界范围,古代平民基本都是没有姓氏的。中国的西汉中期以前,也是这种情况。例如在秦朝的时候,一般平民没有姓。湖北云梦睡虎地 4 号墓出土秦兵的家书,两个秦兵的名字,一个叫"黑夫",一个叫"惊"。黑夫,相当于现代乡下的"黑娃",但只有黑姓的名,但没有姓。里耶秦简中的人名,阳陵守丞"恬"、迁陵丞"欧"、迁陵守丞"敦狐"、司空"腾"、隶臣"尚"、隶妾"冉"、士伍"巫"、迁陵守丞"色"、隶妾"以"、邮人"匄",及嘉、毂、欣、圂之类,都没有姓。秦陵发掘的秦刑徒瓦志,人名是"罗"、"遂"、"宿契"、"去疾"、"驿"、"得"、"所"、"姜"、"大教"、"庆忌"、"鹍"、"余"、"富"、"契必"公士"滕"、不更"牙"、"必"、不更"滕"等,也没有姓。

湖北江陵凤凰山 10 号汉墓属于文帝至景帝时期,其中有向墓主贷粮的农民名字是:击牛、野、厌冶、立、越人、不章、胜、虏、小奴、定囗、肩、囗奴、骈等。凤凰山 9 号和 8 号墓木牍书写奴婢的名字:大婢思田、大婢女巳田、大婢意田、大婢信田、大婢戴田、大奴贤、小奴坚、大奴甲、大奴宜、大奴息、大奴美、大奴蒲苏、大奴不敬、大奴玀从、大婢绿、大婢紫、大婢缚、大婢留人、大婢壬、大婢奋、大婢益、大婢豹、大婢莘、大婢囗青、大婢益臣、大婢醉、人婢幸金、人婢蒽、人奴偃、人奴鄁中、大奴众、大奴熊。从这些材料来看,西汉早期的平民和下层社会,也都没有姓氏。

---

[1] 吴道一:《丙寅燕行日乘》,《燕行录全集》第 29 卷,东国大学校出版部,2001 年,第 178 页。

情况的变化，发生在西汉中后期，儒学在社会上逐渐发展，而儒家鼓励平民模仿贵族，创造自己的姓氏和建立宗族，这使得中国平民成为全世界最早取得贵族姓氏的群体。西汉中后期居延汉简中普通戍卒的名字，都有了我们熟悉的姓氏，如丁延年、田延年、张延年、赵延年、储寿、李寿、张彭祖、薛去疾、周千秋、王安世、陈安国、孙安世、孙安国、陈定国、田安世之类。江苏仪征胥溥101号汉墓出土西汉竹简《先令券书》中记载，一个叫公文的平民，在十五岁的时候"去家自出为姓，遂居外"（《文物》1987年1期）。可见，西汉时候的平民，已经开始有意识地"自为姓"，创造自己的姓氏了。

当然，这一时期人们刚刚获取姓氏，方式还比较随意。如"孝文时，吏居官者或长子孙，以官为氏，仓氏、库氏，则仓库吏之后也"（《汉书·王嘉传》），管理仓库的小吏干脆以"仓""库"作为自己的姓氏。又如灌夫的爸爸本来叫"张孟"，但因为得到了灌婴的帮助，因此就改了灌姓；丞相田千秋，因为乘坐小车上朝，就被改姓为"车千秋"；易学家京房，本来姓李，后来吹律定姓，又改成京姓；卫青的爸爸叫郑季，因为和卫媪私通，生下卫青就姓卫；第五伦本来姓田，后来被迁徙，干脆就以迁居的次第"第五"作为新姓氏；马援的本来姓赵，但因为祖上当过马服君，所以就用马姓。汉代类似的例子不少，说明平民刚开始搞姓氏的时候，还比较随意。但无论如何，姓氏逐渐在社会中扎根下来，演变为固定的习惯和风俗，有力地推动了自治共同体的重建。中国平民，也成为世界上最早享有贵族姓氏特权的群体。

徐复观先生曾谈道："汉代对先秦的最大特色，乃在继战国平民立姓之后，继续发展，完成了平民的姓氏，即是大体上到了西汉宣、元、成时代，天下比较安定，每人皆有其姓氏。无姓则有家而无族，有姓则每人皆有族。无族之家，孤寒单薄，易于摧折沉埋。有族之家，则族成为家的郭郭，成为坚韧的自治体，增加了家与个人在患难中的捍卫及争生存的力量。"[①] 根据《宋书·薛安都传》的记载，河东汾阴的薛氏家族，"世为强族，同姓有三千家，父广为宗豪"，规模如此庞大的共同体，正是在兵荒马乱岁月抱团互助存活的力量。如果没有姓氏和宗法，"同姓三千家"的场景是不可能出现的。平民普遍获取姓氏，对于后来中国历史的演进，具有重要意义。

---

① 徐复观:《两汉思想史》第一卷，华东师范大学出版社，2002年，第192页。

你以为家谱土得掉渣，其实自古是贵族专利

　　在很多"现代人"看来，家谱这种东西土得掉渣，属于穷乡僻壤的"山杠爷"、未开化野蛮人才有的。但实际上，姓氏自古以来是贵族特权，中国平民是最早有机会模仿贵族获得姓氏的人群。而建立在姓氏基础之上的家谱，其实自古以来也是贵族的特权，中国很多平民有机会模仿贵族搞出了家谱，反而是奇迹。活在奇迹文化中，不识庐山真面目，觉得它土得掉渣。

　　在文字出现以前，要记录大量祖先的名字，是需要专业训练的背诵与时间闲暇特权。在古代夏威夷岛，几条酋长的统治世系，可以追溯到二十代以上，有专人负责背诵这些祖先世系。"普通平民不许记录他们的世系，禁止他们接近最高酋长记载贵族世系的专职人

士，这使得酋长和平民之间形成了截然分明的隔离界限"[1]。就是说，拥有祖先世系的记录，只能是贵族特权，平民不得拥有祖先世系。这些贵族酋长自己也喜爱背诵、歌唱这些祖先的谱系，"凡贵族都以门第自豪，他所豢养的歌人也就把恩主的世系背得烂熟。'背诵酋长们的世系使他们感情上得极大的满足。'所以，夏威夷人见了《旧约》上的世系表如鱼得水，背得烂熟，说是圣书中最美的篇章"[2]。

从世界范围来看，贵族文化特别流行一种"某生某""某又生某"的祖先世系叙事。《旧约》《黄金史纲》《蒙古秘史》《蒙古源流》之类的，都是这种"某生某"的形式，记录贵族祖先的谱系。类似的，古英国《盎格鲁-撒克逊编年史》将王室世系追溯到《旧约》祖先。古代玛雅贵族的祖先谱系，也跟《旧约》类似，一直追溯到神话时代的祖先。西藏地区《青史》《红史》也记述从吐蕃时代，以及阿里、蒙古等不同王统贵族的祖先谱系。西南地区的彝族，其黑彝贵族，也都以背诵祖先谱系为荣，多能背诵出几十代的谱系，甚至几百个祖先的名字。而平民，则没有这种祖先谱系。蒙文通先生也谈过，西南地区各族群晚近时期的贵族土司们，也都有祖先的谱牒，但平民没有。因此，他推测远古时代古蜀王室，应该也有祖先家谱或谱系。徐中舒先生也根据黑彝贵族热衷背诵祖先世谱的情况，推测先秦时期中原以口耳相传的贵族谱牒之学，应该是很发达的。

中原的贵族谱系，最典型就是记录先秦各贵族世家的《世本》，

---

[1] 陈淳：《文明与早期国家探源：中外理论、方法与研究之比较》，上海书店出版社，2007年，第246页。
[2] ［美］罗伯特·路威：《文明与野蛮》，吕叔湘译，生活·读书·新知三联书店，2015年，第202页。

此书南宋后失传，清代学者对其进行过考佚辑补。《周礼·春官·小史》说小史"掌邦国之志，奠系世，辨昭穆"，即先秦时期有专职的史官，负责整理记录贵族世家的祖先谱系，这是平民无法拥有的。《史记·三代世表》："予读《谍记》，黄帝以来皆有年数。"可见司马迁读过当时能见到的各类贵族祖先家谱，记录着从远古黄帝部落以来各贵族家族的大致谱系，这些材料也是他写成《史记》的重要史料。从《史记·殷本纪》记载的商王室谱系来看，由于有了甲骨文的印证，二者之间几乎没有太大出入，证明了司马迁所见到的这些远古贵族家谱，是非常可信的材料。

甲骨文中，有著名的"家谱刻辞"，学术界对其真伪存在争议，但甲骨中确实有可信的记载家谱迹象，以及著名的"商三句兵"铭文，都可以表明当时应该脱离了早期口头背诵祖先家谱的阶段，将祖先家谱记录在了文字上。到周代，除小史参与掌管贵族祖先谱系，学宫之内也有负责掌管或歌唱祖先世系的专职人员，章太炎先生说，他们是"瞽矇鼓琴瑟以讽诵之"，像瞎子阿炳拉琴一样，唱歌奏乐吟诵这些祖先的名字、谱系。

秦朝基本摧毁了先秦贵族社会，并焚烧破坏了记载各国贵族祖先的史书，但随着汉代儒学对社会的重建，一方面是平民大量开始模仿先秦贵族，创造拥有了自己的姓氏，使得平民家谱成为可能。另一方面，则是散沙化的平民，开始学着先秦贵族，组建自己的宗族。这些平民的新世家，也继承了先秦贵族的文化，开始打造自己的家谱。在东汉的《潜夫论·志氏姓》中，就记载了汉代以来张姓的崛起和发展，《风俗通》佚文《姓氏》中也记载了很多汉代的新世家，如文景时期出现的仓氏、库氏，汉朝忽然出现的鞠氏、濮阳氏、沐氏、薄氏、博氏、郭氏、职氏、邺氏、集氏、袭氏等。

中古时期，汉代成功贵族化的平民家族成了新贵族，即士族，拥有稳定的谱牒之学。一方面，朝廷会著录当时士族的谱牒，如东晋《姓氏薄状》、南齐《永明氏族状》、梁朝《十八州谱》、北周《建德氏族》、隋朝《开皇氏族》、唐朝《贞观氏族志》等，另一方面也有氏族自己修的祖先谱牒，如《吴郡陆氏宗系谱》《周氏大宗血脉谱》等。士族新贵族政治文化兴盛繁荣，对应的正是谱牒之学的繁荣昌盛，而平民是没有谱牒之学的。

唐末五代的大乱，再次摧毁了贵族社会，宋儒面对的，又是一个平民化的时代，并鼓励平民模仿贵族，建立家庙和家谱。当时宋儒面对的情况，是"士族亡其家谱""旧谱十九散亡"。平民化的时代，宋朝国家不再修谱牒，在此背景下，宋儒要"敦宗收族"，重建自治共同体，就必须鼓励民间修家谱，这也是宋代"公谱废，私谱兴"的背景。这些私谱，正是平民模仿贵族所造的家谱，也是我们现代人一般比较熟悉的家谱概念了。

士人欧阳修就作有《欧阳氏谱图》，其原因就是他发现家族中人，已经不太清楚祖先的世系，于是对文字残缺的旧谱加以考证修订。他认为，家谱这种贵族的东西，以前遇到战乱，至少是能延续存在下来的，但"自五代迄今，家家亡之"，都见不到家谱了，这是急需重建的。四川的苏洵，也重建了《苏氏族谱》，他在序言中说"吾人所以相视为途人者，其初如兄弟也，兄弟其初一人之身也，悲夫一人之身，分而至于途人，吾谱之所以作也"。在苏洵看来，亲人在几代人之后疏远得成了路上的陌生人，这是很悲哀的，原本大家都是同一个祖先的后人，应该通过家谱凝聚在一起，成为一个互助和自治的小共同体。

  在宋儒的艰难努力之下，很多平民家族也拥有了过去只有贵族才能享有的家谱，这在人类历史上是非常罕见的。你过去以为土得掉渣的东西，其实凝聚着光荣的血脉，请珍视我们祖先的这份遗产，守护好自己的家谱——文字谱写，生生不息的生命之河。

姓氏从父，文明起点

papi 酱的孩子从了父姓，这激怒了很多"女权"，骂 papi 酱是"动物""婚驴""女奴"，好像遵从了一般习俗的从父姓，就是在奴役女性一样。但问题是，如果从母姓，是不是就不是这些"女权"口中的"男权文化"了呢？显然不是的，因为很多"女权"会说，从母姓，其实就是跟随外公姓，那还是落入"父权"陷阱了，真女权是跟外婆姓。但问题又来了，你跟外婆姓，不还是落入外曾祖父的"父权陷阱"了吗？那么按照这个逻辑继续无限上推，跳出一代又一代的外曾祖父、外高祖父、外高高祖父的"父权陷阱"，恐怕你得推导和追溯到中国普通平民开始获取姓氏的两汉时期去，再往上推导，平民就没有姓氏了，都是叫黑娃、狗蛋之类。当然，有一些人就叫好了，说那就不要姓氏，生个孩子直接起个名就行，觉得黑娃、狗蛋不好听，可以叫"史密斯"，那岂不是彻底从"父权"解放出来了？如果你这么想，那么恭喜你，成了一名秦代的黔首，因为秦朝社会那种彻底原子散沙化的黔首，就是这样的，只有名，没有姓氏，用所在地的郡、县、乡、里加爵位和人名，就可以对这些没有姓氏的黔首实行很好的编户齐民管理。而你作为无姓氏的原子散沙，是得不到任何"同姓"亲族的帮助的。

废除姓氏这种疯狂的想法，最早出现在康有为那里，他就设想废除姓氏以后，就用所生位置的某院、某室来命名，其实他不知道秦始皇时代就已经符合他的理想了，不足之处恐怕在于秦朝还有家庭。不过这并不妨碍晚清、民初以来的进步青年追求当秦朝黔首。有人在北大第一院门口碰到一朋友带着一个剪发女青年，就问她"你贵姓？"女青年瞪眼看了一会儿，嚷着说："我是没有姓的！"（周策纵：《五四运动史》）而"伟大的教育家"蔡元培先生，也在认真研究废除姓氏以后，可以考虑"用别称符号来代替"。看来距离用犯人编号，也不远了。

实际上，中国平民是世界上最早获得姓氏的群体，这主要归功于汉儒重建社会、重建共同体的努力，让平民能以模仿贵族的方式，建立和拥有了自己的小共同体[①]，如果没有姓氏的普及，后世作为社会凝结核的世族共同体，如太原王氏、博陵崔氏、范阳卢氏、荥阳郑氏、琅琊王氏、陈郡谢氏、兰陵萧氏、陇西李氏之类就不可能会出现。看到这时候，也许你会说，这些共同体固然有免于社会彻底散沙化的贡献，但是"姓"如果从母，以"母系"的方式，一样还是可以形成"族"这样的共同体嘛，为啥要从父系呢？"姓"这个

[①] 李竞恒：《中国平民为何最早有姓氏：汉儒推动平民造姓立宗》，《南方周末》2020年3月29日。

字，都是"女"字旁，你看看，姓氏起源最早就是"母系社会"，最后被你们男权给败坏了嘛。

既然谈到这，就需要解释一下"母系社会"这个神话故事，最早是 1861 年瑞士一个叫巴霍芬（Johann Jakob Bachofen）的人提出来的，他写了本《母权制》的书，后来被一个英国民科学者麦克仑南（John Ferguson McLennan）接受，发表了《原始婚姻》，然后在欧美开始传播，出现了我们熟悉的摩尔根这些人，并在晚清进入中国，影响到康有为、章太炎等学人，并持续不断发酵传播。但实际上，20 世纪二三十年代以来，西方的大多数人类学家已经不再相信"母系论"这个命题了，因为这个神话已经被大量田野调查和研究所证伪，但这个从晚清以来误打误撞进入中国的"科学知识"，却几乎变成了社科学界的一个公认真理，不能不说是一种荒诞。在此，我要推荐一本破除"母系社会"神话的书，作者是北大教授吴飞，书名是《人伦的"解体"》，生活·读书·新知三联书店 2017 年版，感兴趣的读者可以找来看。这本书是从知识考古角度，一层一层梳理"母系社会"神话的来源，在中国不断发酵传播的过程，以及传播该神话那些人的动机。

这时你也许要说，书我有空找来看看，但你得先解释，为啥"姓"字从"女"，难道姓最早不是从母亲的吗？你看好多姓，都有女字旁，比如姬、姜、姒、嬴、妘、妫、姚、姞，这八大上古姓，不就是从"女"吗？

好，我这就需要解释一下，我们现代人所用的"姓氏"，其实是从汉儒重建开始的，因为以前平民没有姓氏，只有贵族才有。那么先秦时期的贵族，姓和氏是有区别的，从汉代到我们现代人说的"姓",其实是先秦贵族的氏。当时贵族,是男子称氏,女子称姓,男性贵族受封,得到一块领地,就可以建立新的氏,但该男贵族的姊妹、女儿,还是继续使用从父系的姓,用来辨别婚姻,同姓不婚。按照现代人理解,周文王、武王应该叫"姬昌""姬发",周公叫"姬旦",秦始皇叫"嬴政",其实这都是错的,这是用汉朝以来的姓概念来理解先秦贵族。实际上,周公应该叫周旦,秦始皇应该叫赵政,周公的姊妹和女儿才叫姬某某,秦始皇的姊妹和女儿才叫嬴某某,因为秦君家族以赵为氏,以嬴为姓。类似的,前些年电视剧《芈月传》中,芈月的兄弟楚怀王,也不应该叫"芈槐",而应该叫"熊槐",因为楚王家以熊为氏,以芈为姓,楚王家可以不断分裂产生出新的氏,什么屈、景、昭之类,但熊氏也好,屈氏也好,景氏也好,昭氏也好,他们家族的女儿,都还是芈姓,叫作芈某某,所以这些有共同"姓"之源头的家族之间是不通婚的。看明白了吧?先秦贵族姓的功能,其实还是从父系,只是标注父系家族中女性的不应该和父系同源的家族男性通婚而已,"姓"的女字旁,意思就是这个。

那么"姓"的"生"这部分表示什么呢?难道不是"女性所生"的意思?实际上,如果懂上古音就会知道,这个"生"只是个表音符号。"姓"字上古音在心母耕部,"生"字上古音在生母耕部,齿音叠韵,发音基本相同,所以"生"只是标注"姓"字的音而已。"姓"字不是望文生义地解读为"女性所生,代表母系",其"女"只是标注父系家族中的女性才用"姓","生"则只是一个表音部分。

也就是说,姓也好,氏也好,其实都是标注父系共同体,只是功能上有性别区分而已,但和"母系"没任何关系。所以姓氏的起源，就是伴随着文明起源的过程，是按照父系来打造的。只是后来秦朝灭掉了所有先秦贵族，有姓、氏区分的人群基本被消灭掉了，剩下的一些平民尝试模仿贵族，简单说，这种"姓"其实就是先秦氏、姓功能的合一（这只是简单描述，"氏"其实复杂得多，尤其是涉及封建贵族的分封领地和宗法问题）。到汉儒那里，再继续鼓励平民模仿先秦贵族造姓，就是我们现在熟悉的"姓"了。但不管怎么折腾，先秦的氏也好，姓也好，汉代重建的平民姓也好，都是标注父系团体的。

那么，为什么说有父亲角色、父系的文化纽带，才是文明的起点呢？我们从社会功能的角度很容易理解，《仪礼·丧服》说："禽兽知母而不知父。野人曰，父母何算焉？都邑之士，则知尊祢。大夫及学士，则知尊祖矣。"意思是，动物是一个母兽带一个小兽，没有文化意义上"父亲"这个角色，先秦时代的平民也觉得父亲不重要，因为当时礼不下庶人，平民无姓氏。但到了士这个等级，就知道尊敬父亲这个文化角色，而高等级的贵族，更是发展出一套以父系为纽带和凝聚力的血缘—文化共同体。

动物只有母兽带小兽，而人类通过父系的"姓"，给男性戴上一朵小红花，让他确定无疑，这后代是他生命的延续，让他充分参与顾家和养育子女，不但参与养育，而且还要给子女做好文化意义上人格的榜样，这就是人类通过文明以区别于禽兽的成果，有了文化意义上父亲的角色。通过父系的姓氏，一代一代本来应该像禽兽一样父子之间相忘于江湖的原子个体，凝结成了生命的河流，开枝散叶，凝聚成生命和文化的共同体。在这共同体中，父亲承担起责任，夫妻互助，男女双方和子女都得到了更好的保护。

相反，如果像现在欧美底层社会那样，没有稳定的家庭文化，子女从小不知父亲为何人，父亲角色为何物，母亲身边睡的只不过是她最新一任的男朋友，这样的社会和文化，到底是更"进步""自由"，还是更野蛮。是保护了女性、儿童，还是对女性、儿童的伤害，这是一目了然的。

所以，请珍惜我们民族古老的姓氏，请珍惜我们民族重视家庭的文化，姓氏从父，这才是文明的起点。

父亲角色的社会、文化意义

两性生殖的动物当然也有生物学意义上的"父亲",但这和人类和文明社会独有的父亲这一文化角色完全是两码事。一些鸟类的生物学"父亲"雄鸟也参与孵育幼鸟,但它既不会从文化上担任人格的表率,也不需要通过教育子女养成文化的积淀,当这一孵育过程结束,便相忘于江湖,因此动物没有人类这套发达的文化价值系统,这套价值系统只能是通过漫长积累才能产生和运转的。更常见的动物情况,是母兽带一群小兽,没有父亲的角色。而人类文化创造了从父的姓氏,这姓氏既是对男性戴上的一朵小红花,鼓励他履行家庭责任,扮演好文化上父亲的表率,另一个角度看其实是给他套上个枷锁,因为母亲和子女之间的直接生育关系是不需要姓氏这样的文化抽象符号来象征、想象和表述,而姓氏这种抽象文化符号,是将履行文化义务的男方纳入责任、义务状态。所以姓氏从父,恰恰是紧箍咒,将自然状态的求偶雄性,变为文化状态履行责任的父亲。

上古时代平民普遍没有姓氏，最早出现姓氏的都是贵族，因此平民更接近动物的混乱状态，而贵族拥有礼乐。《礼记·丧服》说："禽兽知母而不知父。野人曰：'父母何算焉？'都邑之士，则知尊祢矣。大夫及学士，则知尊祖矣。"根据此说，自然动物状态没有文化的父亲角色，而殷周时期的平民，虽然知道了父亲角色，但觉得父亲、母亲扮演角色差不多，所以叫"父母何算"，都一回事。而住在城堡里的国人——"士"这一最低等级的贵族，则有姓氏和礼，知道尊崇自己父系的近祖，那么通过这个父系近祖凝聚起来的男性，数量和共同体组织优势就压倒了没有父系祖先想象和凝聚共同体的平民。而到了更高级的贵族"大夫"层面，不仅知道崇拜比较近的几代父系祖先，而且能追溯和崇拜更遥远的父系祖先，那么这些高级贵族能凝聚和组织的规模显然就更大。所以不同的文化圈层，导致不同的组织结构，贵族有更强的共同体凝聚力，以毫无悬念的优势压倒平民，进行国野制度的统治。

从殷墟的考古来看，有明确夫妇合葬的坟墓，主要是贵族的，如大司空 M303、M225 夫妻并排合葬，均为殷墟四期，上层有夯土建筑共压（《考古学报》2008 年 3 期），有明确对偶关系。但一般平民墓葬，却很少见到明确丈夫—父亲的角色，有些墓甚至就是一个单亲母亲和自己的婴儿葬在一起。孟宪武指出，殷墟有三分之二的墓生前没有法定配偶，多数人还过着不稳定的对偶婚和乱婚状态，所以死后没有专一配偶一起埋葬（《中原文物》1986 年 3 期）。这就表明，有确定父亲角色的，最初是包括商王之类在内的贵族群体，而他们治理下的平民则没有父亲角色，更加的散乱而无序。显然，贵族子弟在明确父亲角色的保护和指引下，能够更好地继承其知识、技艺、人格训练，从各方面优势碾压自己统治下更为散沙和动物状态的平民。

儒学的本质是将过去古老贵族圈子专享的这套玩法，介绍给平民精英，鼓励他们模仿当贵族。所以汉儒向平民推广过去贵族专享的姓氏，宋儒向平民普及父系祖先古老谱系的家谱以及祭祀的祠堂，都是以父亲为纽带将一代代本应相忘于江湖的人凝聚起来。父亲角色区别了人和禽兽，所以子不教父之过，因为他代表了文化这一方向。而正因为父子关系更依赖于抽象的文化想象凝聚，没有母子关系那种自然性的亲密，所以也更脆弱。孟子注意到这点，主张"父子之间不责善，责善则离，离则不祥莫大焉"（《孟子·离娄上》），就是说父子之间不应该用善的标准来要求对方，要求严格了对方又有压力，便会激化俄狄浦斯情结，互相仇恨而分离，这种分离是最不祥的，会瓦解家庭和文明。所以，儒家主张易子而教，父亲主要在家中以人格表率给子女做榜样，但要维护这种比母亲更脆弱的文化想象亲情。类似的，英格兰思想家约翰·洛克，在其《教育漫话》中也认为如果非要体罚小孩，最好由仆人来操作，其实也是为了更好地维系亲情。

可以说，父亲角色就是人类文明的隐喻，而俄狄浦斯杀父的潜意识，则是人类野蛮本能的隐喻。王汎森发现，晚清民国以来的激进主义者，普遍都和父亲的关系不好，从谭嗣同、钱玄同，到浙江施存统因为从小父亲家暴，而要搞"非孝"，乃至吴虞因为父亲不慈，而将其称为"老魔"等（《中国近代思想与学术的系谱》）。对父亲的恨意，上升为对传统共同体的敌视，赵妍杰在《家庭革命：清末民初读书人的憧憬》一书中，搜集了大量当时激进知识分子仇恨父亲，要瓦解家庭，最后用国家或大同之类来取代家庭的想法。如北大某人带了一位剪发女青年，问她贵姓，她嚷道"我是没有姓的！"并写信告诉自己的父亲，"我不认你是父亲了，大家都是朋友，是平等的。"从康有为到蔡元培之类，都有过废除姓氏、家庭等想法，要将父亲角色釜底抽薪。可以说，中国先秦到汉代的文化史，是在平民中普遍建立父亲角色的过程。而晚清和民国新文化，则要致力于瓦解父亲角色。

现代社会的父亲，既需要注意到晚清、民国新文化控诉中那些不慈和失败反面的父亲角色，以及其引发的负面效果，也需要继承先秦以来父亲角色所承载的古老文明形象与责任。

从中国传统看江浙两头婚

江浙地区民间正在自发兴起一种"两头婚",即男不娶女不嫁的小家庭,兼顾男、女父母双方家庭,生两个小孩,分别跟祖父、外公姓。一些人说这是"现代进步",也有真现代进步的人批评这是"传统传宗接代思想",而真坚守"传统传宗接代思想"的一些传统人士,则批评这是坏了传统父系继承的纲常。

最早姓氏的出现及其功能,本来就是组建父系血缘共同体,"姓"的"生"是一个表音符号,"姓"字上古音在心母耕部,"生"字上古音在生母耕部,齿音叠韵,发音基本相同,所以"姓"字不是望文生义地解读为"女性所生,代表母系",其"女"只是标注父系家族中的女性才用"姓","生"则只是一个表音符号,"姓"只是区分有同源的父系家族之间不通婚的这个功能。所以,"姓"完全是父系的,笔者在《南方周末》发表的《文化意义上的"父亲"为何重要》一文中已指出,姓氏的出现是文明的产物,动物没有父亲这个文化角色，姓氏从父才产生了文化意义上的父亲角色。所以，中国传统姓氏从父，是保护文明的，这一点毫无疑问。

那么，两头婚挑战了这个文明原则吗？笔者认为没有。因为从"母姓"那个小孩其实是负责延续外公这个父系的姓氏。传统人士会说，你这乱了纲常。但孟子说，嫂子溺水，以手相援救，并不是失礼，当然这不是叫你日常没事摸嫂子的手。两头婚这种的出现，其实是大规模独生子女情况下的应急救济措施。

中国传统最核心的"仁"，讲究"存亡继绝"，就是尽一切可能延续即将灭亡的家族共同体。《论语·尧曰》孔子说："兴灭国，继绝世，举逸民，天下之民归心焉。"《荀子·王制》《公羊传·僖公十七年》等儒家文献都有类似的表达。就是仁者不忍心看到别人家的香火延续断绝，要尽可能一个不少地手牵手走下去。

有人会说，传统遇到这种，可以收养远房同姓嘛，何必乱了父系纲常。但现代社会大家族早就被瓦解了，大家都是独生子女，哪来的"远房同姓"给你继承？对于只有一个女儿的家庭，就面临这样的情况，独生子女生女儿的概率是一半，也就是说一半家庭都面临断绝祭祀。当然，也有"进步人士"会说，你家有王位要继承哇？姓氏毫无意义。对此，笔者在上述文章中做了交代，秦朝那种彻底原子散沙化的平民就没有姓，编户齐民可以按照某郡某县某乡某里某爵位加"狗蛋""黑娃"——你觉得土可以叫"史密斯"来管理，最极端就是给数字编号。乱七八糟的姓氏，其实是妨碍这种编号管理的。所以汉儒推动民间拥有姓氏，最大意义是让民间形成了英国思想家柏克所说"死者、生者、未出生者的生命共同体"，这种生命之河的共同体意识可以有效克服"爽一把就死"的时间偏好。而按照奥地利经济学派的观点，文明和野蛮的重要区分就是时间偏好更低。公民家古老世系的姓氏，其实就是社会上一个最小的"王位"。若干最小"王位"之间的合作，才能避免成为数字编号。

从历史来看，华夏习惯法的"礼"以直接父系继承为主流，但也给外公这个父系的存亡继绝留有一点空隙。傅斯年说古中国是"夷夏东西说"，东部地区的继承法外孙是可以继承外公的，《左传·襄公六年》所谓"莒人灭鄫"，就是东部地区两小国，鄫君是莒君的外孙，莒君让他继承自己家氏，从西部周人角度看，这就是莒的灭亡。但从东部习惯法看，这是一种对外公家世的继承。同样东部的古代《高丽律·户婚》记载若无嫡子、嫡孙、庶孙，"则女孙"，即立孙女为后嗣，让外曾孙继承外曾祖的父系。虽然孔子以来"吾从周"，以西部周人继承法为本，但东部习惯并未彻底消失，而是保存在民间习惯法中。

《三国志·吴书·朱然传》记载朱然是朱治的外甥，十三岁时被收为后嗣。这里，外甥继承的其实就是外公家族的父系家姓。朱然是浙江丹阳人，这也是一个东部地区的例子。此外，《晋书·陈骞传》记载陈骞的父亲本来是广陵刘氏，被外祖父陈氏收养，于是继承了外祖父的家姓和祭祀。广陵在扬州，这显然也是一个东部地区的习惯法例子。而魏晋时期西部地区的贾允，死后无子，妻子槐氏让贾充外孙奉其祭祀，遭到了郎中令韩咸、中尉曹轸、博士秦秀等人的批评（《晋书·贾充传》《秦秀传》）。可见魏晋时期东部地区给外公这边父系继承留有空间，而西部地区反对。据《晋书·司马道子传》记载，"今台府局吏，直卫武官及仆隶婢儿取母之姓者，本臧获之徒，无乡邑品第，皆得命议，用为郡守县令"。根据这一记载，当时属于东部地区的东晋社会，中下层社会也常见用母家即外公家姓的情况，这些人虽然谈不上士家品第，但却有人能做官到郡守县令，说明在当时东部地区习惯看来，这虽然谈不上是"礼"，但却还属于正常范围内的操作。

到宋代理学家陈淳编著的《北溪字义》中，也记载"今世多有取女子之子为后，以姓虽异，而气类相近，似胜于同姓而属疏者"。就是说在南宋时期的民间习惯法中，常见将外孙作为外祖父的父系继承人。到晚清法学家沈家本，也说"近日史馆中有许邓起枢，并以二姓兼称。其他之以异姓亲属为嗣者，更难偻指数。此亦风俗之习惯，不能遽禁者也"[1]。一直到民国时期的民事调查中，很多地方都存在以外孙继承外公为后嗣的民间习惯法[2]。

对于江浙地区两头婚的兼顾父系、外祖系这一现象，在独生子女特殊时代，尤其具有"存亡继绝"的仁义意义。并且，也符合传统华夏社会，至少是泛东部地区习惯法的补充救济措施。

---

[1] 沈家本：《历代刑法考》四册，中华书局，2013年，第2119页。
[2] 苏亦工：《中法西用》，社会科学文献出版社，2007年，第235页。

西方不是"农耕文明"?

民国以来的学者,大多喜欢谈"中西方文化比较",并且多认为西方是"工商社会""海洋文明",而中国则是"农耕文明"。如钱穆先生在《晚学盲言》中就说"西方工商社会,好言自由恋爱","中国以农业文化为传统,首尚家庭团居"。

余秋雨也说"中华文明的本质是农耕文明",与之对照的则是"海洋文明背后的西方文明"(《中华文化与海洋文明的千年悲壮》)。类似的论述,无论是学界还是一般网络言论中,都十分流行,但真实历史上只有中国是"农耕文明",西方就不是"农耕文明"了吗?

先看古希腊,古希腊第一个作家赫西俄德的《工作与时日》,歌颂的就是农民生活,认为要"出力耕耘、播种和收获",就能获得大地母神赐给果实。在耕种季,要和奴仆们一起抓紧时间抢耕抢种,谷仓中就会有余粮。在雅典城邦,绝大部分人就是农民,著名的索伦改革,就是因为雅典的农民们处境恶化,大量人丧失了自己的耕作土地。索伦将雅典公民分为四个等级，负担不同的义务，指标就是按照农产品计算的，分别是收入500斛、300斛、200斛和200斛以下麦子的。此后的庇西特拉图，也是帮助农民获取土地、低息贷款、农畜、农具等。在斯巴达，斯巴达人虽然不耕作，以战争为业，但土地其实是由黑劳士耕种的，每年向斯巴达公民缴纳82斛麦子，这是国家的经济基础。而斯巴达人以战争为业，显然也不是什么"工商社会"或"海洋文明"。在伯罗奔尼撒战争中，为了毁灭对方经济，最常用的手段便是蹂躏敌方农业，烧毁、踩踏、收割对方农作物，在修昔底德《伯罗奔尼撒战争史》中，这种"蹂躏"乡村的行为十分常见，恰恰说明农业是希腊的基础。当时希腊虽有制陶手工业以及沿海周边的贸易，但这些比重相对于农业来说只是辅助性的。

希腊思想家亚里士多德在《家政学》中认为："根据自然的顺序，农业是首位的"，"农业最为重要，因为它是公正的"，"农业是自然的"，"农业最有益于练就阳刚之气"。亚里士多德对农业的观点和总结，最能说明古希腊文明中农业的地位。

在古罗马，也是以农耕立国的。罗慕路斯建立罗马城，象征性的动作便是用农民的牛耕犁开一道垄，犁掘起的土块，都被慎重投回圈内，唯恐圣土落在外面。蒙森提到："许多民族也曾如罗马人那样战胜敌人，掠夺土地，可是没有一个民族能像罗马人那样使其以血汗所得之地据为己有，以犁锄保全干戈所夺来的土地"；"罗马的伟大奠基于公民对土地拥有最广泛而直接的统治权和这些深深扎根的农民的牢固团结";"农业是罗马人最早和最普遍的职业"①。很多罗马精英的名字,就是农作物,比如西塞罗就是豌豆,图兰鲁斯就是扁豆,法比乌斯就是菜豆等等。

古罗马精英的人格典范,就是著名的辛辛纳图斯,罗马作家李维在《建城以来史》第三卷中记载说,他名声和德性都高,躬耕于昆克提乌斯庄园,罗马共和国遭遇危机,元老院请他出山,"使节们找到他时——当时他正在用铲子挖沟,或是在犁地,不过有一点很清楚,那就是他正在干农活"。放下农具出山,他担任公职拯救了国家后,又继续回到自己的庄园躬耕。以辛辛纳图斯为象征的这种古罗马精英,其生命力和德性正是扎根在农业,而不是什么"海洋文明""工商社会"。这种土土的农业庄园主的人格典范,对后来美国的很多国父以及弗吉尼亚士绅的世界观都有深远影响。

古罗马以农立国,其精英的趣味也高度崇尚农业,公元前2世纪的老加图,撰写了《农业志》,事无巨细地书写经营乡下农业庄园的各种细节,并认为"好人"就是"好农民""好庄稼人","最坚强的人和最骁勇的战士,都出生于农民之中"。其立足点便在于务农是崇高的,农业是根本这一观念。与之相对照的是,靠商业致富的政治巨头克拉苏,尽管有钱,但却是被视为粗鄙的鄙视的对象。在此种重农文化背景下,罗马精英长期热衷于农书的撰写,公元前1世纪瓦罗、公元1世纪科卢米拉的《论农业》,也都是围绕农业是根本这一观念展开的。农业在古罗马社会中具有最重要的位置,甚至最

---

① [德]特奥多尔·蒙森:《罗马史》第一卷,李稼年译,商务印书馆,2004年,第168、175页。

终决定了政治走向，格拉古兄弟改革，便是围绕农耕土地的再分配进行展开，其后马略改革或恺撒内战，无不是要解决农耕土地的再分配问题。可以说，农业文明才是罗马的底色。地中海的"海运"，其实只是罗马内湖的物质运输，埃及行省的农业谷物，是维持罗马生命的输血线，但却不是什么"海洋文明"。

中世纪欧洲，除了地中海沿岸很少数的城邦国家如威尼斯之类主要从事商业贸易活动，主要的欧洲版图部分其实是倒退到比希腊罗马更荒蛮的状态。随着阿拉伯人的崛起，地中海的海盗实际上断绝了西欧和东部地区的联系，与拜占庭和北非的贸易基本中断，欧洲沿海部分随时会遭到袭击，为安全退缩到内陆。甚至一直到十九世纪早期，欧洲和美国的商船都还会遭到来自北非地中海巴巴里海盗的袭击，这种地中海海盗传统，延绵一千多年。在此背景下，"海洋文明"更是无从谈起。

当时占统治地位的基督教意识形态也蔑视工商业，认为农耕才是正道。圣保罗就宣称"对货币的热爱是一切邪恶的根源"；托马斯·阿奎那说"如果市民专心于做生意，他们有作出许多恶事的机会。因为当商人想要增加他们的财富的时候，其他的人也会充满着贪婪心理"，"为了这个原因，一个国家对它的商业活动，应加以限制"。而西欧日耳曼人各部族建立的王国，在各种习惯法之下，产生对农业和土地的各种经营方式，采邑、份地、委身、保有、豁免等，都以农业土地为基础。中世纪时代的西欧，实际上就是一个大农村，遍地是以领主城堡或采邑为中心的据点，周边散布着村落与耕地，土地和农产也是最大宗的财富。

西蒙·詹金斯《英格兰简史》谈到中世纪英格兰的撒克逊人，

说"撒克逊人来自于农耕文化,喜爱英国东部肥沃的冲积土壤","撒克逊人一向忠于家庭、乡土和宗族","撒克逊人所发的誓言将他们与同一血缘的亲属和一起耕作的其他乡民紧密联系在一起"。这种以农耕文化为基础,高度重视家族、宗族、乡党纽带的族群,并不是人们想象中的"中国传统社会"画面,而是英格兰的日耳曼部族。

西方从古希腊以来的主流观念,正如学者所说:"上古希腊的色诺芬、柏拉图、亚里士多德,和古罗马的加图、瓦罗、科卢米拉、西塞罗、奥古斯丁的著述,中世纪的日耳曼人经济观念、基督教寺院文献、代表经院学派的阿奎那思想;直到18世纪名噪一时的重农学派的洋洋大观,无不直接或间接充满了将农业奉为首要产业的溢美之词。"①

一直到早期现代的北美殖民地和美国建国诸父时代,务农和以农为本,仍然是当时精英圈的主流文化。弗吉尼亚士绅具有比较强的贵族传统,美国国父华盛顿就是这一文化氛围的产物,以古罗马的辛辛纳图斯为人格榜样。他不愿当国王,但却热爱自己的维农山庄,并满腔热忱地打理这一庄园。对于农耕,他写到:"农夫的生活最需具备明察秋毫之力,何其高贵,何其悦心","观植物破土而出,于悉心照料之下,茁壮生长,惠赐劳动者以累累硕果","农业之事,我知之愈深,乐之愈甚"②。华盛顿躬耕于山林,乐在其中,并长期与英国农学家亚瑟·扬格通信,被称为"既是好将军,也是好农民"。

华盛顿之外,美国另一位国父托马斯·杰斐逊,他本人就从小

---

① 喻小航:《重农与轻商的中西比较》,《西南大学学报》2012年4期。
② [英]保罗·约翰逊:《乔治·华盛顿传》,李蔚超译,译林出版社,2014年,第71页。

生活在弗吉尼亚西部农村，热爱农村田园生活，他喜欢"住在朴素的农舍，和书籍、家人和老朋友一起生活，吃粗茶淡饭"，并热衷于阅读古罗马田园诗人维吉尔的作品。杰斐逊是坚定的以农立国本位主义者，并认为只有农业有利于保持共和国公民的政治德性。在《弗吉尼亚纪事》中，他认为农耕者是"上帝的选民"；在致华盛顿书信中，他说"农业是我们最明智的职业，因为它终究最有助于创造真正的财富、良好的道德和幸福"；在致约翰·杰伊书中说"土地的耕种者是最有价值的公民，他们最有活力，最富有独立性，最善良，他们与国家连接在一起，并且以持续不断的纽带，与国家的自由和利益合为一体"；在致霍根道普书中，他提出既不需要从事航海业，也不需要从事商业，"我们所有的公民都将是农民"。在杰斐逊的推动下，美国政府在1803年从法国购买了路易斯安那和新奥尔良，这些广袤的土地都是为了美国农业的发展。杰斐逊认为，仅新奥尔良地区的农业产量就能产出高于美国全部产出的一半以上。

美国的另一位国父约翰·亚当斯，也是从小在家传的平安农庄中从事耕作，从事政治期间，则由妻子管理农庄。本杰明·富兰克林创办的费城学院中，将农业当作严肃科学进行深入研究，还开设有讲授种植和园艺的课程，并主张在美国发展蚕桑农业。总之，美国诸父时代的精英，都和农业关系密切。

除了历代的政治、思想精英主张以农立国，以农为本，歌颂农业生活的田园诗，也是西方文学自古以来的悠久传统。古罗马的维吉尔，创作有《牧歌》《农活》，描写理想田园阿卡迪亚，写犁田、种植以及果树、橄榄、葡萄等农作物的生长。一直到早期近代以来，有斯宾塞、拉里、马洛、哥尔斯密、蒲伯、克莱布、华兹华斯等众多田园诗人。只有农耕文化的背景下，才会产生出如此悠久的田园诗歌趣味与延绵不绝的书写传统。

实际上，以工商业立国的这个"西方"形象是很晚才出现的，自古以来的西方传统和东亚差别不大，都是以农立国，航海和贸易的重要性相对来说是次要的。如果从长时段历史来看，东亚地区的工业化速度和时间并不比欧美晚多少，这种一百年左右的时间代差，并不是什么"中西方文化差异"。

只有农业为本，才能产生出文明，揆诸史书，概莫能外。纯粹进行海洋活动的社会，恐怕只能是南太平洋岛屿上划独木舟的南岛人种。明清海禁，并不能代表"中国传统"，因为从先秦一直到宋元，海洋贸易与海洋活动，也都是中国除农业外的重要补充部分。甚至在明清，华人开发南海和东南亚的海洋拓殖，也一直没有停止过。所以，再来辩解传统西方人也进行海洋活动，从而是"海洋文明"，这其实是毫无意义的。

独尊儒术？

有一个常见的误解，说汉武帝"罢黜百家，独尊儒术"，搞思想控制，这是儒家的坏遗产。所谓"罢黜百家，独尊儒术"的说法，从来不见于传统历史典籍，其最早出处，是1916年五四文人易白沙在《青年杂志》上写了一篇《孔子评议》，说"罢黜百家，独尊儒术，利用孔子为傀儡，垄断天下之思想"。由于五四话语的强大影响，这个神话后来就基本支配了后人对"儒家"的想象。

但真实情况，其实并非如此，西汉主流的政治思想资源，其实一直是法家商韩为主，儒学不过只被用于"缘饰"秦代以来一直占据统治地位的法吏政治而已。儒家从来没有被"独尊"过，而百家也从来没有被"罢黜"过。《盐铁论》中代表西汉主流技术官吏的"大夫""御史"们的言论就很明显，如在《申韩》篇中，他们大谈"申、商以法强秦、韩也"，在《和亲》篇中强调"鲁哀公好儒而削"，《论儒》篇中也大谈"儒者之安国尊君，未始有效也"。到了汉宣帝时期，太子只是建议"陛下持刑太深，宜用儒生"，结果就招致皇帝变脸臭骂，说"汉家自有制度，本以霸王道杂之，奈何纯任德教，用周政乎！且俗儒不达时宜，好是古非今，使人眩于名实，不知所守，何足委任？"乃叹曰：'乱我家者，太子也！'"并动了废立之心，想改立"好法"的淮阳王（《汉书·元帝纪》）。

汉武帝时期的政治文化，"是时郡守尉、诸侯相二千石欲为治者，大抵尽效王温舒等"，那么王温舒成天干吗呢？根据记载，他以"治狱"起家，成天杀人灭族，"至流血十余里"（《汉书·酷吏传》），而这种能让遍地流血的能力，就是当时二千石大官们的通用和效仿行为模式。但笔者实在不知道，这些东西和讲究仁义爱民的"儒术"之间有何关系？

西汉末年的大司空朱博，"尤不爱诸生，所至郡辄罢去议曹，曰：'岂可复置谋邪曹邪！'"当时有儒生提出意见，朱博告知："如太守汉吏，奉三尺律令以从事耳，亡奈生所言圣人道何也？"（《汉书·朱博传》）。一路打击儒生当上三公，不但厌恶儒生絮絮叨叨，而且明白告诉他们，我们大汉官员只学习和遵守写在三尺竹简上的律法，你儒家圣人说的啥我们都没听说过。西汉末年的梅福谈当时儒家圣人孔子的后裔，过得也很窝囊，"仲尼之庙不出阙里，孔氏子孙不免编户"（《汉书·梅福传》），即除了孔家宅子，其他地方其实几乎没啥孔庙，而孔子的子孙，一样是被当作普通编户齐民，遭到基层"石壕吏"们的呵斥指挥，绝没有一般人想象中那所谓"独尊"的场面。

实际上，且不说和秦朝一脉相承的西汉，就是到了儒学处境更好一些的东汉，儒生其实仍然非常边缘，所谓"儒者寂于空室，文吏哗于朝堂",朝堂上全部是信奉法律的技术官僚,而儒者只能寂寞地当"宅男"。"俗吏繁炽,儒生寡少"(《后汉书·殇帝纪》)才是这个时代的真实写照,以至于王充在《论衡》中针对"论者多谓儒生不及彼文吏""世俗常高文吏,贱下儒生"这些社会主流观点,为儒者进行了强烈辩护,说"非文吏材高而儒生智下也","儒生材非下於文吏","文吏以事胜,以忠负。儒生以节优,以职劣。二者长短,各有所宜"(《论衡·程材》)。就是说到了东汉,包括了"今世之将相"在内的整个社会主流舆论仍然认为儒生无用,智力低下没水平。相反,还是受过秦汉技术官僚训练的职业刀笔吏最能干。王充尽全力辩护,最后也只能说,法家刀笔吏真能干,但是唯一缺点是德性差了些,儒生确实没水平,但唯一优点就是还有些德性,所以二者都要用。话说到这份上,其实是很可怜的处境,这哪里是一般人想象中的"罢黜百家,独尊儒术"那威风的画面?

在这种背景下,当时的社会精英,其实大量搞的是申韩和刑律之学。比如樊晔"政严猛,好申、韩法","人有犯其禁者,率不生出狱";周纡"为人刻削少恩,好韩非之术",并大批杀人;世家大族的阳球,"好申、韩之学",能杀人灭家(《后汉书·酷吏列传》)。除了对申韩学问的欢迎,还出现了大量以研究刑律为家学的精英,如钟皓家族"世善刑律",并且教授门徒一千多人(《后汉书·钟皓传》);郭躬"父弘,习小杜(西汉酷吏杜周)律","数世皆传法律"(《后汉书·郭躬传》);梁统"性刚毅而好法律","以为法令既轻,下奸不胜,宜重刑法"(《后汉书·梁统传》);仲长统则"今患刑轻,不足以惩恶"(《后汉书·仲长统传》)。对此种法吏世家现象,后人总结是"汉来治律有家,子孙并世其业,聚徒讲授,至数百人"(《南齐书·崔祖思传》)。

  主流的社会精英,其实推崇文法刀笔吏,崇尚申韩、刑律之学,儒学顶多扮演的是一些"缘饰"作用。对这一现象,三国的杜恕总结到:"今之学者,师商、韩而上法术,竞以儒家为迂阔,不周世用,此最风俗之流弊"(《三国志·魏书·杜畿传》)。到南朝宋的士族谢庄这,希望推动司法改革,但他在奏书中也认为"臣学暗申、韩,才寡治术,轻陈庸管,惧乖国宪"(《宋书·谢庄传》),就是说南朝士族以儒学或玄学为立身学问根基,但仍然认为具体治理方面"申韩"才是"治术"。从东汉王充到三国杜恕乃至南朝士人,都看到了当时的真相根本就不是什么"尊儒",而是残酷地崇拜申韩、商韩、法术、酷吏,认为儒学迂阔、无用,儒生更是被视为废物,这才更接近历史的真相。汉武帝以后哪有什么"独尊儒术",儒能活下来,被用于商韩的"缘饰",就已经是不错的了。

古代儿童与成人

　　古人当然知道儿童与成人在心智、体力等方面存在着明显差异，但古代比较常见的情况是将儿童视为在心智、体力方面比成年人更低的"小成年人"，而不是像现代人这样专门划分出一个和成人迥然不同的生命类型。尼尔·波兹曼在《童年的消逝》一书中提到，西方近代意识中的童年，是近代以来因为新的印刷媒介在儿童和成人之间强加了一些分界线而被人为发明出来的，古希腊人对于儿童这个概念非常模糊，对于儿童也并不重视，但是非常看重教育，其实就是把"小大人"变为完整的大人。在中国古代，也没有完整近现代意义上的儿童概念。在秦律中，是否负法律责任，甚至不看年龄，而是以更能衡量犯罪体力水平的身高"六尺"为标志。如云梦秦简《法律问答》中，记载的牧童养马偷吃庄稼，以及偷牛案，都是按照"六尺"这个身高标准来，而不是区分成人与儿童。与之对应的是，古代社会的刑罚中普遍将儿童也纳入在和成人接近的范围内，这在现代人看来是不可思议的。

特别幼小的儿童在古代也不会被定罪，或者会被减轻处罚，如《礼记·曲礼上》中记载"七年曰悼，悼与耄，虽有罪，不加刑焉"，就是说七岁及其以下的小孩不判处刑罚，但潜台词就是七岁以上的那些我们今天看来是儿童的未成年人，还是要负刑事责任的。《汉书·刑法志》记载说"年未满七岁，贼斗杀人及犯殊死者，上请廷尉以闻，得减死"，在此没满七岁的儿童只是免除死刑。东汉郑玄注释《周礼·司刺》，提到"今律令年未满八岁、八十以上，非手杀人，他皆不坐"，可知东汉将儿童免除刑罚的年龄从七岁变成八岁，但亲手杀人的还是要处死。这些法律上的情况可以看得出来，古代社会虽然意识到儿童和成人的不同，但还是将儿童视为和成人没有本质区别，作为"小大人"并不能完全免除刑事处罚。

近现代社会发明出了完整的儿童概念，发展出儿童保护法、儿童心理学，儿童教育学，设立儿童节，儿童犯罪与成人犯罪被严格区分开来。其实就是完整地将儿童从过去缩小版成年人的概念中给剥离出来了。当然，现代社会在发明完整儿童概念的同时，又大幅度延长了人们尤其是城市中产人群的青春期，三四十岁甚至五十岁称"男生""女生""女孩子"的情况日益普遍，与此同时是成婚和育龄的不断后延。按照尼尔·波兹曼的说法，当代电视媒体之类将新闻、广告的定位定在十岁小孩的智力水平，并将成年人的性、暴力等内容变为娱乐，是再次将成人与儿童的界限变得模糊。很多成年人也"过儿童节"，正是这一背景下的产物。

中国古代通过"冠礼"来鼓励未成年人以成人标准要求自己。冠礼所新戴的皮弁和新穿的素积、素韠是一种最初源自狩猎活动的帽子和服装，其原型应当是上古部落具有完整部族战士义务－权利的象征，即参与狩猎并分配猎物的部落战士。冠礼标志成人的同时，最关键是标志成为完整部落猎人、战士的共同体成员身份。这一身份要求他们必须以完整成年人的人格榜样来要求自己，《仪礼·士冠礼》记载冠礼时告诫受冠年轻人的命词是"始加元服，弃尔幼志"，就是让他抛掉过去一切幼稚的思维与人格，从此以完整成人的人格去参与社会活动。类似的，《诗经·大雅·思齐》中鼓励未成年的贵族子弟"肆成人有德，小子有造"，西周铜器铭文中，贵族也鼓励其子弟"敬乂乃身，毋尚为小子"，好好地训练自己，不要再拿自己当小孩①。中国传统社会的主流是鼓励儿童模仿成年人的，一个儿童的人格"老成""如成人"，是对这个儿童的极高评价，这一点与现代教育观念中对儿童"天真烂漫童真"的积极评价，形成了鲜明对比。童年老成的最著名代表，就是孔子。《史记·孔子世家》记载说，"孔子为儿嬉戏，常陈俎豆，设礼容"，就是说孔子童年时的兴趣就是模仿成年人的贵族，摆弄礼器和模仿礼乐活动。这种行为非常老成，司马迁写下孔子这样的童年人格，显然是为了赞美他的不同寻常，而现代教育理念则倾向于对儿童嬉戏给予更好的评价，认为过于老成是一种陈腐的教育观念，并构成对儿童天性的戕害。

中国古书中对优秀人物的评价，经常会提到此人在童年时的老成和成人化。如《晋书·李矩传》记载他"童龀时，与群儿聚戏，便为其率，计画指授，有成人之量"，儿童时的统帅和规划能力，便显示出成年人格；《晋书·贺循传》记载说贺循"童龀不群，言行进

---

① 李学勤：《新出青铜器研究》，人民美术出版社，2016年，第54页。

止，必以礼让"，也是赞美他童年时根本不和一般嬉戏的儿童来往，而是像成年人一样以礼言行，非常老成；《宋书·杨亿传》记载他童年"七岁能属文，对客谈论，有老成风"，七岁就能像成人一样写文章，参与成人社交，完全是老成的人格；《南史·蔡兴宗传》记载蔡兴宗才四岁，便"神气似可，不入非类室，不与小人游"，据此认定这个幼儿能兴盛自己的家族。《魏书·宋隐传》说他"年十三，便有成人之志"，也是一种赞美。宋朝的程颢，"十二三时，群居庠序中，如老成人"（《明道先生行状》），他写的《故户部侍郎仕彭令公行状》，也赞美这位彭公"孩提时即异于常儿，未尝为戏弄之事，数岁已自知为学"。完全不像一般儿童那样玩耍，像成年人一样为学，这是古人对儿童极大的赞美。可以说，在儿童教育理念方面，也一直存在着一种"古今之争"的张力。

清明节和生死观

清明上坟扫墓祭祖，起源于唐代的寒食节上坟，唐玄宗开元二十年诏书说，"寒食上墓，礼经无文。近世相传，浸以成俗"，"宜许上墓，用拜扫礼"，就是说唐人自己也知道寒食节扫墓是不符合先秦经书和古礼的。因为先秦古礼那里，祭祀祖先是"庙祭"，而不是墓祭，这一点对于现代人来说是比较陌生的。

先秦典籍详细记载了庙祭，就是在贵族的祖庙中向祖先神牌献祭，有时或者让死者的孙子或臣下穿着死者的衣服担任"神尸"，吃喝祭品受祭。《礼记·檀弓上》说"古也墓而不坟"，就是说墓葬不太重要，连地面标志都不用做。顾炎武谈到，最早提及到坟墓上祭拜的是《礼记·曾子问》的"向墓而为坛"，古不墓祭是先秦古礼的原则，但向墓为坛只是一种"礼之权"，是一种权宜之计。"秦兴西戎，宗庙之礼无闻，而特起寝殿于墓侧"。就是说先秦华夏正统古礼是一定要到祖庙、宗庙里面去祭祀的，而秦国因为出自西戎蛮族，不懂得正统之礼，所以大搞到坟墓上去祭祀。而这一点影响了汉代以来的制度，只有晋宣王遗嘱要求子孙不准上坟祭祀才是"尤为近古"。而梁武帝以来到唐朝皇帝开始"谒陵"，甚至把寒食节上坟编入"五礼"，都是违背先秦古礼的，所以韩愈《丰陵行》中批评这些上坟行为，并指出"墓藏庙祭不可乱"（《日知录》卷十五）。韩愈要坚守古礼，反对唐朝上坟，他坚持的理由就是先秦古制中墓葬的功能是埋葬遗体，而祖先只会在祖庙中接受祭祀和祭品。

顾炎武也将庙祭逐渐变为墓祭视为一种堕落的过程，他认为堕落开先河的原因是秦国野蛮没文化。从考古发掘来看，殷商和周代一些不太守礼的诸侯国还是有墓祭的，比如1976年发掘的商代王陵墓区，发现了很多祭祀坑，这说明商人会在墓葬旁举行祭祀（《考古》1982年4期）。周代的晋国有不守礼的历史，孔子评价晋文公"谲而不正"，甚至想用周天子葬礼的"请隧"，有曲沃代翼、假途灭虢等一系列诡谲不守礼的背景。体现在祭祀上，晋国也大搞墓祭，晋侯墓地晋侯、晋侯夫人墓前墓道旁都有祭祀坑，有的埋马，有的埋牛（《考古》1997年11期）。顾炎武批评的秦国，自然也是大搞墓祭的，甘肃礼县大堡山秦公大墓，M2可能是秦庄公墓，M3可能是秦襄公墓，大墓旁都有祭祀坑，"这种祭祀坑和墓葬的密切关系与我们在安阳所看到的祭祀坑与大墓的关系人致相同，就是祭祀附近大墓墓主的"（《文物》2011年5期）。这是秦人和殷人都墓祭的证据。到了战国时期，随着礼崩乐坏的加剧，出现了大量墓祭现象，如中山国的君主坟墓都修建在高大的土台之上，上面还修建着华丽的享台建筑，用来祭祀墓主。

那么庙祭和墓祭背后，到底有怎样不同的精神世界和社会组织结构呢？简单来说，庙祭是一个维系若干死者作为小共同体的结构，体现的是死者死后呈现为家族共同体，无论一个君主或贵族再了不起，他的权力来源和成就也归属于这个死者与生者的共同体。凭借这个共同体的网络结构和历史惯性，个体的权力受到习惯的制约。而墓祭则主要是面对死者这一个具体的个体，是脱离了家族共同体和习惯约束的个体。尤其是礼崩乐坏，君权崛起，从君主个体的角度来说，墓祭显然是更好的体验，一个伟大君主应该享受独立的陵寝和祭祀。巍峨的秦始皇陵，就是很好的注脚。有学者观察到战国时期君主墓葬"有意在淡化宗族血缘关系，凸显国君至高无上地位的'独立陵园制'。独立陵园制的出现表明以宗法制度为基础的血缘政治受到了巨大冲击，君权凌驾于一切之上"（宋玲平：《晋系墓葬制度研究》）。"将祭祀逝去祖先的一部分活动转移到墓穴之上的享堂内进行，可能与东周时期血缘宗法观念的逐步削弱有关。不再刻意强调宗族宗庙内的神主排位与血缘联合，而逐步显现个体家庭以及墓主个人的存在与地位"（胡进驻：《殷墟晚商墓葬研究》）。

可以看出，庙祭变为墓祭，其实是伴随着小共同体瓦解，社会原子化和君权崛起的一个过程。死后世界从一个家族的成员们共同接受子孙祭品，通过"血食"延续魂魄，变为一个个体在自己的坟墓领地内吃喝玩耍。秦始皇陵到西汉帝王的巨大陵寝，都在凸显作为个体君主的伟大和个性，而陵园的庞大附属建筑也为帝王个体提供墓祭。他们治下被编户齐民的民众，也没有家族之庙，而是独自向原子小家庭的死者墓祭。过去，家族不死则个体永生，此时，个体之死就是死亡，因此原子个体求神仙和炼丹思想开始大量兴盛。用汉武帝的话说，如果能像黄帝一样乘龙升天，"吾视去妻、子如脱展耳"。

唐代将寒食墓祭纳入"五礼",显然并不是礼,而只是一种"权"。宋代寒食节并入清明节,清明上坟作为一种民间的"俗",也是"权"和一个客观事实。但很多宋儒是想重建先秦古礼的,朱熹批评"今士人无家庙",张栻尝试"谋建家庙",甚至鼓励平民模仿先秦贵族建立家庙,修订家谱,其实就是努力重建社会的过程。

中国平民刚获得姓氏的时候有点任性

中国平民是世界范围内最早获得姓氏的平民群体，时间最迟是西汉晚期到东汉时期[1]，但在获得姓氏的早期阶段，中国人对于姓氏还有些"不太认真"。比如在姓氏文化已经成熟的时候，改变姓氏会是非常痛苦和有损尊严的事，我们常说"隐姓埋名"，或者"我输了跟你姓"之类，都反映了这种心理。但在刚获得姓氏的汉代一直到两晋，改变姓氏还是相对比较随意的。

汉代平民的姓，本来就是自己随便起的，如"孝文时，吏居官者或长子孙，以官为氏，仓氏，库氏则仓库之吏也"（《汉书·王嘉传》），仪征胥浦101号西汉墓出土竹简《先令券书》"公文年十五，去家自为姓，遂居外"（《文物》1987年1期），就是说当时人是自己造姓，叫"自为姓"，可以拿自己的职务作为姓，所以管

---

[1] 李竞恒：《中国平民为何最早就有姓氏》，《南方周末》2020年3月29日。

仓库的，有的姓仓，有的姓库。要是按这个，现代人的老司机就可以姓司，串串香老版可以姓串，显得有点不严肃。当然，还有一招叫"吹律定姓"，就是通过吹奏音乐，定一个音来对应姓氏（《白虎通·姓名》）。《孝经援神契》一类的汉代纬书，也热衷于吹嘘"圣王吹律定姓"。汉朝著名的易学家京房，本来是姓李，后来因为搞"吹律定姓"，就改成姓了京。这份"任性"，我们现代人会觉得很不可思议。

不严肃还表现为姓氏不稳定，我们现代人觉得"跟你姓"是丢人，但当时改姓好像也没啥。比如英布曾经受过黥刑，就是脸上刺了一行金印，本来挺丢人，但他后来居然就叫黥布了，这行金印成了他的姓。比如汉武帝晚期有个丞相田千秋，因为年老体弱，必须坐小车上朝，就被称为车千秋。堂堂丞相从田改姓成了车，也没觉得改姓丢人的。再比如武将灌夫，他父亲本来姓张，但后来当了灌婴的家臣，就被赐姓灌，也没觉得"跟你姓"很丢人。西汉还有个酷吏叫周阳由，本来是姓赵的，但是他爸爸赵兼因为是淮南王的舅父，被封在周阳（今山西绛县西南）这地方当侯爷，就改姓周阳了。卫青作为私通的私生子出生，也没跟父亲姓郑，而是跟着母亲姓卫。

汉朝有个姓叫"第五"，看起来怪怪的，还出了个名人"第五伦"，这个怪姓哪来的呢？"其先齐诸田，诸田徙园陵者多，故以次第为氏"（《后汉书·第五伦传》）。就是说第五伦的祖先，本来是原来齐国王族姓田，在山东那边是豪强大族。秦汉政府对这些地方的豪族，采取打击和削弱手段，把他们强行迁徙到外地。其中很多被迁徙到皇陵附近，干脆就用迁徙到达的顺序当作新的姓，第五批来的，干脆就姓"第五"了。还有大家都熟悉的伏波将军马援，"其先祖赵奢为赵将，号曰马服君，子孙因为氏"（《后汉书·马援传》），马援的祖先本来是赵国君主同宗的赵奢，被封为马服君，子孙就姓马了。赵奢的儿子是赵括，孙子是赵兴，被秦朝迁徙。也就是说，赵奢的子孙到秦朝都还没姓马，改姓马是汉朝子孙的任性行为。

东汉时期也有避讳改姓的，比如"其先庆普……族高祖纯……汉安帝时为侍中，避安帝父讳改为贺氏"（《晋书·贺循传》），就是说本来姓庆，因为避讳就改姓贺了，反正"庆贺庆贺"，庆、贺意思差不多。也有的在自己原姓上修改，如"王莽末，广曾孙孟达避难，自东海徙居沙鹿山南，因去疎之足，遂改姓朿"（《晋书·朿晳传》）。就是把原来姓"疎"的左边"足"去掉，就姓"朿"了。还有的干脆跟外公姓，如曹魏司徒陈矫，本来不姓陈，而是属于广陵刘氏，但却因为东汉时期被外公陈氏所养，所以就改姓陈了（《晋书·陈骞传》）。

到了晋朝，一些比较底层的人物还是有任性的改姓行为。如小吏出身的义阳蛮张昌，改姓名为李辰，后来去搞叛乱。他寻找到山都县的小吏丘沈，让他称帝，"沈易姓名为刘尼，称汉后"（《晋书·张昌传》），就是说这叛乱者为了目的，自称汉朝皇族后裔，干脆把姓就改了，也是很任性的。当然了，如果和日本明治维新以后平民给自己新造姓氏（苗字）的任性相比，动辄就是住井边的叫井上，养狗的叫犬养，田边有水池的叫池田，住在松树下的叫松下，刚获得姓氏的中国人显得就不算很任性了。

司法传统与正义

"普天之下莫非王土"是没有私产保护吗?

很多人有这样一种印象,认为"西方"自古以来有"风能进,雨能进,国王不能进"的良好私权保护制度,而中国自古以来则是"普天之下莫非王土",《红楼梦》中皇帝随便对贾府进行抄家,而著名的"和珅跌倒,嘉庆吃饱"也是被很多人津津乐道,用以嘲讽中国古代缺乏私产保护的例子。

不过需要注意的是和珅本人的身份,他是清朝皇帝的奴才,满洲社会特别重视主奴关系,和珅本人就是清朝皇帝的财产,抄家当然没什么好说的。至于《红楼梦》的贾府,其原型曹家本来就是清皇帝的包衣家奴,你本身就是个财产,还谈什么"财产权"?实际上,清朝的情况非常特殊,很难作为中国古代社会的常态代表。一般来说,常态的中原王朝治理下是尊重民间财产权的。以宋代的一些拆迁为例,熙宁年间保州庞村一带官方拟扩大水利,但是需要占用一些民田,官方的方案是"优给其直(值)收买",即用高于市场的价格先从民众那里买田，再实施工程，民众不但没有损失，还赚了一笔，充分尊重了民间的财产权。又如天圣元年造皇陵，"占故杜彦珪田十八顷，凡估钱七十万"，宋仁宗下令"特给百万"，用超过市场价三十万的价格从民间购买土地。在南宋绍兴二十八年，因为扩建了十三丈的皇城，对民宅的购买除了偿付土地之外，还给予"十千"的大笔钱财。正如程民生先生所说："在很多正常情况下，我们看到宋代朝廷通常是以民众的利益为先，乃至不惜牺牲官方利益"[1]。显然，宋代民众的财产权情况，并不是一幅《红楼梦》抄家的想象画面。

那么产生了"普天之下莫非王土"这首诗的周代，总该是"土地王有"的吧？这种社会能有私产土地？首先我们要看这个"王土"，是一种文化象征，还是实实在在的制度。因为从象征来说，"香港皇家警察""加拿大皇家骑警"这些人，你总不能从字面上把他们理解为属于英国皇家的家奴吧。而且英国普通法的土地制度，所有土地在理论上都直接或间接来自国王，至今都是如此，但你不能说英国普通法不保护财产。根据约翰·哈德森《英国普通法的形成》介绍，英国从威廉的诺曼征服以后，国王是把整个英格兰视为国土独家所有的，他把土地赐给忠于自己的属下作为奖励，所以属下的土地都来自国王[2]。斯宾格勒也指出，1066年威廉的诺曼骑士团征服英国的时候，全部的土地都成了国王的财产和采邑，"并且它在

---

[1] 程民生：《论宋代私有财产权》，《中国史研究》2015年3期，第145页。
[2] ［英］约翰·哈德森.《英国普通法的形成》，刘四新译，商务印书馆，2006年，第99页。

名义上直到今天仍然是如此的"①。这种以封建法为基础发展而来的土地财产权，相对于罗马法那种近乎绝对的"私有权"观念，其实带有更浓厚的"王有"色彩，今天英国普通法下的土地产权，哪怕是贵族庄园，其实也不是罗马法和欧陆法典意义上的绝对私产。

那么周代的土地财产权是什么情况呢？从文献记载来看，周王对贵族领主的土地，并不能实行"抄家"，他和贵族领主之间存在土地交易。例如《左传·隐公十一年》记载周王从郑国这里取得了一批土地，但是他不能白抢，而是拿出另外一块苏田补偿给郑国，其实就是土地交易。同样的，诸侯这一级别的领主如果要从自己的封臣那里获取土地，也是不能白抢，而是需要交易。例如《左传·昭公七年》就记载说鲁国要取走孟孙这个家族的一块封地，但是用了另外两处土地去交换。从一些青铜器铭文可以看到，周代领主贵族之间多有土地买卖的现象，像《散氏盘》《卫盉》《五祀卫鼎》《九祀卫鼎》之类的铭文都曾记载西周土围子之间的土地交换或买卖，当时的术语就叫"贾田"。比如《五祀卫鼎》铭文就记载，一个叫裘卫的土豪向一个领主"邦君厉"买了五块田，但邦君厉没有一手交钱一手交货，裘卫怒了，就找到一些德高望重的领主，向他们告状，要求邦君厉赶快交货，把田交出来。这些充当仲裁者的领主就是邢伯、伯邑父、定伯、伯、伯俗父组成的"五人陪审团"（夏含夷：《西周青铜器铭文》），经过他们调解，邦君厉给裘卫交付了四块田。这些土地交易，是通过一群领主组成的长老会议调解裁决的，并没有

---

① ［德］奥斯瓦尔德·斯宾格勒：《西方的没落》，陕西师范大学出版社，张兰平译，2008年，第251页。

通过周天子，表明私有土地的交易与周王无关，并不是"普天之下"都是周王的。

又如著名的《散氏盘》铭文，记载矢和散两个领主团体之间的土地转让，完全是自己根据封建习惯法进行的，并没有周王的介入。李学勤先生就曾谈到，《佣生簋》《散氏盘》《九祀卫鼎》所见案例"都没有王官参与"①。西周贵族之间的土地交易、转让并不需要经过周王，而是只需要根据封建习惯法由当事人自行处置，这也就意味着这些土地并不是"王有"，而是贵族的私有土地。正如杜正胜先生所说，所谓"普天之下莫非王土"，周天子只不过是个象征符号，并不是真正的所有者，"一旦授出田土，领受的封臣则有权保有封土，不能任遭取夺"②。赵伯雄先生也谈到："'普天之下莫非王土'，其实这句话，只是极言天子地位的崇高，与土地所有制根本没有任何关系。"③"在西周中期，这些田地为贵族宗族私人拥有是毫无疑义的，《北山》诗中'溥天之下，莫非王土'看来不过只是一种政治理想罢了，经济实效微乎其微"④。

总而言之，清朝的包衣奴才即使再富有，但这些财富本身不是他们的，他们本人自身就是属于清皇帝的财产，这些例子无法说明常态下的中国传统财产权情况。不但商品经济高度发达的宋代尊重财产权，而且产生了"普天之下莫非王土"这首诗的周代，也同样尊重私产，当事人土地自由交易，周王并不介入其中。所谓"普天

---

① 李学勤：《西周金文中的土地转让》，《新出青铜器研究》，人民美术出版社，2016年，第91页。
② 杜正胜：《周代城邦》，联经出版事业公司，1985年，第107页。
③ 赵伯雄：《周代国家形态》，湖南教育出版社，1990年，第107页。
④ 李峰：《西周的灭亡》，上海古籍出版社，2007年，第146—147页。

之下莫非王土",其实只是类似于"香港皇家警察"这样的一种象征而已。只是到了战国时代,传统的封建习惯和社会结构逐渐崩坏,绝对君主主义的国家开始出现,才有人曲解该诗句,将其解读为绝对的统治权和所有权。如《韩非子·忠孝篇》中,就这样理解该诗句,来批评远古部族时代酋长们选举盟主的"禅让"制度,在韩非看来,舜破坏了他心目中"普天之下莫非王土"的绝对君权,"出则臣其君,入则臣其父"。而现在很多人对该句的理解,和韩非子是一脉相承的。

另外是一些人关于"西方"的想象也不符合历史真相,尤其是欧洲大陆,并没有"风能进雨能进,国王不能进"的尊重私产传统。如托克维尔就从18世纪法国骑警队的笔录中看到,当时法国可以连夜包围可疑的村庄,在夜里闯入民宅,不需要任何凭证,便逮捕被指定的农民,并将其长期监禁而不送审[1]。这种画面,显然并不是一些人想象中的"西方传统"了。又如启蒙派知识分子特别热衷讲述的"国王与磨坊"故事,其实真实情况并非国王尊重司法独立或"财产权",而是腓特烈大帝对司法独立的干预(吴钩:《"国王与磨坊"的鸡汤是怎么炖出来的?》)。在弗里德里希大帝去世一年后的1787年,距离法国大革命只有两年了,在法国匿名出版了一本弗里德里希大帝传记中首次提到这个故事,自此之后又传回德国,并产生了各种各样的版本,其中一个版本就被旅游德国的杨昌济听来,后来又被贺卫方转述,进而在网络上产生出各种花样繁多的网络版

---

[1] [法]托克维尔:《旧制度与大革命》,冯棠译,商务印书馆,2012年,第229页。

本①。实际上,这些由启蒙知识分子转述的故事传说,又在中国网络上不断变为各类新版本的"西学",另一面又伴随着各种对中国传统的一知半解和错误传闻,可谓相辅相成,最终又变成了误解先行的有色眼镜。

---

① 袁治杰:《磨坊主阿诺德案考论》,《比较法研究》2011 年 2 期,第 140—142 页。

中国古代司法的疑罪从无、从轻

　　传统中国司法制度的主流，尤其重视审慎，以避免冤案的出现。先秦时期司法精神的主流，主张司法的审慎与宽和，《论语·子路》中孔子主张"赦小过"，上博楚简《仲弓》作"赦过与辜"，《周礼·秋官司寇·司刺》也主张赦免幼弱、老耄与蠢愚这三种人。其中很重要的一部分，是疑罪从无或疑罪从轻。《左传·襄公二十六年》引《夏书》"与其杀不辜，宁失不经"，即从夏代的司法精神中，便强调与其造成冤案，宁可达不到执法效果，即宁纵毋枉。周人的《尚书·吕刑》中，尤其强调司法的审慎："五刑之疑有赦，五罚之疑有赦，其审克之"，司法中的疑罪，采取赦免从无原则。汉代孔安国的注解认为，刑狱有疑点的，应该改为较轻的处罚，小惩罚有疑点的，应该完全赦免。按照孔安国的解释，这一周代的司法精神同时兼有疑罪从轻和疑罪从无两种。

　　秦朝的司法思想以有罪推定为基本底色，最有代表性的就是

《史记·秦始皇本纪》记载两件事。一次是有人在东郡的陨石上刻诅咒秦始皇的文字，秦始皇便"尽取石旁居人诛之"，陨石旁边所有的居民都被进行了有罪推定，所以杀无赦。类似的例子，秦始皇在梁山宫怀疑身边的人将信息泄露给了丞相李斯，于是便将"时在旁者"全部杀掉。云梦秦简《封诊式》记载，秦法对于犯罪嫌疑人，"无解词，笞讯某"，即一边刑讯逼供，一边要嫌疑人自证清白。这种有罪推定的司法，很容易产生冤假错案，如张家山出土竹简《奏谳书》中，就记载了一个秦代冤案，即"城旦讲乞鞫案"：一个叫"讲"的人，被怀疑偷牛，在严刑鞭打下最终屈打成招，惨遭冤狱，全家遭殃。正是秦朝的这种严酷司法，最终导致"赭衣半道，群盗满山"，路上遇到一半的人都被判定犯罪，漫山遍野都是逃跑的亡命者。

汉儒继承了先秦主流的司法思想，反对秦朝法律文化。汉文帝时期由"博士诸生"等儒者所作的《礼记·王制》篇，就提出了疑罪从无的司法观点："疑狱，氾与众共之，众疑，赦之"，即有疑点的案子要拿出来众人讨论，如果大家都认为存疑，便作赦免处理，这正是针对秦朝遗产的。汉代儒书《孔子家语·刑政》也有："疑狱，则泛与众共之，疑者赦之"，主张疑罪从无。汉儒贾谊在《新书·大政上》主张："疑罪从去，仁也；疑功从予，信也"，即疑罪从无是仁政的司法要求。汉儒刘向在《新序·杂事第四》中曾经记载一个寓言，据说魏国有疑罪，一半的司法人员主张应该做有罪推定，魏王便请教大商人陶朱公。经陶朱公启发，魏王意识到应该"狱疑则从去"，于是"梁国大悦"，确定了疑罪从无的司法原则，因而获得民众的拥护。

这些汉儒疑罪从轻、从无的司法思想，对汉代的司法实践具有积极的影响。《汉书·于定国传》记载，汉宣帝时廷尉于定国，学习儒家《春秋》，接受了儒的价值观，所以"其决疑平法，务在哀鳏寡，罪疑从轻"。这位司法官员虽然没有实践疑罪从无，但却践行疑罪从轻，比起秦法的有罪推定传统来说，是一种明显的改善。又如《汉书·路温舒传》记载，路温舒担任司法官的时候，曾引用《尚书》"与其杀不辜，宁失不经"的语句，批判当时的酷吏"以刻为明，深者获公名，平者多后患，故治狱之吏，皆欲人死"，进而导致"死人之血流于市，被刑之徒比肩而立，大辟之计岁以万数"的悲惨画面。

到了东汉，儒者继续在司法过程中反对严酷的有罪推定。《后汉书》的《寒朗传》《陈宠传》《袁安传》都记载了永平十三年楚王英谋逆案的恐怖氛围，大量无辜者被牵连进来，在严刑逼供下又胡乱牵扯出别人，"迫痛自诬，死者甚众"。在此背景下，陈宠作为廷尉，审查疑狱，"务从宽恕"，"济活者甚众"；袁安也冒着生命危险，"理其无明验者，条上出之"；寒朗也对皇帝进谏，当时拷问的酷吏心理是"出之不如入之"，"是以考一连十，考十连百"，正是有罪推定加残酷拷打，才制造了堆积如山的冤狱。通过这些儒者的努力，大量有疑点的案件最终进行了无罪推定处理，拯救了许多人的生命。

经过汉代儒者的努力，疑罪从无或至少从轻，成为了东汉社会的一般共识。2011年在成都天府广场出土的东汉《裴君碑》铭文中，歌颂了这位蜀郡守的美德，其中尤其提到他"陨泣陷辜，轻疑必赦"（《文物》2012年9期），意思是如果有无辜的人不幸陷入冤狱，裴君大人便会泪如雨下，因此他坚持无罪推定原则，哪怕只有一小个疑点，也会进行赦免。将这种价值观镌刻在碑文上，说明经过汉儒的努力,"轻疑必赦"已成为当时社会公认的,或至少是值得肯定的价值观,是作为官员所应该秉承的美德。与此类似的,汉末三国的王朗,掌管大理司法,也践行"务在宽恕,罪疑从轻"的原则,并"以治狱见称"(《三国志·魏书·王朗传》)。

到了晋朝,法律进一步儒学化,《晋书·王湛传》记载,有一个叫韩怅的士兵逃跑后自首,说因为丢失了牛所以逃走,但是官吏怀疑他偷牛,所以进行了拷打。王坦之认为,"懈怠失牛,事或可恕;加之木石,理有自诬。宜附罪疑从轻之例,遂以见原"。意思是,有罪推定的拷打,肯定会得到自诬的冤辞,而应该根据法律的"例",做"罪疑从轻"的处理。由此可见,"罪疑从轻"的儒家思想已经进入了晋朝的法律。南朝刘宋的儒者何承天也主张"疑者从轻",当时一个鄢陵县小吏因为射鸟,惊到了抚军将军刘毅,被判处死刑"弃市",何承天引经据典,强调"狱贵情断,疑则从轻",论证了这名小吏虽有犯上的疑点,但也只应该轻微罚款即可(《宋书·何承天传》)。同时期的士族谢庄在奏改定刑狱中,也指出了"罪疑从轻,既前王之格范;宁失弗经,亦列圣之恒训",根据此种精神,改革司法程序的完善(《宋书·谢庄传》)。在陈朝的议定律令中,周弘正指出了"重械之下,危惴之上,无人不服,诬枉者多","夫与杀不辜,宁失不经,罪疑惟轻,功疑惟重,斯则占之圣王,垂此明法",他的主张得到了盛权的赞同:"尚书周弘正明议,咸介《虞书》惟轻之言,《殷颂》敷正之言"(《陈书·儒林·沈洙传》)。即六朝以来,对于儒家司法疑罪从轻精神的实践与诉求,是一直延绵不绝的。

到唐代的《唐律·断狱》中,也根据"罪疑惟轻"进行了详细规定,比如证明嫌疑人有罪和无罪人数相等,就是疑罪,并有"证不足不合入罪"的规定，即证明其无罪的人多于证明其有罪的人，就做无罪处理。另外，《唐律》规定，对"过失入人罪"的处罚高于过失出人罪，就是说对司法官员制造冤案的处罚力度，大于放走罪犯的处罚，这也正是儒家"宁失不经"思想的体现。

到了宋代，进一步发扬了疑罪从无和疑罪从轻的法律，《宋刑统》继承了《唐律》的原则，甚至比唐代更加严格。如程颐在《上仁宗皇帝书》中承认，宋仁宗的态度是"官吏有犯入人罪者，则终身弃之"，意思是制造过冤案的官员，一辈子也没机会东山再起了。整个宋代司法，都坚持"重入罪，轻出罪"的传统，不慎放跑了罪犯，不是天大的问题，无辜者蒙冤入狱，才被视为天大的问题[①]。苏东坡在《省试刑赏忠厚之至论》中赞美《尚书》"宁失不经"的疑罪从无精神，"可以罚，可以无罚"的疑罪，如果处罚就"流入于忍人"，认为有罪推定的是滑向了残忍的趋势。朱熹同样主张"罪之疑者从轻"和"宁失不经"，但他注意到宋代流行疑罪从轻，竟然出现了流弊，将死刑尽量处理为刺配，刺配的尽量处理成流放，流放的处理为杖刑，杖刑从轻为笞（《朱子语类》卷一一〇）。朱熹发现了宋代司法普遍流行"疑罪从轻"导致的弊病，但如果两害相权取其轻的话，这种弊病至少好于秦朝的"赭衣半道，群盗满山"。

在明代生活过的清初县吏姚廷遴对明代司法的审慎也有描述："明朝人命强盗及万恶访犯，新犯死罪，皆三推六问，情真罪当，始上长枷监候"；"临刑时稍有可矜可疑者，刀下留还，朝廷又差刑部

---

① 周永坤：《"出入人罪"的司法导向意义》，《法律科学》2015年3期。

官为恤刑，按临各省，必开豁几百件，甚至廿余年而未处决者"[①]，而这种对疑罪的审慎态度，是到清朝才发生了变化。

相比于秦朝的有罪推定，儒学的疑罪从轻、疑罪从无思想都是更合理的。当然，从轻和从无二者之间又有高下之分。明代人梅鷟在《尚书考异》中就指出，"罪疑惟轻，贤人以下。忠厚之事，圣人似不止此"，意思是罪疑从轻原则，只是一般儒者就能主张的水平，而疑罪从无，才是真正圣人的司法思想。

[①] 姚廷遴：《记事拾遗》，《清代日记汇抄》，上海人民出版社，1982年，第163页。

儒家主张连坐吗？

很多人看古代背景的电视剧，总是会接触到"给我诛灭九族"，甚至是方孝孺被灭"十族"这些内容。在大众的想象中，汉武帝以来是"独尊儒术"，所以这些一定都是儒家的主张。那么，儒家是否主张对罪犯实行连坐？

《尚书》是儒的核心经典，其中的《甘誓》一篇，确实提到过"孥戮"的内容，即夏启在发动战争前，对军队进行了动员，宣布如果不听号令，"予则孥戮汝"，杀掉你们的妻儿老小。如果只看这段文字，会觉得非常残酷。比如北宋的王禹偁就认为，唐代元和、长庆时期士大夫为皇帝所制作的诏书中，有胜过了《尚书》的部分，如元稹《牛元翼制》中就有"孥戮示众，朕不忍闻"，比《尚书》中"予则孥戮汝"更好。皇帝听说要杀犯人的妻儿老小，听到就很不忍心，这种仁义精神已经超过《尚书》了。宋代人对王禹偁的这个评价，是"众皆伏之"（［宋］潘汝士：《丁晋公谈录》），这意味着宋代士大夫，普遍反对残忍的株连，认为《尚书》中"孥戮"的记载，属于黑暗遗产。

但问题是，《尚书》是儒家的核心经典，元稹为皇帝作的诏书精神固然值得赞赏，但这也会形成一种对比，让人觉得儒推崇的价值观是残忍的。《尚书》中的"孥戮"记载，在历史上确实为残忍的暴行提供了依据。《三国志·魏书·毛玠传》记载，毛玠见到了因为连坐被捕而成为官奴婢的无辜者，他就提出无辜者的受害，是导致十旱不下雨的原因。但是毛玠却被抓进监狱，掌管刑罚的大理官告诉他，我们搞连坐是符合经典的：1.《尚书》里记载了"予则孥戮汝"的合法性，2.《周礼》中记载了"男子入于罪隶，女子入于舂稾"，3.汉朝法律规定"罪人妻子没为奴婢"。既然儒经和大汉朝法律都赞赏这么做，你反对你就是犯罪。

《尚书》中居然有这么黑暗的经典，但是正常人的神经又接受不了，于是也有人出来调和，说先秦时期是仁慈的，反对株连妻儿老小，但是夏启"予则孥戮汝"属于特殊情况，不是常刑。例如南宋人蔡沈，在《书集传》解《甘誓》这篇时，就认为"古者罚弗及嗣，孥戮之刑，非三代之所宜也"，但是笔头一转，又说这是夏启这个是非常之刑，努力进行调和。清代的崔述也认为，先秦不孥戮连坐，是"国之常法"，这里的孥戮只是"一时权宜之制"（崔述：《考古续说》卷一）。蔡沈、崔述试图在尊重"孥戮"经文的同时，又反对连坐，用心可谓良苦。

但是，这么残忍的经文，总是会刺激人格健全者的神经。明朝初期朱元璋大开杀戒，株连九族，士人解缙实在看不下去了，就上书劝阻，其中提到"夫罪人不孥，罚弗及嗣，连坐起于秦法，孥戮本于伪书"(《明史·解缙传》)。解缙反对连坐的理由，也出自儒经，"罪人不孥"出自《孟子·梁惠王下》，"罚弗及嗣"出自《尚书·大禹谟》。当然，你可以说《大禹谟》是伪古文不可信，但是《孟子》是可信的先秦儒书，其反对连坐的精神，与"予则孥戮汝"完全相反，再加上解缙确实比较敏感地注意到，株连和秦朝法律之间的隐秘联系，提供了新的思路。

三代时期刑罚非常审慎，《尚书·吕刑》就记载"五刑之疑有赦，五罚之疑有赦，其审克之"，反复强调刑罚的审慎、克制。《墨子》是可靠的先秦文献，但是在《墨子·明鬼》引用《禹誓》中，只提到了"是以赏于祖，而戮于社"，有功有赏，有罪则罚，仅限于本人，并没有"予则孥戮汝"这句话。在另一部先秦儒家经典《左传·昭公二十年》中，引用过《尚书·康诰》："父子兄弟罪不相及"，保存在《左传》中这段《尚书》内容属于完全可信的先秦文献，非常明确地反对家属连坐。这两条硬材料，基本可以确定：1. 真《尚书》反对连坐，2. 先秦本《尚书》中没有"予则孥戮汝"这句话。

陈梦家先生就认为，孥戮的内容混入《尚书》，是秦朝博士官为了符合秦朝合法性而增入的[①]。《史记·秦本纪》记载有"三族之罪"，"夷三族"这些秦的法律文化，《商君书》中也有"刑及三族"等记载，如《赏刑》篇"有不行王法者，罪死不赦，刑及三族"，《垦令》篇中主张"重刑而连其罪"；《汉书·刑法志》也记载说"韩任申子，秦用商鞅，连相坐之法，造三夷之诛"；《汉书·文帝纪》应

[①] 陈梦家：《尚书通论》，中华书局，2005年，第141—142页。

劭注有"秦法，一人有罪，并其室家"（王先谦：《汉书补注》引）。出土的云梦秦简《秦律》中，也有一人有罪，"一室尽当坐罪"的记载，秦简《法律问答》中规定，工匠偷盗了价值不到一个铜钱的东西，同班的其他工匠就能免除被鞭打，如果偷得多，其他人也会被连带挨鞭子。如果妻子在不知情的情况下隐匿了丈夫偷盗的三百个铜钱，那么也会被连带处罚，处以"收"的刑罚。可以说，株连他人是秦法律的基本精神底色。秦朝政法主张连坐，秦博士便根据这一精神增入"孥戮"文字。汉初继承了秦朝法律遗产，"萧何作九章之律，有夷三族之令"（《政论·阙题》），出土汉初法律竹简《二年律令》中，也有"皆收其妻、子"的内容。当时主导法律文化精神的，其实是一以贯之的法家思想。清人赵翼考证，株连起源于秦政，西汉继承了秦的遗产，对李陵、王温舒等人仍是株连全族，"则此刑故在"（赵翼：《廿二史札记》卷十四）。

武树臣先生就指出："先秦儒家是反对株连而主张相隐的，而先秦法家是反对相隐而主张株连的。"[1] 法家的遗产，一直深刻影响到秦汉，其中一些内容甚至窜入儒书，所以大理官会很有底气地拿"予则孥戮汝"和《汉律》来打击毛玠。经书虽被篡改，但汉儒却仍然秉持有先秦儒的价值观。汉初儒者贾谊，在《讨秦》文中批评秦朝的制度，就主张应该"去收孥污秽之罪，使各返其乡里"（《新书·过秦下》），将秦朝的连坐制度，视为污秽的恶法，认为被连坐的无辜者，应该被释放回到家乡。在西汉著名的盐铁论战中，法家的"御史"坚决主张"父兄之际，身体相属"，"比地于伍，居家相

---

[1] 武树臣：《儒家法律传统》，法律出版社，2003年，第53页。

察"的株连模式,而儒家立场的"贤良""文学"们,则以"恶恶止其人,疾始而诛首恶,未闻什伍而相坐也"进行反击。他们看到连坐制度下,"以子及父,以弟及兄,一人有罪,州里惊骇,十家奔亡"对于社会上人心和公序良俗的残酷破坏,他们坚定地主张"闻子为父隐,父为子隐,未闻父子之相坐也","未闻兄弟之相坐也","闻恶恶止其人,疾始而诛首恶,未闻什伍而相坐也",即只处罚犯罪者本人,而不可连坐其父子兄弟,以及周边的邻居(王利器:《盐铁论校注》卷十)。

东汉的儒者继续在司法领域反对连坐,《后汉书·杨终传》记载杨终上书,主张"善善及子孙,恶恶止其身",并赞美汉文帝"除去收孥之律"。汉文帝时期曾短暂废除连坐法律,虽然连坐后来又被恢复,但这一实践却得到了汉儒"罪不相及"之类的很高的评价。又如《后汉书·刘般传》记载,清河相叔孙光因为犯罪,就牵连禁锢到他的儿子。居延都尉范邠犯罪,众多高官主张同样禁锢他的儿子。刘恺则主张"《春秋》之义,善善及子孙,恶恶止其身,所以进人于善也","如今使臧吏禁锢子孙,以轻从重,惧及善人,非先王详刑之意也",他的主张最终得到了朝廷的认可。东汉末期,曹操因为太尉杨彪和叛乱者袁术的联姻关系,而试图将其处以死刑,这一计划遭到了儒者孔融的强烈批评,孔融反对株连的理由,也是引用了"《周书》'父子兄弟,罪不相及'"。通过孔融的据理力争,曹操最终放弃了株连杨彪的计划(《三国志·魏书·崔琰传》裴注引《续汉书》)。晋朝的祖纳,也指出过"罪不相及,恶止其身,此先哲之弘谟,百王之达制也",而连坐制度则是战国、秦、汉这三个时代的"弊法"而已(《晋书·齐王攸传》)。

东晋温峤，也提出"罪不相及，古之制也"，"宜如先朝除三族之制"，这些建议也得到了采纳（《晋书·温峤传》）。晋末宋初的陈郡谢氏谢方明，也积极致力于"除比伍之坐"（《南史·谢方明传》），消除连坐这一顽固的司法秦制。到南齐萧道成的建元元年，当时都城附近多奸盗，因此"上欲立符、伍，家家以相检括"，即在京师地区建立连坐的编伍，让每家每户互相告发，并让外来人口持有专门的证件，便于管理。此事遭到琅琊王氏王俭的反对，他给出理由是京城是各色人等汇聚之地，如果这样搞，"于事既烦，理成不旷"，并引用当年谢安"不尔何以为京师"的说法，意思是京城不能管太死，把皇帝的想法怼了回去（《南史·王昙首传》）。所谓"旧时王谢堂前燕"，人们一般关注东晋南朝王、谢的高门，但很少注意到王、谢都有反编伍连坐的这些思想与实践。

　　到南北朝，这一思想进一步得到认可。南朝曾规定，射手如果叛逃其本人和户家长都要判处斩首，"家口没奚官"，这是用家人连坐来防止军士逃跑的军法。仪曹郎张融针对当时郢州有射手逃亡的情况指出，"家人、家长罪所不及，亡身刑五年"（《南齐书·张融传》）。就是将叛逃射手军士的惩罚从斩首降为五年徒刑，关键是不再株连家人。北魏孝文帝的汉化过程中受到儒学影响，其司法观念也对北魏早期的动辄灭族进行了修改，"自今以后，非谋反、大逆、干纪、外奔，罪止其身而已"。太和九年又宣布，图谶、秘纬罪也由灭族改为只处罚其本人（《魏书·高祖本纪》），只要不是谋反重罪，就不实行株连，只处罚其本人即可，是在原有基础上的进步。对于魏孝文帝的司法改革，程树德先生给了很高评价，认为他超过了汉朝文、景二帝的水平①。在南方的梁朝，法律条文上有株连的制度，但梁武帝对儒家的古训有所尊敬，因此在公元512年的诏书中强调了"罪不收孥"，免除连坐的老人和小孩。在另一道诏书中，则免除了祖父母、父母的连坐之罪（《梁文纪》卷一）。另外，在南朝陈高祖发布的诏书中，也强调"罚不及嗣，自古通典。罪疑惟轻，布在方策"（《陈书·高祖本纪下》），并以此作为依据赦免沈泰的部曲、妻儿，对儒家"罚不及嗣"的思想表达了一些尊重。

在后世的历史上，儒的主流一直在和"孥戮"、连坐的遗产进行搏斗。明清时期的司法变得严酷，连坐遭到了儒者的强烈批评，除了解缙，邱浚也强调从秦以来连坐制度的黑暗，他说一个人犯罪，无辜的妻子、父母、同族、亲戚都跟着遭殃，导致整个家族宗祀的灭绝，如果家家户户都不幸遭受连坐牵连，那么连人类都会因此灭绝，所谓"则人类不几于绝乎？"（丘濬：《大学衍义补》卷一一三）。

清兵入关后颁布了残酷的"九家连坐"法，在清初的严酷处境下，刑科给事中杨璸仍然挺身而出，以月食天变为理由，上书请求废除"九家连坐"的恶法，但多尔衮天不怕地不怕，阴阳灾异可以吓唬住汉代皇帝，但却吓不住清朝皇帝，因为他们有了近代科技，汤若望早就预算好了月食的时间，而且是在颁布"九家连坐"之前三个月。所以多尔衮说，杨璸竟敢借此机会妄言，真是"好生可恶"。近代科学技术，在此竟然成了帝王免除罪行的工具，真可谓令人匪夷所思②。但无论如何可以看到，即使是在清初这样的严酷生态

---

① 程树德：《九朝律考》，中华书局，1963年，第334页。
② 苏亦工：《天下归仁：儒家文化与法》，人民出版社，2015年，第406页。

下，仍然有儒家士大夫在尽力反对黑暗的连坐。

到晚清，推动废除株连制度的沈家本，也强调这是"不正之法，反害于民"，"今世各国咸主持刑罚止及一身之议，与罪人不孥之古训实相符合，洵仁政之所当先也"①。这位晚清学者，将当时近代文明的价值，与中国古老儒家的价值诉求结合了起来，共同作为废除这一个止之法的伦理依据。

---

① ［清］沈家本：《历代刑法考》第四册，中华书局，2013年，第2026页。

从"古今之争"看张扣扣案

张扣扣为母复仇杀人案的争论背后,其实是思想史所谓"古今之争"的张力。这个"古",不是一般人理解的1840年鸦片战争以前,而是指现代国家、理性化的科层组织和公共秩序治理出现以前的社会本位。这种"古"的本位,是以氏族、部落、家族、社区、城邦、行会、封地、自治法团等各种小共同体为本位的,其内部讲究一整套地方性的宗教、伦理、德性或习惯法的绑定。而现代国家是在突破这些地方性小共同体基础之上的,以现代国家立法的方式建立普遍性、理性和高度技术性的司法制度,各种地方性的小共同体习惯必须要服从这个大前提。这一点上,中国历史上的秦汉国家很早就带有了一种讲究普遍性和大共同体规矩的立法色彩,所以像顾立雅、福山这些学者就认为秦汉国家是有一些现代性的。

放到这个背景下,原始儒家主张的血亲复仇,其实是站在"古今之争"的"古"的这边,因为"今"这边从霍布斯开始,就认为个体已经将复仇等原始权利让渡给近现代国家了，所以在现代社会搞血亲复仇是严重践踏法律的。儒学诞生的先秦时代，当时的社会当然是典型的"古"，遍地是各种宗族、领主、地方性的诸侯，所以原始儒学确实是以血亲小共同体本位作为伦理基础的，主张血亲报仇。《礼记·檀弓上》记载孔门弟子子夏请教孔子，如果有杀害父母的仇人怎么办？孔子说，睡觉拿盾牌当枕头，随时准备战斗，绝不和仇人生活在同一个世界。如果在街市上遇到仇人，那根本就不要回家拿武器，直接徒手和他拼命。《公羊传·庄公四年》甚至主张，不但要给父母报仇，甚至家族一百代以前祖先的仇也应该报。这些道理，放到先秦那种还没有现代公共秩序的时期，是非常合理的，能够有效地保护家族共同体的安全，捍卫了亲情和伦常。

但是伴随着秦汉国家的建立，中国出现了由国家垄断的公共秩序。汉武帝以后，儒学在社会上有一些发展，但原始儒学的小共同体本位与国家的公共秩序之间发生了矛盾。原始儒学主张血亲报仇，但秦汉国家的律令是禁止私斗杀人的，将死刑权垄断在国家手里。由于原始儒学提倡血亲复仇，朝廷既用普遍公共秩序的律令，但又尊儒，因此很多报仇杀人案，给汉代国家出了难题。一些杀人复仇者，在杀人后主动投案，表达对国家律令的尊重，如东汉的郅恽在帮助朋友报仇杀人后，主动到监狱伏法，而县令为了不让他被法律处死，甚至以自杀要挟，要求郅恽逃走，以回避血亲复仇与国家律令的矛盾。又如著名的酒泉赵娥为父亲报仇，杀死仇人后主动要求守尉将其收入监狱，以尊重国家法令的严肃。守尉官员为了回避难题，只能劝其回家。

这个难题到了汉章帝时期，民间有人杀死了侮辱自己父亲的人，皇帝免除了此人的死刑，并且将其作为司法标准，颁布了《轻侮法》，即杀死侮辱父母之人可以免除死刑。这一立法，从精神上讲是要保护原始儒学复仇的自然正义，但放到一个拥有广袤郡县制领土和庞大公共治理领域的国家中，就产生了大量问题。正如汉儒张敏批评的那样，这是在开启杀人路，导致更复杂的杀人案件技术分析问题和法吏的寻租空间。在张敏的建议下，汉朝废除了《轻侮法》。此后汉顺帝时期的毋丘长杀死侮辱母亲者的案件，执法者吴祐虽然对他深表同情，但仍将其送入监狱，妥善照顾，毋丘长最终自杀。

从"古今之争"的角度来看，《轻侮法》的废除，表明中国传统法律儒家化的过程，不是简单地回到先秦小共同体血亲复仇的本位，而是以国家公权力为主，但在这个基础之上给伦常和小共同体情感留下一点余地，钟摆主流在"今"的这边，但不是完全毁灭掉"古"。其表现是后来的魏晋南北朝国家禁止复仇，但又留有空间，如《晋书·刑法志》记载曹魏法律规定对于父兄的杀人罪犯，"许依古义，听子弟得追杀之"，但又强调"会赦及过误相杀，不得报仇，所以止杀害也"。在此体现的精神是，一方面要用国家公权限定复仇，但又对"古义"留下一定空间。

因为如果不用公权限定复仇，很可能就会出现"冤冤相报"，双方皆死伤，但双方都被视为正义的情况。如南齐时期，朱谦之为母亲坟墓遭焚烧而复仇杀死朱幼方，南齐世祖"嘉其义"，很赞赏这位复仇孝子。结果后来发生连续复仇，被杀的朱幼方的儿子朱恽，又去杀复仇孝子朱谦之，为自己爸爸报仇，最后朱恽又被朱谦之的哥哥朱选之所杀。对于这桩连环互杀的恶性复仇事件，南齐世祖的态度居然是"此皆是义事，不可问"，最后"悉赦之"（《南齐书·孝义·朱谦之传》)。在此,南齐世祖的态度是彻底的"古",近乎无政府状态,任由双方像上古战斗状态的部落一样互杀,国家公权不介入干预,显然是一种错误。

南梁规定私人复仇要"严加裁问",北魏规定复仇的要"诛及宗族"。但相比于秦汉国家,魏晋南北朝的国家力量更弱,钟摆更偏向"古"。律文虽然禁止报仇,但在实践中则多宽宥,如北魏孙益德杀死杀母仇人,主动投案,文明太后将其赦免。孙男玉为丈夫报仇,也被魏献文帝特赦。"古今之争",可谓此消彼长。

到了唐宋,中华法系真正成熟,对于复仇一般采用调和"古今之争"的办法,即在尊重国家对维护公共秩序具有垄断的法律前提之下,酌情参考公序良俗和具体情境,用公权司法打击私人复仇,但给符合民间公序良俗与朴素常识的情感留下余地。唐宪宗时期,一个十二岁的少年梁悦为父报仇。如果根据《唐律疏议·斗讼》律文规定的话,复仇杀人要判死刑。针对这一情况,韩愈的《复仇状》主张,如果不许复仇,会伤孝子之心、破坏伦理。但如果允许复仇,则国家垄断的公权将被破坏。面对这种矛盾,就不能机械性地简单粗暴一刀切,而是根据具体情境做出判断,案件必须交付尚书省审议,并最终由皇帝根据具体情况酌情处理。对于梁悦杀人案,最终的判决是决杖一百,并将其流放,以彰显公权的惩罚,但留下他的生命,给伦常和人情保留一丝余地。根据吴钩兄梳理,北宋甄婆儿为母复仇案,宋太宗的处理办法是将其判处杖刑,但免除其死刑。另有刘玉、王赟为父复仇杀人案,都是根据国家的公共秩序理由将其判刑,但又兼顾情理伦常免死,分别判处杖刑、编管和刺配流放。可以看出,随着唐宋以来中华法系的成熟,出现了鲜明的特色,就是在保障国家垄断对公共秩序治理这一"今"的大前提下,也给"古"保留一点酌情处理的空间,以避免简单粗暴根据律文一刀切的机械性伤害。

传统中华法的特点是有很多看似机械性的律文,如果只看这些律文,将其视为和民间伦理、情感、习惯对立的存在,就很容易觉得民间"不懂法"。但实际上,中华法系有更灵活的条例来调和二者,比如《大清律》的律文只有436条,但是条例有1892条,唐宋或明清社会的发展和制度变化,其实更多是通过这些点滴条例来逐渐缓慢实现的。换言之,这些条例比机械性的律文更灵活,与民间、社会朴素的常识、习惯之间没有机械律文之间那么尖锐对立。所谓"律彰国体,例本人情",就是说国家作为立法主权者颁布律文,体现了对公共秩序治理的垄断,但并不是要在公权和社会一般常识、习惯之间制造尖锐矛盾,而是要调和"古今之争",用更灵活的例来处理一些弹性空间。所以,一般的情况是"有例不用律",酌情寻求更灵活的例,而不是僵守机械的律文。并且很多时候,会酌情考虑地方性的民间习惯、乡规民约之类。

从明清时期的司法实践来看,对复仇杀人案件基本延续的是唐宋以来的路径,如明代李忍杀死辱母者,然后向地方官自首,得以免死但判处流放;清代黄元洪兄弟为父报仇杀人案,免死判处入狱;清代龚大大为父报仇杀人,被判处杖刑五十,流放一千里,但也免除死刑。

这些判例都说明,中华法的传统主流是要调和"古今之争"的,不是像一些人理解那样,司法只是如同研究逻辑学或数学那样只考虑逻辑自洽,而不必考虑不懂逻辑学的"法盲"们的人情、习俗。

文化自信是这个时代中华民族复兴的重要内容，不能忽视中华法悠久的历史文化传统。中华法"调和古今"的优秀传统，应该为我们这个时代所用。

竹简中的秦国冤案

秦朝司法颇为残酷，常见有罪推定。如《史记·秦始皇本纪》记载有人在陨石上刻咒骂秦始皇的话，周边居民便都被视为疑犯，遭到杀戮。秦始皇在梁山宫有信息被传递给李斯，遭到怀疑的左右也都被杀光。有罪推定加刑讯逼供，很容易产生冤案，这有出土文字的证据。1984年在湖北江陵张家山247号汉墓中，出土了一批记载了司法案例的竹简《奏谳书》，其中有一个秦始皇时期的冤案"黯城旦讲乞鞠案"，颇能反映秦朝有罪推定、刑讯逼供、亲属作证的司法制度。

竹简内容记载：秦始皇二年四月丙辰（公元前245年），一个叫"讲"的刑徒城旦乞求对自己的冤案进行重审，说是去年十二月癸亥这天，一个叫"庆"的亭长向雍县报告，说有一个叫"毛"的人卖黑母牛，怀疑他是偷牛犯。"毛"被亭长逮捕后，首先承认自己偷了某士伍的牛，但只是自己所为，没有其他同谋。但后来"毛"忽然改了口供，说自己是和"讲"一起偷的牛，把牛牵到了"讲"的家里，"讲"的爸爸"处"也见到了这头牛。"处"回答说，确实见到过"毛"把牛牵过来，但很快他又牵走了，其他我就不知道了。"讲"则强调说，自己去年十一月履行更戍的徭役去了咸阳，怎么可能和"毛"一起去偷牛？"毛"却说，早在去年十月，我和"讲"就已经在商量偷牛了，到十一月"讲"去更戍前，二人又商量了一番，"讲"让我单独去偷牛，卖了钱我们二人平分。这份假口供，经过雍县的县丞昭、史敢、铫的讨论，把"讲"判刑为城旦，脸上刺字，并将其妻儿卖为奴隶。

在五十四天之后，被冤枉判刑的"讲"继续上诉，向廷尉提出"覆视其故狱"的重审要求。"讲"提出，自己曾遭受了残酷的刑讯逼供，被迫自噬"犯罪"的过程。当时史铫让他老实交代和"毛"一起偷牛的事，"讲"否认自己偷牛，但遭到史铫的"笞背"刑讯。"讲"坚持自己没有偷牛，史铫便派人将他按在地上，向他被鞭笞过的伤口泼水，并让"毛"在旁边看，编造和"讲"一起偷牛的证词。经过验证，"讲"被刑讯的伤口，像指头一样粗的鞭痕有十三处，旁边有大量结痂的伤痕，从肩膀到腰部的伤痕密集不可数。从这也可看出，秦吏有罪推定和刑讯逼供手段的残酷。

在重审中，"毛"也重新翻供了供词，说是自己刚开始也是供认自己一个人偷的牛，但是官府的史腾首先预设了这是集体作案，便对毛使用了刑讯逼供，先打了他背上六鞭子。过了八九天，又再次刑讯"毛"，拷打到"臀、股，不审伐数，血下污地"，即屁股、大腿上的伤痕无数，鲜血满地。在如此严酷的拷打之下，"毛不能支笞疾痛，即诬指讲"，即忍刑不过，最后胡乱指认了"讲"是自己的

"同伙"。经检查"毛"身体的鞭痕,"道肩下到腰,稠不可数,其臀大如指者四所,其两股瘢大如指",确实可以印证其遭受了刑讯逼供的供词。

经过复审,廷尉终于还给了"讲""清白","讲"确实没有参与偷牛,秦吏拷打"毛","毛"被迫诬陷讲。在这冤案上,雍县的县丞昭、史敢、铫都犯了错误。到了秦始皇二年十月癸酉朔戊寅,正式给"讲"的冤狱"平反",由官府交还"讲"已经被卖为奴隶的妻儿。但秦法残酷,只要沾染过官司的,就算最后被平反,也再也无法回到正常社会,而是成了一种贱民"隐官",更谈不上什么国家赔偿了。

"讲"和他的家人,在"平反"后成为隐官,被安置到偏僻少人的地方劳作,从此改变了命运的轨迹。秦末埋葬秦王朝的赵高,就是出身于隐官的贱民,他的母亲遭过官司,因此其兄弟几人都从小生在隐官(《史记·蒙恬列传》),因为秦法从母。隐官贱民的恶劣环境,显然荼毒了幼年赵高的心灵,因此他位高权重后,最乐于从事黑暗的权术游戏,最终加速埋葬了秦朝。了解这背景,才能想见这桩秦国冤案"讲"一家的悲哀,即使是平反,其实最终结果仍然是悲剧性的。

这桩秦国冤案很有代表性,既能看到秦司法的有罪推定传统,也能看出秦刑讯逼供的残酷,甚至强迫父子之间检举作证,当然,在一些启蒙知识分子看来,这桩秦国冤案,可以被视为"中国传统"的代表。如宋石男就写过篇文章谈清朝的一桩冤案,其中也是充满了刑讯逼供的黑暗氛围,作者便从而得出了中国"整个古代"没有无罪推定的法律思想和法律原则的结论。但实际上,无论是本文谈的这个秦国案件，抑或是他谈的那个清朝案件，都不属于主流儒家传统所创造的时代。笔者曾经撰文指出，无论是儒家经书的"疑罪从无"，抑或是法律开始儒家化的东汉实践中，儒者都在坚持疑罪从无，或至少是疑罪从轻的践行[①]。在法律儒家化的唐宋时期，对于制造冤案导致"失入人罪"的官吏，都会进行重罚。对于只要有犯过"入人罪者"的人，都是"终身弃之"，绝不再有翻身的机会。

---

① 李竞恒：《中国古代司法的疑罪从无、从轻》，《南方周末》2019年3月6日。

无为而治其实是儒家思想

很多人认为无为而治是"道家思想",这样说当然也不能说错,但政治治理的角度来说,最早提出无为而治的,恰恰是儒家,而这一思想在漫长的历史中,一直有演化和未曾中断的脉络。儒家之所以最早提出无为,主要是原始儒学是古老封建秩序中产生的,封建秩序要求各封邦、部落、领地根据古老习惯进行自治,为政者只需要尊重这些古老习惯,端己南面即可。

早在孔子那里,就提出了为政者当静默无为的观点。《论语·为政》说"为政以德,譬如北辰,居其所而众星共(拱)之",朱熹注"无为而天下归之"。意思就是为政者要像静默的北极星一样,无为而治,用德性教化和感染追随者,让他们成为众星围绕。只不过,孔子盛赞静默不动的北极星,在汉代被一些学者改为了不断变动的北斗,这可能和秦汉国家权力的强化有关,强调治理者角色的积极性①。但显然，汉儒的改动并不是孔子原意。在《论语·卫灵公》中，孔子又赞美了古代君王的典范舜帝，"无为而治者，其舜也与？夫何为哉？恭己正南面而已矣"。在此，他明确指出舜的美德，在于"无为而治"，他本人只是恭敬地端墨无为，做好一个道德和礼仪上的表率，垂拱南面，听任天下各部落、各氏族进行自治。

在《宪问》篇中，子张问高宗谅阴之事，孔子回答说，"古之人皆然。君薨，百官总己以听于冢宰三年"，就是说君主作为礼仪性的角色，可以长达三年从事"谅阴"，实现礼仪和美德的实践与养成，而具体治理可以交给宰辅。孔子这条主张，很容易令人联想起宋儒程颐"天下治乱系宰相，君德成就责经筵"之说。余英时先生认为，程颐要求君主只负责养成君德，"一方面将天下治乱的大任划归宰相，另一方面则要求皇帝北面以师经筵讲官。在程颐的设想中，这是缩短君臣之间政治距离的两个主要轨道"②。南宋陈亮也强调，以儒立国的宋代制度，对君主的要求正是"端拱于上而天下自治"（《龙川文集》卷二《论执要之道》）。宋儒继承的这种对君主的认识，其渊源正来自先秦原始儒学的"无为"思想。类似的，在《雍也》篇中，孔子赞赏弟子仲弓有担任君主的美德，朱熹说，这是因为仲弓"宽洪简重，有人君之度也"，就是说君主为政宽大简单而不失威严，是其人格美德，也是这一思想渊源的产物。

在《礼记·中庸》篇中，这一原始儒学文献也提出了无为而治思想，"是故君子笃恭而天下平"，"舜举众贤在位，垂衣裳恭己无为

---

① 李竞恒：《论语新劄：自由孔学的历史世界》，福建教育出版社，2014年，第25—26页。
② 余英时：《朱熹的历史世界》，生活·读书·新知三联书店，2011年，第226页。

而天下治"。这里又举了舜为例,说他垂衣裳而治天下,也是君主无为而治,具体事物交给各氏族酋长"众贤"去打理。这些"众贤",《大戴礼记·主言》说"昔者舜左禹而右皋陶,不下席而天下治",也是谈舜整天坐在席子上,轻松地无为而治,具体做事的是夏部落的酋长禹,和东夷部落的酋长皋陶。战国时代的儒者,将这一思想追溯到更为久远的黄帝时代,说"黄帝尧舜垂衣裳而天下治"(《周易·系辞下》)。另外在《孟子·滕文公上》,也引用过孔子之言"君薨,听于冢宰"的君主无为观念。类似的例子还见于上博楚简《昔者君老》,新君继位后"无闻无听,不问不令,唯哀悲是思"。

到了汉代,这种早期儒家的观念,也见于《淮南子》。你可能会说,这书是偏道家的,也有杂家色彩,凭啥说这是儒家思想?笔者的意见是,哪部分是儒家思想,主要还得看内在义理,肯定谁,否定谁。比如《淮南子·泰族》:"舜为天子,弹五弦之琴,歌《南风》之诗,而天下治。周公肴胾不收于前,钟鼓不解于悬,而四夷服。赵政昼决狱而夜理书,御史冠盖接于郡县,复稽趋留,戍五岭以备越,筑修城以守胡,然奸邪萌生,盗贼群居,事愈烦而乱愈生。"这里赞美了舜、周公,都是儒家的圣贤,反面人物则是儒家蔑视的秦始皇赵政。舜无为而治,弹琴唱歌,任由天下自治,得到了良好成果。周公每天吃肉听音乐,也多无为,却四夷宾服,秩序井然。秦始皇从早到晚忙着判案子,读公文,越折腾破事越多,他们之间形成了鲜明的对比。与此类似的儒家思想,也见于《淮南子·主术训》:"君人之道,其犹零星之尸也。俨然玄默,而吉祥受福。"就是说,君主要像祭祀礼仪上扮演神像的"尸"那样,当个泥菩萨,静默不动,自然会得到吉祥。

一直到晋朝，舜成天弹琴唱歌的无为形象，都是被视为高度正面的。《晋书·段灼传》说"舜弹五弦之琴，咏《南风》之诗，而天下自理"。段灼就给晋武帝建议说："陛下当深思远念，杜渐防萌，弹琴咏诗，垂拱而已。"意思是，希望晋武帝模仿舜帝，逍遥地弹琴唱歌，沉默垂拱无为，这才是最好的治理。实际上，在魏晋时期的名士，虽然崇尚玄学，但底色仍然是儒家的，准确说是以儒家礼法为根基，以三玄放逸为补用，名士风流并不以背弃周孔为前提。在东晋出现的梅本伪古文尚书《武成》中，也专门强调要"崇德报功，垂拱而天下治"，可见东晋人认为垂拱而治的思想源自古老的殷周先王之道。东晋宰相王导执政，宽简清静，甚至被称为"网漏吞舟"，正是儒家治理思想的体现，并捎带一点道玄修饰色彩。晋元帝想要疏远王导，周嵩便上书强调，从商朝武丁到春秋五霸，都是"宗师其道，垂拱受成，委以重权，终致匡主"的（《晋书·周嵩传》）。

此种无为、清静、宽简的治理思想，在此后一直延续。乃至到王夫之那里，仍然一以贯之："夫古之天子，未尝任独断也，虚静以慎守前王之法，虽聪明神武，若无有焉，此之谓无为而治……则有天子而若无。"[1] 综合来看，无为而治的思想最早源自孔子，经其后学传承，一直不绝如缕，并不是道家独有的发明。《老子》文本与思想晚于孔子。当然，我们不是说《老子》无为思想源自儒家，且二者对于"无为"的理解也存在差异，但将"无为"视为一种治理思想，确实是儒家的学说。

---

[1] ［清］王夫之：《读通鉴论》卷十三，中华书局，2020年版，第403页。

秦人逃往楚，还是楚人逃往秦？

新近热播的电视剧《大秦赋》说楚国很黑暗，百姓没好日子过，纷纷逃跑到秦国去。这么雷人的内容，可以说编剧是非常邪恶的，把真实历史秦国给美化成这样。在秦国、秦朝，老百姓被严格按照比监狱还严酷的规矩连坐成什伍，为官府服更戍徭役还得自费，没钱就借官府的，债务多了还不上就成为居赀，给官府劳役抵债，最后很容易沦为奴隶。从里耶秦简 7-304 正记载秦始皇二十八年，一个总编户人口才两千人左右的小小迁陵县，奴隶、居赀就死了一百八十九人，一百五十一个隶臣妾当年就死了二十八人。死亡率如此之高，可以想见暴秦的酷烈。

里耶秦简 9-1322 记载，有的徒隶"白粲"在押运路上就死掉了，9-1497+9-2236 记载女奴婢"红"自杀后，她仅有的两件衣服也被少内官没收。岳麓秦简 1003+0998+C10-4-13 记载，秦国的徒隶城旦舂中甚至有很多还在蹒跚学步的婴幼儿，这些婴幼儿也全部要"衣傅城旦舂具",穿奴隶衣服和佩戴刑具。在秦始皇陵旁的赵背户刑徒墓地,埋葬了大量非正常死亡的徒隶和居赀,其中还有妇女和儿童。M35 出土的儿童骨架,下肢残断;M41 遗骨头上有刀伤,腰部被斩断;M34 出土五具骨架,全部是被肢解的;M33 的骨架有刀伤,俯身作挣扎状(《文物》1982 年 3 期)。

　　残酷的秦国统治下,不是六国民逃往秦国,而是秦民逃往六国。岳麓秦简《学为伪书案》记载了一个叫"学"的秦国少年伪造将军冯毋择的私信,想从胡阳少内官那借钱、买衣服和兵器,然后"去邦亡荆",即逃往到楚国去。这位少年的父亲因为居赀服劳役,受到了秦吏的鞭笞,回家打儿子泻火,所以"学"很痛苦,决定逃到楚国去。在另一件文书《多小未能与谋案》中记载,一个秦国老百姓叫"多",在他十二岁的时候,就和自己的母亲"儿"一起"邦亡荆",即母子一起冒险逃往去楚国。十年后,他还是被秦吏抓住了,秦史讨论怎么处置他,有的秦吏认为应该将他脸上刺字判处城旦(《文物》2013 年 5 期)。除了逃往楚国,也有秦人逃往魏国的,岳麓秦简《魏盗杀安、宜等案》简 164 记载,一个在官寺劳作的隶臣逃亡,买了大刀,打算杀人抢钱作为路费,要"亡之魏",逃到魏国去。他被秦国抓住后,判处了"磔"刑,即割裂肢体处死。岳麓秦简《尸等捕盗疑购案》记载,秦始皇二十五年抓到了逃往楚国的秦人"治"等四人"邦亡荆",即逃往楚国去,以及"阎"等十个楚国人。这十个楚国人本来打算投奔秦国"归义",但进入秦界后发现不妙,于是"悔",没有到秦吏那做户籍登记,于是上山当了盗。这条法律案件中,楚人进入秦地就发现秦地很糟糕,根本不想成为秦人。那四位真正"邦亡荆"的秦人,也是根本不想回秦国去。

从这些材料看，秦人逃楚国的比较多，也有逃魏国的，逃亡过程中往往还伴随一些犯罪活动，也可见秦统治下人们的精神面貌。

正因为大量秦人的逃亡，秦国的统治者专门制定了残酷的《亡律》来惩治逃亡问题。岳麓书院藏秦简2088记载，匿藏逃亡者的，与逃亡者同罪。简2009记载逃走的城旦舂被抓回来，脸上刺字，哪怕自己回来自首，也要鞭笞一百。怀孕的女舂，则用大铁刑具束缚。简1997记载，牧马的城旦逃走被抓回，要砍掉左腿，继续当城旦。男女百姓逃亡，其家人要被判处迁徙，基层干部里典、里老不报告也要被罚款甲和盾。除了单独逃亡，秦简还记载了"群亡"，即秦民的集体逃亡。岳麓简《为吏治官及黔首》简1537记载说"群盗亡人不得"，可知一些集体逃亡的百姓还会成为"群盗"，也不能忍受秦的统治。

简2065+780记载，如果让隶臣逃亡到边关外的"蛮夷"部落，从提供消息的人到逃亡者，都要被脸上刺字判处为城旦舂劳作。如果是逃到边关内部的蛮夷部族，就要将提供消息的人脸上刺字判处城旦舂。简187记载，如果是蛮夷部落的人来引诱秦民逃跑，就要被脸上刺字判处城旦舂，逃亡的秦民十四岁以上的判处为隶臣妾，是奴婢的话就要脸上刺字交还给主人。

战国时代齐人鲁仲连曾经说过，如果让秦国来统治，他宁愿选择跳海自杀。从新发现的简牍和考古材料来看，秦国的统治确实非常残酷，"暴秦"之称名副其实。李学勤先生说："有的著作认为秦的社会制度比六国先进，我们不能同意这一看法。从秦人相当普遍地保留野蛮的奴隶制关系来看，事实毋宁说是相反。"[1]正因为秦国统治

---

[1] 《中国古代文明十讲》，复旦大学出版社，2005年，第72页。

更野蛮残酷，所以大量秦人冒着生命危险逃亡到六国，不但有个体逃亡，还有集体逃亡。其中一些甚至宁愿逃亡到边关外的蛮夷部落去，也不能忍受秦国的残酷统治。

历史类影视作品是向大众传播历史常识的桥梁，如果连最基本的历史常识都不尊重，而要去美化残暴的秦国，这是令人从智识和道德上都特别不能容忍的。希望影视剧作者能够自律，尊重一下最起码的历史，不要再出现这些雷人的内容了。

秦始皇爱护儿童？你想多了

《大秦赋》雷人的内容太多，除了编造楚人"想做秦人"的画面，又出现了秦始皇慈爱地怀抱小女孩，受到百姓拥护的画面。所谓秦始皇爱护儿童这种画面，显然是你想多了。儿童这个观念的出现是比较近代的产物，秦国秦朝时候其实是基本把儿童当缩小版成人对待的，甚至刑事处罚的标准也是根据身高而不是年龄。也就是说，秦怎么虐成年人，也基本是怎么虐儿童，不会有太明确的区分。

从出土简牍资料可知，秦国、秦朝有大量的儿童甚至婴幼儿是奴隶身份，岳麓秦简 1003+0998+C10-4-13 记载，秦国的徒隶城旦舂中甚至有很多还在蹒跚学步的婴幼儿，"或婴儿也，尚抱负及才能行"，这些婴幼儿也全部要"皆令衣傅城旦舂具"，穿奴隶衣服和佩戴刑具。云梦秦简《厩苑律》记载"其小隶臣疾死"，就是担任牧童的小奴得病而死，《仓律》记载"妾未使而衣食公"，就是不到七岁的小女奴，秦朝怕她们白吃饭，就借给民间去打工挣钱吃饭，自己养活自己长大了继续给秦朝当奴隶。《仓律》还根据小城旦、小隶臣、小舂、小隶妾是否能干活,规定提供不同的粮食量,其中一些小徒隶甚至是"婴儿之无母者"。《工人程》记载说"小隶臣妾可使者,五人当工一人",就是说五个儿童徒隶的劳动力,可以抵得上一个成年徒隶的劳动力。那么这些小徒隶的身份是怎么来的呢?云梦秦简《法律问答》记载有"令从母为收",就是说母亲成为徒隶,其子女就沦为徒隶。岳麓秦简1268也记载,女子怀孕犯罪,被判罪后产子,小孩生下来就随母为隶臣妾。

在里耶秦简中,尤其是徒隶簿中,记载了不少儿童徒隶劳作的情况。如简8-145记载小城旦九人,其中有六人被派到田官在农田干活,另外有五名小女奴"小舂",三名在田官干活,一人做饭,还有一个生病的。简8-162记载十名小城旦,其中八人下田干活,两名运输粮食。简8-1556记载有"小城旦十人""小舂三人"。简8-212|8-426|8-1632、8-216|8 351分别记载"舂、小城旦等"四十七人和"舂、小城旦等"五十二人,儿童徒隶非常常见,且被投入去各种干活。那么这些儿童徒隶的年龄是多少呢,从张家山出土《二年律令·金布律》来看,"使小男""使小女"是七到十四岁,就是说七岁的儿童徒隶就可以给官府干活了,这叫"使"。当然,不到七岁官府可以"使"的,则被借给民间去干活。

在秦始皇陵旁发现的修建陵墓死去的居赀、刑徒遗骨坑中,也有一些妇女和儿童的遗骨,如M35号就是一具儿童骨架,左臂的尺骨和桡骨残缺,下肢股骨仅残存下半段。这个遗骨坑中大量尸骨是被腰斩、肢解或头骨上有刀伤,这具儿童尸骨也属于被残害的死者之一[1]。这也可以看得出来，秦统治下不但大量奴役儿童，而且有时还残酷虐杀。

　　历史剧是普通大众了解历史常识的一扇窗口，《大秦赋》既然号称尊重历史，就应该表现和描写秦朝奴役儿童的真相，而不是美化秦始皇的同时，还号称"尊重历史"。希望相关影视人员，能够稍有自律。

---

[1] 始皇陵秦俑坑考古发掘队：《秦始皇陵西侧赵背户村秦刑徒墓》，《文物》1982年3期。

秦和楚是"天下乌鸦一般黑"?

关于《大秦赋》中所谓楚人逃亡秦国,要当秦民的雷人内容,笔者已撰文利用出土简牍等材料做了批驳。现在网上又出现一种声音,说你用秦的材料,当然只能看到秦民逃走,逻辑上不能证明楚国人不逃到秦国去。况且,秦和楚之间其实都是天下乌鸦一般黑,没必要厚此薄彼。显然,说这种貌似"理性公正"的话,其实是不了解历史。岳麓秦简中确实出现过楚国边境地区有人跑到秦国去,但当他们看到秦境内的真相后,马上就"悔"了,最后上山落草,反而有四个"邦亡荆"即逃往楚国的秦国人加入他们。这个案例很典型,看得出来,楚人或许有逃秦国的,但只要看到秦国的真相,立马就会"悔"。楚国社会因为有发育更完整的小共同体,因此能够更好地保护共同体内的成员。说天下乌鸦一般黑的人应该能区分,你爸妈和兄弟对你会更好,还是顶头上司某科长对你会更好。

楚国保护小共同体,首先体现在保护亲属免于作证。秦国是要求父母子女之间互相告发的，岳麓秦简1686记载，秦律中规定如果儿子犯了"完城旦以上"的罪，而父母不告发儿子，就要被罚款两副铠甲，这是非常重的罚款，可以导致一个家庭瓦解，父母沦为居赀。继承了秦律的汉初张家山汉简《二年律令·盗律》中也规定，如果抢劫钱财，就要株连妻、子为城旦舂。而如果妻、子们能"若告吏"，即告发自己的丈夫、父亲，并参与"捕"，就可以免除被株连。《二年律令·收律》记载："夫有罪，妻告之，除于收及论。妻有罪。夫告之，亦除其夫罪"鼓励夫妇之间互相告发。在张家山汉简《奏谳书》记载秦国案例的黥城旦讲乞鞫案中，也是让"讲"的父亲出庭作证儿子是否偷牛。秦国法律要做的，是瓦解小共同体，让他们互相告发。与之相反的是，楚国法律保护亲人之间的情感，包山楚简出土法律文书《集箸言》简138记载："同社、同里、同官不可证。匿至从父兄弟，不可证"，在楚国司法中，不要说父母子女之间直接互相揭发，就是比较疏远的堂兄弟，甚至同一个社区的熟人之间，也不能互相举证。这种制度，保护的是血缘家族共同体、乡党地缘小共同体。秦人是孤零零的原子个体直面官吏的鞭笞，父母都靠不住。而楚人，有家族，有邻里乡党的互助。

  秦国社会人与人之间什么都靠不住，岳麓秦简中的秦律甚至规定，当兵被赏爵位，同里的邻居让他请客吃喝，或者请客给他庆祝，都是犯法的，"赀戍，各一岁"都要被罚当一年戍卒，尽可能让黔首之间处于原子化的状态。岳麓书院收藏秦简中，有一个案件《得之强与弃妻奸案》：一个叫"得之"的隶臣抛弃了妻，后来一次遇到，便使用暴力殴打，将她强行拖到"里门"去强奸。这时遇到了一个叫"颠"的人，她向"颠"求救"救吾！"，但是"颠弗救，去，不知它"。同一个社区的邻居，见到对方遭受暴力和强奸呼救，却只是冷漠地转过身去离开，这就是当时秦国原子化社会的基本风貌。

反观楚国，民间不是秦国社会那样的原子化状态，楚国的民籍档案要求填写"居处名族"，就是楚人社会仍然有家族共同体"名族"这一项重要身份。此外，根据包山楚简记载楚人的编户齐民，主要是在城市中，城外的乡村并没有国家连坐制的编伍[①]。陈絜教授也认为，楚国没有秦国那种严酷的编伍之制（《历史研究》2009 年 5 期）。包山楚简《集箸言》简 127 中，一个叫"铤"的人和他的小叔父"同室"，就是叔侄之间根本不分家的。从湖北荆门罗坡岗发现秦占领当地以后六十年的楚墓，仍然延续了九个核心家族的墓葬，未被秦国拆散（《华夏考古》2012 年 3 期）。可见楚人家族比较团结，抱团取暖挨过秦的严冬。秦朝时期的项梁家族，也是有"宾客弟子"抱团的。

正因为楚人有小共同体的保护，因此官府无法做到彻彻底底把每个家族的人力资源都榨取出来，去烈火烹油。包山楚简《集箸言》简 7—8 记载某族后代"墨"的家族有四名家臣，其中只有一个叫"庚"的人在"司马徒书之"的国家劳役登记中，其他人则没有。从秦国的角度看，你们这些团团伙伙竟然让我没法把所有人榨取出来去当劳动力，简直太可恶了。所以云梦秦简《语书》中，秦派去的太守腾大骂当地楚人这是"恶俗"，搞得"今法律令已具矣，而吏民莫用"，搞得秦律令效率大打折扣。

陈苏镇教授研究认为，汉初缇萦上书推动秦律面貌改革，其

[①] 张金光:《秦制研究》，上海古籍出版社，2011 年，第 627—628 页。

实是向东方六国地区做出让步。如秦刑徒无刑期，而六国是有刑期的[①]。此外，《汉书·文帝纪》说文帝元年将吕氏夺齐、楚地归还，并"尽除收孥相坐律令"。由于汉初封国也是对六国地区文化的让步，如能齐语者都为齐民，所以这条法令，其实是对楚、齐社会表达的善意。楚国习惯的司法，偏向儒家化，连坐的制度不发达，而秦律则以株连为底色。

李学勤先生说："六国不像秦那样大规模地使用刑徒劳动力。有的著作认为秦的社会制度比六国先进，我们不能同意这一看法。"[②]楚国的工业生产活动主要是自由人，从战国陶文看，从楚城迁徙到齐国蓸里的楚国工匠賸、祁、姁都是自由迁徙的工匠[③]。《三代吉金文存》卷二中记载楚国多有"铸客为某某为之"铭文，这些楚国的"铸客"工匠，便是通过雇佣来的自由冶铸工[④]。包山楚简《集箸言》简148记载楚国工匠"五师"和各种商业债务之间的收取关系，也可以看出楚国工人常见是自由人，他们有自身的工商业经营业务。

楚国社会和秦社会差异巨大，楚人最不能忍受秦的统治，因为他们曾经品尝过正常社会的滋味。"楚虽三户，亡秦必楚"的说法，代表了楚人并不认为"天下乌鸦一般黑"。

[①] 陈苏镇：《〈春秋〉与"汉道"》，中华书局，2011年，第126—127页。
[②] 李学勤：《中国古代文明十讲》，复旦大学出版社，2005年，第72页。
[③] 刘玉堂：《楚国经济史》，湖北教育出版社，1995年，第203页。
[④] 杨宽：《战国史》，上海人民出版社，2016年，第114页。

天不生仲尼，万古如长夜？

朱熹提及，宋代一邮亭墙上有人题字"天不生仲尼，万古如长夜"，其后元杂剧、明儒叶盛、刘宗周等也多提及此语，为今人所熟谙。按照此说，孔子之前的中国，梦梦墨墨如黑夜，至孔子时忽然脑洞大开，以一己理性创造了中国文明。康有为认为，孔子之前茫然无稽，尧舜三代的古史不过是孔子托古所造。雅斯贝尔斯、韦伯等人关于"轴心突破"之说传入中国后，多有学人援引，或以为孔子之前的殷周时代仅为"巫史文化"，至孔子才发生人文自觉，使中国文化实现了轴心突破。

实际上，孔子从未视古老的殷周贵族文化为"长夜"，相反，他以三代贵族古礼—习惯法的继承者自居，述而不作，信而好古。孔子认为，夏商周以来的历史，是一个缓慢渐变的演进过程，而非理性发明的结果。"殷因于夏礼，其损益可知也；周因于殷礼，所损益可知也。其或继周者，虽百世可知也"（《为政》），商代继承了夏代的贵族习惯法，在此基础之上产生了新的演进和判例，周代继承了商代的贵族习惯法，并在此基础之上继续缓慢演进，未来的"百世"虽然遥远，但无论怎样，都会遵循在此基本自发秩序前提下的缓慢演进，并无所谓"长夜"忽然光芒四射之说。

孔子推崇的周公制礼作乐，实际上只是对各类古老习惯法的汇编，而不是周公凭空发明了一套理性设计。周礼的性质更类似日耳曼习惯法整理汇编的《伊尼法典》或《阿尔弗雷德法典》，而非《理想国》《大同书》的同类。周礼中收入有众多的夏商习惯法内容。如《礼记·王制》记载："夏后氏以飨礼，殷人以食礼，周人修而兼用之。"《尚书·康诰》"兹殷罚有伦。"孔颖达疏："殷家刑法有伦理者兼用之"，"又周承于殷后，刑书相因，故兼用其有理者。"殷人的《我方鼎》铭文中，完整地记载了殷人丧葬之礼从启殡到埋葬的过程，如祖奠、大遣奠、包奠、读赗等古礼，内容与《礼记》等文献记载周代礼制高度吻合（冯时：《我方鼎铭文与西周丧奠礼》）。大量证据表明，周礼继承了众多夏商习惯法的判例。周公制礼之后，周礼仍在演进变化之中，罗泰（Lotharvon Falkenhausen）借助大量考古材料证实，周代古礼在不断地演进变化，公元前 850 年左右的周礼与周初已颇为不同（《宗子维城》）。

孔子熟谙的周礼，正是这样一种具有古老渊源，但又缓慢变化、持续演进的习惯法系统，信而好古本身便并非泥古，而是在这个系统上审慎地创造新的判例。孔子所赞美的殷周贵族习惯法，并非只是原始的"巫史文化"，而是中国文明演进的基础，因此孔子盛赞唐尧、虞舜、三代古圣先贤，儒书中也多有对三代古礼、殷周贤人格言的引用记载。儒家传承的《尚书》《周易》《诗经》等经书，也是殷周贵族古礼的遗产，并非从"长夜"中凭空产生。

孔子真正的巨大贡献是两点，一是提升了对殷周贵族古礼文化的理解深度，二是在贵族共同体逐渐瓦解的背景下，向平民开放贵族习惯法的知识，使华夏文明产生了新的造血机制，在平民中源源不断地产生精英，从而延续华夏文明的生命。即萧公权所说："树立一士君子仕进致用之学术，复以此学术授之平民，而培养一以知识德能为主之新统治阶级。"（《中国政治思想史》）在提升殷周古礼文化方面，孔子实际上继承的是春秋以来的君子传统，鲁、郑、晋等国的大夫君子已经广泛发生了人文精神的自觉，孔子实际上只是继承了这一传统，并进一步进行深化（陈来:《古代思想文化的世界》）。

建立新的造血机制方面，孔子将贵族习惯法向子贡、子路等平民"鄙人"开放（《荀子·大略》），使平民可以模仿贵族的价值观与生活方式，具备组建和治理小共同体的能力。因此秦虽全面收割了先秦原生贵族，但汉儒仍以平民组建世家、宗族，建立新的世谱（田余庆:《秦汉魏晋史探微》）。永嘉之乱后的滔天洪水中，这些世家的坞堡，如同座座孤岛，守护了华夏文明的命脉。如果没有孔子留下的文明造血新机制，华夏文明可能很难延续至今，从这个意义上来说，若天不生仲尼，战国以后很可能会是"万古如长夜"了。

修身齐家的"家"是什么？

国学热，大家都读经，对"修身齐家"的说法很熟悉，但这个"家"具体是什么意思？我们现在说起"家"，一般都是下班回家，两口子加个小孩的核心小家庭。但先秦时代说的"家"，则指规模更大的社会中间组织，是一种小共同体，规模比现代核心小家庭大得多，是社会治理的重要部分。《论语》《礼记》都提到过"百乘之家"，意思是能出动一百辆战车的"家"，一些"家"内部还有家大夫、室老、家相一类的家臣，所以先秦的"家"是有较大规模的自治小共同体。

很多人解读"家"字，根据字形臆测说是家庭在室内养猪。但从甲骨文来看，"家"最初是指祭祀先公、先妣的宗庙，如"上甲家"(《合集》13580)、"妣庚家"(《合集》19894)、"报于家"(《合集》13581)、"侑家"(《合集》13588)、"奏家"(《合集》13590)。意思是祭祀上甲、妣庚这些祖宗的地方，举行"报""侑"

这样的祭祀，并且伴随音乐演奏。所以，"家"字里面那个"豕"，不是养猪，而是给祖宗吃的祭品。"家"是祖先崇拜的地方，通过祖先崇拜和祭祀的缅怀，可以将死者、生者的精神凝聚在一起，形成柏克所说"死者与生者的共同体"。

从王到诸侯和各级贵族都有家，历组卜辞称"王家"(《屯南》332)、典宾卜辞称"我家旧老臣"(《合集》3522)、午组卜辞称"家亡震"(《屯南》2672)，可见商代从国王到大贵族都有家。周人贵族也以"家"而自豪，《尚书·金縢》《酒诰》《君奭》，铜器《蔡簋》《克鼎》《望簋》《康鼎》铭文都记载"王家"，周王首先有自己的"家"，才能掌控局面。大贵族也称"家"，《卯簋》《毛公鼎》《叔向父簋》《叔夷镈》等铭文中，毛公、荣伯、叔向父、伯和父等豪族贵族都自豪地谈论"我家"。

杜正胜谈到："封建宗族是一个政治体，古代文献称作'家'，也是具体而微的国。"(杜正胜:《从眉寿到长生》)殷周时代"国"的规模极小，大多是以一处小堡及其周边村落为中心，散布在广袤的原始森林之中，星罗棋布，不同于今人所感受到的巨大民族国家。所以当时"国"与"国"之间疆场之役，"不过如今村邑之交哄"(吕思勉:《先秦学术概论》)。而"家"又是此种规模极小之"国"的微缩，因此规模更小，但又比现代人熟悉的核心小家庭更大，是一种真实有效的自治小共同体。

"家"是小共同体，其中包括了家族成员与各类家臣，内部亲密互爱。如商代非王无名组卜辞《乙》八八一六，多次占卜问贵族家内"多臣""多妇"不会生病的问题，这些"臣"和"妇"都是"家"的成员，因此得到家族长各种关心(彭裕商:《非王卜辞研究》)。《礼记·曲礼上》记载，贵族乘坐家臣的马车，虽然驾车的人身份低微，但乘车的贵族在接过挽索之时，按一下驾车人的手，表示谦谢。《曲礼下》说，各级贵族对"家"中的男女老臣，都不能称呼"名"，而应用更尊敬的"字"，大夫对自己的家臣，都要"答拜之"。朱熹提到，当时贵族"待臣仆如子弟，待子弟如臣仆"(《朱子语类》卷十三)。傅斯年也感叹"那时人民对于那时公室的兴味何其密切"(《论孔子学说所以适应秦汉以来的社会的缘故》)。正因为"家"内部亲密互爱，因此《小雅·黄鸟》提到外邦之人"不我肯穀(善)"，"不可与处"，希望要"复我诸兄"，"复我诸父"，一定要回到宗族亲人的共同体内部。

先秦贵族有家，有姓和氏，还有家谱和宗庙，清楚地知道自己祖先和庞大的亲戚圈子，并通过家族财产形成自治水平较高的共同体。相比而言，平民一般是散沙化的状态，没有姓、氏，也没有对遥远祖先的记忆，因此无法形成有效的共同体治理组织。古代夏威夷的酋长，就严格禁止平民记录自己祖先的世系(陈淳:《文明与早期国家探源》)，而传统的欧洲、日本社会，平民也没有姓。姓是贵族特权，并伴随着家族的徽章和相关财产、共同体的继承权。欧洲、日本平民普遍获得姓，要晚到十九世纪，贵族社会逐渐解体，民族国家兴起的时代了。

中国的平民普遍有姓，这个在人类历史上非常少见，至迟在西汉晚期，社会最底层的平民也拥有了自己的姓。因为秦朝毁灭了所有先秦的贵族世家，汉代平民的精英便尝试模仿先秦贵族，去建立姓和家族组织，《潜夫论·志氏姓》《风俗通·姓氏》中就收录了汉代平民新建立的世家共同体。当然，汉代的姓还比较随意，比如田千秋后来改为车千秋，京房以前姓李，但随着重建"家"的过程，姓日渐稳定并普及开。

"家"的重建，在秦汉以来的危机中，成为中流砥柱。一是重建了生育文化，重建了造血机制，"中国五胡入侵能抵住并再造新生，归功于大家族"（雷海宗.《中国文化与中国的兵》）；二是徐复观所说："宗法中的亲亲精神，乃成为我国二千年来，社会组成的坚韧的纽带；也成为我国能渡过历史苦难的真实力量。永嘉之难，能渡江南去的，或渡陇西去的，多是强宗大族。能立足中原，保持中国文化于夷地之中的，依然是强宗大族。"（徐复观:《两汉思想史》）

早期儒家是个能打的武力团体

很多人说起儒家，都觉得只是"温柔敦厚"，甚至有学者认为"儒"起源于"阉人祭司王"，和能打没关系。但孔子说"志士仁人杀身成仁"，"三军夺帅匹夫不夺志"，孟子说"大丈夫威武不能屈"之类，怎么看也不像是什么"阉人祭司王"说出来的。实际上，儒源自三代封建贵族技艺，当时封建贵族是一群车战骑士，这些封建贵族的武力技能本身就是儒生的重要修身内容。六艺的"射"和"御"就很典型，当时封建贵族车战，一方面要驾驭战车，就是"御"，另一方面则是在战车上射箭杀敌，就是"射"。孔子本人颇有战力，所谓"勇服于孟贲，足蹑郊菟，力招城关"（《淮南子·主术》），比勇士孟贲更能打，力气大得能一手举起城门。孔子也将这些贵族战争的技艺传授给弟子，他们也都以"士"自诩，而封建时代的"士"，本身便具有允文允武的特质。

《史记·孔子世家》记载公元前484年孔门弟子冉有作为季氏

的将领，击败了齐国军队，季康子问他在哪儿学的打仗？冉有回答"学之于孔子"。孔门的贵族战争技艺，不但用于国与国之间，在当时也用于宗族之间的武装斗争。《礼记·檀弓上》记载子夏请教孔子，如何报父母之仇？孔子说"寝苫，枕干，不仕，弗与共天下也，遇诸市朝，不反兵而斗"，即睡觉也要头枕盾牌，不上班，成天琢磨报仇，武器不离身，不和仇人共存于天地间，遇到了就拿出武器和他拼命，绝不退缩。此外，孔子又回答了子夏关于如何给兄弟、堂兄弟报仇，给堂兄弟报仇是"执兵而陪其后"，即手持武器，参与整个宗族的武力复仇行动。子夏受孔子这种武装教育，当然也是很能打的，《韩诗外传》卷六记载子夏陪伴国君遇到了"两特肩"，即两只三岁的野兽追逐国君，子夏"拔矛下格而还"，即拔出长矛杀死了这两头壮年野兽，救了国君。而另一次，子夏则以"颈血溅君之服"的武力和勇气，强迫赵简子对自己的国君以礼相待。

孔门弟子受封建贵族武德教育，普遍能打，子夏以"文学科"著称，却也被孔子教得能宰杀猛兽和武力威慑君主，至于政事诸科弟子，能打当然更不在话下，如冉有、子路之类，随时把"子行三军则谁与"挂在嘴边，相当于勇猛太过头，以至于孔子要教他别"暴虎冯河"玩匹夫之勇，因为孔子最慎重"斋、战、疾"，对于战争要重视，不教民战是谓弃之，但勇敢的同时是审慎而不是鲁莽。子路好勇能战，最后也是以君子的高贵身姿在战斗中"结缨而死"。

在周游列国的过程中，孔门是被各种势力视为一种封建武力团体来对待的。钱穆先生《先秦诸子系年》曾考证孔门在匡、蒲遭遇的战斗其实是同一件事，是因为叛乱的蒲人担心孔门帮助卫君，这种恐惧也和孔门的战斗力有关。在战斗中，"有弟子公良孺者，以私车五乘从孔子,其为人长贤德,有勇力",在战斗中宣称"宁斗而死",并"斗甚疾",使"蒲人惧"(《史记·孔子世家》),可见追随孔子的弟子不但能打,其中一些人还提供了战车。此外,又如孔门弟子有若,鲁国大夫微虎从七百人中选三百个勇士夜袭吴王,选拔标准是"三踊于幕庭",即一种体能测试和跳高比赛,有若通过了筛选,参与了对吴王的夜袭,吓得吴王一夜之间迁徙了三处营地(《左传·哀公八年》)。又如孔门弟子曾参,被孟子比喻为"孟施舍之勇"。曾参不但勇猛,而且强调勇猛与孝的关系,他认为"战陈无勇,非孝也"(《礼记·祭义》),如果儒士不敢勇敢战斗,也不能算具有孝的品质;而子夏则被比喻为像北宫黝一样勇敢,"视刺万乘之君,若刺褐夫"(《孟子·公孙丑上》),刺杀一国之君,完全没任何心理障碍,可谓不但有勇,而且能看出侠客文化最初源出于孔门。

哪怕是孔门中以"德行"著称的颜回,也不是一副窝囊相,而是很有武德与勇气的。孔门与蒲人的战斗中,颜回与众人走散,孔子甚至担心他战死。钱穆先生《孔子传》中指出颜回"斗乱中失群在后",当时颜回二十五岁,正是能打的年龄,很可能承担了战斗的殿后任务。"善于殿后,需要高超的武艺。颜渊在孔门师徒'斗于蒲'突围之际,为了掩护老师和同学脱险,独自担当了殿后的任务"[①]。

侠客文化也源出于儒门,《史记·游侠列传》就首先提到了孔门弟子原宪、公皙哀二人。周予同认为,原宪这一派"已流入侠的一

---

① 高培华:《卜子夏考论》,社会科学文献出版社,2012年,第115页。

途"[1]。梁启超认为，孔门后来分化出的"漆雕氏儒"也是纯粹游侠的一派，孟子所赞赏的北宫黝、孟施舍等儒家勇士，都是受到漆雕开影响的[2]。章太炎、胡适也有类似的观点，说漆雕之儒是"闾里游侠兴"的源头。正由于儒和侠关系的密切，所以敌视儒的韩非也称"儒以文乱法，侠以武犯禁"（《韩非子·五蠹》）。

蒙义通先生指出，尚侠之外，儒的刚毅勇武精神在后世延绵不绝："蒙古残宋，而元世犹侠书十三世，如不拜胡人之类，虽谓之大合于儒道可也……以南宋之末观之，士大夫成仁死难之众，亦莫是过。明之末亦若是，则真可以见儒者也。"[3]源自先秦原始儒学的刚毅勇决精神，在后世一直滋养着我国的文化与命脉。

---

[1] 朱维铮编校：《周予同经学史论》，上海人民出版社，2010年，第561页。
[2] 梁启超：《饮冰室文萃》，天津古籍出版社，2004年，第123—124页。
[3] 蒙文通：《漆雕之儒考》，《中国现代学术经典·蒙文通卷》，河北教育出版社，1996年，第579—580页。

华夏的骑士传统

宋襄公被视为蠢笨的象征，在历史故事连环画和央视 96 版电视剧《东周列国》中，都将他塑造为一位肥胖、憨痴、迂腐可笑的形象，大致能代表这位先秦封建军事贵族在贵族时代之后的一般形象，正如堂吉诃德在早期近代西欧的喜剧色彩。

根据《左传》记载，宋襄公的战败，是因为死守贵族骑士的传统，不伤害负伤者，不抓获老人与儿童，不在敌方未排好队形时发动攻击。他的这一军事贵族风度，却得到了儒书《公羊传》的极大好评，所谓"君子大其不鼓不成列，临大事而不忘大礼，有君而无臣。以为虽文王之战，亦不过此也"，将他的战士德性与周文王相提并论，显然是按照贵族精神的标准。吕思勉先生也高度评价了宋襄公遵守贵族战斗礼仪的风度，认为"则春秋时犹有能行仁义者"。

《礼记·檀弓下》和《淮南子·氾论》记载，早期的封建贵族战争礼仪，包含了不攻击敌方的祖庙、不伤害敌方病人、不擒获敌方的老人和儿童。出土西周《禹鼎》中记载，周夷王专门强调战争中要"勿殄寿幼"，即不要伤害老人和儿童。《司马法》也记载说战争中要"哀怜伤病"，这些都是周代封建军事贵族最基本的战争修养要求。但出土的马王堆帛书《春秋事语·宋荆战泓水之上章》中记载，宋国的士匽就批评宋襄公坚守贵族军事礼仪，而认为战争的意义在于："伐，深入多杀者为上，所以除害也。"随着封建军事贵族文化的渐次崩坏，对战争的理解也发生了变化，哀怜弱者和秉持战士风度的文化逐渐受到批评，而战争的意义变为了"多杀"。到战国时代，华夏"最后的武士"几近灭绝，代之而起的是官僚制国家动辄动员数十万平民参与长达数年的巨型焦土战，用顾炎武的话说，就是"春秋时，犹尊礼重信，而七国则绝不言礼与信矣"。封建军事贵族的战争礼仪，正是顾炎武所言春秋时代尚存"礼"与"信"中的重要组成部分，但伴随着礼乐的崩坏，骑士的战斗风度最终被"多杀为上"所取代。

在很多不同的古代文化中，都出现过类似中古欧洲骑士传统那样的军事贵族礼仪。例如，古印度史诗《摩诃婆罗多》中记载了雅利安军事贵族的战争礼仪："遵守传统习惯，不会出现欺诈，即使战斗结束，双方都会满意。如果用语言挑战，就用语言应战；退出战斗行列的人，不应遭杀害。车兵对车兵作战，象兵对象兵作战，马兵对马兵作战，步兵对步兵。按照勇气、胆量和年龄，发出警告，不应杀害没有防备或惊慌失措的人。不应杀害与别人作战的人、疯癫的人、转过脸的人、兵器损坏或失去铠甲的人。不应杀害那些鼓手和号手、车夫、牲口或运送兵器的人。"吠陀时代的《摩奴法典》第七卷中也明文对刹帝利贵族武士的战争礼乐进行了严格的规定：

"战士在战斗中决不应该对敌使用奸诈兵器,如内藏尖锥的棍棒,或有钩刺的、涂毒的箭,或燃火的标枪。自己乘车时,不要打击徒步敌人,也不要打击弱如女性或合掌求饶,或头发苍苍,或坐地,或说'我是你的俘虏'的敌人。或在睡眠,或无甲胄,或裸体,或解除武装,或旁观而未参加战斗,或与他人厮斗的人,或武器已坏,或苦于忧伤,或负重伤,或怯懦,或逃走的敌人。"

古代日耳曼军事贵族也有战争的礼仪,克洛维时代的法兰克人战争之前双方要首先指定一片战场,约定好再进行战斗。在加洛林时代的基督教国家,战争根据《圣经》的精神确立秩序,包括了爱你的敌人和不可使用剑,战争的展开必须符合基督教的正义。在战争中,军事贵族必须遵守的原则是:不伤害俘虏、不攻击没有披挂整齐的骑士。有时还要遵守教会的"上帝和平""上帝休战"一类的规定。此外,也不能攻击非战斗人员,如妇女、儿童、商人、农民、教士等。按照西欧中古封建军事贵族的原则,他们有义务与破坏教堂、抢夺农民或穷人财产作为战利品的人对抗。

这种贵族战争的礼乐文化中,敌方首先被视为与己方分享了共同文化精神与荣誉感的贵族军人。如1356年英法普瓦捷战役后,英格兰大获全胜,俘虏了法王约翰(Johnof Clerment)。英军首领黑太子就根据贵族骑士精神,设宴款待被俘的法王,谦卑地说自己不够资格与如此伟大的领主同桌吃饭,因为他是战场上最勇敢的骑士。最后,还赠与法王英格兰人民的"奖金与花冠"。根据美国学者杰弗里·帕克在《剑桥战争史》中的观点,西方战争传统中贵族精神和礼仪传统的崩溃要迟至美国独立战争和法国大革命时期。再以后,西方贵族骑士的战斗文化最终被全民动员的民族国家公民兵所取代,类似战国"争地之战，杀人盈野；争城以战，杀人盈城"的恐怖焦土画面，最终取代了骑士们的"奖金与花冠"。

在维护贵族战争的荣誉、礼仪与设定规则底线等方面，华夏先秦的军礼与古印度、中古日耳曼军事贵族传统极为相似。《司马法·仁本》中记载周人封建贵族在战争之前，要由冢宰向军队发布训令，内容包括：不破坏敌方的土木工程；不烧毁房屋；不砍伐林木；不抢夺牲畜、粮食与器物；不伤害老人、小孩；不抵抗的壮年人也不应被视为敌人；敌人如果受伤，则应得到治疗并被放回。这些精神也正是宋襄公所坚持的贵族战争原则。

包括雅利安印度、日耳曼封建军事贵族、中古日本等社会都出现过悠久的贵族战争礼仪传统，周代的华夏也孕育了雍容典雅的贵族骑士文化与彬彬有礼的战斗礼仪。这套传统中既有尚武精神，也有对弱者使用暴力的底线等一系列限制与规则。马克斯·韦伯的《儒教与道教》中，便将先秦贵族君子称为"骑士"，当时华夏与中古西欧一样，存在着等级骑士风范，还有"车战骑士封臣"，不鼓不成列的文化，便是华夏"车战骑士"的礼仪。

正如孔子所说，"杀人之中，又有礼焉"（《礼记·檀弓下》），周代华夏的贵族君子对于战争礼仪非常熟稔。余英时先生在《士与中国文化》中谈到："周人当然也不能不依赖武力以巩固其统治。但他们毕竟是具有高度的文化教养；在他们价值系统中，赤裸裸地'以力服人'是最不足取的。因此虽属征战之事也必须'义之以礼乐'。"

在贵族战争中，暴力的使用、攻击的对象与杀伤人数均被限制在一个较小的范围之内。例如，《左传·宣公二年》记载，郑国讨伐宋国获胜，活捉了宋国贵族华元与司寇乐吕，战果为"甲车四百六十乘，俘二百五十人，馘百人"，四百乘战车以上的大战，死者也不过上百人。《公羊传·宣公十二年》，楚国攻打郑国，围攻了三个月零十七天，损失军队不过是"诸大夫死者数人，斯役厮养死者数百人"。在河南濮阳西水坡发现的东周时代排葬坑，是一场战争之后收葬的死亡士兵墓地。东西共四排，南北共八排，每个排坑多为18具士兵遗骨。按照材料推知，这里埋葬的死亡士兵大约为216人，整理者认为这是春秋时期某战役后一方死亡士兵的埋葬地。因此，这一战役双方死亡人数也不过是数百人，这与战国时代那种动辄暴师数十万的平民时代焦土战之间具有天壤之别。

华夏军事贵族的军礼还包括了对敌方的敬意与风度，这是贵族君子高度重视的荣誉精神。例如《左传·宣公十二年》记载，晋国和楚国在郑国交战，楚将伯乐在一次军事行动中受到了晋国军队的追击，在逃跑过程中，伯乐用最后一根箭射杀了一头麋鹿，将之献给晋将鲍癸。鲍癸认为："其左善射，其右有辞，君子也"，因此而停止了对楚将的追击。而在另一次楚军对晋将的追击中，晋将也射死了一只麋鹿谨献给追击者，楚将也因此而停止了追击。敌对双方即使在追击与战斗中仍然保持着对敌方"君子"的尊重与敬意，这与西欧中古骑士互赠礼物，并邀请被俘虏的对手一起进餐或共度圣诞节是非常相似的。《左传·成公二年》则记载，晋国讨伐齐国，双方发生了鞌之战。战斗中齐国的国君拒绝射杀对方驾车的"君子"，认为这是"非礼也"。而当齐国君主被晋国的韩厥俘获之后，这位晋国将领则向敌国君主恭敬地"再拜稽首，奉觞加璧以进"，表现与英格兰黑太子对待法王约翰如出一辙。

东西方都不约而同地出现了发育成熟的贵族骑士战争文化,将战争这一暴力活动限定在礼仪的范围内,并与贵族荣誉、德性和风度紧密联系在一起。这些时代的战争对社会并不具有根本的毁灭力,荣誉和礼仪性的交锋将其限定在较小的范围内。但随着贵族社会的礼崩乐坏,代之而起的新型国家,具备了超强度的资源动员力,能发起传统贵族无法想象的超大规模战争,将所及之处都化为尸山血海和焦土瓦砾。正如高全喜教授所言,与其大谈"中西之别",还不如梳理"古今之争"。具体到战争文化,华夏、西方、印度都经历过贵族骑士时代,这是它们的"古"代,而代之而起的那种新式国家主导的焦土战,则属于"今"。

烧　书

在由张贤亮小说《灵与肉》改编的电视剧中，姜文明的老婆愤怒烧书，说这些东西不但无用，还惹事。电视剧《沧海》中，也有工程师的书被妻子烧毁的情节，工程师怒曰："烧我可以，你不能烧我的书啊。"如果说这些都是源自小说、影视的话，那么艺术源自生活，真实生活中确实存在着妻子焚烧丈夫藏书，或者是厌恶丈夫买书、看书的这些现象。

某年8月新闻上爆出四川广元某县男子，不打牌、抽烟、喝酒，下班做家务，工资卡上交，唯一爱好是买书。8月3日晚，其妻在愤怒中将他的书籍焚烧，其中包括了珍藏的绝版书和港台版书籍，另外还有《柳如是别传》《华阳国志校注》《莎士比亚全集》等。当然，妻子也有苦衷，说丈夫不把自己和儿子放在心上，只是花钱买书，不给她买东西，不关心她，等等。

有网友质疑说这是"男权"污蔑女性，把自己伪装成受害者，把女方污蔑为不讲道理的泼妇,甚至说这整件事都是伪造的。但笔者揆诸见闻,此类事并不少见,虽然没直接烧书这么暴力,但妻子对丈夫大量买书行为表示厌恶或反感,还是时有所闻的。甚至某些高校老师,仅仅因为购买自己专业研究领域内的书籍,也遭到妻子的反复责怪,说是浪费钱,不养家之类。

再联系到古代,也存在妻子因丈夫沉溺看书,且"不顾家",因此选择离婚或烧书的情况。如西汉时期的朱买臣,《汉书·朱买臣传》记载:"(朱买臣)家贫,好读书,不治产业,常艾薪樵,卖以给食,担束薪,行且诵书。其妻亦负戴相随,数止买臣毋歌呕道中。买臣愈益疾歌,妻羞之,求去。买臣笑曰:'我年五十当富贵,今已四十余矣。女苦日久,待我富贵报女功。'妻恚怒曰:'如公等,终饿死沟中耳,何能富贵!'买臣不能留,即听去。"朱买臣在家贫的情况下,仍然坚持不断看书,一边担柴卖,一边唱诵书中的内容,引发了妻子的羞耻与愤怒,认为这样下去最后只能饿死,而不可能有出头之日,因此最终选择和朱买臣离婚。

又如《晋书·王欢传》,则记载了老婆直接烧书的行为:"(王欢)安贫乐道,专精耽学,不营产业。常丐食诵《诗》,虽家无斗储,意怡如也。其妻患之,或焚毁其书而求改嫁。欢笑而谓之曰:'卿不闻朱买臣之妻邪?'时闻者多哂之。欢守志弥固,遂为通儒。"晋朝的通儒王欢,年轻时痴迷读书,甚至混到家中连一斗米都没有的程度。他的妻子对此极为焦虑,一气之下烧掉了他的书,并请求改嫁。王欢却笑着拿汉朝朱买臣妻子的事开玩笑,并在一片嘲讽声中坚持下来读书,最终成才。

这些古代的情况,再结合身边见闻,可知这具有一定普遍性,因此才会多次出现在文艺作品中。当然,笔者并非谴责"浅薄的女性",而是从中分析一个家庭的远期投资问题。传统社会有小共同体兜底,比如颜回一箪食一瓢饮的穷困生活,却仍然能坚持追随孔子学习,那是因为颜氏家族是鲁国低级贵族,且有孔门共同体互助,不会窘困到朱买臣那种"饿死沟中"的地步。钱穆先生幼年贫寒,但有机会能坚持读书自学,最终成为一代宗师,这也和无锡钱氏有怀海义庄资助贫寒子弟的兜底救助有关。

战国秦汉,传统宗族社会解体,社会上多为散沙化的一夫一妇核心小家庭,显得比较"现代"。而类似无锡钱氏那种宋明以后重建出宗族、义庄的共同体,反而显得更"古老"。这种比较"现代"的核心小家庭抗风险能力较脆弱,因此任何一笔长期投资都存在很大风险。比如苏秦读书当游士不能发迹,回家便遭遇"妻不下纴,嫂不为炊,父母不与言"的冷遇。好在他家底比朱买臣、王欢之类的更厚,因此有机会"乃闭室不出,出其书遍观之",最终修炼出正果,佩多国相印且多金,令"妻侧目而视",让"嫂蛇行匍匐"(《史记·苏秦列传》)。

但是,不可能每个人都有苏秦这样翻盘的机会,这是包括了男性读书人自身潜质、能力、家底、机遇等一系列要素在内各种综合因素叠加的结果。而战国秦汉以来这种比较"现代"的核心小家庭抗风险能力脆弱,好钢要用在刀刃上,仅有的一点点资源就很难拿去长期供丈夫看书积累,毕竟长远来看这是风险投资,近处着眼毕竟得急着买米下锅。苏秦、朱买臣、王欢等史书上留下名字的终究是少数,更多的情况应该就像广元某县城那位一样,最终销声匿迹,没有在历史上留下任何信息。

如果颜回晚生几百年，生活在更"现代"的战国秦汉，恐怕是没机会一箪食一瓢饮地好学不倦了，搞不好他的老婆得帮他烧书。但历史上，却有一些儒家精英考虑比较长远，会在身后留下一些"反现代"的事物，如范仲淹创建的范氏义庄，运转九百年，可以给家族中贫寒的读书子弟兜底，让他们获得救助，能更从容读书，进行长远投资，家族中也因此更容易出人才。无锡钱氏，能有钱穆、钱锺书、钱伟长等众多人才涌现，也是怀海义庄的存在，大大减少了"老婆烧书"的结果。

"规训"与"屈服":清代政治合法性的建立

葛兆光先生就曾使用思想史中的"规训"视野分析六朝和隋唐时期的道教信仰与知识重建,在正统权力与主流话语进行"规训"的背后,则是民间社会与边缘人群信仰作为逐渐"屈服"的过程,因此他的书名使用了"屈服史"的提法(葛兆光:《屈服史及其他:六朝隋唐道教的思想史研究》)。从思想史的书写方式来看,政治建构与伴随相应的思想史知识变迁,除了我们熟知的"规训",另一方则必然伴随着"屈服"。

记得有一次,与一位网友交流阅读明清易代的经验,我反复谈到了清王朝作为外来征服者的政治、族群身份之焦虑,而其政治统驭与皇权专制运转的精密程度,也非历代前朝可比。因此宋明以来积极参与公共性与道义担纲的士林话语逐渐遭到侵蚀并支离破碎,二者可被视为因果关系。但网友却提出，除了清代皇权本身的高效压制，难道士林精神本身就没有问题？听此一言，这倒也提醒了我，在关注"规训"的同时，为何却忽略了"屈服"的历史？

杨念群先生的《何处是"江南"？——清朝正统观的确立与士林精神世界的变异》，一看标题，便知是带着问题意识的"好东西"。一口气读完，除了引人思考，也有不少心得。

题目显眼，带有"诗意"，通过"江南"这一被赋予了"诗意"符号的追问，引领视野逐渐进入三百多年前的政治语境在场。不难理解，在清朝入关之初，南明所在的"江南"不仅仅是一个巨大的政治实体存在，更是承载了南宋以来"夷—夏"文化与族群政治想象的历史符号。清王朝的铁骑蹂躏了江南，南明王朝瞬间土崩瓦解，无力重演南宋划江而治的迷梦。尽管实现了武力征服，"江南"本身作为一种空间存在，不断上演着士林与普通民众对异族征服者的武装反抗，这一过程一直持续到康熙时期。而作为延续了南宋遗民们政治、国族哀思的文化传统，"江南"本身不但被满洲征服者视为最具有汉族气质与精神意味的所在，自南宋以来"江南"所承载的遗民记忆与明末遗民的生存感受遥相呼应，将遭受征服者蹂躏过的土地称为"残山剩水"。这一片"残山剩水"的士人们则焚烧儒服，或遁入空门，或逃于山林，更有甚者仍在地下坚持对新朝具有颠覆意味的书写。这种书写的危险性在雍正朝得到了证实，曾静这名来自湖南的边缘人物因为阅读了江南遗民吕留良的文章而立志从事反清复明行动，这一事实向新朝皇室表明，"江南"的繁华与艳丽背后，蕴含着真正可怕的阴影。亦真亦幻的阴霾之中，"江南"的符号在不断编织出各种危险的思想威胁着新朝的统治，而"江南"的存在则逼迫新朝必须根本性地建立政治合法性的基础。

在中国古代政治思想中，王朝合法性的基础有两种模式，所谓"大一统"与"夷夏之辨"。作者将这两种模式内在紧张的分殊别径追溯到了宋代的政治思想中并进行了考察。在北宋的政治秩序建构中，"大一统"话语是支持王朝合法性的基础，这就意味着，一个政治实体占据了较为广袤的领土，也就占据了更多的政治合法性。随着女真族的入侵与宋朝南迁，中原沦陷于外族的铁蹄下，而国家的实际控制领土也大幅度削减。因此，南宋的国家与知识精英选择了"夷夏之辨"模式来作为政治合法性的唯一基础。在"夷夏之辨"的政治逻辑中，即使外族征服者占据着最为广袤的领土，也只不过是依靠野蛮与暴力的非法征服而取胜，但从法理依据而言，弱小的汉族王朝仍然居于文明与合法性的中心。按照这两种政治思想资源，清王朝与明遗民分别选择"大一统"与"夷夏之辨"作为各自理解现实的合法性依据，并在精神领域进行了较为长期的博弈。

新朝使用"大一统"作为确证自身合法基础的这一过程始于康熙，经历了雍正，并最终完成于乾隆。在雍正朝，清帝还试图通过《大义觉迷录》将政治身份的"夷夏"转化为"籍贯"，但仍在使用"夷夏"话语。而到乾隆时期，不但政治版图的空前大一统成为现实，清帝甚至直接抽离了"夷夏"话语的讨论语境，将之转化为"君统"与"道统"合一的政治卡里斯玛（Christmas）。

实际上，正如作者梳理出的演进轨迹，从康熙时期开始，清帝就有意识地开始经营起君统、道统合一的身份建构。在此前的宋、明时代，道学与士林议政的先决条件是，帝王与士人均相信夏商周"三代"时君主与圣贤身份合一，但从孔子开始，君位与圣贤"道统"的传承发生了分离。士林积极参政，皇帝也发出"与士大夫共治天下"的呼应，原因就在于士林相信自己肩负着历代圣贤"道"的传承，而"道统"的尊严与重要远在"君统"之上，士人有义务和权力斧正君主，并借用道义的力量对君主进行规谏。但随着康熙时期武装征服的结束，宋、明以来基本的政治结构瓦解，清帝开始重建知识与权力的秩序。康熙本人就成功地将宋、明时期士人用以规谏和驯化君主的"经筵"仪式转化为自己教训臣下的活动。正如作者所说："康熙不单是把经筵日讲当作习学汉人经典的手段，而且最终把它改造成了训示汉人臣子的一个逆向互动的仪式。同时使讲官和帝王的教化角色开始发生严重的颠倒。"[①] 这样，宋、明时期被士人所垄断儒家经典的权威解释权便在不知不觉之中被清帝夺取，帝王不再是被教化和斧正的对象，而是成了神圣知识的唯一来源。正因如此，鄂尔泰才会盛赞清帝"广大精微，皆先儒所未及"，而李光地则认为清帝代表了"复启尧舜之运，而道与治之统复合"的趋势。清帝成功地将君权塑造成为"道统"的垄断者，表现出重新回归夏商周三代的姿态。在清帝"圣王"的强大规训之下，士林步步败退，节节"屈服"。宋、明时代热情的政治担纲精神与道义尊严也随之坍塌。

在对历史书写权方面，清帝通过严密的文网，对士林形成不断

---

① 杨念群：《何处是"江南"？》，第97页。

的打击与威慑，另一方面则鼓励知识精英投身考据学，这一点素来为学人所熟知。但除了清帝的"规训"视野，作者则注意到了士人书写行动的"屈服"。以方苞为例，由于他给戴名世《南山集》作序而被卷入文字狱。但后来康熙、雍正二帝则通过对其本人及家族的赦免，彻底征服了这名士人的魂魄。在雍正三年，方苞抵京谢恩，雍正帝对他进行了一番长篇训话，要他加倍感激清帝的恩德。此时的方苞，已是激动得"心折神悚"，"哽咽无语，脑中模糊一片，只仿佛听到了天外玉音"①，并将雍正帝的训话与自己的感激涕零载入《圣训恭纪》。这一个例子，不仅仅提供了清帝对士人"规训"的权力运作图景，更重要的意义在于，提供了士人本身感激涕零地"屈服"之过程。

在书写的话语权和知识的解释领域，士人逐渐学会了"自我规训"。作者又专门选取了章学诚为例，进行了分析。作者指出，"章学诚没有直接参与《四库全书》，但却在以后的史书和目录学编辑生涯中不断呼应着《四库全书》编纂的主题思想"②。在作者的分析中，章学诚所主张的"经世"与今人理解的含义不同。今人以反抗皇权或民族压迫的政治实践理解"经世"，并与乾嘉诸老皓首书斋的汉学传统形成对比。但经过分析，作者提出，章学诚思想中的"经世"含义，是积极参与到现实统治秩序合法性建设的活动中去。正因如此，才能更好地理解他与《四库全书》编纂思想的遥相呼应。

显然，章学诚的内心已经接受了清帝"君师合一"的圣王身份，

---

① 杨念群:《何处是"江南"？》，第303页。
② 杨念群:《何处是"江南"？》，第325页。

因此才会积极推崇"官师合一"的知识建构模式。尽管"官师合一"借用了复古的话语，但"仍然反映出的是一种士林有意呼应皇权文化政策的潜在欲望"①。在君师合一的政治规训模式中，皇帝是提出真理和解释真理的唯一源泉。正因如此，君权统摄下的"官学"理应覆盖整个知识世界，宋、明时代广为流行的士人个体或私下著述、讲学，皆当被视为非法。在此观念原则之下，章学诚积极呼应皇权政治文化共同体"大一统"建设的需要，推崇周公而贬抑孔子，理由是周公体现了"君师合一"的精神，而孔子却私人传播知识，违背了皇权"大一统"的政治原则。最后，他甚至还试图为历代被视为"暴秦"的秦王朝翻案，理由是秦王朝充分实践了"官师合一"的政治文化垄断。正因如此，章学诚表现出对诸子百家的深层厌恶，因为这挑战了圣王垄断的官学权威。而其"六经皆史"的著名论断，也参与了颠覆宋、明以来以先贤儒家经书为"道"之核心依据的过程。"六经"的重要性，被视为与现实皇权官学居于同一地位。

除此之外，作者还通过乾隆帝对江南地区"禁书"的反复地毯式搜查与文网繁密等案例分析，来探讨了江南地区士风的重组。这些权力与对象之间互动的过程，不但体现了"规训"日渐深入和对知识群体精神面貌的重建，也体现出过去以"江南"这一符号所象征士人知识群体逐渐自我"屈服"的过程。这一过程伴随的不仅仅

---

① 杨念群：《何处是"江南"？》，第321页。

是在暴力威慑下的表面服从，而是整个士林精神世界的屈服与重组。

杨念群先生此书中还有相当丰富的内容，例如传统话语中"文质"分别对应的"夷夏"想象，以及这些想象所被赋予的文化精神面貌，探索清代政治与文化正统性建立的过程。在这一过程中，以往江南士林引以为荣的华夏之"文"在清初的征服者与士人自我检讨中逐渐失去了原有的天然优越性，而满族传统文化和生活方式的"质"则以新王朝所推崇的价值符号身份被确认为优越，并在某种程度上引起了士人的呼应关系。但随着"新文质论"的出现背后，则同样也体现出士人行为的自我规训与屈服过程。

通观全书，不难发现作者所追问的核心问题是清朝正统政治与合法性建立的可能，在这一过程中，清帝所代表的"权力"与传统具有批判精神的士林之间如何展开知识规训与权力构建的多维互动。除了传统学术视野中强调的"高压""文网""镇压""逼迫"，作者也呈现给读者关于宋、明以来具有政治道义精神与批判色彩的士林群体是如何逐渐放弃对真理"道"的垄断权，并最终心甘情愿地屈服于"君师合一"的新秩序面前。因此，这部著作也可以被视为一部关于"屈服史"的写作。

古代精英承受更沉重的礼教

很多人认为古代精英是骄奢淫逸的，礼教是用来压迫社会底层的，这个想象其实很类似过去乡下农民想象的皇帝生活，是左手拿元宝，右手拿人参，元宝捏捏，人参嚼嚼，皇太后则每天吃三顿人馒头，皇太子挑粪的扁担都是黄金的。

《礼记·曲礼》说"刑不上大夫，礼不下庶人"，意味着沉重的礼教并不向庶民开放，庶民其实过得更随意，不受礼教的束缚。至于刑不上大夫，并不是说精英犯罪不受到惩罚，根据汉初贾谊的解释，精英"大夫"犯罪，需要保住这些人最起码的体面，比如贪污的罪要叫"没装饰好自己的祭器"之类的委婉说法，犯了死罪的是让他们"盘水加剑"、回家饮剑自杀，而不是捆绑了公开处决（《汉书·贾谊传》）。这么做，恰恰是因为精英肩负着沉重的礼教，哪怕死也需要保持最起码的体面，如果精英和市井小民一样满地打滚，对整个社会来说都不是好事。

礼不下庶人，意味着精英才被控制在"礼"之中。杜维明先生指出："这个礼，用现代在英美的术语来说就是习惯法，儒家大半的内容就包含在礼里面。在这个系统中，一般老百姓受到的约束比较少，主要是社会精英。礼的影响力太大了，根本不能违背。其中，最不自由的就是皇帝。"[1]《论语·里仁》"人之过也，各于其党"，孔安国注释说"小人不能为君子之行，非小人之过，当恕而勿责之"，意思就是庶民不需要承担精英的礼教，对于庶民应该宽松、宽松，不要用礼教的标准要求和责备。

实际上，在古代西方，礼教同样约束的是精英，西方有"贵族义务"（Noblesseoblige）一词，"即位高任重，一个人从社会得到越多的财富、越高的地位和声誉，他就要对社会负上更大的责任"[2]。从古代法律来看，其精神完全如此，传统中国社会对于士人精英给予更高礼仪和荣誉的同时，对其犯罪的其惩罚也更重。刘宋时期议定，官长士人偷窃五匹绢就要杀，普通人偷四十匹杀，因为"至于官长以上，荷蒙禄荣，付以局任，当正己明宪，检下防非，而亲犯科律，乱法冒利，五匹乃已为弘矣"（《宋书·王弘传》），就是说作为士人精英，本来就该做好表率，但却偷盗，哪怕是只按照偷五匹标准杀，也已经很宽容了。又如唐律中普通平民盗窃五十匹绢，顶多不过加流刑，而士人作监主司受财枉法的话，受十五匹绢以上的就要判处绞刑，德性标准要求比平民高得多[3]。

---

[1] 河西：《自由的思想：海外学人访谈录》，生活·读书·新知三联书店，2012年，第33页。
[2] ［英］厄恩利·布拉德福德：《大围攻：马耳他1565》，社会科学文献出版社，2019年，第100页。
[3] 徐道邻：《中国法制史略》，清华大学出版社，2017年，第31页。

吕思勉认为："大凡封建及宗法社会中人，严上之精神，最为诚挚；而其自视之矜重，亦异寻常。此皆社会等级之制，有以养成之也。人之知识不高，而性情笃厚者，于社会公认之风俗，守之必极严。"[①]就是说先秦封建时代以及后世重建宗法社会中的精英，其自我严格要求的意识，必然远高于普通庶民，并通过习惯以形成社会等级。发展到儒学时期，则对精英和普通大众采取不同的标准："原始儒教在理论上承认'人皆可以为尧舜'或'涂之人皆可以为禹'，但是绝不要求人人都成圣成贤。因此，在'治民'的程序上，它的主张只是'宽制以容众'，'先富而后加教'。"[②]就是说，对待普通民众采取宽和的标准，成为贤人甚至圣人的追求，这种沉重的努力与践行，实际上属于精英圈子文化。

陈来先生也对儒家精英修身的观点有过分析："早期儒家对道德和修身的要求，主要是针对各级治民者所提出来的，而不是对民人提出来的。其基本观点认为，领导者要顺利展开公共职责，并得到民人的信任，必须在道德上做出表率，加强修身。"[③]类似的宋儒强调的"存天理灭人欲"，也正是这一思路下的产物，而不是很多人想象的用来"压迫"庶民的"吃人礼教"。"存天理灭人欲"所针对的对象，首先第一个是皇帝，接下来便是士大夫阶层。朱熹在给皇帝上的劄子说："臣闻人主所以制天下之事者，本乎一心。而心之所主，又有天理人欲之异，二者一分，而公私邪正之涂判矣"。(《辛丑延

---

① 吕思勉:《先秦学术概论》，东方出版社，2008年，第54页。
② 余英时:《士与中国文化》，上海人民出版社，2013年，第133页。
③ 陈来:《竹帛〈五行〉与简帛研究》，生活·读书·新知三联书店，2009年，第45页。

和殿奏札二》)很明显,他强调存天理灭人欲,是一种限制皇权的行为,反对皇帝放纵欲望。另一方面,他对士大夫要求:"学者须是革尽人欲,复尽天理,方始是学。"(《朱子语类》卷十三)宋明以来儒家学者,对此认真践行,其流风所及甚至影响到民国,如蔡元培便是"以最宽容的态度处理众人欲望之事,但以严格的锻炼对待自己"[①]。

《汉书·张敞传》中有句话"尊贵所以自敛制,不从恣之义也",意思是精英就必须自我收敛、控制,不放飞自我。有礼教自我节制的共同体,自然不需要秦始皇酷吏的皮鞭干预。《后汉书·刘般传》记载,旧制公卿二千石不行三年之丧礼,儒者刘恺指出:"今刺史一州之长,二千石千里之师,职在辨章百姓,宣美风俗,尤宜尊重典仪,以身先之。"就是说三年之丧这种沉重的礼教仪式,首先应该是精英治理者来亲身践行,然后才可能移风易俗,影响平民。

孔子说君子之德风,小人之德草,意思是精英通过表率,平民会加以模仿。清华楚简《治政之道》说"上风,下草。上之所好,下亦好之。"就是说,庶民其实潜意识很喜欢模仿精英。又云"上施教,必身服之;上不施教,则亦无责于民",也是说精英要亲身践行礼教,才可能影响庶民。自己都做不到,就不要对庶民说三道四。《韩非子·外储说左上》说齐桓公喜欢穿紫色衣服,"一国尽服紫";楚文王喜欢戴獬冠,"楚国效之"(《淮南子·主术》)。东晋宰相王导穿布衣上朝,全社会纷纷效仿,国库布匹很快卖尽解了财政危机。东汉名士郭林宗遇到下雨,头巾不小心折下一角,但时人纷纷模仿,

---

① 王汎森:《中国近代思想与学术的系谱》,吉林出版集团,2011年,第137页。

号称"林宗巾"(《后汉书·郭太传》)。这些例子都可见普通人热衷模仿精英的品位趣向,但前提是精英必须先提供好的表率。《颜氏家训·治家》说:"夫风化者,自上行于下者也","是以父不慈则子不孝,兄不友则弟不恭",都是要求身份更高的父兄,首先做出更高表率,才能让身份更低的子弟来模仿好榜样。如果当一个社会的精英都变得比普通人更加败坏的时代,那么也就意味着整个社会的溃败。

汉服可以是一个开放系统，但被强制接受的内容不算

笔者作为 2004 年就穿汉服的第一批"同袍"，对于汉服的历史沿革与定义一直都有所思考。汉服，当然不是指"汉朝的服装"，而是指产生于汉族，或历史上被汉族主动接受、加以改造和发扬的一系列服装的统称。

汉服的源头可以追溯到新石器时代晚期，当时已经出现了丝绸和麻的纺织品，《周易·系辞下》说"黄帝、尧、舜垂衣裳而天下治"，认为新石器时代晚期的黄帝、尧舜时代已经出现了"衣裳"。汉服交领右衽、上衣下裳的特征雏形可能就出现在这个时期。当然，目前能看到最早关于服装形制的考古证据，主要是商代的人像，穿着袖子较小的交领右衽，也出现了上衣下裳和蔽膝，这些证据表明最迟至商代，汉服最重要的特征已经出现了。到东周时期，除了上衣下裳，还出现了上下连为一体的深衣，《论语》中孔子穿的"非

帷裳，必杀之"，就是比帷裳更为修长的深衣（李竞恒:《论语新劄：自由孔学的历史世界》）。孔子说"微管仲，吾其被发左衽矣"，就是因为管仲辅佐齐桓公帮助华夏各诸侯抵抗入侵的戎狄，保卫了华夏文化，如果不抵抗，华夏人可能就被迫穿上戎狄的"左衽"服装了。根据邢义田的研究，考古所见在受到斯基泰文化影响的民族服饰中，多有左衽的现象。中国古代的戎狄与这些草原人群之间有相当的联系，戎狄族群的左衽服装，便可能与斯基泰文化有渊源上的关系。因此至少在孔子的时代，汉服的交领右衽已经成了区分华夏和戎狄的重要服装标志。

中古时期除了传统的交领右衽，还出现了圆领袍，唐宋以来极其流行。这种圆领袍最初是外来的，朱熹早就说过"今世之服，大抵皆胡服，如上领衫、靴鞋之类，先王冠服扫地尽矣！中国衣冠之乱，自晋、五胡，后来遂相承袭。唐接隋，隋接周，周接元魏，大抵皆胡服"（《朱子语类》卷九十一）。就是说朱熹生活的宋代，最流行的圆领袍之类最初是"胡服"而不是汉服，这种"胡服"是从晋、五胡、南北朝时期出现的。马端临在《文献通考》中也有类似的表达，说"今之上领公服，乃夷狄之戎服"，也是意识到圆领袍最初并非汉服。起源于南北朝并广泛流行于唐宋和明代的圆领袍，最初确实是一种源自游牧骑马民族的服装，但后来被汉人主动接受并加以改良和发扬，最后演化为汉服的一种类型。我们看到唐代、宋代的皇帝和士大夫的画像，大多是穿着圆领袍、头戴幞头，已经被当成一种正式的标准装了。当然，在祭祀等大典礼仪中，还是要穿戴先秦时期就出现的衮冕衣裳，但日常办公都是穿起源于"胡服"圆领袍。类似的，赵武灵王主动接受胡服，"乃赐胡服，明日服而朝。于是始出胡服令，而招骑射焉"（《史记·赵世家》），作为一种主动选择的便利方式，将当时的一些胡服元素融入了汉服之中，也是可以接受的。明代的汉服，有一种质孙服，又称为"曳撒"，在蒙古语是"华丽"的意思，本来是元朝时候的蒙古服装。但明朝人吸收和接纳了这种服饰，将其纳入汉服系统之中，所谓"只孙，一作质孙，本元制，盖一色衣也"，沈德符在《万历野获编》中也说"今圣旨中，时有制造曳撒数，亦起于元时贵臣，凡奉内召宴饮，必服此入禁中，以表隆重"，说明他们对质孙、曳撒的蒙古来源，以及最终融入汉服的情况很清楚。从这些现象来看，其实汉服本身可以是一个开放的系统，能够接受一些"他者"元素的参与，尤其在加以改造和发展后，就不再是"胡服"了。但这有一个先决条件，就是这种接受，必须是自由、主动的接受，而不是被强制接受，是一个自然演化的过程。强加的，而非自然演进出来的，就不能被称为汉服。所以，清朝通过"剃发易服"推行的长衫、马蹄袖、蜈蚣服之类，绝不是汉服。因为圆领、质孙之类是通过自由、自愿接受和自然演化出来的产物，而后者是被强迫、强加、伴随着血泪推行出来的结果，不是自然演化出来的产物。二者之间当然具有本质区别，不能浑水摸鱼。一些学者说清人服装"也属于汉服体系"，属于将婚姻和强奸视为同一事物。

　　章太炎曾有一个比喻说："向使满洲制服，涅齿以黛，穿鼻以金，刺体以龙，涂面以垩，恢诡殊形，有若魑魅，行之二百有六十年，而人亦安之无所怪矣"，就是说假如清廷当年强迫汉人把牙齿染黑、鼻子穿个铜环、身上纹上青龙、脸上涂抹白灰，像是魑魅魍魉一样，只要这鼻子穿铜环被强制二百六十年，看习惯了，是不是这鼻子穿

汉服可以是一个开放系统，但被强制接受的内容不算

铜环也就"属于汉服体系"了？显然，将这些纳入"汉服体系"是非常荒谬的。

　　汉服在古代既然可以接受圆领袍、质孙之类，表明它确实是一个开放的演化系统（底线是不接受被强迫），所以汉服在现代社会当然也可以有一种基于自然的现代改良和演化空间，这和尊重历史上汉服各种形制是不矛盾的。我个人观点认为，现代汉服的日常形制可以改良和演化，作一些现代的变通，使得其更适合现代生活节奏。但在比较正式的节庆、礼服、祭服方面，则还是遵守古制。其实传统华夏社会也是这样操作的，如日常穿圆领袍的唐宋、日常穿质孙的明代，在礼仪、祭祀时候还是穿古老的周代衮冕，形制的守护传统与演化改良，并不矛盾，只是功能上要做出区分。

　　由于中国文化在古典东亚的强势地位，汉服也深远地影响了周边国家和民族的服装形制，日本奈良时代穿唐衣冠，所谓"衣冠唐制度，礼乐汉君臣"，朝鲜半岛也长期模仿中国汉服，如新罗真德王时期"始服中朝衣冠"（《三国史记》），高丽时期服装"遵我宋之制度"（《宣和奉使高丽图经》），并以朝鲜李朝使用并坚持"大明衣冠"最为典型。此外，越南、琉球等国家也都接受和模仿汉服的衮冕、上衣下裳、圆领袍、乌纱幞头等。那么，这些国家模仿的服装，是否也是汉服呢？笔者认为，这些服装刚被传过去的时候，比如朱元璋赐给朝鲜半岛的"大明衣冠"，"赐群臣陪祭冠服"，"太祖高皇帝赐冕服"，这些明朝制作的衣冠当然是汉服。但随着时间的推移，朝鲜自己制造的衣冠，其实已经出现了朝鲜半岛自身的特点，如圆领袍变得更短，幞头的翅变得更小之类。类似的，日本在奈良时期模仿了唐朝的衮冕、圆领袍等，圣武天皇在 732 年首次穿装饰

了十二章纹饰的衮冕之类，但后来逐渐被日本加以改造，在平安时代出现了日本化的狩衣、乌帽子、垂缨冠、十二单等各种日本式服装。所以，这种被本民族在历史中逐渐改变后的衣冠，可以说源自于汉服，和汉服之间具有文化上千丝万缕的联系。但是具体到该国，这些服装已经被本土化加以改变，因此不能算作严格意义上的汉服。

纣王形象和殷周鼎革史实

商纣王的形象经过多年来《封神榜》之类小说、影视之类的长期渲染，早已深入人心，是一个宠爱妲己成天喝酒暴虐的君王形象。当然，纣王形象有一个被污名化的过程，这一点古人也是很清楚的，《论语·子张》记载子贡说的一段话，"纣之不善，不如是之甚也。是以君子恶居下流，天下之恶皆归焉"，春秋晚期的孔门贤人子贡就很清楚，纣王并没有传说中那么恶，但是他名声确实不太好，导致最后天下所有的恶名都落到他头上。实际上，纣王头上恶名的叠加过程，是从西周就开始了，其中很多罪名和商周文化差异有关。

例如纣王一项罪名是大搞"牝鸡司晨"和"惟妇言是用"，即纣王重用女性，也重视女性在政治上的意见。但其实甲骨卜辞和西周金文材料显示，商周时期的女性贵族是广泛参与政治、军事活动的，最著名的例子就是商代的妇好，有自己的领地和军队，一次战争能从领地上动员三千人的武力。妇好之外，还有其他很多称为"妇某"

的女贵族，很多也是有领地的，胡厚宣曾统计，仅仅武丁时期称"妇"的这类女贵族就有六十多人。西周时期著名的女贵族是王姜，《作册夨令簋》《作册嗌卣》之类的铜器铭文都记载过她，掌管周朝的武器生产，还拥有庞大的土地、臣属班子，地位极其崇高。在商周时期，妇好、王姜一类的女贵族参与政治、军事活动是常态，纣王和这类女贵族合作，听询她们的意见，这在当时是很正常的，只是到了后来才被以讹传讹成了"惟妇言是用"，妇好、王姜们的形象也被改成了后宫妲己。

纣王的另一项罪恶是"酒池肉林"，实际上饮酒吃肉是殷商祭祀礼仪的重要内容，张光直就认为商朝贵族、巫觋通过喝酒沉醉产生幻觉，来达到和祖先、神灵交流沟通的效果。《史记》中记载商纣为长夜之饮，类似记载亦见于战国楚简《容成氏》"纣为酒池，厚乐于酒，溥夜以为淫，不听其邦之政"，甚至达到了"以酒为水"的地步。商纣所谓"以酒为池，县肉为林"，更是通过广为流行的封神演义小说、影视系列而深入人心。而"酒池肉林"在当时的文化中，却很可能只是具有严肃的宗教礼仪含义。以"肉林"为例，晁福林教授就曾指出，甲骨卜辞中多有"奏"字，如"刿奏"，即割裂祭祀牲体的祭肉，悬挂在树上进献给神灵，此即"悬肉为林"的历史原型。树上挂满祭肉，必然配以美酒奉献，甲骨中有奏、酒并列的记载，如《甲骨文合集》第 23256 片"祭其酒、奏，其在父丁"，即以大量的裸祭之酒与悬挂于树的肉祭祀父丁之神。类似的献祭对象还有岳、河、山、四土、祖乙、妣壬等自然神、祖先神等。所以，纣王的"酒池肉林"，也是商王例行的祭祀礼仪，最后被夸张变形为一种罪恶形象。

再如"炮烙之刑",楚简《容成氏》中,记载商纣的"炮烙",情况是:"(纣王)作为九成之台,置盂炭其下,加圜木于其上,思民道之,能遂者遂,不能遂者,内坠而死,不从命者,从而桎梏之。于是乎作为金桎三千。"根据楚简记载可知,"炮烙"的原型,实际上是让民众参与的一种冒险游戏,下面铜器中放炭,高处架设圆木,让参与者走过去,能走过去的就通过,不能过去的才坠落而死。如果拒绝参加这一"冒险",就被戴上桎梏关起来。从该内容来看,赵平安教授在《〈容成氏〉所载"炮烙之刑"考》一文中就指出,商纣的这一活动其实更接近游戏,而不是专门的酷刑。历史上的商纣是否真的有过这一游戏,姑且可以不论。但将楚简内容与战国晚期《荀子·议兵》《韩非子·喻老》以至于汉代《史记·殷本纪》等文献中关于"炮烙之刑"的记载对比,则可窥见纣王罪恶程度不断被夸大的趋势,如这一项冒险游戏逐渐被解释为酷刑的过程。

又比如说纣王自称"我生不有命在天",向来被人们视为狂妄自大,毫无政治理性的反面形象。据《尚书·西伯戡黎》记载,当时周文王已经战胜了黎国,周人势力得到进一步发展,商朝的处境日益恶化,而纣王在当时却宣称自己"生不有命在天",简直是自信得疯狂。实际上,要理解纣王的这一心理,我们不能从周朝以来建立起的天命转移和"上帝改厥元子"这种政治伦理来分析问题,因为商朝的政治伦理是不同的。拙作《早期中国的龙凤文化》一书中有分析,指出商王室的血统和上帝之间是一体交融的,商王就是上帝的子孙,是受到本家族之神永恒庇佑的,所以这种自信并不是纣王个人的愚昧狂妄,而是商周文化差异导致的误解。我们的阅读感受是从西周那出现的,天子和上帝之间没有血缘关系,是需要战战兢兢才能永葆上天支持的。

纣王的个人素质也非常优秀，《史记》说他"资辨捷疾，闻见甚敏。材力过人，手格猛兽。知足以距谏，言足以饰非"，简直是文武全才，说话又好听。那么问题就来了，既然纣王是一个优秀的人，也没有搞酒池肉林、妲己干政之类的事，那么他最后是怎么变成坏蛋形象的？真正的原因，其实是他破坏了商朝长期以来不成文的"宪法"。

商朝的不成文"宪法"，也就是商王、商朝贵族领主、平民权利、义务之间的平衡关系，这套游戏规则在古书里面被称为"成汤之典""盘庚之政""典刑（型）"等等，基本精神就是君王要保护向自己效忠的贵族领主，而作为代价，贵族领主也要向君王效忠，并提供一定数量的劳役、兵役。相应的，贵族领主也要保护自己领地内的平民，平民向领主提供劳役和兵役。比如你是一个商朝的贵族领主，根据几百年以来的不成文法惯例，你需要每年给商王提供十头牛、一百只羊、一百个弓箭手服役半年，这就行了。但是前线打仗，需要更多的资源和战士，除了牛羊，商王还想再多要五十头猪、五千斤粮食，或者让弓箭手再延长服役期限，从半年延长为一年。这时候，你就可以援引几百年来的"成汤之典"惯例加以拒绝，因为你已经履行了自己的义务，只要你履行了，商王就得保障你这个部族的安全和各项古老权利。但如果君王雄才伟略，破坏这道不成文游戏规则，不断从贵族领主那榨取更多的劳役和兵役，就会打破这种平衡。

从甲骨卜辞来看，贵族领主为商王服劳役、兵役，还是一件比较辛苦和有风险的义务，所以在贵族领主的"非王卜辞"中，多有贵族卜问服役之事的内容。比如《甲骨文合集》22478这条午组卜辞就问"朕出，令月？"，就是贵族领主卜问，商王派我率领手下去服役，是不是要长达一个月？另一条午组卜辞(《甲骨文合集》22069)询问"子其无事？有事？"就是占卜询问说，我们的族长老爷"子"是不是会被派出去服役？《甲骨文合集》21656片子组卜辞还占卜问服劳役的领主手下名叫"受"的，是不是近来可以回家了。其实从这些贵族领主的占卜内容来看，根据不成文游戏规则为王家服务，其实是比较辛苦的，所以贵族们会反复占卜向神灵询问服役时间，自己的成员们是不是该回家了之类。这种辛苦，很容易让我们想起《诗经》里面的歌谣"君子于役，不知其期"的无奈。

纣王雄才伟略，是喜欢折腾的主。商朝古老的不成文宪法，约束王权，让王权不能过多地从各领主贵族那里汲取劳役、兵役，对社会上起到保护、纾解民力的作用。显然，对于纣王来说，这些约束都是需要挣脱的束缚，只有挣脱这些，他才能愉快地对东部的夷方用兵，通过战争建立丰功伟绩，并强化王权。要挣脱不成文宪法的束缚，他就需要打击身边代表这套价值观的老臣、重臣，而重用毫无根基的小臣，即历史上著名的内朝架空外朝。《尚书·微子》《诗经·大雅·荡》《周本纪》等就反复指出纣王"咈其耇长旧有位人""殷不用旧""遗其王父母弟不用"，这些"旧有位人"就是商朝的世袭贵族领主、宗族长老、重臣们，他们的价值观是捍卫"旧"，也就是古老的不成文宪法规则。纣王打击和绕开这些"保守主义者"，提拔只听命于王权的"小臣"，为雄才大略的折腾做准备。据《左传》《周本纪》等文献记载，这些小臣多为"四方逋逃""亿兆夷人""四方多罪"，可见纣王喜欢在身边用脱离了共同体、不受任何规则约束，只有依靠王权的罪人、逃人、外族人。使用有案底的人干脏活，西汉的酷吏就深谙此道，如王温舒就特别喜欢用犯过罪的人办事。至于外族人，因为没根没底，也只能向王权效忠，如奥斯曼帝国的君主就宁愿重用来自欧洲的外族奴隶禁卫军，也不愿意重用自己的贵族。这些人，都统称为"小臣"，而这些小臣的素质并不高，新发现的一件纣王时代的牛距骨，上面记录了这是纣王赐给一位"小臣"的。玩牛距骨，这种游戏在古代世界各地都比较流行，也可以拿来赌博的，类似现代的抓筛子赌钱。铭文说，这是纣王把自己的赌具赐给了身边的小臣，这位小臣想必也是陪伴纣王身边的赌友，感激万分，在这件赌具上面刻了铭文，字还用绿松石镶嵌。

纣王绕开"旧有位人"，用头上长疮脚下流脓的罪人、夷人去榨取资源，确实也得到了很多。《逸周书·商誓》就记载说，商朝的贵族领主们"其有缀芳"，就是形容他们像是被一茬一茬割草一样，刚被割了，冒出一点新芽，又马上被割走，各个部族内部的资源不断被纣王一茬一茬地榨取，投入到远方的战火之中。纣王战胜了东夷，强化了王权，雄才大略了一把，但也最终因此丧失了人心，所谓"咨女殷商，如蜩如螗，如沸如羹，小大近丧"，从贵族到平民，都失去了对纣王的效忠之心。当周人的问鼎之师出现在牧野前线时，商朝的贵族领主们都躲在一边看笑话，"商庶百姓，咸俟于郊"（《逸周书·克殷》），当时的"百姓"就是贵族领主，他们在郊外冷冷地看着纣王毁灭，也不再愿意为这个破坏了古老"成汤之典"的"大帝"买单。

中国方言和汉字促进统一

欧洲使用拼音文字，很多国家的语言其实是很近的亲缘关系，但体现在文字上就是不同国家的语言，特别是同一个语族内的各种语言，一个人很容易学会，如日耳曼语族中的英语、德语、挪威语、瑞典语、丹麦语、冰岛语等，说起来是不同国家的"外语"，但其实更接近中国人理解的各种方言。中国各地方言差异很大，尤其是南方的一些方言，如吴语在国际上是有语言代码的，温州话则被传闻在抗战中用作中国军队的秘密通信工具，还有版本传说是越战，这些民间传说背后其实反映了一种心理，即南方方言不但独特、难懂，而且显得神秘。如果按照新文化运动时期吴玉章、鲁迅、刘半农、钱玄同等人的"汉字拉丁化"方案，一个温州人用拉丁字母拼写温州话，那全国各地其他地方人肯定是看不懂的，那样的情况就会变成欧洲的各类"外语"了。值得庆幸的是，汉字没有被废除而代之以拉丁化，通过汉字的书写和使用，中国各地的人们仍然可以实现无障碍的交流。可以说，超越于语言之上的汉字，是促进和并巩固中国统一的重要的文化载体。

至少从商代以来，汉字的演化和发展，即以甲骨、金文、小篆为代表的"秦系文字"作为发展主流，一直未曾中断。距今四千多年前的龙山文化时期，已经出现了汉字的最早雏形，如襄汾陶寺遗址就出现了朱砂书写的"文"字，登封王城岗灰坑陶片上有"共"字，山东邹平丁公龙山城址的陶片上甚至发现了五行十一字的书写。目前能见到最早的甲骨文，应该是郑州商城出土二里岗时期的两片字骨，而此后殷墟时期的甲骨则标志着汉字进入成熟演化的阶段。商周以来，尽管各方国、各地区有不同的方言，但在礼乐层面都使用标准音"雅言"，即《论语》所说"子所雅言，诗书执礼，皆雅言也"，而在文字上则通行使用商周一脉相承的"秦系文字"，其特点是比较规范和稳定，演化规律有迹可循，一直演变为小篆，再隶变为我们熟悉的繁体字。

当然了，早期汉字的构成中，语音的部分其实也很重要，其实并不是一般人想象的"象形文字"，其表音成分远高于一般人的想象。如果不能理解这一点，就很容易望文生义产生误解。如战国文字的"仁"字，是上面一个"身"下面一个"心"组成的，这个"身"就是表音符号，身上古音是书母真部，仁是日母真部，古音极近，就是个表音符号而已。又如"姓"，很多人望文生义，说这是"最初从母系社会"，其实姓上古音在心母耕部，生在生母耕部，上古音也是极近，"生"只是一个表音符号而已。再比如"妇"，一个女一个帚，《说文》以来很多都说是女的拿扫帚做家务，但其实妇上古音在并母之部，帚在章母幽部，声母唇音、舌音相近，韵部幽、之合韵,在先秦韵文十分常见,上古音"帚"就是"妇"的表音符号而已,甲骨卜辞里面,一大堆女贵族"妇"写作"帚",拥有自己的领地、属民、武力,并不是成天拿扫帚的形象。这类例子很多,都说明早期汉字其实还是很重视表音的,不是纯粹脱和语言完全脱离的文字书写,如日本、朝鲜用汉字,除了一些输入的汉语词汇,就基本是和自己语言完全脱离的。

既然早期汉字重读音,那么在周朝礼崩乐坏之后,各诸侯国的地方性文化崛起,确实有那么一个阶段,汉字出现了"去中心化"的趋势,那就是以东方六国文字为代表的战国文字时期。《颜氏家训·音辞》说:"夫九州之人,言语不同,生民已来,固常然矣。"自古以来,方言的天差地别就是常态。战国时各国语言差异极大,《礼记·王制》说战国和汉初"五方之民,言语不通",《史记·齐悼惠王世家》说汉初"诸民能齐言者皆予齐王",就是用方言作为划分地方文化的硬标准,《孟子·滕文公下》讲了一个楚人让老师教自己儿子齐国话,"日加鞭挞其子而求为齐言也,不可得已",甚至大动干戈殴打儿子也学不好,说明当时各国语言隔阂和差异有多大。而楚语独特处也很多,著名的如把荆棘叫"迷阳",把老虎叫"於菟"之类。当时各国以本国语言为基础发展出的六国文字,互相之间差异就很大,完全不守中原正统"雅言"的规则,如齐文字中的脂部、微部就没有区别,支、脂、之三部之间也可以交替(汪启明:《先秦两汉齐语研究》),而在楚文字中,叶、缉二部,或者鱼部、侯、东部、阳部字是可以通转的。各诸侯国独特的语言和文化心理,造成战国时期六国地区各类独特汉字,很多字非常不可思议,如"数"写作双首持牛角下面一个口,"胜"是乘加一个力,"旧"是丘加一个心,"厚"是一个石加一个主之类。

秦虽暴政,但就文字而言有一项贡献,就是废除六国文字,重回殷周以来的"秦系文字",即大篆演化出的正统小篆、隶书,成为日后的汉字体系。某种意义上说,秦废除六国文字,是在汉字演化上重回到了西周的状态。西周从中央王朝到各诸侯国,都统一用大篆,超越于各诸侯国方言之上,在政治和文化上将中国抟成为一个共同体。西周行封建,地方自治,但并不因此而妨碍大一统,按宋儒胡宏之说,用天子正朔行王朝礼乐即是大一统。从此以后,汉字和语音的关系变得不像早期那样密切,表音的功能发生了弱化,无论语言怎样流变,汉字的书写不发生变化。因此,语言、方言完全不同地区的人们,也完全可以通过汉字书写进行有效交流。此后中国各地的方言不断演变,如闽南语即魏晋南朝时代的吴语,其语言底层在南北朝,和中原洛阳正音差异极大,客家话底层在唐朝安史之乱,而现代吴语、粤语的底层则形成于南宋。尽管时代不同,语音差异极大,但都不妨碍通过汉字的书写、阅读和交流,而作为中国文化不同的地方性分支。

汉字,扮演了将中国凝聚为一个政治、文化共同体的重要角色。

重回思想史

思想史、左右之争与"共同的底线"

沃格林（Eric Voegelin）在《没有约束的现代性》中曾这样表述过：被奥林匹斯众神残酷统治的普罗米修斯们试图推翻这一秩序，他们充满了对宇宙秩序与众神的仇恨。可是，在古典文明中，普罗米修斯的最终命运，只能是被永恒束缚在海边的岩石上，宣布自己"恨所有的神灵"。而古老的奥林匹斯众神，依旧牢固地维系着他们对世界的合法统治，直到永远。只有到了经历过东方化之后的罗马时代，普罗米修斯、该隐、夏娃和蛇才成为从此世的专制之神那里解放出来的象征。

实际上，在沃格林的隐喻中，那些按照自然与神法进行统治的神灵，维持着自黑暗时代以来亘古不变永恒的宇宙秩序：在印度的《摩奴法典》中，最高的婆罗门是大梵天以高贵的嘴所造，武士刹帝利为双手所造，而卑贱的首陀罗则为双脚造化的产物。在中国，最适合的表述，则是黄老学者宣布的自然法则：冠冕虽然鄙陋，却永远戴在头上；鞋履虽然美好，却只能践踏在脚上。因此，汤武对桀纣的反抗，违背了最根本的天道（《史记·儒林列传》）。

直到洛克的时代，他面对的菲尔麦爵士依旧认为，亚当作为上帝神授的父权，拥有对子女全部的严酷权力，甚至包括将他们作为食物吃掉的权力，这是符合上帝心意和宇宙终极正义的法则。任何对此种严酷父权的挑战，也就是对上帝和宇宙秩序的挑战。而洛克对菲尔麦爵士的反驳过程，则是著名的《政府论》上卷。如果按照沃格林的分析，洛克反驳菲尔麦爵士所使用的知识概念与理性，显然属于罗马时代以来"灵知主义"（Gnosticism）反抗者的脉络，这一线索最终在中古末期和近代早期，造成了古老神法宇宙的逐渐解体。近代普罗米修斯的追随者们，继续着他们祖辈的盗火行动，用盗来的天神之火，逐渐照亮古老而神秘的禁地，在这幽暗之处隐藏着远古以来作为统治者神灵们的秘密。

自此，当普罗米修斯的子孙们高举着盗来的火炬，在幽深的角落中照亮出他们的新天新地。统治，不再依靠秘不示人的宗教与神谕，它的合法性将来自"灵知"（gnosis）——以人之理性与知识建立的正义。古老的奥林匹斯秩序，建立在自然、神谕、静止、等级与贵族的基础之上，而新的世界中，取而代之的将是理性、知识、进步、平等与平民。

按照灵知人的嫡系子孙欧陆启蒙主义者的解释，从近代早期开始的这场造反运动，正在摧毁或必将摧毁古老的众神统治，理性之歌高扬，而永恒和平将降临于新天新地。实际上，这一过程既漫长,又残酷,并且相当复杂。在英国,按照高全喜先生的分析,由于苏格兰启蒙的温和色彩,古代"吃人礼教"与近代"灵知"运动的关系并非你死我活,需要在彻底埋葬古代神灵的废墟与荒冢上重建新天新地。苏格兰启蒙运动的结果,是二者的妥协与糅合,产生出一个"不古不今"的秩序,尤其以古老的普通法及其沿用最为典型。在高先生看来,列奥·施特劳斯将攻击的矛头直指欧陆灵知人,却从未指向过近代英国,这背后是大有深意所在的(高全喜:《何种政治?谁之现代性?》)。另一方面,法国的灵知人则打开了一个又一个潘多拉的墨盒,释放出破坏力与版本更高的潘多拉。而在德国,直到19世纪后半期,在延绵的炮火与硝烟中,诞生的也不是新的普罗米修斯之邦,而是铁与血的君权神授之国。

以法国大革命为代表的盗火者运动席卷了旧世界,也造成了令人触目惊心的血腥景象。新天新地的断头台不断吞噬她的儿女,以源源不断的血肉之躯去填满新世界饥肠辘辘的饕餮之欲。在此之下,"不古不今"的洛克们惊呼盗来天火以灼人者,也必将引火自焚。而另一方面,新天新地吞噬血肉的可怖效率,也进一步促成了奥林匹斯统治之神的信念:如果离开了教皇、国王和刽子手们尽力维系的那个古老秩序,一切都将毁于一旦,天火焚毁整个宇宙。以约瑟夫·德·迈斯特(Joseph de Maistre)为代表的旧世界斗士就这样谈到:

> 所有的伟大之处,所有的权力,所有的社会秩序都依靠刽子手;他是人类社会的恐怖,是维系人类社会的纽带。将这股不可理喻的力量从这个世界上带走,那么,秩序马上会被混乱

所取代,王座倒塌,社会解体。上帝,统治者权力的来源,也是惩罚的来源。他将我们的世界悬挂在这两根柱子上,"地上的柱子属于耶和华,他将世界立在其上"。

(以赛亚·伯林:《自由及其背叛》)

以主张彻底自由放任资本主义经济而著称的罗斯巴德(Murray Rothbard),对普罗米修斯盗火的故事极为熟悉。实际上,他也正是在这个意义上,自觉到自己是真正左派的身份。左右之争,自近代以来便极为复杂,尤其是在当下中国大陆的特殊语境之中。在中国的公共话语中,菲尔麦爵士有可能被称为是一个"左派"或自称为"左派",而一个普罗米修斯的子孙则可能被视为"右派"的代表。显然,此种划分有悖于前面关于诸神统治和灵知人盗火的故事。

还有一种流行的划分意见认为,在经济领域主张彻底自由放任是"右派",持经济管制和福利国家立场的是"左派"。一些"古典自由主义者"以此沾沾自喜,认为自己是"最纯正"的右派,而主张经济管制与社会福利的人则是"左派"。实际上,在沃格林讲述那个故事中,已经非常清楚,在古老的奥林匹斯神灵统治看来,"古典自由主义""社会民主主义""自由主义左翼"之间何必相争?你们统统都是普罗米修斯的子孙,是与该隐、夏娃和蛇为伍的。倒是罗斯巴德看得很清楚,所谓左右之争,最初的意义,也就是诸神统治与普罗米修斯的战争:前者坚持自然、神法、天启、静止、永恒、权力;而后者笃信契约、知识、理性、进步、相对、权利。就经济领域而言，近代早期的君权神授时代，王权赋予重商主义者以极大的权力去干预市场和分配，实行关税壁垒、专卖权和包税人制度，而坚决反对专制君主的新人们，则高举自由贸易的大旗，对君权神授的统治进行抗争（罗斯巴德：《亚当·斯密以前的经济思想》）。同样，福利国家也不是衡量左右之争的标尺。正如秦晖在《共同的底线》一书中借用美国思想家李普塞特的定义，将主张君权神授的托利党人所主张的福利国家，称之为"父权制社会主义"或"托利社会主义"那样。在这个意义上，灵知人马克思和普列汉诺夫也分别将其称为"封建社会主义"和"皇帝－国王的国家社会主义"。而君权神授的普鲁士国家，俾斯麦也在铁血统治的基础之上创建了福利国家。

实际上，左右之争最初的划分标准，也就是思想史中的政治谱系：真正的右派，是捍卫古老奥林匹斯众神以专制权力进行统治的人，在这个意义上，正如菲尔麦爵士所言，只要是君权神授，符合古老的自然，即使国王将臣民作为食物烹饪，也是正义的。或者如迈斯特所言，刽子手从断头台上走来，血污的双手上接住官员的金币，他到教堂祈祷，这就是正直、可敬与正义。至于国王与刽子手们是否对经济进行管制，如何管制，均与左右之争无关。同理，真正的左翼，是坚持以启蒙、理性、知识等"灵知"来瓦解奥林匹斯众神的永恒王权，他们相信世界可以通过知识来改变，现在好于过去，而未来必然好于现在。历史，就是一部人类不断盗火而前进的过程。从这个意义上讲，罗斯巴德的自觉，确实相当的清楚：面对古老的神权秩序，在双手血污的刽子手面前，主张自由放任资本主义之人与主张节制资本的社民主义者，其实本是同根生，都是左派，是患难与共的兄弟。因为，他们都是盗火者的子孙，是普罗米修斯的后裔。这对患难兄弟之间的争吵，仅仅只是经济再分配这一点小小的差异。

可是，主张自由放任资本主义的左派们，又为何被扫进"右派"的行列呢？实际上，这一过程是在19世纪完成的。随着古老神灵统治下的旧秩序之逐次瓦解，盗火者经营的世界也日趋复杂起来。在英国，经过苏格兰启蒙，"吃人礼教"的古老传统与温和的灵知之光融合在一起，联系它们的纽带，既有"不古不今"的普通法，也有国王、国教、旧贵族、旧礼教。甚至在1875年废除《主仆法》之前，英国自由经济中的雇主与雇工之间，也还具有古老的"主仆名分"（刘成：《英国现代转型与工党重铸》）。而在旧大陆，以法国大革命为代表近代的普罗米修斯之战中，古老的"吃人礼教"遭受重创。在日趋激进化的过程中，灵知人发生了分裂与内战。根据列奥·施特劳斯《现代性的三次浪潮》的划分，现代性的第二波，即从卢梭开始，经康德和德国观念论哲学到马克思，形成了对以洛克们为代表的第一波浪潮的回击。对第二波浪潮来说，第一波普罗米修斯盗火者们所要建立的秩序，在推进光明、平等、尊严、理性、知识、进步的伟大事业中业绩不佳，因此需要将它们与此前推翻的神灵统治一起扫进历史的垃圾堆。因此，伴随着19世纪的凯歌高唱，包括"古典自由主义"在内第一波的左派，却被扫进了古老右派的"历史垃圾堆"。而在19世纪以来"第一波"与"第二波"之间的殊死较量中，"第一波"也逐渐淡忘了更古老的故人，渐渐开始以"右派"自居。

秦晖认为，在中国当下知识界的语境中，有必要寻求超越左右之争的共同底线。实际上，这里所说的左右之争，正是第二波浪潮以来形成的"新左"与"新右"，而不是在奥林匹斯之神统治下盗走火种的"左右之争"。在此，二者均为第一波浪潮以来的产物，他们是同根所生却又激烈争吵的兄弟。

在古老的欧洲旧大陆，这对兄弟在 18 世纪末至 19 世纪逐渐分化，并最终撕破脸皮。如果将目光投向更久远的早期近代，则会发现，在"朕即国家"的神灵统治下，在皮埃尔·格雷瓜尔（Pierre Grégoire）们主张国王的命令便是上帝的决定，以至于可以没收任何人的财产之时，普罗米修斯的后裔们却在并肩为捍卫私有财产不受侵犯与自由贸易而战。显然，两个世纪后，这对曾并肩战斗的兄弟分道扬镳，也自为势不可免。但秦晖最关注的问题意识，便是在何种条件下，此种兄弟之间的分道扬镳才属于自然之道？又在何种情况下，此种兄弟之争又纯属伪问题。

显然，当 16 世纪君权神授的西班牙国王与阿尔瓦（Alva）公爵们以"血腥公堂"（Council of Blood）拷打、杀戮和没收"异教徒"的财产时，既不会存在是经济自由多一些抑或是社会福利多一些的问题。在庄严的"血腥公堂"上，如果出现第一波的"古典自由主义"与第二波的"社会民主主义"之争，这幕画面将瞬间由崇高的悲剧转化为荒诞的喜剧。我想，秦晖先生也会同意这一判断。他在《共同的底线》中谈到：

当时的人们在为自由主义与社会民主主义都主张的那些价值而奋斗，而抵抗那些自由主义与社会民主主义两者都反对的东西（专制制度等）。至于自由主义者支持而社会民主主义者反对的东西，以及自由主义者反对而社会民主主义者支持的东西，那时都尚未凸显。

阅读秦先生此作，深感其问题意识之明确。作为一位在精神底色带有浓厚"第二波"色彩的知识人，他的问题意识，则涵盖了"第一波"与"第二波"，直追那个从神灵之山盗来火种的风雨之夜。在这个意义上，无论从何种角度评论此书，似乎都有理由。但作者以那个"风雨之夜"为核心的反复探讨，就其精神品质而言，实为"鹦鹉濡羽"之情。

如果仅仅从知识的角度而言，书中也提供了大量可醒眉目的材料。例如，对"专政"（dictatorship）一词的知识梳理。书中提到，该词的原意为古罗马军事独裁官（dictator），是罗马共和国在遭遇战争时的非常体制，即暂时中断共和制，授予军事统帅以不受罗马法约束的短期独裁权力，并许诺事后不追究其行为。而马克思对该词的使用，正是古罗马意义上的（第118页）。又如，在学界出现大量号称抨击"新自由主义"的观点时，汉语学界中"新自由主义"一词却颇为含混。属于里根、撒切尔意义上的观念被称为 neo-liberalism，带有福利国家和罗斯福新政体制色彩的观念称为 new-liberalism，而主张经济自由的弗里德曼则自称为 new-liberalist。这三者之间的思想脉络与学理源流千差万别，但在汉语学界中都被翻译为"新自由主义"，这又进一步导致了各种观念甚至是批评者本身概念的混乱（第 235—237 页）。

当然，在大致同意作者的前提下，笔者也有自己的问题意识，即对于"共同底线"的范围。如果说，中国当下的知识界需要寻求"共同底线"，作为普罗米修斯子孙的"第一波"与"第二波"之间具有最低共识可能的话，那么类似于苏格兰启蒙经验一样，在古老过去与近代之间达成某种程度的"底线"又是否可能？

在中国当下知识界，越来越多的知识人注意到重新认识被普罗米修斯子孙们所推翻古老"礼教"的意义。且不论"新儒家"或其同情者一直以来坚持的立场，实际上，基于中国历史的问题意识与语境，秦晖本身就尤其重视中国前现代历史中的积极资源——他称之为"反法之儒"。徐友渔则谈到了传统儒学是重建社会、伦理与道德方面的重要潜在资源。而高全喜则以"苏格兰启蒙思想"为路径，由哈耶克重溯到 18 世纪的苏格兰道德学派，并基于中国的问题意识发生对古老传统的重新评价：如何认识古老传统与现代盗火者们的思想资源之间可以取得的"共同底线"。

阿玛蒂亚·森在《正义的理念》序言中曾谈到："在公元前 6 世纪的印度，释迦牟尼或顺世派学者的一些观点，听起来可能与许多欧洲启蒙运动思想领袖的重要论著不但没有矛盾，而且高度一致。但我们也不必因此而拘泥于探究释迦牟尼是否应该被归类为欧洲启蒙运动阵营的先驱，尽管他的名字在梵文里有'开明'（enlightened）之意；我们也不必去理会那些牵强的论调，即认为欧洲启蒙运动可溯源至遥远的亚洲思想的影响。不同的历史阶段会在全球不同的地区出现相似的思想，这一点并不奇怪。既然在论述相似问题时会出现不同的观点，那么如果我们只将视野局限在某个地区，就极有可能在阐述公正问题时遗漏一些可能有用的线索"。

在《以自由看待发展》与《正义的理念》中，阿玛蒂亚·森都对不同的古老世界遗产进行过考察，强调了它们在不同程度上与现代世界分享了共同的价值观与底线。他强调，无论是对于印度、中国或是伊斯兰的传统，都需要在其自身的问题语境中作出"调和古今"的阐释。

就此意义而言，森与秦先生，都同样走在探寻"共同底线"的路上。

比隆虞夏

赫西俄德曾提供了一种悲伤的史观,奥林匹斯的不朽诸神,曾创造过一个黄金时代的人类,那是遥远的克诺洛斯时代,人们如同神灵一般生活,守护着正义。而伴随着黄金时代被大地埋葬,白银种族的人类则因愚昧无知而与悲伤相伴。在获罪宙斯之后,他们也被埋进了泥土。再经历了往后的青铜、英雄种族之后,现世的人类便成为最悲哀的存在,作为黑铁时代的产物,他们在白天没完没了地劳累烦恼,在夜晚不断地死去(《工作与时日》)。从此后,黄金时代的历史成为模糊的记忆,遥远印证着现世黑铁的溃败与苦难,或许也提供了可供凭吊的甜蜜乡愁,让历史断裂的沟壑之中,也延展出更遥远的纵深,去理解当下的意义。

依稀遥影的记忆和叹息,并非只是为近代以来的浪漫主义者们提供了精神家园与庇护所，如同伊文思爵士（Sir Arthur John Evans）那般，在自己亲手发掘的克里特远古米诺斯宫殿遗址中，躲避第一次世界大战的痛苦。对于文明的火焰尚未熄灭，在风雨飘摇中尚能以昔日荣光自豪，并未堕入虚无幻灭的人们来说，某种关于文明、正义、德性、荣耀与秩序之基石的过去根基，则至为重要。它是黑铁时代人们力图重建文明与失落家园的凭据，没有这一"黄金时代"的承诺，则黑铁时代无意义，前者的存在是后者堕落的标尺，没有对前者的依稀乡愁，则后者的堕落即为合理。

因此我们能够看到，当古埃及中王国溃败解体后，重建古埃及文明的人们首先通过对早期礼仪艺术与建筑的模仿与恢复，来寻找重回文明状态的理由；文艺复兴的西欧人文主义者们，则尝试重新寻找失落的古典碎片，为开创早期近代秩序提供历史脉络的深层依据。而在古代中国，史前的玉琮、圭、璧形制与三代的各种青铜器等物质文化载体，作为一种文明的"典范"，在遭遇历史"大洪水"的破坏与混乱后，又在新的时代被作为复兴黄金岁月的尺度，而重新被不断模仿与生产。以至于，古代礼器的复古现象，成为现代美术史研究的一大话题（［英］杰西卡·罗森：《祖先与永恒》）。对于致力于保卫华夏文明火种的人们来说，对文明起源黄金时代的礼仪重建与模仿，绝不仅仅是基于甜蜜乡愁或思古之幽情的冲动，这些动机背后，有着与重建现实秩序背景极为深刻的考量。在此，唐尧虞舜与三代的远古美德，是真正伟大文明的基石，是衡量正义与邪恶，仁爱与残暴，开放与封闭，自由与奴役的准绳。对黄金时代礼仪与器物典范小心翼翼地模仿，正是向失落正义秩序回归的过程。正因如此，回到三代的声音，成为守卫火种者们永不间断的诱惑。

根据余英时先生的考察,在儒家政治思想对制度与整个社会发生了现实影响的宋代,"三代"一词具有强烈的现实性。士人精英普遍认为,"三代"与"汉唐"是性质截然不同的两个时代,对重建"三代"的强烈向往,也意味着对堕落时代如"汉唐"的拒绝。他引用朱子《答陈同甫六》的判断:"千五百年间……尧、舜、禹、三王、周公、孔子所传之道,未尝一日得行于天地之间。"在朱熹的笔下,虞夏三王所对应的"三代"黄金岁月,不仅仅是赫西俄德笔下被大地埋葬的人类,"三代"作为历史的同时,更是一种价值与符号,强调它的存在意味着对当下黑铁境遇(汉唐、五代)的贬斥,也意味着以恢复黄金时代为号召,建设一种更美好生活与秩序的可能性。这些细心守护着远古火种人们的笔下,"建三代之治""炳然与三代同风""尽行三王之道""三代何从而治""与三代同风"等话语随处可见,积裕着强烈的宋代气息。

如果说,"唐宋变革论"切中了宋代作为"近世"突破的特征,那么如此众多关于重回三代的词句,可能就与重拾散落的古典资源,作为配合近世秩序建构的深层脉络有关。余英时先生认为,"'三代之说'确是宋代政治文化中一种特有的论述,为前代所少见"(余英时:《朱熹的历史世界》),应当是仅限于对"唐宋变革"之前的思想史回溯。因为,宋代历史逻辑的复杂在于,它涉及"东洋近世"的突破,回归黄金时代为号召的冲动,在这一时期以标志性的"三代"话语为象征,一时蔚为壮观,这正是复古以求今,启今而复古,在不古不今之间,求亦古亦今之治的理想。三代比隆的诉求,是黄金时代镜面倒影的投射,照向当下难堪黑铁的同时,更是为开启未来之"今",酝酿着种子与土壤。

孔子说，礼失求诸野。这语言背后的逻辑，不同于现代人类学的精神品质，因为前者所念兹在兹之道，乃系于历史共同体传递火种的信仰与对黄金时代的仰望。而后者的嬉皮玩世，则立足降解火种信仰，将其抛洒于深沟高壑的田野之间，留下各种遗骸以供末人平等赏玩，落脚点在于破除历史共同体的信仰纽带。正是在这个意义上，朱熹考察南方溪瑶人群祭祀以辨析三代古礼立尸仪程，以及研究女真部落初兴阶段君臣共为戏舞以考察三代亲睦之道，虽有现代人"处处皆田野"比附的一厢情愿，却自不同于"忧郁热带"的祖祧宗祐。正是在此意义上，恢复"三代"精神资源的诉求即使在"文献不足征"的境遇中，也只会将视野与目光投向巨人一般肃穆的"他者"，此所谓礼失求诸野。

余英时先生观察到，回归三代诉求的话语盛行于宋代，这恰恰高度基于当时政治文化演进的内在逻辑与历史背景。伴随着宋元之交的暴风骤雨，"东洋近世"演化的自发秩序惨遭重创。今人津津乐道于"崖山之后无中国"，虽属过激之论，本无义理可言，但本土文明在崖山之后伤筋错骨，也是不争的事实。就商业贸易与财产权的发育程度、税收财政体系的精密复杂、司法制度的高度分权制衡，士人"共治天下"的尊严与担纲意识而言，此后明清两朝均未能重建到宋代的高度，即使算上以"自由精神"著称的晚明。陈寅恪先生所谓"华夏民族之文化，历数千载之演进，造极于赵宋之世"（陈寅恪：《邓广铭〈宋史职官志考证〉序》），"天水一朝之文化，竟为我民族永远之瑰宝"（《赠蒋炳南序》）的礼赞，虽有文化保守主者强烈现实的情感投射，但仍可谓虽不中亦不远。正因以追求黄金时代为目标的"天水一朝"之后，灰烬中半存的华夏秩序虽然继续小心守护着代传的火种，却在苦痛挣扎中与自发演进的历史脉络脱轨已久，难以对接。因此，降至晚清，伴随着以英格兰"不古不今"演进线索开创出现代文明的世界性扩张，汉诺威遗产与早期维多利亚时代高贵德性和古典自由的彬彬相宜，在其肃穆仁义之间，使得晚清士人在混沌的黑铁时代以"礼失求诸野"而重寻黄金时代之光的探索成为可能。

秦晖先生在谈到晚清士人对欧美"礼失求诸野"的接受史时，打乱了"我们"习以为常所谓"坚船利炮"的神话想象：

> 这些真正的儒家从传统上就带有一种愤世嫉俗的心理，认为三代是很理想的，到了后来就越来越糟糕了。他们带着这种理想去看西方，忽然发现有一个很理想的地方，就是西方。这个所谓的追求道德理想，也就是带有古儒三代色彩的理想，是这些人学习西方的主要动力，而富国强兵的功利主义反而只是次要的或者是顺带的动机。
>
> （秦晖：《晚清儒者引西救儒》）

如果华夏人对"他者"的服膺，仅仅是被"坚船利炮"所震慑的结果，那么在明末清初清军入关之时，就应该首先去学习兵强马壮者"大清"的萨满教，而不是在被痛打后带着骄傲的神色，洗净身上的创伤，投入对三代文明与制度重建的故纸研究中去。在晚清士人与欧美文明相遇之时，他们不是被"坚船利炮"所震慑，而是被兼具德性与古典自由的西洋"仁义"所深深吸引。这些远方仁义的"他者",迅速唤起了他们礼失求诸野的愿望,而这正是他们苦苦守护那些火种在异域的鲜活版本,活生生的三代。

1848年,即第一次英清战争后六年,徐继畬即在《瀛寰志略》中评"他者"华盛顿:"卅疆万里,乃不僭位号,不传子孙,而创为推举之法,几于天下为公,骎骎乎三代之遗意"。他明显已经发现到,在拒绝成为世袭国王的华盛顿那里,其政治德性正与华夏黄金时代"天下为公"的精神相契合,这正是三代气质一般不动如山的文明。如任锋先生所言:"三代政治从根本精神上把天下视为公共的天下,政治人物的施为与意志需要体现或符合这个公共精神。"(任锋:《道统与政体》)在此意义上,尽管生活在黑铁岁月中的晚清士人们本身并无关于三代的直接经验,但关于黄金与白银时代的人文主义教育,在潜移默化中为他们植入了这一知识与信念,使得他们在面对具有"公共的天下"这一异域的现实经验时,直接被激活,"古"与"今"迅速对接在了一起。

因此,薛福成所言"美利坚尤中国之虞夏时也",将横向时间的异域他者,视为等同于华夏历史纵向黄金时间的比隆对象。通过对活着"虞夏"的参考研析,礼失求诸野,使本土"虞夏"之火重燃不再遥远。郭嵩焘在目睹了英格兰维多利亚的古典自由之德后,在日记中写道,西洋人看现在黑铁时代的中国人:"亦犹三代盛时之视夷狄也,中国士大夫知此义者,尚无其人,伤哉!"(郭嵩焘:《伦敦巴黎日记》)沉痛的叹息背后,流露出对大地埋葬掉黄金时代的无限惋惜,而作为他者的西洋,却以正处于三代之盛的熠熠生辉,反衬出自己文明灰烬的苦涩。

痛苦交织着希望，他们仍然有机会，如同中王国溃灭后的古埃及人，或近代早期的西欧人文主义者一样，通过对黄金时代的信念，去重塑古埃及文明，或是一个古典的欧洲。重塑，并不意味着对黄金时代的简单复制，时光不会倒流，永恒轮回只是远古印欧思想的梦呓。复活，意味着黄金时代精神维度的重启，在新的时代，遥接火光源头于千百年之上，对接"古今之争"，去开辟它应有的未来与尊严。

郭嵩焘们并未打开潘多拉的盒子，郑观应与王韬也没有让人们失望。

既然希望之火不灭，那么礼失求诸野以开启新"三代"的途径就有迹可循。郑观应在《盛世危言》中，谈到对西洋"三代"的理解，正是基于这一精神："今泰西各国犹有古风，礼失而求诸野，其信然欤！""议院乃上古遗意"。他强调，议会制度为政事的根本，这种精神恰是华夏三代的孑遗："西国以公议堂为政事之根本，既有议院，君不得虐民，而民自忠于奉上。猗欤休哉！此三代以上之遗风也。"此种对于公议的重视，恰恰应当被放置在华夏文明历史演进的内在脉络中进行理解。如任锋先生所言：

> 宋代政治中的公共话语作为近世公共理念的成型提供了非常关键的历史背景，作为对于此种宪制经验的精神提升与哲学凝练，以理学家为代表的近世儒学又以其系统的公共理念对后

来的文明演进产生了广阔深远的影响，成为现代中国公共意识的近源活水。

（任锋：《道统与治体》）

如果说，宋人向黄金时代先秦的致敬与渴慕，造成了"近世"首次三代话语的大规模流行，这背后的精神源流，正是对"天下者，天下人之天下"进行肯定与回应，并继续以强弱不同的程度影响着此后的东亚思想史。那么就应当承认，即使是经历过前所未有皇权专制高峰的清朝士人，仍在教养深处埋藏着古儒关于"公"的理解与知识。正是在这一前提下，三代、宋儒、西洋、不同时空的资源，在晚清士人心中衔接起来，激发出对三代的致敬，对文明重新燃烧之火的希望："尧、舜官天下，求贤禅让，何与美利坚合众国公举总统之制类也；汤武顺天应人以放伐独夫，代膺大位，何与欧洲列国之民迫其政府更革政治类也。"

君臣之礼，也是敏感的宋儒与清人关心的话题，因为它背后涉及对"尊君卑臣"的厌恶，对"共治天下"士人尊严的关注。"今泰西各国通行之礼节盖亦简矣：臣下之见君上，不过三鞠躬而已，免冠握手而已，上下皆立见，无所谓一坐一跪也。古之时诸侯朝天子亦然，天子南面而立，诸侯北面而朝是也。此即西礼之暗合乎中国古礼之遗意者也。"在三代古礼中，君臣席地而坐，"跪"并无卑下的含义，臣拜君，君答拜臣，朱熹称之为"日相亲密""何其诚爱之至"。降至唐及五代，虽有座椅，但宰相仍与皇帝同坐并从容赐茶而退。据邓小南考察，宋代宰相不再赐茶同坐，并非所谓尊君卑臣的结果，反而恰恰在于宰相不再是"坐而论道"的清闲虚位，而是作为政府首脑，决定了他们劳碌纷繁，酬酢不逮，因而"不得从容"（邓小南：《祖宗之法》）。跪奏始于女真金末高汝砺，元朝发展为"皆跪奏事"（《元朝名臣事略》卷八），而三跪九叩则定于清，满语作 hengkilembi。清朝竟有臣下刘于义因奏事久跪，头昏跪死的悲剧（《啸亭杂录》），这是郑观应们接触欧美世界时最现实切肤的经验。因此，西洋君臣之礼，一反清人所熟悉"尊君卑臣"的政治文化生态，激活了晚清士人心底对三代君臣之间人格"诚爱之至"的向往。

对王韬来说，维多利亚美德的英格兰，"其政治之美，骎骎乎可与中国上古比隆焉"（王韬：《弢园文录外编》）。古典自由的英格兰之美，与醇厚的习俗氛围密切相关："英民恃机器以生者，盖难以偻指数。故其民情之醇厚，风俗之敦庞，盗贼不兴，劫夺无闻，骎骎然可几乎三代之盛也。"迈斯特（Joseph de Maistre）认为，法国大革命是上帝对启蒙主义灵知人的报复，人类的鲜血，是他们为历史救赎所付出的代价。大革命激发了旧秩序的复活，十八世纪粉红色的进步乐观主义逐渐湮耗星散，礼教与德性的重要意义被提升台面。如果说维多利亚道德主义是对大革命风暴的反弹，那么也必须看到，威廉四世时期废奴法案（Slavery Abolition Act）的通过，也是大革命后被激起道德主义德行的产物。郭嵩焘曾对维多利亚英国与埃及订立禁止贩卖黑奴章程及其实践表达过崇高敬意，所谓"其仁厚诚不易几也"。而1851年英格兰举办第一次世界博览会，六百三十万人参观，却不见作奸犯科与粗鄙无礼。绅士君子们出入进退有序，博雅而知礼。此种被激活的德性，与古典自由秩序彬彬相宜，使王韬得出该国民情醇厚的结论。

古典自由英格兰的"狱制之善"，也使王韬给予了"三代以来所未有"的高度评价。或许，英格兰悠久习惯与判例传统的普通法实践，让他联想到了三代司法的古老正义，《尚书》中"与其杀不辜，宁失不经"的无罪推定精神，"父子兄弟罪不相及"反对连坐制度的原则，甚至"礼"与习惯法之间作为经验传统和自由秩序隐秘联系融洽汇通的诸多头绪。在这一系列思考的基础之上，他得出了"苟有礼也，夷可进为华，苟无礼也，华则变为夷。岂可沾沾自大，厚己以薄人哉"的结论。此处的"夷"，决非"田野"中的"他者"，更非拟欲援引"忧郁热带"为父母之邦所作的"补天"之态。"夷"因具有了三代之礼与德行，从而成为比"我们"更像"我们"的存在，相比之下，"我们"的父母之邦却陌生得如同"他者"。吊诡的夷夏之辨背后，悲怆之情隐然可见，投向异域星空下的视野，却是"我们"最为珍视的黄金时代。正如余英时先生所述，晚清儒者将古典自由秩序视为"再次来临的儒家黄金时代"，这正是儒家精英对自由观念所能表示的最高赞美（余英时：《民主观念与现代中国精英文化的没落》）。

四

对社会进化论来说，关于远古失落"黄金时代"的乡愁，无异于野蛮部落的认知图景，因为他们无法洞悉世界与历史演化的"必然规律"。对于这些理性主义者而言，世界与历史的"进化"，具有内在与层次性的规律，通过理性与知识的洞见，可以充分掌握上帝一般的宏大视角，既能把握当下的意义，更是打开专属于未来黄金时代之门的那把钥匙。而愚昧野蛮的古代，则是博物馆中的预备藏品，对它们的研究，意义仅限于这是认知"必然规律"的粗鄙原料。

随着晚清思想史的变迁，十九世纪九十年代之后的思潮，已然酝酿着巨变。虽然在这个时代，康有为仍然认为西洋政治是"三代两汉之美政"（《与洪右丞给谏论中西异学书》）；孙文给李鸿章的信中，仍在提"泰西诸邦崛起近世，深得三代之遗风"（《上李鸿章书》）；章太炎也在以汉代地方的"议民"比为现代地方议会（《检论·通法》）；而梁启超则以《孟子》滕文公欲行三年丧而父兄百官皆不悦，将此视为"此上议院之公案"（《古议院考》），但这也只是传递火种者们比隆虞夏之心的最后点滴，斯宾塞尔们的世界观正在被植入中土，黄金时代的承诺被倒置过来。

对严复来说，"统新故而视其通，苞中外而计其全"，调和古今中西，反对"悉弃其旧，惟新之谋"（严复:《与外交报主人书》）的愿望，或许即将成为无力回天的仓促署名。因为在这个时代，欧陆已然沦为了各种激进主义角力的战场，普鲁士新生民族国家的军功使清国游士认为战国时代再次降临，三代礼乐已然崩坏，而秦尚首功的军国民凯歌，更加证实了译中发明"物竞天择，适者生存"的智性优势。智性必将取代德性，黄金时代的未来正是残酷竞争天命的嘉奖。《天演论》《群学肄言》与《社会通诠》所象征的认知图景，足以摧毁比隆三代的"腐儒之论"。

在晚清的最后一个阶段，有人开始主张将中国"极野蛮时代之名物"放入"古物陈列院"（吴稚晖:《评前行君之"中国新语凡例"》），博物馆作为给未来黄金时代培育养分的献祭，已然注定其规模之宏大。进步主义者以黄金时代之名许诺未来，刘师培、李石曾们希望废除家庭制度，宋教仁认为可废除国家与私有制，章太炎则寄希望于秦制的"法吏"与最终的无政府。掐断生生不息火焰的工作,仍将由下一代人来完成,那个时候,这代人笔下的博物馆中,将囊括了三代之器、王官之书,孔孟之道,野蛮之物。包括了家庭、私有财产、商业活动与线装书、文言文、汉字及奇怪的缠足小鞋,像法国人革命中收藏的巴约挂毯(Bayeux Tepesπg)一样,被古怪地陈列在凯歌高奏的博物馆中。

密涅瓦的猫头鹰未必总是在黄昏起飞,清晨腾入苍空的尾翎上,明明眷写着涅索斯的诅咒。

"古今之争"与原儒之道

关于"原儒"的考察,历代学者颇有尝试,如章太炎先生在《国故论衡》中有"原儒"一篇,考儒在远古和术士为一类,不仅限于传经,而是以书、数为本。胡适先生延续此一思路,在《说儒》中以"儒"为殷遗民的职业,掌管礼乐祭祀,并以孔子为殷民族的"弥赛亚"。徐中舒先生《论甲骨文中所见的儒》一文,则以甲金文字考察,推测儒为需,乃宗教人员祭祀前沐浴之形,属于商代已有组织的宗教团体。方述鑫《殷墟卜辞和〈周易〉中的儒》、白川静《常用字解》都有类似观点,将最初的"儒"解释为一种宗教性的职业。

尽管诸说不同,但他们都有一种倾向,可能受到了刘歆"王官"说的暗示或影响,均预设"儒"有一个最初的职业原型,再从此种职业演化为传经文士。我比较倾向于陈来先生的观点,考证儒为求雨术士,就和考证"道"最初是携异族首级而行一样,其实对于说明先秦"儒"的概念意义并不特别重大。从发生学而言，儒的起源有多种可能，当然也不排除早期的宗教巫史色彩，但真正奠定了思想史中"儒"之含义的，仍然应当追溯到孔子，即马王堆帛书《要》中孔子所谓"吾与巫史同归而殊途"，儒的核心要义，正在此"殊途"之中。

孔子主张成为"君子儒"而非"小人儒"的划分，本身意味着儒学起源和君子之道的密切联系，而"君子"一词实为当时贵族德性与伦理精神的载体。尽管在孔子那里，"君子"一词和西周相比发生了变化，不是简单和世袭贵族的血统、位禄等同，而是更多指贵族德性，因此"卫之鄙人"子路、子贡（《荀子·大略》），也以成为君子作为人生目标。孔子开放教育，显然给庶人接受贵族教育提供了契机。但在相当多的语境中，"君子"仍然保留着古老贵族的原初含义，如"君子信而后劳其民"（《论语·子张》），"君子笃于亲，则民兴于仁"（《泰伯》），以"君子"和"民"对举，这些语境下的"君子"显然仍然保留着西周封建贵族的原始含义，即治民的大人。儒和儒家君子的概念，与其说是古文字学家所说求雨的巫祝，毋宁说是西周以来治民的封建贵族。

现代普通人说起儒，更多的印象是研究科举考试，希望成为官僚的形象，孔子也是文弱不堪的白胡子老头。但儒家的君子，最初乃武装化的封建军事贵族，熟谙不鼓不成列、不重伤、不擒二毛的骑士战斗礼仪，《公羊传》赞宋襄公君子大其不鼓不成列，正是此种精神文化的余绪。在韦伯的笔下，孔子的"君子"被描述为有过习武的"骑士"，当时中国与中古西欧一样，存在着等级骑士风范，还有"车战骑士封臣"（韦伯：《儒教与道教》）。《左传·哀公十一年》

中记载，孔门弟子冉有、樊迟作为季氏的车战骑士，参加了与齐国的战斗，冉有勇敢战斗的贵族精神，获得了孔子"义"的高度评价。

正如余英时先生所言，周代的"士"，属于允文允武之辈，贵族礼仪的修炼学习，包括了礼仪纹饰与骑士精神的战斗能力。君子必须能操作封建军事贵族的战车纵横，以射礼陶冶德性，参与大蒐礼养成贵族战斗的习惯，而"师旅能誓"乃君子大人为政的必备技能（《隋书·经籍志》）。《尚书》中从《甘誓》《泰誓》《牧誓》到《费誓》《秦誓》，都是作为军事贵族的君子大人传承具有武德精神的修习文本。孔门师徒作为传承礼乐信仰的精神共同体，本身也具有相当的战斗力，这体现在卫国公叔氏在蒲地的叛乱，与孔门弟子车马的战斗，也体现为他们要求孔门师徒不要前往帮助卫国。因此孔子所言"杀人之中，又有礼焉"（《礼记·檀弓》）的话语，表明他对封建贵族的战争礼仪非常熟悉。

原儒的精神文化根基，在于通过培育大人德性——包括了仁爱、诚实、勇敢、战斗、节制、忍让等贵族美德在内的修为，以家族或类似孔门师徒这样跨血缘的共同体为基本单位不断传承下去。在封建贵族制的君子德性中，战斗的意志与武德，属于构成原始儒学产生背景的氛围，不教民战是谓弃之，正因勇敢与武德构成了原儒时代类似空气、阳光和雨露一样的常识，孔子才有必要反对暴虎冯河之类的蛮勇。

封建制和贵族小共同体社会必然养育武德与生机蓬勃的战斗精神，而秦制利维坦则必然铲除贵族与私斗，侠以武犯禁，因此收缴天下之兵聚之咸阳，铸为金人十二。秦汉以来的官僚科层制，以"文吏"掌管利维坦的治理，在经历了秦对封建贵族和儒者的巨大破坏后，文吏和《盐铁论》中的"大夫"们实际上成为韦伯和福山意义上那种"现代国家"的实际执行者，即通过祛魅和理性化的法律知识进行治理。当然，以封建贵族和小共同体治理为本位的儒家，在这一时期相当边缘，除了为张汤们缘饰狱政，盐铁抗争之类并未取得实际效果。盐铁论战中，具有原儒立场的"文学"为民营盐铁辩护，实际上是捍卫自发秩序产生的自然精英，由于先秦时代原生态的贵族世家被秦斩断，在编户齐民与国权下乡的秦－西汉体制下重新衍生的自然精英及其团体，一定程度上扮演了此前贵族大人作为社会治理凝结核的作用。

这一时期的儒学，其实也带有强烈的大共同体本位色彩，除了董仲舒们"屈君以伸天"，借助天人感应约束皇权，眭弘、李寻、白贺良、解光们一直到王莽，他们所言再受命、禅让，仍然是在大共同体的"秦制"框架下解决问题。因此，王莽会将西周小共同体本位的井田理解为大共同体的王田，诸如此类而导致失败。因为，西周的井田实际上属于小共同体所有，是各级贵族宗族的私田，大量金文材料表明西周存在着贵族小共同体之间的土地交易，李峰在《西周的灭亡》中研究认为，"封建"一词的"封"字是用于描述贵族、宗族之间的土地转让，而"建"才是建立新氏和诸侯国。李学勤先生释读西周金文，指出有"贾田"的记载，李零先生也认为西周贵族的"贾田"属于土地交换。这种贵族及其所属小共同体可以自由交换的土地，显然不是包括王莽们在内一般后人理解的"国有"，不许买卖。恰恰相反，这种土地属于私有，是贵族世家及其所属小共同体的私有财产，国家无权剥夺。"普天之下莫非王土"的记载，其实更类似于"香港皇家警察"的称号，并不意味着香港"皇家"警察是英国女王的私有财产。王、皇家是其合法性的来源,但这些土地是私有财产,而非王莽和尊《周官》者们理解的"国有"。由于不深谙周秦之变的内核,王莽错误地将西周小共同体的规则强加于他时代的庞大郡县制大共同体之上,要用"今"的手段去实现"古"的目的,所谓牛头不对马嘴,因而导致全盘的溃败。

高全喜先生强调古今之争大于中西之别,我非常赞同。但由于各种原因,很多人将中国的古今之争划界定在鸦片战争,或是辛亥革命。我比较倾向于白彤东先生、柯小刚先生的划分,以秦作为今,以先秦作为古。在这个意义上,西汉属于今,但古的元素或者叫种子,并未全然毁灭。西汉宗族、豪族等小共同体的重建,以超自然力量"天人感应"限制祛魅的皇权,都属于给"今"的现实注入了"古"的元素。王莽以今的手段去求古,导致自己毁灭,因此东汉的儒者,有冷峻现实之感,即阎步克先生所谓儒士而兼任文吏。此种状态下的儒者,虽然明习大共同体的律令,但又组建地方豪族与小共同体这一类似封建贵族的治理系统,类似"不古不今"的状态。正因此种不古不今的结构中有封建贵族的水密隔舱结构,既作为地方与基层社会基本治理的凝结核,又是培育武德与元气的单位。

正因如此,中平元年黄巾之乱后,科层制利维坦的溃败,却并未导致社会的全面解体,地方豪族与儒士仍然扮演着治理的凝结核角色。类似的情况,其实也见于永嘉之乱的溃败例子上。如果没有吴地顾荣、纪瞻等地方性贵族大人的支持,则东晋华夏秩序保有半壁,也是极其困难的。江淮之间流民帅作为防范胡人南下的隔离带,其组织凝聚力同样高度依赖于儒学贵族的大人之道,如祖逖、郗鉴,他们的最初武力也以"宗族乡曲"对其大人人格之认同为最基本组织基础。《晋书·孝友传》记田畴率"宗族他附从数百人"躲避徐无山。又如八王之乱后庾衮"率其同族及庶姓保于禹山","勒部曲,整行伍",又属于重建武德的范畴。永嘉之乱后,又通过言忠信,行笃敬而获得林虑之人的归附,躲避石勒的攻掠。此种以贵族大人德性"来民"的践行,属于封建君子之道。谷川道雄所谓"中古豪族共同体"的观察,正是注意到这些新封建单位的治理功能,依靠地方性君子大人的儒学修养和德性,吸引众多难民归附,并依靠贵族君子重建武德来组织自卫,《北齐书·杨愔传》言"杨氏儒生,今遂为武士,仁者必勇,定非虚论",以孔子"仁者必勇"的概括,描述了中古乱世中君子武德的重要含义。"古"的元气存在,因此形成汹涌海啸中若干避难的孤岛,虽不时有岛屿被海啸所吞噬,但文明的火种却不至于熄灭。

华夏文明延续至今数千年,虽经历过类似古埃及文明中央集权崩溃后天下大乱的几次"中间期",但基本文明的治理与血脉未曾中断,而不同于古埃及在经历了三次"中间期"后最终被波斯化,被希腊化,被罗马化,被基督教化,被阿拉伯化。如果说秦以后,华夏的历史进入了"今",具有不可逆性(白彤东先生观点),那么我认为其中儒学守护和不断输入"古"的元素,则是保有元气,守护文明,因此能在各种溃败与灾难中延绵不绝,不至于被印度化(佛教)、波斯化(祆教、摩尼教)之类的重要原因所在。

天命中的"王权与神祇"

古埃及《金字塔经书》曾赞美法老:"法老专食神灵,中午吃大的,晚上吃中不溜的,宵夜时吃小的。他折断他们的脊梁骨,掏出他们的心脏,生吞在路上遇到的一切。"对于古埃及人来说,法老决非人类,他不但是活着的神灵,而且是带领埃及人民最终战胜死亡、黑暗、混沌的希望,金字塔的建造意味着法老复活带给埃及全民在彼岸永生的欢乐福音。作为神灵,他能战胜一切。法老之敌不过是可鄙的阿波菲斯蛇(Apophis),注定了覆亡的命运。但在古代西亚史诗《吉尔伽美什》中,乌鲁克的国王却为必死宿命和辛酸而悲泣,字里行间难掩忧伤和阴郁的氛围。富兰克弗特对比古埃及和西亚的宗教与政治艺术,认为二者背后的世界观与精神文化之间具有根本性的差异:

法老以《伊利亚特》中神使用的方式来决定战斗的结局，然而不是靠吵架来毁灭对方。在美索不达米亚，国王出现在军队的前头，当他们这样做时要注意生命危险。

（［美］亨利·富兰克弗特，《王权与神祇》）

这两种不同的王权世界观中，与其说埃及类型是将君主视为神灵，不如说他们是将神灵当作君主。而在西亚类型中，君主即使是最优秀勇敢的英雄，却仍不过是神灵的仆从。产生于古代西亚的希伯来宗教，人王仅仅是属于肉身凡胎的一员而已，当扫罗不再仰望神的赐予，而试图以一己之力的王权前行时，便最终遭到神的废弃。继承了希伯来型宗教的中古欧洲社会，神凌驾于世俗王权之上，也是此种古老西亚类型延续和发展的逻辑。

按照这两种不同的划分，作为天照大神血脉的日本天皇与作为火和太阳神而受到崇拜的秘鲁印加国王，显然属于埃及类型，而早期中国的商代政治宗教，王者亦属神灵之宗嗣。通过对甲骨卜辞材料日渐深入的解读，商王身份决非仅仅是陈梦家先生笔下的"群巫之长"，他更是日神的鲜活血脉，武丁后的商王不但都具有神灵"帝"的头衔，且卜辞所见商王祖先与帝之间颇有血统的联系，与"天命玄鸟，降而生商"（《诗·商颂》）之说相印证。

有"历无名间类"卜辞记商王为死后为神的父亲卜选日名（《甲骨缀合新编》612），"丁""乙""辛"这些候选日名，意味着成为"帝"者所归属的神组。根据此神世界观，商王作为"曰子曰孙"，死后也通过日名的分组回归于天庭诸神之列。《叔弓镈》铭文所谓"成唐（汤）有严在帝所"，恰恰具有古老的信仰依据。作为活着的现世之神，商王有足够的自信宣称"我生不有命在天"，或与神偶搏斗，此种能战胜一切的强烈信心与乐观心态，正是"埃及类型"的特征。

伴随着殷周之交，西来的周人征服集团曾尝试继续扮演商王室这种"现世人神"的身份。周武王不但继续沿用殷礼，以商王室的母系后裔自居（王晖：《商周文化比较研究》），且还使用商王日名及帝号，被尊为"帝日丁"（李学勤：《新出应公鼎释读》）。陕西扶风出土周初殷人《商尊》有"帝司"之语，或为部分殷人将武王视为殷人传统"帝"的体现（徐天进：《吉金铸国史》）。然而周人的努力，并未获得一般殷人与东方诸夷的认可。在他们眼中，周人不过是野蛮的窃位者与大言不惭的日神信仰玷污者而已。周初的武庚之乱与东征，打破了周人继承商王室"埃及类型"王权的努力。

愤怒的周人征服者，作为报复，将历代商王陵墓摧毁，殷墟已发现八座亚字形大墓都遭受了深及椁底的大规模破坏，并在商王陵区埋葬夭殇而逝的婴儿瓮棺以为厌胜。在周初的《何簋》铭文中，将周公毁灭殷国为废墟的行为称为"公夷殷"，并用以纪年（李学勤：《何簋与何尊的关系》）。这标志着，周人以破坏性的行为，断绝了继承商王模式的尝试，这也决定了他们必须另寻政治合法性的依据。

※

张光直先生论及，周人要化解此种危机，就必须瓦解商王族的神性之德，方法有二：或斩断商王族祖先与上帝之间的联系，将周人祖先与上帝连接起来,或只有将上帝与祖先之间的关系根本斩断,将它们分到两个截然不同的范畴里去(张光直:《中国青铜时代》)。第一种尝试的失败,导致周人采取第二种办法,彻底斩断祖先与至高神灵的血脉联系。若王权的合法性不再是基于现世人神高贵血脉的理由,那么唯一可靠的因素便是人间的德性。周人提出"上帝改厥元子"(《尚书·召诰》),"皇天无亲,惟德是辅"(《左传·僖公五年》),因此"丕显文王,受天有大命"(《大盂鼎》)、"文王、武王膺受大命"(《乘伯簋》)。

自此之后,王者不再是活着的神灵,而是转变为凡人中最获神意恩宠眷顾的有德者。中国的政治宗教信仰,逐渐从"埃及类型"转变成为了"西亚类型"。"天子"一词的出现,意味着现世之君与神之间建立起模拟的父子关系,但作为人类的一员,他必须战战兢兢,克勤克谨,以便获取神意的青睐,延续其"天命"的恩宠。若有一天,该人君丧失德性,则不再保有"天子"的身份。

"上帝改厥元子"和"天子"观念的提出,意味着上位者并非世袭神祇,而是可被"革命"的对象,天命会变革转移,改朝换代为天意的体现,此种根深蒂固的世界观被儒学所继承。汤武革命作为历史共同体的集体记忆,是为天命成为历史的"道成肉身",而伴随着早期中国思想的轴心突破,殷周之际人格化的"天",逐渐演变为更抽象的伦理符号,"天视自我民视,天听自我民听""民之所欲,天必从之"(《尚书·泰誓》)的古朴周人天命论,在孟子那里凝结为更加人文理性化的民本主义之"天"。尧舜禅让决非天子以天下为一己私产赠予他人,而是天下之人都归与舜、禹,乃是天意的展现。

上博楚简《子羔》篇中,孔子专门强调了舜的身份只是"民",

即普通凡人，但他作为"受命之民"，以自身德性获取了天命，这又远高于仅仅以神祇血统而获得君位的"三天子"。在经历了中国思想的轴心突破之后，"天"的早期人格神色彩几近被完全抹去，而代之以民本意志，民意即天意。此种高度理性化的认知，尽管在汉代出现了"倒退"，即梁启超先生所言"退化到周秦以上"和胡适先生所谓"迷信的儒教"。但实际而言，汉代那种向类似西周人格神回归"天"的观念与形象，也是在现实政治的特定困难语境下，有意识选择和塑造的结果，理性化的天命认知仍是儒学的基本底色。

正因周代政治伦理实现了从"埃及类型"向"西亚类型"的转变，因此当继承了此种世界观的儒学传播到具有"埃及类型"信仰结构的日本后，二者之间才会爆发出激烈冲突，围绕的核心问题便是汤武革命。圣德太子接受儒学的内容中，便没有汤武革命。德川时代儒学大兴，但山崎暗斋仍然强调，汤武革命不适于日本，因为日本作为神国，乃神皇一统，不存在易姓革命之说。其弟子谷秦山，更是强调日本天皇是神灵，祭政一体，万世传递，因而远胜中国的改朝换代。在此背景下，中日两国儒学文化对人君之"忠"的理解，也呈现出相当差异，如李泽厚先生所言："中国的'忠'来自对人的诚挚，从而是有条件的、相当理性的；日本的'忠'来自对神的服从，从而是无条件的、相当非理性的"（李泽厚：《中日文化心理比较试说略稿》）。显然，儒学的天命转移与汤武革命学说，与"神国"日本作为"埃及类型"的关键内核部分发生了激烈碰撞，冲突的关键便系于殷周之变所奠定天命观念秩序下王权与神祇的边界划定。

周代天子称"王",但"王"与"天子"不同。所谓"古诸侯于境内称王,与称君称公无异"(王国维:《古诸侯称王说》),但"天子"一词,却保留有"绝地天通"以来作为"余一人"才能单独与人格神"天"交流的特权痕迹(余英时:《论天人之际》)。伴随着轴心突破,更多的精英获取了与"天"沟通的方式与可能,"天"不再是神秘莫测的人格神,而是以"道"的方式,承载于各种诸子之说中。

战国七雄及宋、中山等国皆称王,与周王并列,古老的"天子"之说并未被废弃。齐威王率诸侯朝周烈王,周使臣仍将周王称为"天子"。其后齐湣王自立为"天子",逃难于邹鲁之间,仍以天子自属(《史记·鲁仲连邹阳列传》)。但这一时期的"天子",如余英时先生所述,作为轴心突破后新时代的观念,虽在外壳结构上还保有古老"余一人"与"天"交流的特权痕迹,但其内在的精神含义已发生重大转变。经历过轴心突破洗礼后的"天"不再是能听能视的人格神,而是"天何言哉"的理性象征。"天子"与其说是强烈萨满性格的通神者,毋宁说只是现实政治秩序下的世俗权威。如果说周烈王仍因拥有九鼎的最高祭司身份而获取了最后一点"余一人"卡里斯马(charisma)的话,那么齐湣王自立为"天子",则完全属于新时代的世俗政治权威。秦灭六国,便是继承了齐湣王以来作为"天子"的政治逻辑,绝对主权者的合法性基于强烈的世俗理由,而非宗教背景。

"皇帝"一词,据张政烺先生考证,其早期含义指皇天上帝,如

《胡簋》铭文"皇帝"即"皇天",亦为《宗周钟》之"皇上帝"(张政烺:《周厉王胡簋释文》)。日人白川静亦言"皇帝"本意为"天帝""天神"([日]白川静:《常用字解》),宫崎市定、西嶋定生亦持类似观点([日]宫崎市定:《宫崎市定中国史》、[日]西嶋定生:《中国古代统一国家的特质》)。名词上的神灵渊源,很容易让人产生误读,以为秦朝皇帝是一位"埃及类型"的人间之神。如齐思和先生便认为秦皇帝属于"天神之号",故秦始皇"实亦与天神无异矣"(齐思和:《战国制度考》);雷海宗则言"臣民若属人类,皇帝就必属神类"(雷海宗:《中国文化与中国的兵》)。而据王玉哲、李学勤等先生考述秦公室源出于东方族系,也可能将秦皇帝与东方族群的太阳神信仰联系起来。

但实际上,秦朝"皇帝"一词并无早期的宗教含义,它不过是"德兼三皇,功过五帝"世俗政治成就的最高表达而已。据《史记·秦始皇本纪》,秦皇帝仍与"天子"有关,一处为二世元年群臣顿首言"天子仪",另一处为司马迁引贾谊《过秦论》"今秦南面而王天下,是上有天子也"。据此可知,皇帝制度的起源,仍与"天子"之称有关,但"天子"出现甚少,且"天子"的用法仍继承了战国晚期的逻辑,指称最高世俗政治权威,与受命于人格化的天神无关。"天子"之"天",在此具有强烈祛魅色彩,仅作为古老君主称谓的习惯性沿用,不再具有更多的实质性内涵。

秦的政治合法性,既是五德之运推演的结果,更是世俗政治逻辑胜利的演绎。秦始皇石刻所宣扬的政治合法性,最能表达其观念:"六国回辟,贪戾无厌,虐杀不已。皇帝哀众,遂发讨师,奋扬武德。义诛信行,威燀旁达,莫不宾服。烹灭彊暴,振救黔首,周定四极"(《之罘刻石》);"皇帝奋威,德并诸侯,初一泰平"(《碣石刻石》);"义威诛之,殄熄暴悖,乱贼灭亡。圣德广密,六合之中,被泽无疆"(《会稽刻石》)。据秦刻石所宣扬的政治合法性,无一条涉及超自然的力量与奇迹。在新出土益阳兔子山秦二世元年诏书木牍中,关于秦始皇的至高合法性也仅涉及"至治大功德"的世俗事迹,而与天命神迹无涉。

相反,古代五帝三王"假威鬼神"的政治秩序,则在秦《琅琊刻石》中受到嘲讽。如赵翼所说,"上古之时,人之视天甚近","至于暴秦,天理几于灭绝"(《廿二史札记》),秦政的治理,距离超自然的"天"甚远。皇帝合法性的来源,皆属世俗政治世界之功业,强大的人间主权者消灭了六国暴政,建立起有序的政治秩序,使人民免于类似霍布斯笔下那种混乱和暴死的苦难。

根据秦刻石,皇帝被称为"秦圣""大圣""躬圣",可知皇帝属于人类,而非所谓"大帝"。所不同者,仅在于皇帝是具有超强德性与能量的圣人而已。秦始皇三十六年命博士作《仙真人诗》,令天下传唱,是以"真人"自诩,亦属超凡人类,却与神祇无涉。二十八年在湘山遇大风,据说为湘神作祟之故,愤怒的皇帝命刑徒砍光湘山之树以示惩罚。以出土秦简《日书》参考可知,秦的普通人生活中有以苇击杀鬼神的观念与实践。于皇帝而言,惩罚湘神与其臣民以苇攻击鬼神一样,都是当时最日常的生活技术与知识,并无更多的超自然神学意蕴含其间。

顾立雅(H. G. Creel)、福山(Francis Fukuyama)都曾据韦伯的标准将秦解读为最早的现代国家,即秦如果没有全部符合韦伯定义现代的特征,但至少也颇具其特点(H. G. Creel, *The Beginning of*

Bureaucracy in China；福山：《政治秩序的起源》）。秦政的合法性高度基于世俗和祛魅的理由，尽可能排除掉超自然的神力与奇迹，只给人间主权者的剑与杖留下空间，并依靠高度理性化的科层制官僚组织进行社会管理。在这一背景下，秦人不常使用的"天子"一词，只剩下毫无实际内容的空壳。

四

早期西汉的政治合法性论证较为模糊，刘邦曾以秦上帝祠缺黑帝得出"待我而具五"的结论（《史记·封禅书》），仍是战国、秦以来五德之运推演的延续。马王堆三号汉墓出土《五星占》记有"张楚"年号，则暗示楚之法统仍与汉交融互渗（田余庆：《说"张楚"》）。但直至景帝，汤武革命说仍属于不争论的学术范围，因为汉朝政治合法性的论证背后存在致命的悖论。

西汉儒者在混沌的政治合法性背景下，重建了一种类似西周的人格化天神信仰，将"天子"的身份，重新纳入"西亚类型"的超自然结构中，使执政的天子与三公肩负起对于强大神祇的伦理责任，以限制祛魅后那种无边无际的人间主权可能造成的非理性后果。梁启超先生描述："中国之神权，以君主为天帝之雇役"（梁启超：《论中国学术思想变迁之大势》），正是西汉儒者重建天命秩序后的结果。自董仲舒始，便有"屈君而伸天"的诉求（《春秋繁露·玉杯》）。据此种世界观，"皇天所以遣告人君过失，犹严父之明诫"（《汉书·谷永传》）；"天神谴告人君，犹人君责怒臣下也"（《论衡·谴告》），如同希伯来的王一样，不再仰望神恩的扫罗将招致天罚。汉儒将"天子"一词重新还原到周代的丰满含义："王者父天母地，为天之子也。"(《白虎通·爵篇》)也正是在复古更化的意义上，原本作为世俗主权者的"皇帝"，被纳入更早期的"天子"轨道中，即董仲舒强调"天子受命于天"。天子受命于天，表明其政治合法性不再是基于"灭六暴强"这样的世俗性功业，而是以德性获取了最高人格神的奖掖与授命。

战国晚期和秦的最高政治主权具有祛魅色彩，导致了无法控制的非理性权力，用福山的表述，便是越现代和制度化，它的专制便越有效。在此意义上，汉儒以"神道设教"，将祛魅的绝对主权重新纳入超自然的法律中，重建"西亚类型"的"天子"，正是理性选择的结果。如皮锡瑞所言："当时儒者以为人主至尊，无所畏惮，借天象以示儆，庶使其君有失德者犹知恐惧修省。"(皮锡瑞:《经学历史》)此种"神道设教"的隐秘心法，仍为宋儒所深谙，即富弼所言"人君所畏惟天，若不畏天，何事不可为者"(《宋史·富弼传》)!

汉天子既受命于天，则随着天意之变，天命转移也事所难免，因此眭弘、李寻、白智良、解光等讲言再次受命，天命转移也伴随着禅让的阴影。天神灾异掌控下的政治，给天子与三公带来极大压力，元帝之后尤为强烈，此种情况一直延续至东汉，因此徐复观先生考证，王充力图论述大人不相知的理念背后，是试图将皇帝从超自然力量的控制下解放出来(徐复观:《两汉思想史》)。另一方面，天与灾异的密切联系，也导致一般社会心理中对天的紧张感与恐惧，将《诗经》时代即已出现的那种"何辜于天，我罪伊何"的困惑与悲怨放大。尹湾汉简《神乌赋》中，遭受不公待遇的鸟，正是人间庶民的化身，他最终只能比天而鸣，发出"苍天! 苍天! 视彼不仁，方产之时，何与其□"的悲鸣。西王母崇拜的大规模流行，意味着民间对天信仰的焦虑与强烈紧张，如巫鸿先生所言："一般百姓不再寄希望于上天，而转向另一个神祇。与严峻苛刻的上天相比，西王母对人类更富有同情心，希望让其子民过上幸福日子。"（巫鸿：《武梁祠》）原始道教神灵"黄神越章"，也成为取代苍天信仰的重要民间神祇（方诗铭：《曹操·袁绍·黄巾》）。

汉儒以理性重建的"西亚类型"天人模式逐渐陷入危机，天子、三公、士人、庶民在这一机制中都被紧张感所折磨，第一次党锢之祸发生的时间（延熹九年），也正是由经学开始转为清谈的时代，崇尚《老》《庄》的马融提出"生贵于天下"，正是这样一个信号。自此之后，某种近乎虚无主义的悲观氛围开始萦绕在时代的上空，仲长统诗云"寄愁天上，埋忧地下。叛散《五经》，灭弃《风》《雅》"正是此种情绪的写照。遍体鳞伤的士人们如同伯林（Isaiah Berlin）笔下那些希腊化时代心灰意冷的学者一样，开始退出公共生活，转向避世与清谈。而在民间，"苍天已死"的口号正在酝酿，亳县东汉曹氏宗族墓出土文字砖上，刻写着底层贱民对天的诅咒："人谓壁作乐，作壁正独苦。却来却行壁，反是怒皇天"，而叛乱道徒们的口号"苍天乃死"，也赫然在目。

以"西亚类型"重建的儒学"天命"危机已然降临，而即将迎来的数百年大乱中，培育政治合法性的新种子，也在孕育之中。晋人以玄学自然辅弼天命名教，行网漏吞舟之政，延及隋唐，浮屠与道教之说被纳入合法性的建构。宋人深谙"天何言哉"之理，却坚持神道设教，伸天以屈君，又借祖宗之法、条贯之例制衡，天子与士大夫共治天下，士大夫与庶民共治乡里。清朝的政治合法性近乎鄙陋，而最精于政治权谋，以智术从根本瓦解"天命"对皇权之压力。地震灾异警饬历代君主，而康熙则借西方"气震"之说，将其祛魅为客观的自然事件，剥除了灾异的道德含义。清皇内心的真实信仰，实为喇嘛教与萨满跳神，而与传统儒学义理无涉。随着晚清自然科学带来彻底祛魅的世界，王权与神祇同时走向毁灭，天命合法性的钟摆走上了建构近代民族国家与民族主义之路。

酒的思想史

在荷马的竖琴吟诵中,古代的英雄们纵酒战斗,充满了原始生命力。但到了柏拉图的笔下,理想城邦的护卫者就成了必须戒除纵酒之人。歌颂纵酒迷醉,在上古先民那里并不鲜见,古埃及人往往通过献酒,向神明表达虔诚,也藉此获取来自神灵的狂喜与亲切关系(蒲慕州:《酒与古埃及宗教》);希腊的酒神狄奥尼索斯,不但是著名的古代文化现象,而且以现代尼采"酒神精神"的解释而为人所知。人类学家泰勒(Edward B. Tylor)谈到,"古时人们率直地不受任何疑虑影响地饮用那些令人陶醉的饮料,他们认为这是天赐的排解郁闷和变败兴与忧伤为暴喜狂欢的灵药"(泰勒:《人类学》)。

中国古人饮酒的历史颇为悠久,在距今四千多年前的龙山文化陶器上，就附着有各种不同酒类的残迹，经鉴定包括米酒、蜜酒和各类果酒。考虑到当时已经开始出现原始的青铜礼器与蛋壳陶等工艺高度复杂的陶器，那么可以推测这些酒，很可能已经被用作高规格政治、宗教礼仪上的用途。到二里头时期，出现了青铜爵、铜斝、铜盉等高等级酒器，开商代发达饮酒文化的滥觞。

张光直先生认为，商代发达的饮酒文化，与巫师要达到的幻觉效果密切相关："祭祀时从事祭祀的人喝酒致醉，当与巫师作法的本事有关"，"殷商巫师之饮酒是不成问题的，酒喝多了也可能有利于幻象之产生"（张光直：《商代的巫与巫术》）。古代的通神宗教活动，常有使用致幻药物的情况，如大麻、毒蘑菇、仙人掌等，在印度的《梨俱吠陀》中，记载有令人陶醉的"苏摩"（thesoma）饮料，人类学者推测苏摩可能是飞伞菌或蛤蟆菌，多在古代亚洲的勘察加人、楚科奇人、科里亚克人、尤克基尔人等举行的仪式中作为致幻的饮料，中美洲危地马拉的卡米纳留卡（Kaminaljuyu）遗址则出土了研磨致幻毒蘑菇饮料所使用的工具。甚至有人认为中国古代文献中受到尊崇的菌类"灵芝"原型，便是能产生幻觉的毒蘑菇（萧兵；《楚辞的文化破译》）。

灵芝是否与致幻毒蘑菇有关，在此且不讨论。但商民族对致幻药物、植物的熟悉，则是可以推测的。《国语·楚语上》记载商王武丁作书言"若药不瞑眩，厥疾不瘳"，正是描述服食药物之后的昏迷感。《庄子·人间世》则记载"商之丘"有一种树叶，"嗅之，则使人狂醒"，《释文》"病酒曰醒"，这是商地之人对造成类似醉酒迷狂的植物熟悉。商代宗教礼仪在大量使用饮酒以外，是否也使用此类的致幻药物、植物，目前还未得到深入的研究，但饮酒能达到致幻通神的效果，并与超自然力量发生联系，则得到了一些学者的注意。

威廉·詹姆斯(William James)谈道:"酒对于人类的势力,无疑是由于它能激发人性的神秘官能……它使酒徒从事物的冷冷的外围移到射热的中心,它使他在那顷刻与真理合一。"([美]威廉·詹姆斯:《宗教经验之种种》)古书所见殷人之罪,"惟荒腆于酒","庶群自酒,腥闻在上"(《尚书·酒诰》);"殷王受之迷乱,酗于酒德"(《尚书·无逸》);"沈酗于酒,用败乱厥德于下","天毒降灾荒殷邦,方兴沈酗于酒"(《尚书·微子》)。凡此种种,与著名的"酒池肉林"一起,被视作政治德性溃败的产物。而实际上,从上古一直到商代礼仪中,对于饮酒的推重与迷恋,带有深刻的宗教思想史含义,正是通过酒,实现"与真理合一"的出神体验。

日本学者白川静认为,殷人贵族饮酒"奉受神意,缓和神旨,复醉以酒,乃是神人一体之道。然而这在周人眼里,却是丧失天意的败德行为"([日]白川静:《金文的世界》)。商代的饮酒能沟通神人,甲骨卜辞中习见以酒祭祀先王,死者与生者的共同体在酒中再次融合为一体。此种流风积习之下,上至商王、贵族,下至普通平民,泛滥并影响到整个社会风气(陈淳:《文明与早期国家探源》)。殷人社会饮酒风气之浓烈,不但见于卜辞中有酒精中毒的贵族,甚至妇女、儿童都沉溺于酒的氛围之中。垣曲商城二里岗上层M1为女性墓,出土饮酒的铜爵;更著名的女贵族妇好墓,出土铜酒觚、象牙酒杯等酒器;安阳三家庄M3只是一座儿童的墓葬,却也随葬着喝酒的铜爵等酒器。"酒器在当时青铜礼器中的地位是相当高的,颇有'即使随葬一件礼器,也非酒器莫属'的感觉"(岳洪彬:《殷墟青铜礼器研究》)。

凡此种种,都可见殷人社会弥漫的饮酒风气之浓厚。

中国考古学之父李济先生曾将斗鸡台与殷墟出土的酒器进行比较，发现周初的酒器距离实用功能更远，而殷墟的酒器则属于日常用品（李济：《殷墟出土青铜礼器之总检讨》）。古文字学家丁省吾也注意到，商代铜器中酒器的数量远远超过了食器（于省吾：《甲骨文字释林》），酒器数量与殷人饮酒礼仪文化的发达之间，存在密切联系。殷人流行的酒器组合，以觚、爵、斝、觯、觥、角、方彝、卣、瓿等器物为主，而与之形成对照的是，周代礼器中的组合，则以鼎、簋、鬲、甗、盂等食器为主。一些流行于西周早期的酒器，"其中没有一件可以从铭文上证明是周人所铸"（胡进驻：《殷墟晚商墓葬研究》）。

《史记》中记载商纣为长夜之饮，类似记载亦见于战国楚简《容成氏》"纣为酒池，厚乐于酒，溥夜以为淫，不听其邦之政"，甚至达到了"以酒为水"的地步。商纣所谓"以酒为池，县肉为林"，更是通过广为流行的《封神演义》小说、影视系列而深入人心。而"酒池肉林"在当时的语境中，却很可能只是具有严肃的宗教礼仪含义。以"肉林"为例，甲骨卜辞中多有"奏"字，如"刿奏"，即割裂祭祀牲体的祭肉，悬挂在树上进献给神灵，此即"悬肉为林"的历史原型（晁福林：《天命与彝伦》）。树上挂满祭肉，必然配以美酒奉献，甲骨中有奏、酒并列的记载，如《甲骨文合集》第23256片"祭其酒、奏，其在父丁"，即以大量的祼祭之酒与悬挂于树的肉祭祀父丁之神。类似的献祭对象还有岳、河、山、四土、祖乙、妣壬等自然神、祖先神等。

回到历史语境可知，商纣与酒肉的密切联系，与其说是政治德性衰败的产物，不如说是政治思想史观念剧烈变革的结果。

考察早期周人的史料，似乎也涉及饮酒活动的存在。周原先周甲骨卜辞中记载"今有酒□……食□有酒……"（FQ3），这是早期周人以酒配食的记录，与《诗经·豳风·七月》中"朋酒斯飨，曰杀羔羊；跻彼公堂，称彼兕觥""为此春酒，以介眉寿"的主旨趣味相仿佛，而不同于以迷醉出神为追求的神秘宗教体验。故体现在考古器物上，"周人饮酒之风原本不浓，先周文化缺乏酒器便是明证"（杜金鹏：《商周铜爵研究》）。

白川静认为，殷人饮酒政治，旨在"神人同欢"，可是"由此信仰表现的生活状态，在偏处荒凉的陕北山地，营谋现实生活犹恐不逮的周人眼里，大概反却代表着沉沦酒乱，颓靡腐败的社会形象吧！"（［日］白川静：《金文的世界·绪论》）。在反映周初武王时代的战国竹简《厚父》中，周人反复强调了醉酒的可怕："曰酒非食，惟神之飨。民用惟酒用败威仪，亦惟酒用恒狂。"在周人贵族们看来，饮醉后的"恒狂"，不再是能与神合一的超凡交流模式，恰恰相反，这意味着贵族威仪的破坏。饮酒不再是神人同欢的高贵礼仪，而是变为了神灵专有的特权，并将世间人类隔绝其外。通过竹简，"是知周人禁酒，必是厚父议政于前，周公施政于后"（杜勇：《清华简〈厚父〉与早期民本思想》）。

灭商之后，执政的周公旦颁布了《酒诰》，对于受殷文化影响的周人，凡聚会饮酒者将受到"予其杀"的强制措施，而殷人贵族"乃缅于酒，勿庸杀之，姑惟教之"，虽免于死，但在文化上被视为需教化的对象。正如陈梦家先生所说："周人代殷以后，一再诰教戒酒，乃是礼的一大变革"，"周初以后铜酒器的减少以及此铭中关于'德'的提出，改变了殷末的风气，兴起了后世奉周公为创制者的礼制"（陈梦家：《西周铜器断代》）。

从西周铜器铭文来看，周人贵族对于饮酒常怀戒惧之心。《大盂鼎》云："我闻殷坠命，唯殷边侯甸与殷正百辟，率肆于酒，故丧师矣"，将商朝的覆灭归因于殷人各级封建贵族对饮酒的迷恋，而"酒无敢酣"，则成为新兴周人贵族的政治美德。与之类似，"毋敢酣于酒"（《噩侯鼎》）、"毋敢湛于酒"（《毛公鼎》）的辞章，都成为周人贵族政治美德的体现。在清华楚简中，《耆夜》记载了武王大胜庆功宴会上，周公向毕公作诗，劝阻不要多饮。清华简《摄命》中，周孝王也大臣摄做出要求："汝毋敢朋酣于酒！"在这一背景下，尽管并未最终停止饮酒，但商代和西周早期祭祀礼仪中带有萨满性的醉酒恍惚与致幻的痕迹，最终逐渐消失于西周时代（Lothar von Falkenhausen：*Chinese Society in the Age of Confucius(1000-250BC):The Archaeological Evidence*）。甚至，酒器组合被食器组合取代的时间，可以被具体到公元前950年到公元前880年之间左右（［英］杰西卡·罗森：《祖先与永恒：杰西卡·罗森中国考古艺术文集》）。

当然，对于殷人贵族和氏族们来说，古老的迷醉通神传统不可能在来自外部的政治武断干预中断裂，他们仍旧坚持饮酒的仪化。从考古来看，殷墟周初Ⅳ5殷人墓葬中，仍然一目其旧地坚持以酒器为中心组合,"表明生活在当地的殷人仍在嗜酒"(唐际根、汪涛:《殷墟第四期文化年代辨微》)。被分封给周人鲁国的殷民六族中有"索氏",1973年在山东兖州李宫村发现了有"索父癸"铭文的铜爵、铜觚酒器组合。此外,在周人政治中心洛邑的殷人氏族,如洛阳东关西周墓、五女冢等处也都发现了铜爵、斝、觚组合的酒器。

生活在西周,尤其是西周前期的殷人贵族氏族,尽管在政治上向新的周人领主效忠,但在文化上坚持了古老的以酒致幻信仰。对于这一现象,有学者认为是因为"当酒禁甚严之世,犹或甘冒司败之诛,盖由积习已深,猝难改易"(吕思勉:《先秦史》)。而实际上,对周人统治者来说,对殷人各氏族"启以商政",大致尊重建立在这些礼俗之上的传统殷人习惯,其实是降低治理成本的不二选择(李竞恒:《试论周礼与习惯法》)。

对于周人贵族的饮酒者,周初戮以重典。或有人认为,周初严禁之后,周人贵族也开始嗜酒纵饮,理由是《诗经·小雅·宾之初筵》中,描述了周人贵族醉酒后"载号载呶,乱我笾豆"的丑态。但实际上,周人作该诗的主旨,正是对酒醉的嘲讽和否定,恰恰反映了周人主流政治思想中对酒的态度。《毛诗》认为,这是讽刺饮酒无度,"君臣上下沈湎淫液",因此周人贵族卫武公作诗批判。而《韩诗》《齐诗》,都作"卫武公饮酒悔过",且可以印证《易林·大壮之家人》"武公作悔"(王先谦:《诗三家义集疏》)。无论是武公批评幽王,还是自我批评,这首诗其实都反映了主流周人政治思想基调中对"酒神性"部分的拒斥。

在周人新的思想文化中,政治性的饮酒礼仪,不过是一种具有高度表演性的仪式伦理,而节制为美德之义,也蕴含其中。所谓

"酒以成礼,不以继淫"(《左传·庄公十二年》),"臣侍君宴,过三爵,非礼也"(《左传·宣公二年》),"宾主百拜,终日饮酒而不得醉焉,此先王之所以备酒祸也"(《礼记·乐记》)。"西周制定的献酒之礼,采用'哜'或'啐'的方式,只'饮至齿不入口',该与当时'备酒祸'有关。"周康工的继位礼上,就用的"哜"法(杨宽:《"乡饮酒礼"与"飨礼"新探》)。

四

殷周之交的大变革,将古老饮酒文化这一致幻迷狂的通神宗教,从大传统中摈斥出去,代之以理性节制的新思想基调,其对后世中国历史文化的影响,不可谓不深远。孔子为殷人之后,或亦能饮,有"孔子百觚"的传闻(《论衡·语增》)。然而孔子对于饮酒,虽持"唯酒无量",较之纯正周人更为宽和的态度,但却也必须划定在"不及乱"的前提之下(《论语·乡党》)。按程颐之说,此"不及乱",不仅仅是指神志不能迷醉,甚至意味着"虽血气亦不可使乱"。

当然,周代以来形成对"酒神性"文化的拒斥主流,并不意味着古老饮酒致幻神秘性传统在中国思想史中的断绝,这一涓涓脉络通过神仙信仰,在后来的道教中得到了延续和保存。在六朝著名的葛洪神仙传说中,酒醉是仙人超越生死的神秘风度:"葛仙公每饮酒醉,常入门前陂中,竟日乃出。会从吴主到荆州,还大风,仙公船没。吴主谓其已死。须臾从水上来,衣履不湿,而有酒色"(《抱朴子内篇·佚文》)。在另外一些记载中,酒醉与成仙密切相关。"西北荒中有酒泉……十时饮此酒人不死不生";"瀛洲有玉膏如酒味,名曰玉酒，饮数斗辄醉，令人长生"（《太平御览》卷八百四十五引《神异经》《时镜新书》）。唐代的玄真子张志和，修炼神仙术，在一次"酒酣"之后，"铺席于水上，饮酌笑咏"，并"上升而去"，飞升为仙人。而"群仙"的形象，也常为"饮酣"之态（《太平广记》卷二十七、二十九）。

在六朝至宋代的道教考古资料中，常见醉酒成仙的文字。南昌东晋雷陔墓出土木牍说墓主"醉酒身丧"，长沙东晋潘氏墓出土石板宣称墓主"醉酒不禄"，刘松至梁朝买地砖、石券中也多见"醉酒寿终，神归三天"之类的语句。在唐宋以来的道教买地券中，更明确记载醉酒与死者升仙的密切关系。江西余江北宋李大郎买地卷云说，"往南山看花，遇见仙人，赐酒一杯，迷而不返"；湖北广济出土邓七郎买地券说"往东行游道，正见仙人饮酒，玉女传杯，醉后随佛返山，看花不回"；江西临川钱秀才买地券宣称，墓主人"路逢仙人，赐酒而死"；而江西德兴宣和三年张公石券则记载"忽因冥游遇□□□，饮西王母囊中美酒，乘醉不返"。一直到明代，砖券中仍常有路逢仙人，赐酒醉而不返，"忽遇大仙，赐酒三杯，酩酊一梦不还，就凭白鹤仙指引"之类的记载（白彬：《南方地区吴晋墓葬出土木方研究》）。

在这些神仙信仰中，饮酒与迷醉并不被视为德性败坏的事物，而是视作成仙者的特质。饮用仙酒的酩酊大醉，正是通往神仙彼岸世界的通道。宗周以来奠定大传统的理性格调，并未彻底斩断夏商以来古老饮酒致幻信仰的源流，酒神性的颂歌，依偎在道教神仙观念的阴柔怀抱中，如同太极图的阴阳二鱼，在时间长河中流转不息，生生不已。

诸神的黄昏

衣冠之殇：晚清民初政治思潮与实践中的"汉衣冠"

辛亥革命前的"汉衣冠"含义与集体记忆

1644年，满洲军事贵族进入山海关，开始了清对中国的全面征服与统治。1645年占领南京后，清廷当局下达了剃发令，根据清初叶梦珠《阅世编》卷八中的记载，归顺满洲贵族的汉人必须接受剃发易服。在剃发易服的早期阶段，剃发后的人们仍将小辫子包在明代的网巾中，看起来仍像是一个"发顶"，服装的变化还不是十分剧烈。但此后随着满洲军事贵族的持续施压，南方汉人社会才逐渐完全废止了汉族习俗，而改为满人的服装，所谓"钱顶辫发，上去网巾，下不服裙边，衣不装领"[①]。随之而来的是汉族人大规模的武装反

---

① ［清］叶梦珠：《阅世编》，中华书局，2007年，第198页。

抗活动，并引起满洲贵族对一些汉族城市的大规模屠杀。武装冲突一直持续到三藩战争结束和台湾郑氏政权的崩溃为止，满洲贵族才真正建立起对汉族社会的有效控制，并继续认真推行旨在通过改变汉族传统服装和发式来建立政治效忠姿态的政策。

有新清史学派的学者认为，清朝满洲贵族的征服和统治，并不是传统叙事中简单的"汉化"就可以概括[1]。清统治的结果，实际上也造成了汉人的满化[2]。而余英时先生则认为满洲对中国本土征服的结果，造成了"一种满汉混合型的文化"[3]。这就意味着，清朝社会中的汉人，实际上处于一种奇怪的文化张力中。一方面，他们在政治压力下完成了某种满化，并逐渐发展成习惯，包括留辫和剃头等。而另一方面，旧有的汉人传统与文化心理结构则得到保存和延续，并在某种情况下可能被唤起更古老的记忆。

根据葛兆光先生的研究，由于清朝允许朝鲜王国继续保留汉族的传统衣冠，因此清初时期朝鲜使者的出现，总是会引起汉族人旧有记忆的复活。在这里，古代汉族的衣冠作为一种符号，能够唤起汉族人对族群身份的某种痛苦记忆与认同感。一直到道光时期，某些汉族士人仍旧隐约地保存着旧有的记忆，并向朝鲜使臣表示身穿满族服装和剃发，是一种不得已[4]。

实际上，在整个清代，由于清廷"生从死不从"的许诺，汉族士

---

[1] Mark C. Elliott, Preface, The Manchu Way:The Eight Banners and Ethnic Identity in Late Imperial China, Stanford University Press, 2001, xiv.
[2] [美]路康乐：《满与汉：清末民初的族群关系与政治权力（1861—1928）》，王琴、刘润堂译，中国人民大学出版社，2010年，第58页。
[3] 余英时：《红楼梦的两个世界》，上海社会科学院出版社，2002年，第202页。
[4] 葛兆光：《大明衣冠今何在》，《史学月刊》2005年10期，第41—48页。

人得以通过在死后穿着汉族传统衣冠入葬对剃发易服表示抗议,并通过葬礼在公共空间举行这一仪式展示传统衣冠,使族群身份的记忆持续传递。例如,黄宗羲死后"即以所服角巾深衣殓"[1],他身穿的深衣,正是可以追溯到先秦时代的古老汉族衣冠。另一位明遗民张履祥要求在死后"遗命以衰殓"[2],这衰服也是先秦时就已出现的丧服。甚至有人在生前就预先造好了自己的衣冠冢,将自己的明代衣冠葬入。因为"无发何冠,无肤何衣?"[3]雍正时期吕留良案中的严鸿逵日记也记载其友人在明亡后终身穿白衣孝服,不留发辫[4]。根据吕思勉先生的记载,他的一位同乡远祖曾留下一套明代的服装,要求子孙世代宝藏,等汉族光复时穿着这件汉衣冠去祭告。吕思勉因此得出结论"可见抱民族主义的,实不乏其人"[5]。这一材料显示,旧有族群的记忆确实通过"汉衣冠"这一符号得到了持续的传承,并延续到清末。

最为典型的例子是章太炎先生的记载,他家族所在地区长期流行反满思想,他的父亲曾亲自告诉他:"吾家入清已七八世,殁,皆用深衣殓。吾虽得职事官,未尝谒吏部。吾即死,不敢违家教,无加清时章服。"[6]而他本人,则在1902年流亡日本时,身穿"长衣大袖"的汉人传统服装,引来路人注目。根据冯自由的记载,此次章太炎出

---

[1] 孙静庵:《明遗民录》,浙江古籍出版社,1985年,第74页。
[2] 孙静庵:《明遗民录》,浙江古籍出版社,1985年,第17页。
[3] [清]屈大均:《自作衣冠冢志铭》,《翁山文外》卷九,《续修四库全书·集部·别集类》,上海古籍出版社,2002年,第149页。
[4] [美]史景迁:《雍正王朝之大义觉迷》,温洽溢、吴家恒译,广西师范大学出版社,2011年,第99页。
[5] 李永圻:《吕思勉先生编年事辑》,俞振基编《蒿庐问学记》,生活·读书·新知三联书店,1996年,第369页。
[6] 王玉华:《多元视野与传统的合理化:章太炎思想的阐释》,中国社会科学出版社,2004年,第124—125页。

行，与陈桃痴二人都穿着"长衣大袖"的"华服"，太炎还"手摇羽扇"[1]。章太炎用自己家族和亲身的经历说明了汉族士人在辛亥革命前对"汉衣冠"的持久记忆。实际上，除了章太炎家族，这样的例子也见于鲁迅家族的葬礼。1904年鲁迅和周作人的祖父介孚公逝世，葬礼上　共穿了十二件殓衣，全都是明朝的服装[2]。而在反满思想流行的江南地区之外，也有类似的记忆。如湖北的熊十力，幼年与父亲在乡间看戏。父亲告诉他，"台上是汉代人的服饰，与清朝人不同，现在不能穿那时的衣服"[3]，从而引出了熊十力幼年的反清记忆。

从以上这些清末的例子可以看出，"汉衣冠"这一符号承载着两百多年的族群历史记忆，一直在不同程度上隐蔽于辛亥革命前的汉人族群心理中。因此，当清末旨在"排满"的革命话语逐渐上升的背景下，"恢复大汉衣冠"才可能成为一项重要的动员口号，被编织为各种具有煽动性的语言。

这一点首先可以得到章士钊一篇回忆性文章证据的支持。章士钊在《疏〈黄帝魂〉》一文中回忆到："吾少时喜看京剧，古衣古貌，入眼成悦，洎到上海，一见小连生之铁公鸡，以满洲翎顶上场，立时发指而无能自制。此真革命思想，二百年来，潜藏于累代国民之脑海中，无人自觉者也。"[4] 这篇回忆性的文字证实，"汉衣冠"作为一种族群记忆甚至审美性的符号，在某种程度上隐蔽在汉人的文化心理结构之中，一旦与革命话语相遭遇，就可以顺利地被转化为一

---

[1] 冯自由:《革命逸史》初集，中华书局，1981年，第59—60页。
[2] 钱理群:《周作人传》，十月文艺出版社，1990年，第101页。
[3] 郭齐勇:《天地间一个读书人：熊十力传》，上海文艺出版社，1994年，第5页。
[4] 章士钊:《疏〈黄帝魂〉》，中国人民政协文史资料研究委员会编《辛亥革命回忆录》第一集，中华书局，1962年，第260—261页。

种现实的政治符号。

正因如此,在清末的"排满"革命宣传中,"汉衣冠"被赋予了悲情的想象,转化为一种政治宣传的符号。秋瑾在《吊吴烈士樾》的诗中写到:"二百余年汉声死,低头异族胡衣冠。"[1]邹容的《革命军》第二章中则写到:"嗟夫!汉官威仪,扫地殆尽;唐制衣冠,荡然无存。吾抚吾所衣之衣,所顶之发,吾恻痛于心。吾见迎春时之春官衣饰,吾恻痛于心;吾见出殡时之孝子衣饰,吾恻痛于心;吾见官吏出行时,荷刀之红绿衣,喝道之皂隶,吾恻痛于心。辫发乎!胡服乎!开气袍乎!红顶乎!朝珠乎!为我中国文物之冠裳乎?抑打牲游牧贼满人之恶衣服乎?我同胞自认。"[2]邹容的文字具有很强的感情色彩,在他的笔下,那些社会边缘角落偶尔保留的一点"汉衣冠"的残迹令他恻痛于心,他将满洲贵族强加给汉人的服装称为游牧者的"恶衣服",形成一种带有悲壮色彩的历史想象,而"衣冠"这一符号正是想象投射的聚焦。

同样,1903年《江苏》第3期上发表了一篇不明作者的小说《痛定痛》,其中的人物提出:"你们看中国古时的服制纱帽圆领何堂皇。"有学者解读认为:"当然,这未必是作者真心对'汉官威仪'诚恳崇戴,却可以理解为倚靠'皇汉记忆'发动'种姓战争'的现实策略。"[3]实际上,无论作者是否真心对"汉衣冠"抱有真诚的崇拜,但"汉衣冠"作为延续了族群对身份认同及历史记忆的重要符号,在清末"排满"革命中被赋予了悲情的想象并作为具有强烈象征含义的宣传话语,实际上确实起到了重要的政治功能。

---

[1] 王灿芝编:《秋瑾女侠遗集》,中华书局,1929年,第36页。
[2] 邹容:《革命军》,华夏出版社,2002年,第28页。
[3] 秦燕春:《清末民初的晚明想象》,北京大学出版社,2008年,第349页。

辛亥革命中的"汉衣冠"话语与复兴运动

历史人类学家王明珂先生曾对"服装"的功能有过分析:"'服饰'可以说是个人或一个人群'身体'的延伸;透过此延伸部分,个人或人群强调自身的身份认同(identity),或我群与他群间的区分。因此,服饰可被视为一种文化性身体建构。"[1] 这一论述,归纳了服装在本质上根植于一种文化,是文化性的身体建构,而在功能上则具有凝聚"我们"并区分"他们"的社会学效用。

蔡元培先生曾指出,辛亥革命的"排满"纲领实际上是受到西方现代民族国家思想影响下的结果。他说:"且适闻西方民族主义之说,且触其格致古微孔教大同之故习,则以'仇满'之说附丽之。"[2] 蔡元培先生说得很清楚,"仇满"正是对西方民族主义的回应,已经不是简单的"驱逐鞑虏"这一前现代功能,其内核具有了现代民族主义的精神实质。

因此可以说,辛亥革命的"汉衣冠"想象与实践,既传承了前现代的族群身份认同,更带有现代民族主义的特点。"汉衣冠"背后的文化,是所谓"国粹",而这一符号能够强化新生"中华"人群的国族身份认同,也能够鲜明地区分作为"他者"的清朝统治者,将现实的政治博弈与历史想象构合在一起。

---

[1] 王明珂:《羌在汉藏之间:川西羌族的历史人类学研究》,中华书局,2008年,第14页。
[2] 蔡元培:《释"仇满"》,高平叔编《蔡元培全集》第一卷,中华书局,1984年,第172页。

在革命爆发之后，打响了起义第一枪的武昌大汉军政府首先实行了恢复"汉衣冠"的行动。根据亲历者回忆，当时武昌军政府"守卫军府每一道门的士兵，则身穿圆领窄袖的长袍，头戴的是四脚幞头，前面还扎一个英雄结子，手里拿着有柄的长刀或马刀之类，使人疑惑这些人是不是刚从戏台下来的"！[1] 正是由于清代在戏服中还保留着"大汉衣冠"[2]，因此亲历者见到军政府的"汉衣冠"军队，会感到这些人是从戏台上下来的。

革命在继续向纵深发展，伴随而来则出现了有趣的现象，在很多发生了革命的地区，军队、知识精英、普通民众都似乎不约而同地开始了复兴"汉衣冠"的运动。武昌军政府控制地区，除了军队穿戴"汉衣冠"，民间也自发兴起了复兴衣冠的运动。当时武昌城内"人人精神焕发，意气轩昂，确有一番革命新气象。又见市上间有青年，身着青缎武士袍，头戴青缎武士巾，巾左插上一朵红绒花，足穿一双青缎薄底靴，同舞台上武松、石秀一样打扮，大摇大摆，往来市上。我想，这大概是'还我汉家衣冠'的意思吧"！[3]

在四川蜀北军政府控制地区，一些起义士兵"穿戴戏台上的衣服装饰，招摇过市"[4]。而川西的同志军，"当时为了恢复汉族衣冠，许多人奇装异服。有的绾结成道装，有的束发为髻，有的披头散发，

---

[1] 任鸿隽：《记南京临时政府及其他》，全国政协文史资料委员会编《辛亥革命亲历记》，中国文史出版社，2001年，第777页。
[2] 葛兆光：《大明衣冠今何在》，《史学月刊》2005年10期，第44—45页。
[3] 程潜：《辛亥革命前后回忆录》，全国政协文史资料委员会编《辛亥革命亲历记》，中国文史出版社，2001年，第107页。
[4] 南充师范学院：《蜀北军政府成立始末调查记》，中国人民政协文史资料研究委员会编《辛亥革命回忆录》第三集，中华书局，1962年，第292页。

有的剪长辫为短发"①。1911年11月27日,辛亥革命中的四川宣布独立,成立了"大汉四川军政府"。参加推翻清廷的哥老会成员中有人提出应恢复汉族衣冠。于是在当时的成都街头出现了许多头扎发髻、身着戏装、腰佩宝剑、足蹬花靴而招摇过市的人②。临近成都的彭县街上也出现了头戴方巾、身着白色圆领、宽袍大袖衣服的人③。

除了湖北、四川,湖南也出现了复兴"汉衣冠"的运动。在革命中的长沙,大街小巷中经常出现模仿戏台上武生打扮的青少年。结婚的男青年,则使用古代汉族的纱帽作为礼服。还有人向革命政府建议,由政权出面对服装问题作出改革④。

在最具有反清传统的江南地区,作为知识精英的钱玄同还亲自研究了《礼记》《书仪》《家礼》等古书,做了一部阐述古汉人服饰的《深衣冠服说》,并在出任浙江军政府教育司科员时,亲自穿上自制的"深衣""玄冠",腰系"大带"前去上班,企图为新生的民国作出"复古"的表率⑤。而苏南的吕思勉回忆,辛亥革命时其乡人有从明末祖传下的汉族衣冠,命后代在汉族光复后穿上祭祀。当时

---

① 王蕴滋:《同盟会与川西哥老会》,中国人民政协文史资料研究委员会编《辛亥革命回忆录》第三集,中华书局,1962年,第220页。
② 吴晋航:《四川辛亥革命见闻录》,中国人民政协文史资料研究委员会编:《辛亥革命回忆录》第三集,中华书局,1962年,第110页。
③ 肖华清:《一个县城学生看到的辛亥革命》,中国人民政协文史资料研究委员会编《辛亥革命回忆录》第七集,文史资料出版社,1982年,第383页。
④ 陶菊隐:《长沙响应起义见闻》,中国人民政协文史资料研究委员会编《辛亥革命回忆录》第二集,中华书局,1962年,第195页。
⑤ 周作人:《木片集·钱玄同》,《周作人自编文集》,河北教育出版社,2002年,第13—14页;周作人:《我的复古经验》,《周作人自编文集》,河北教育出版社,2002年,第122页。杨天石:《振兴中国文化的曲折寻求:论辛亥前后至"五四"时期的钱玄同》,《从帝制走向共和:辛亥前后史事发微》,社会科学文献出版社,2002年,第498页。

这人便穿着这件明代服装出来祭祖,"此事知之者甚多"[1]。由此可见,穿上过去的汉衣冠祭祀,确实起到了公共展示的作用。另外,隐居于浙江的清末进士夏震武,在辛亥革命后"束发冠儒冠,衣深衣,俨然如对古人"[2]。这也表明前清政权的政治精英在革命后,对"汉衣冠"所象征的国族或文化内涵表现出自觉的认同。

以上这些材料,证明了辛亥革命中复兴"汉衣冠"的运动分布广泛,参与者包括了军队、市民、士绅和知识精英。显然,这些事件与行为之间并非偶然巧合,而是基于辛亥革命本身通过"衣冠"这一悲情符号唤回历史记忆,并以之为召唤建设现代民族国家为目标的一次尝试。在复兴"汉衣冠"的运动中,包括士绅群体在内的知识精英除了亲自参与,还利用报纸等媒体广泛生产和宣传"汉衣冠"的政治话语,与运动之间遥相呼应。

例如,1911年10月28日,《民立报》登载了中国革命本部的宣言中认为"中夏"的"衣冠礼乐,垂则四方,视欧罗巴洲之有希腊,名实已过之矣"[3]。同年11月27日的《申报》上印出了"汉族始祖黄帝之像",其下题诗:"正我冠裳,用革冥顽"[4],显然是在向读者宣扬恢复传统汉族"冠裳"的理念。也有报纸上载文宣称"青山无恙,独怜故国衣冠"[5]。四川的《通俗画报》中,则出现了"深衣""玄端"等古代汉族服装的样式,作为最新流行款式,印出了图像,进行宣传。

---

[1] 李永圻:《吕思勉先生编年事辑》,俞振基编《蒿庐问学记》,生活·读书·新知三联书店,1996年,第369页。
[2] 马叙伦:《石屋续渖》,上海建文书店,民国三十八年四月,第75—76页。
[3] 《中国革命宣言书》,上海社会科学院历史研究所编《辛亥革命在上海史料选辑》,上海人民出版社,1981年,第44页。
[4] 《申报》1911年11月27日第一张第三版。
[5] 陈婉衍:《女子北伐队宣言》,《时报》1912年1月16日。

此外，大量的知识精英也撰写诗文，歌颂革命光复了"汉官威仪"。如民国元年，士绅丘逢甲在拜谒明孝陵之后作诗"将军北伐逐胡雏，并告徐、常地下知。破帽残衫遗老在，喜教重见汉威仪"[1]。南社成员沈昌直在《光复志喜》中表示："辫发胡装三百载，不图复见汉官仪。"[2]

结合这些知识人书写的材料，就不难发现辛亥革命时的政治语境中，"汉衣冠"作为一种简明的政治符号，被赋予了广泛的含义，既穿透了历史的记忆，也交织着黄帝崇拜的现代民族国家想象。从军队、士绅、市民到知识精英的"汉衣冠"实践与言说，显示出"光复旧物"运动的较强活力。

帝制事件："汉衣冠"含义的迅速转变

值得注意的现象是，在清末到辛亥革命的政治语境中，包括了"汉衣冠"在内的传统汉族古典旧文化都被视为一种积极和正面含义的资源。王明珂先生将服装视为一种"文化身体建构"，实际上正是强调了服装这一符号背后的"文化"背景。对于排满革命的思想运动而言，"汉衣冠"背后的汉族古典文化是正面和积极的，这些文化财富与建立自由、人权的现代共和国之间没有矛盾。正如同盟会的

---

[1] 广东省文史研究馆等合编:《辛亥革命诗歌选集》，广东人民出版社，1983年，第61页。
[2] 广东省文史研究馆等合编:《辛亥革命诗歌选集》，广东人民出版社，1983年，第224页。

十六字纲领中所表述,"恢复中华"与"创立民国"之间毫无矛盾。在这个时期,没有谁认为如果要建立自由的国家,先决条件必须是要"打倒孔家店"或"烧掉线装书",也没人认为穿着"汉衣冠"就是一名帝制拥护者。

在这个时期,"国粹运动"在蓬勃开展。根据王汎森先生的研究,清末到辛亥革命思潮中的"国粹运动"具有两个基本特征。第一,"国学"这种文化为汉族所独有,异族政权的文化并非正统;第二,反对专制制度,对民主表示认同[1]。正是在这样的思想背景下,对满洲贵族专制的反抗,被视为实现"自由"的一种必须。例如,秋瑾曾在诗中写到:"金甲披来战胡狗,胡奴百万回头走。将军大笑呼汉儿,痛饮黄龙自由酒。"[2]在秋瑾看来,反抗异族奴役和恢复"大汉",是与追求现代自由完全不相矛盾的一件事。冯玉祥回忆录中写到,自己当年读了《嘉定屠城记》《扬州十日记》等书后,受到了极大震撼,"誓志要报仇雪恨,恢复种族的自由"[3]。在这里,反抗清廷和争取现代意义上的民族自由之间是等同的。而邹容的《革命军》中更是一面高喊"四万万同胞的自由万岁",一边高呼"汉官威仪,扫地殆尽;唐制衣冠,荡然无存"。

正因为恢复汉族传统和建立现代宪政理想之间被视为同体的两面,因此"汉衣冠"也就在努力建立自由共和国的革命中粉墨登场。

随着南北议和,清廷退位,战争状态基本结束。在接下来的政

---

[1] 王汎森:《中国近代思想与学术的系谱》,河北教育出版社,2001年,第73—74页。
[2] 秋瑾:《秋风曲》,王灿芝编《秋瑾女侠遗集》,中华书局,1929年,第37—38页。
[3] 冯玉祥:《我的生活》上册,黑龙江人民出版社,1981年,第98页。

治活动中，古典汉人传统的"中华"作为一种遗产，实际上得到了革命派、士绅派和后来洪宪帝制各方的一致认同。洪宪帝制运动中树立自身政治合法性的一项重要资源恰恰就是"恢复中华"，而这一实践的高潮也正是祭孔、祭天和称帝中大规模采用"汉衣冠""古制"这一从清末延续下来的合法道具。但帝制的结果，却也决定了"汉衣冠"与"国粹"含义的迅速转变。

洪宪帝制为了争取自身的合法性，坚持继续沿用辛亥以来"汉衣冠"的古制作为标榜。在1914年8月颁布的《祭祀冠服制》中，就要求"观象古人"，并详细规定了"大总统之祭服""文武各官员"的古代汉族祭服等[①]。1915年12月25日发表于《政府公报》第1304号上的《与孙毓筠等促袁世凯登极折》中强调："圣人之大宝，有归汉官之盛仪重睹。"第二天，帝制拥护者杨度又在《申报》上发表了《参议院代行立法院第二次推戴书》中提到："中华民国之首出有人，复睹汉官威仪之盛。"[②]刘师培则在鼓吹洪宪帝制的《君政复古论》中指出，清朝代替明朝之后，"炎黄之后"有"被发之痛""左衽之悲"[③]。言外之意就是洪宪帝制恢复了"汉官威仪"，因此具有合法性。

正是在这样的策略下，"汉衣冠"与"国粹"传统被绑上了帝制的战车。1915年，袁世凯登极，"袁氏着上赤下褚之衮龙袍，头戴平天冠，诚惶诚恐地率同样身着汉服的文武百官于天坛行祭天大典"[④]。主张现代共和政体的革命派对这一行径大事抨击，有诗云："九班朱

---

① 政事堂礼制馆刊行：《祭祀冠服制》，财政部印刷局印，中华民国二年八月，第424—436页。
② 刘晴波主编：《杨度集》，湖南人民出版社，1986年，第604、607页。
③ 刘师培：《刘师培辛亥前文选》，生活·读书·新知三联书店，1998年，第87页。
④ 吴欣：《中国消失的服饰》，山东画报出版社，2010年，第25页。

紫品衣冠，长袖高缘拟汉官"①，对洪宪帝制的"汉衣冠"表示了轻蔑。

洪宪帝制不久后便崩溃，但这一事件刺激下的影响却颇为深远。传统文化与"汉衣冠"不但不再被视为适用于现代社会的资源，而且还被视为专制制度的温床。周予同反对读经，写文道："在这样奇怪的国度里，僵尸穿戴着古衣冠，冒充着神灵，到民间去作祟，几乎是常有的事。"他还指出，民国出现帝制，就是传统文化造成的②。在他看来，传统文化是造成专制的原因，而汉族的"古衣冠"这时不再是反抗专制压迫的符号，而是被视为"僵尸服"。

关于"汉衣冠"在民初的衰落，鲁迅曾以南社为例，提供了一种解释："即如清末的南社，便是鼓吹革命的文学团体，他们叹汉族的被压制，愤满人的凶横，渴望着'光复旧物'。但民国成立以后，倒寂然无声了。我想，这是因为他们的理想，是在革命以后'重见汉官威仪'，峨冠博带。而事实并不这样，所以反而索然无味，不想执笔了。"③在鲁迅看来，南社光复"汉官威仪"的理想失落，是因为进入民国之后理想与"事实"之间的落差造成，因此才感到"索然无味"。

王汎森则认为，"汉衣冠"复兴运动的退潮，是因为复古不合时宜，且原来复古行动的政治动机很强，因此在革命之后，复古热情很快就消失了④。可是，王汎森的观点却忽略了在革命之后，复古热

---

① 汪兆铭:《洪宪记事诗》，民国八年刻本。
② 周予同:《僵尸的出祟：异哉所谓学校读经问题》，《周予同经学史论》，上海人民出版社，2010年，第413—414页。
③ 鲁迅:《现今的新文学的概观》，《鲁迅全集》第四卷，人民文学出版社，1982年，第134—135页。
④ 王汎森:《中国近代思想与学术的系谱》，河北教育出版社，2001年，第87页。

情并没有很快消失，倒是洪宪帝制迅速接过了"汉衣冠"这一大旗，并以之作为确证自身合法性的重要依据之一。实际上，如果贯通从清末、辛亥一直到洪宪帝制的过程来看，就不难发现，"汉衣冠"一直是建立合法性的重要符号，并不是因为"排满"革命的成功，就使得复古不合时宜。恰恰是洪宪帝制，造成了更大规模的"复古"运动。

因此，关于"汉衣冠"运动消退的原因，鲁迅的解释应该更接近事实，那就是革命后理想与现实之间的巨大落差。这一认识，也得到了南社中人柳亚子亲身经历的印证。柳亚子回忆说，辛亥时期的南社，崇尚宋代与明代"鲜艳的血史"。但后来到了民初却遭遇"洪宪称帝"，筹安的劝进，就有很多南社之人。等到洪宪失败后，南社诸人便再也不好意思"提倡气节"了[①]。在此，辛亥南社所提倡的"气节"，正是以继承宋代、明代士人担纲精神、以天下为己任所谓"鲜艳的血史"，正是以复古为光荣之志业的理想。可是，当这些精神与传统最终被绑上了复辟帝制的活动，破坏并背离了既定的宪政轨道，最后的结果只能是与洪宪帝制一起走向毁灭，丧失了自身的道义精神与合法性。这也正是南社诸人，最后再也不好意思"提倡气节"的根本原因所在。

洪宪帝制通过亲吻古学和国粹，来证明自己的合法性。而最终的结果，却是让古学和国粹跟着中毒，共同走向毁灭。此种亲吻，余英时先生称之为"死亡之吻"。按照辛亥的理想，革命后的"新中国"在政治上应该是自由、宪政、共和，在文化上则是峨冠博带，

---

① 柳亚子：《南社纪略》，上海人民出版社，1983年，第100—101页。

汉官威仪，礼乐兴隆。可是，现实却是暗杀、帝制、违宪，对程序正义的破坏，对国会和宪法的蔑视，并将"汉官威仪"绑架在皇帝的战车上。由此导致的结果，就产生了以下逻辑：包括"汉衣冠"在内的"国粹"等古文化统统都是毒素，是共和政体的敌人。要建设和巩固自由的政体，先决条件就应该是首先摧毁中国的传统文化，断其经脉，即所谓"釜底抽薪"。

这一转变，还有两个很好的例子。钱玄同在辛亥革命中亲自制作"深衣"，并穿着去上班，试图恢复"大汉衣冠"。可是，"1916年，当他发现袁世凯们利用传统文化复辟帝制，并由此进而发现中国社会'沉泄不进'的状态时，也就发现了'保存国粹'的负面效果，其转变就是必然的了[1]"。钱玄同从一名赞扬"国粹"和号召恢复"汉衣冠"的知识人转变为激进的反传统主义者，关键就是受到了洪宪帝制的刺激。再来看四川的吴虞，1913年7月，共和国已经建立了一年半，吴虞还沉浸在"卒能还汉代之官仪，复神州之文物[2]"的喜悦中。而两年之后的1915年7月，他就写作了《家族制度为专制主义之根据论》，攻击孔教，并表示"虽蒙'离经叛道'之讥，所不恤矣![3]"此文发表在1917年的《新青年》上，也很能反映洪宪帝制刺激从根本上改变了"汉衣冠"的象征含义。

在此之后，保存"国粹"与争取自由不再是同体的两面，而已

---

[1] 杨天石：《振兴中国文化的曲折寻求》，《哲人与文士》，中国人民大学出版社，2007年，第486页。
[2] 吴虞：《复倡修北京先烈纪念祠诸公书》，自《吴虞集》，四川人民出版社，1985年，第29页。
[3] 吴虞：《家族制度为专制主义之根据论》，自《吴虞集》，四川人民出版社，1985年，第61—66页。

转变为敌对关系,"汉衣冠"也被视为"僵尸服",正等待被和线装书一起抛入厕中。再往后,"全盘西化"和"废除汉字"的呼声已经呼之欲出。

四 结　语

秦晖先生曾经写过一个名为《荆轲刺孔子》的故事:荆轲本欲刺秦王,但却被秦廷的威严所震慑,不敢刺秦。转念之间,便手持匕首对着孔子像一阵乱刺,一边刺孔,一边批判"劣根深兮千斯年"[①]。今天看来,"文化决定论"的思路也正是"荆轲刺孔子"的逻辑。洪宪帝制的发生,也导致了知识界主流思潮发生了从"刺秦"向"刺孔"的转变。在当代中国的社会语境与思潮中,反思并走出以反传统为主要基调的激进主义历史观,已获得更多的理解与认同。古学、古礼的复兴,不但并不构成培育现代社会的障碍,反而对于社会共同体的构建与公序良俗的养成具有积极的意义。在此背景之下,包括了儒巾、衮冕、深衣、玄端、祭服等在内各式"衣冠"的重新登场,更应该从一种思想史的角度,给予积极的评价。衣冠之殇的灰烬中,也酝酿着浴火重生的希望。

---

① 秦晖:《天平集》,新华出版社,1997年,第130页。

试论周礼与习惯法

三代古礼为习惯法

  多有学者指出,三代时期的古礼具有习惯法的性质。梁启超先生谈英国不成文法,指出:"无文字的信条,谓之习惯,习惯之合理者,儒家命之曰'礼'[①]";杜维明先生在访谈中认为:"这个礼,用现在英美的术语来说就是习惯法[②]","严格意义上来说,礼很大一部分相当于英美的习惯法[③]";李泽厚先生提出:"所谓'周礼',其特征

[①] 梁启超:《先秦政治思想史》,上海古籍出版社,2014年,第88页。
[②] 河西:《自由的思想:海外学人访谈录》,生活·读书·新知三联书店,2012年,第33页。
[③] 叶祝弟:《21世纪儒学与市场中国的出路:杜维明教授访谈录》,载《探索与争鸣》2013年9期,第14页;武树臣先生也认为,周代以礼仪风俗为基础的判例法,"思维方式与英国法系十分相近",见《儒家法律传统》,法律出版社,2003年,第101页。

确是将以祭神（祖先）为核心的原始礼仪，加以改造制作，予以系统化、扩展化，成为一整套习惯统治法规（'仪制'）[①]"；李山先生认为晋国铸刑鼎是丢弃了古老的不成文习惯法[②]；杜正胜先生也谈到，封建城邦时代的"礼"是法，而与之相对的是后世的法律"刑"[③]。另外，美国学者昂格尔（R. M. Unger）也曾论述到："'礼'的概念充分体现了中国封建社会中法的含义"，而封建法最惊人的特点便是排他性地相信习惯，而不知成文法典为何物[④]。

拜占庭查士丁尼的《法学总论》中对习惯法的定义是："不成文法是习惯确立的法律，因为古老的习惯经人们加以沿用的同意而获得效力"[⑤]。在中国历史上，习惯法长期体现为"俗例""乡例""乡规""土例"等形式[⑥]，是高度基于共同体习俗、惯例而形成的规范。三代时期有"礼"，礼源自于部族氏族的风俗习惯，"部族氏族的风俗习惯是部落成员在长期的共同生活中自然而然的形成的规范"[⑦]。

夏商周三代的古礼，正是这样一种源自古老风俗习惯而形成的不成文规范和习惯法，在长期历史演进中形成的习惯加以沿用、提炼而形成的不成文法。三代的"礼"覆盖了当时政教礼俗的各个方

---

① 李泽厚：《孔子再评价》，《中国古代思想史论》，天津社会科学院出版社，2004年，第4页。
② 李山：《先秦文化史讲义》，中华书局，2008年，第132—133页。
③ 杜正胜：《编户齐民：传统政治社会结构之形式》，台北：联经出版事业公司，1990年，第230页。
④ ［美］昂格尔：《现代社会中的法律》，吴玉章、周汉华译，中国政法大学出版社，1994年，第83页。
⑤ ［罗马］查士丁尼：《法学总论：法学阶梯》，张企泰译，商务印书馆，1989年，第11页。
⑥ 梁治平：《清代习惯法：社会与国家》，中国政法大学出版社，1996年，第38页。
⑦ 张晋藩主编：《中国法制通史·第一卷：夏商周》，法律出版社，1998年，第118页。

面，对从生老病死到宾客交接、婚丧嫁娶、财产交易、庙社议事等各个方面均有详细的规范，甚至"杀人之中亦有礼焉"[①]。程树德先生指出："其时八议八成之法，三宥三赦之制，胥纳之于礼之中"，三代之礼涵盖范围颇广，诸多司法领域都可涵摄于礼之中[②]。礼不同于后世由国家人为设计和颁布出来的成文法典，它是以漫长历史演进过程中自发产生的习惯、风俗为基础，提炼、汇编整理而来。

三代时期并无成文法典，文字在殷周时代大多被用于宗教祭祀领域，吉德炜（David N. Keightley）就认为青铜铭文、甲骨卜辞并非是给人类观看的，或者至少不是给所有人看，其预设的读者是天上的祖先神[③]。周代金文中有涉及司法活动的铭文，但这一时期并无成文法，记载判例的铭文被铸造在祭祀祖先的青铜器上，藏于"神宫幽邃[④]"的宗庙之中，一般人很难看到，但相关领域的贵族则可能阅读记载类似判例的铭文作为仲裁的依据。武树臣先生就指出："当时铸在礼器上的判例常常被置于贵族的庙堂之中，一般民众无权进入宗庙，故不得'观鼎'[⑤]"。周代"礼不下庶人"的含义之一，也意味着庶民不了解由领主贵族口耳相传或铸藏于宗庙神器上的不成文法判例。因此郑国子产铸刑书、晋国赵鞅铸刑鼎，制作并向庶民公布成文法典，司法不再是由领主贵族依据古老习惯和判例而掌握的技艺。《左传·昭公六年》记载"昔先王议事以制"，杜注："临事制

---

① 李学勤主编：《十三经注疏·礼记正义》上册，北京大学出版社，1999年，301页。
② 程树德：《九朝律考》，中华书局，1963年，第11页。
③ David N. Keightley, Marks and Labels:Early writing in Neolithic and Shang China, Edited by Miriam T.Stark:Archaeology of Asia, Blackwell Publishing, 2006, P191.
④ 于省吾：《甲骨文字释林》，中华书局，2009年，第62页。
⑤ 武树臣：《儒家法律传统》，法律出版社，2003年，第58页。

刑，不豫设法也"①，即在具体司法仲裁中造法，而非预先设定好严密的成文法典。马小红教授就认为，由裁断者综合各个方面"议"而量刑的"议事以制"，正是习惯法时代的特征②。

伴随着东周礼崩乐坏的过程，封建社会被郡县制与编户齐民的新结构所取代，古老的周礼习惯法也被新的成文法典所取代，其中一些部分被保存在各类儒书中，但湮灭已久，后人对周礼的理解会产生隔阂感。"礼"字很容易被理解为只是"讲礼貌"或举行一些仪式，但其作为不成文法的治理意义很容易被忽视。本文尝试结合传统文献与铜器铭文所见司法活动，讨论周礼习惯法。

三代习惯法之间的差异

三代既是三个不同历史时期的早期王朝，但夏、商、周又分别是不同的政治文化共同体，正如张光直先生所言，夏、商、周为共存列国关系，朝代更替所反映出的不过是这三国之间势力强弱的沉浮而已③。这三国在族群、文化方面各不相同，因此各有自身独特的政教礼俗与习惯，文献中多有将该三国礼俗进行比较的文字，如《论语·八佾》记载社礼的差异："夏后氏以松，殷人以柏，周人以

---

① 李学勤主编：《十三经注疏·春秋左传正义》下册，北京大学出版社，1999年，第1225页。
② 马小红：《中华法系中"礼""律"关系之辨正：质疑中国法律史研究中的某些"定论"》，《法学研究》2014年1期，第180页。
③ 张光直：《中国青铜时代》，生活·读书·新知三联书店，1983年，第31页。

栗^①";《礼记·檀弓上》记葬具的不同:"夏后氏堲周,殷人棺椁,周人墙置翣";记祭牲、殓葬时间、战争用马的不同:"夏后氏尚黑,大事敛用昏,戎事乘骊,牲用玄。殷人尚白,大事敛用日中,戎事乘翰,牲用白。周人尚赤,大事敛用日出,戎事乘騵,牲骍用"[②];《檀弓上》又记载三者殡礼之不同:"夏后氏殡于东阶之上","殷人殡于两楹之间","周人殡于西阶之上",孔子也自称"殷人"[③];《礼记·王制》记载三者养老的差异:"夏后氏以飨礼,殷人以食礼,周人修而兼用之","夏后氏养国老于东序,养庶老于西序。殷人养国老于右学,养庶老于左学。周人养国老于东胶,养庶老于虞庠。[④]"

这些记载表明,夏(杞)、商(宋)、周三者之间的文化差异较大,各有自身的政教礼俗,因此建立在不同礼俗基础之上的习惯法也颇有差异。周人灭商之后,殷人共同体仍然保留了按照本族群习惯法进行自治的权利,《尚书·康诰》记载周公对康叔之言:"汝陈时臬司师,兹殷罚有伦",孔颖达疏:"其刑法断狱,用殷家所行常法故事"[⑤]。"故事"一词,据裘锡圭先生分析,即后世所谓"成例","成例、规范、制度通常是人们长期遵循的,往往起源很早"[⑥]。断狱用殷人的成例,即尊重殷人习惯法中的传统判例,尽量避免外部武断的司法介入。殷人各种古老的传统判例,一般以口耳相传等不成

---

① 程树德:《论语集释》第一册,中华书局,2008年,第200页。
② 李学勤主编:《十三经注疏·礼记正义》上册,北京大学出版社,1999年,第177—179页。
③ 李学勤主编:《十三经注疏·礼记正义》上册,北京大学出版社,1999年,第207页。
④ 李学勤主编:《十三经注疏·礼记正义》上册,北京大学出版社,1999年,第420、425页。
⑤ 李学勤主编:《十三经注疏·尚书正义》,北京大学出版社,1999年,第365页。
⑥ 裘锡圭:《中国出土文献十讲》,复旦大学出版社,2004年,第268页。

文知识保存在各类领主、族长或耆老的经验中。所以《康诰》强调"丕远惟商耇成人",孔安国传:"当大远求商家耆老成人之道"。又如《诗经·大雅·荡》:"殷不用旧。虽无老成人,尚有典刑。曾是莫听,大命以倾。[1]"诗中内容也是描述,殷人的"典刑"都掌握在"旧"以及"老成人"这些氏族耆老手中,但纣王没有尊重这些古老的习惯法,因此导致灭亡。据韦伯(Max Weber)对习惯法的研究,早期的司法仲裁,高度依赖于娴熟传统的老者、氏族长老或选举出来的仲裁法官,依据习俗和传统进行仲裁[2]。因此结合这些材料来看,殷人习惯法各类传统判例的知识也都掌握在殷人氏族长老们的手中,周公希望康叔尊重殷人的氏族长老,让他们以殷人习惯法进行自治。

周人东征之后,封建诸侯,殷民六族封于鲁,殷民七族封于卫,这些殷人宗族对外向周人领主效忠,对内则在相当程度上沿用殷人本族的习惯法进行自治。《左传·定公四年》记成王封伯禽"因商奄之民",封卫侯"皆启以商政",唐叔治夏人则"启以夏政",杜注"因其风俗,开用其政"[3]。"商政""夏政"皆为殷人、夏人族群共同体的传统习惯法,周人允许这些人群仍使用自身习惯法。在鲁国的《卣》铭文中,记载鲁侯对东方土著贵族说,"汝姓继自今,弗有汝型",是在"法则周公"的大背景下,允许这些东方旧族秉持原来旧有的"型"[4],即土著的殷人习惯法,鲁侯并且对此赞赏有加。

---

[1] 李学勤主编:《十三经注疏·毛诗正义》下册,北京大学出版社,1999年,第1160页。
[2] [德]马克斯·韦伯:《韦伯作品集Ⅸ:法律社会学》,康乐、简惠美译,广西师范大学出版社,2005年,第144—145;第157页。
[3] 李学勤主编:《十三经注疏·春秋左传正义》下册,北京大学出版社,1999年,第1549—1550页。
[4] 王沛:《刑书与道术:大变局下的早期中国法》,法律出版社,2018年,第9页。

又如《左传·定公六年》记载阳虎盟国人于亳社，可知鲁国的殷人各氏族仍然保存着殷人自治的"亳社"这一公共空间。据王晖先生考证，周代除鲁国的其他诸侯也建有亳社[1]，而在周人王畿中的殷人氏族亦有亳社。如2014—2015年在周原凤雏建筑旁，就发现有立有石基的庭院，这正是迁徙到周原殷人氏族的"亳社"[2]。由此可知，分布在周人王畿和其他诸侯国的殷人氏族保有亳社这一政教礼俗的公共空间，能以"商政"继续实行内部自治。周人大致尊重异质人群的习俗，《诗·大雅·韩奕》记载韩侯受命之"因时百蛮"[3]，即尊重其封地各蛮族的习惯法。类似的例子，还见于宣王时铜器《驹父盨》铭文中，"见南淮夷"，"堇（谨）夷俗，豕（遂）不敢不苟（敬）畏王命"[4]。据铭文可知，周王对臣下达的王命中，会强调"谨夷俗"，即尊重当地人群的传统与习惯法。

周人尊重夏（杞）、商（宋）等国以及分封给周人诸侯的殷人氏族继续使用自身习惯法，此种观念也保存在礼书之中。《礼记·曲礼下》："君子行礼，不求变俗"，孔疏："俗者，本国礼法所行也"，"如杞、宋之臣入于齐、鲁，齐、鲁之臣入于杞、宋，各宜行己本国礼法也"[5]，明确记载了杞、宋继续沿用夏、商传统习俗与礼法的治理。《仪礼·士冠礼》"若不醴"，郑玄注："谓国有旧俗可行，圣人

---

[1] 王晖：《古文字与商周史新证》，中华书局，2003年，第20页。
[2] 周原考古队：《陕西宝鸡市周原遗址2014—2015年的勘探与发掘》，载《考古》2016年7期，第43页。
[3] ［清］王先谦：《诗三家义集疏》下册，中华书局，1987年，第980页。
[4] 王辉：《商周金文》，文物出版社，2006年，第252页。
[5] 李学勤主编：《十三经注疏·礼记正义》上册，北京大学出版社，1999年，第109页。

用焉不改者也",贾疏:"用旧俗则夏殷之礼是也"①。周王治下不同族群分别使用本族习惯法,其精神与《大宪章》第56条相同:"英格兰法律将适用于英格兰一侧地产之归属,威尔士法律将适用于威尔士一侧地产之归属"②。

周人以暴力手段东征,建立了新王朝的秩序,殷人虽然畏威,但还并未怀德,因此周人以怀柔之政,允许殷人各氏族以其传统习惯法实行高度自治,降低了治理成本。正如顾炎武所言,"(宋国)自其国人言之,则以商之臣事商之君,无变于其初也"③。以商(宋)的各氏族旧臣继续侍奉商王室的后裔宋君,并继续以传统殷人习惯法自治,对于殷人来说确实并无明显的改变和亡国之痛,因此愿意承认周人的治理④。

从考古材料来看,周代各国的殷人氏族也都保存着原有的各类礼俗。文献所载分封给鲁国的殷人六族有条氏、徐氏、萧氏、索氏、长勺氏、尾勺氏,1973年在山东兖州县李宫村发现了其中"索氏"的氏族器物。出土的铜器有铜爵、铜觚、铜卣,其中铜卣和铜爵上有"索"族的氏族铭文⑤。殷人盛行饮酒,罗泰(Lothar von Falkenhausen)认为这和祭祖仪式萨满性的醉酒恍惚有关⑥。饮酒是殷人共同体祭祀

---

① 李学勤主编:《十三经注疏·仪礼注疏》上册,北京大学出版社,1999年,第42页。
② [英]《大宪章》,陈国华译,北京商务印书馆,2016年,第52页。
③ [清]顾炎武:《日知录》上册,上海古籍出版社,2015年,第84页。
④ 杜正胜:《略论殷遗民的遭遇与地位》,《历史语言研究所集刊》第五十三本第四分,1982年,第691页。
⑤ 郭克煜、孙华铎等:《索氏器的发现及其重要意义》,《文物》1990年7期,第36—38页。
⑥ Lothar von Falkenhausen: Chinese Society in the Age of Confucius(1000-250BC):The Archaeological Evidence, Cotsen Institute of Archaeology Press, 2006, P49.

与政教礼俗的重要内容,与禁酒的周人习惯法不同,但分封给周人诸侯的殷人氏族,仍保留有典型的殷人觚、爵酒器组合,可见"殷民六族"仍然保有传统以饮酒礼活动整合共同体治理的礼俗。从曲阜鲁国故城的墓葬情况来看,甲组西周墓盛行殉狗的腰坑,而乙组西周墓则完全不见殉狗和腰坑,且两组墓的随葬品摆放位置也多有差异[①]。曲阜甲组墓属于殷人氏族,乙组墓属于周人宗族,前者完整保存着商文化的葬俗,与后者区分明显,正可对应"启以商政"之说。尊铭文言鲁侯"致文",即给鲁地带来周人之礼法[②],但周人习惯法应当只是适用于鲁国的周人,而不适用于鲁国的殷人氏族。另外在洛阳发现的殷人氏族墓葬,与鲁国的情况一样,都继续沿用殷人礼俗。如洛阳东关发现五座殷人墓皆有腰坑,并随葬酒器觚、觯[③];洛阳五女冢西周殷人墓,出土有铜爵、铜觚等酒器[④];唐城花园殷人墓有腰坑与殉狗[⑤]。

这些考古材料均能与文献印证,显示周人对殷人各氏族"启以商政",较为完整地保留了殷人族群的政教礼俗,以及建立在这些礼俗之上的殷人习惯法。周人尊重各族群传统的习惯法,固然是出于降低治理成本的动机。但这也反映出,夏(杞)、商(宋)、周等各族各有自身的传统习惯法,在政教礼俗等各个方面差异较大。

---

① 山东省文物考古研究所、山东省博物馆、济宁地区文物组、曲阜县文管会:《曲阜鲁国故城》,齐鲁书社,1982年,第188页。
② 朱凤瀚:《器与鲁国早期历史》,朱凤瀚主编《新出金文与西周历史》,上海古籍出版社,2011年,第10页。
③ 洛阳市文物工作队:《洛阳东关五座西周墓的清理》,《中原文物》1984年3期,第25—28页。
④ 洛阳市第二文物工作队:《洛阳五女冢西周早期墓葬发掘简报》,《文物》2000年10期,第4—11页。
⑤ 安亚伟:《河南洛阳市唐城花园西周墓葬的清理》,《考古》2007年2期,第94—96页。

周礼习惯法的形成

周公制礼并非凭空发明出一套礼制,而是在周人传统习惯法基础之上融入部分夏、商习惯法进行的汇编,以适应封建、宗法的新秩序。孔子所言,"殷因于夏礼,其损益可知也;周因于殷礼,所损益可知也"[1]正是反映了三代习惯法之间继承发展的关系。换言之,周礼中也汇入有夏、商习惯法的内容。

周人早期习惯法的特点是较为灵活,比较容易部分吸收异族习惯法。例如,周人并无使用日名的礼俗[2],但从新的考古材料来看,周人曾尝试使用殷人的日名礼俗。宣王时铜器《应公鼎》铭中将武王称为"帝日丁"。李学勤先生指出:"周武王有日名丁,这是以往大家不了解的"[3]。又如2009年在山东高青县出土铜簋铭文有"祖甲齐公"铭文,此"祖甲"即齐太公,以"甲"作为其日名[4]。另《史记·齐太公世家》记载太公之后的齐侯又连续三代使用日名,分别是丁公、乙公、癸公。周和姜齐属于西部周文化联盟,都曾尝试将殷人习惯的部分内容汇入周人习惯,可以推测周人习惯法本身也可以吸取其他人群习惯法的内容。

周公制礼汇入有殷人习惯法,可以王国维先生总结殷周制度区别

---

[1] 程树德:《论语集释》第一册,中华书局,2008年,第127页。
[2] 张懋镕:《周人不用日名说》,《历史研究》1993年5期,第173—177页。
[3] 李学勤:《新出应公鼎释读》,《通向文明之路》,商务印书馆,2010年,第146—148页。
[4] 李学勤:《论高青陈庄器铭"文祖甲齐公"》,《新出青铜器研究》,人民美术出版社,2016年,第369页。

中的嫡长子继承制为例。周人早期并未完全实行嫡长子继承制，古公舍泰伯、虞仲而立季历，文王不传位给长子伯邑考之子，而是传于次子武王，皆可以为证①。武王死后，管叔叛乱也带有争夺王位的性质，因为他是武王之弟，周公之兄，按照兄终弟及的殷人习惯法，管叔享有王位继承权②。周公确立的嫡长子继承制，实际上部分吸收了殷人习惯法的传统，因为商代晚期王位的继承，出现了嫡长子继承制的雏形，由武乙、文丁、帝乙、帝辛、武庚的传承顺序来看，并无兄终弟及之事。《史记·宋微子世家》亦言微子为纣庶兄③，嫡庶之别的制度雏形在商晚期已经出现。周公显然吸取了商代晚期以来出现的兄终弟及殷人习惯法，将其纳入周人制度，并作为定制。殷人虽然出现了嫡长子继承制的雏形，但兄终弟及的习惯法仍然被使用。《史记·宋微子世家》记载宋国君主继承法，仍然多有兄终弟及，如微子死后由其弟微仲继承；宋湣公死后，由其弟炀公继承；宣公死后，由其弟穆公继承。宋宣公死前宣称"父死子继，兄死弟及，天下通义也"④，将父死子继和兄终弟及两种都视为"通义"，可见殷人有关继承的两种不同习惯法之间存在矛盾，而周人汲取了商代晚期出现的嫡长子继承制这一部分，将其固定了下来，以配合新的宗法制社会。

　　周礼的整合过程中，在多个方面吸收了夏、商的习惯法。如《礼记·礼器》记载三代用尸之礼："夏立尸而卒祭，殷坐尸，周旅

---

① 晁福林：《夏商西周的社会变迁》，北京师范大学出版社，1996年，第133页。
② 杨宽：《西周史》上册，上海人民出版社，2016年，第152页。
③ ［汉］司马迁：《史记》第五册，中华书局，2009年，第1607页。
④ ［汉］司马迁：《史记》第五册，中华书局，2009年，第1622页。

酬六尸"，孔疏："周旅酬六尸者，此周因殷而益之也。"[1]周代祭祖的用尸之礼，是根据殷人礼俗的坐尸加以增益、修订后的产生的。《礼记·王制》记载三代养老之礼："夏后氏以飨礼，殷人以食礼，周人修而兼用之"[2]，可知周人关于养老的政教礼俗中同时吸收了夏、商习惯法的内容，只是将二者进行了修订。《尚书·康诰》."兹殷罚有伦"，孔颖达疏："殷家刑法有伦理者兼用之"，"又周承于殷后，刑书相因，故兼用其有理者。"[3]此处明确指出，周人选择性地汲取了大量殷人司法中的判例，继承这些他们认为合理的习惯法判例，达到了商周礼之间"相因"的结果。

冯时先生曾举有实例，来论述周礼与殷礼的传承关系。在周初殷遗民的《我方鼎》铭文中，完整地记载了殷人丧葬之礼从启殡到埋葬的过程。包含了朝庙奠、祖奠、大遣奠、包奠、读赗等诸古礼，仪节十分完整，能够与后世《仪礼》《礼记》等儒家文献全部印证[4]。儒家文献记载周代古礼，而周初殷遗民所使用的传统殷礼，竟能够与后世儒家文献全部印证，这本身就是一个很好的例子，显示了周人的丧葬礼俗继承了部分殷人的传统丧葬礼俗规定，这些内容后来都被汇编到了周礼习惯法之中。梅因（Henry Maine）曾谈到，原始状态采用的惯例，一般是在大体上最适合促进其物质和道德福利的，如果它们能保持其完整性，以至新的社会需要培养出新的惯例，则这个社会几乎

---

[1] 李学勤主编：《十三经注疏·礼记正义》中册，北京大学出版社，1999年，第746页。
[2] 李学勤主编：《十三经注疏·礼记正义》上册，北京大学出版社，1999年，第420页。
[3] 李学勤主编：《十三经注疏·尚书正义》，北京大学出版社，1999年，第364—365页。
[4] 冯时：《我方鼎铭文与西周丧奠礼》，《考古学报》2013年2期，第185—210页。

可以肯定是向上发展的[①]。周人在汲取了大量更古老习惯法惯例的基础上，不断培养出新的惯例，从而将华夏文明推向一个新的高度。

三代习惯法之间存在较多区别，但周礼的形成过程中也汲取了不少的夏、商习惯法，并将其加以选择、修订和增益。商代与周代之间，并非是剧烈的文化断裂，而是一种自发秩序地自我演进和增益。正如吉德炜所说，周代精英提供了新的意识形态及社会结构的提升，但这些仍然是高度基于商代的传统，商代是中国文化形成的重要祖源[②]。

四
早期习惯法的仲裁

罗曼·赫尔佐克（Roman Herzog）曾谈到，早期习惯法只能通过询问最年长的人们才能定下[③]。古老的惯例往往掌握部族耆老、氏族首领的口耳相传之中，当涉及氏族成员或部族之间的纠纷时，当时人会寻找口碑良好、德高望重的首领依据习惯法进行仲裁或调解。柳宗元在《封建论》中谈到："争而不已，必就其能断曲直者而听命焉。其智而明者，所伏必众，告之以直而不改，必痛之而后畏，由是君长刑政生焉。"[④]正是描述上古习惯法由"能断曲直"的君长耆老们裁决。梁启超先生也曾谈到，上古之时"诸部落大长中，有一德

---

① ［英］梅因:《古代法》，沈景一译，北京商务印书馆，1996年，第11页。
② David N. Keightley, The Ancestral Landscape: Time, space, and Community in Late Shang China.ca.1200—1045B.C.Institute of East Asian Studies, University of California, Berkeley, 2000, P129.
③ ［德］罗曼·赫尔佐克:《古代的国家：起源和统治形式》，赵蓉恒译，北京大学出版社，2003年，第346页。
④ ［唐］柳宗元:《封建论》，《柳河东集》上册，上海人民出版社，1974年，第44页。

望优越于侪辈者，朝觐、狱讼相与归之"①，也言及狱讼之事会寻找德望较高的部落首领进行裁决。《三国志·魏书·乌丸传》记载，乌丸部落"常推募勇健能理决斗讼相侵犯者为大人"，能调解决斗和诉讼的威望之人，就可以被推举为"大人"。在过去的凉山地区，一个黑彝哪怕原本并无名气，倘若能成功调解几桩诉讼纠纷，名声便会很快传播于家支内外，人们有急事便愿意上门求助②。

《孟子·万章上》："讼狱者，不之尧之子而之舜"，"朝觐讼狱者，不之益而之启"③，描述上古司法诉讼都会寻找有名望的部族首领，虞族的首领舜和夏族的首领启，都因为具有公正的德性，因此其他氏族首领都愿意找他们来裁决诉讼和调解纠纷。《周易·讼卦》："利见大人。"《象》孔疏："所以于讼之时，利见此大人者，以时方斗争，贵尚居中得正之主而听断之。""利见大人"的经文，描述的正是三代时期的诉讼，会寻找"贵尚居中得正"的领主大人这一历史。《周易·中孚》之《象》"君子以议狱缓死"，《噬嗑》"利用狱"之说④，都与此种上古司法裁决有关。

此外，更著名的习惯法仲裁案例是周文王的"虞芮质厥成"之事。《诗经·大雅·绵》："虞芮质厥成。"毛传、齐诗皆言虞、芮争田，诉于文王⑤，即两个部族之间发生了地产权的纠纷，便找到口碑

---

① 梁启超：《古代百姓释义》，《中国上古史》，商务印书馆，2016年，第89页。
② 易建平：《部落联盟与酋邦：民主·专制·国家：起源问题比较研究》，社会科学文献出版社，2004年，第496页。
③ ［宋］朱熹：《四书章句集注》，中华书局，1983年，第308页。
④ 李学勤主编：《十三经注疏·周易正义》，北京大学出版社，1999年，第45—46页、第100页、第243页。
⑤ 李学勤主编：《十三经注疏·毛诗正义》下册，北京大学出版社，1999年，第993—994页；［清］王先谦：《诗三家义集疏》下册，中华书局，1987年，第841页。

良好的周族君长文王进行仲裁。《史记·周本纪》除了记载"虞、芮有狱不能决,乃如周"之事,还记载"文王阴行善,诸侯皆来决平"①,可知文王是口碑良好的部族君长,因此不止有虞、芮二族前来请求裁决,其他君长部族的诉讼也往往请求文王进行裁决。杨宽先生认为虞、芮之间的土地纠纷、司法仲裁之说不可信,文王只是让这两国结好而已②。但如果从早期习惯法常见的邀请君长、耆老、领主作为裁决者,以及西周金文中所见的土地纠纷等背景来看,文王曾充当了虞、芮二部族之间地权纠纷的仲裁者当属史实。

充当裁决者通常也可以获取经济上的收入,《国语·齐语》:"索讼者,三禁而不可上下,坐成以束矢",即诉讼双方需要向仲裁者缴纳捆束的箭矢作为费用。③《周礼·秋官·大司寇》也记载,诉讼的两方需要"入束矢于朝,然后听之"。穆王时期的铜器《𪞝簋》铭文中记载,一名贵族,在社会上处理司法诉讼的仲裁,收取有"十锊"的费用④;厉王时铜器《扬簋》铭文记载,贵族扬处理"讯讼",要收取"五锊"的费用⑤;此外,清华简《摄命》记载周孝王对领主"摄"的册命,其中也提到领主在受理狱讼时的"受币"费用问题⑥,即向诉讼者收取礼物。因此口碑良好的仲裁者,除了可以获取政治声望,也可以通过仲裁调解获取经济上的利益。

---

① [汉]司马迁:《史记》第一册,中华书局,2009年,第117页。
② 杨宽:《西周史》上册,上海人民出版社,2016年,第79页。
③ 徐元诰:《国语集解》,中华书局,2006年,第230页。
④ 李学勤:《𪞝簋的年代》,载《中国历史文物》2006年3期,第7页。
⑤ 郭沫若:《两周金文辞大系图录考释》释文,科学出版社,2002年,第118页。
⑥ 李学勤主编:《清华大学藏战国竹简(捌)》,中西书局,2018年,第118页。

五 周代司法仲裁与习惯法

进入西周之后，周人设立有王官的司法机构，但更多情况下，一般的司法裁决与民事诉讼仍然可以在王官之外寻求各类领主、长老，或者根据周礼习惯法自行调解，试述如下：

（1）周王与王官仲裁

周王本人可以进行司法仲裁，如厉王时器《鬲攸比鼎》铭文就记载，领主鬲攸比向周王控告另一领主攸卫牧侵占其土地，周王下令对此事进行调查，王官命攸卫牧起誓，并归还其土地[①]。在周代司法中，周王应当拥有最终的决断权，《礼记·王制》云："大司寇以狱之成告于王，王命三公参听之。三公以狱之成告于王，王三之，然后制刑"[②]。大司寇机构作出的司法判决，再由三公审核，最终报告给周王定谳。

周王之外，司法王官的重要机构为大司寇，《尚书·立政》："司寇苏公，式敬尔由狱"[③]；《尚书·吕刑》"吕命"，孔传："吕侯见命为天子司寇"[④]；《左传·定公四年》："康叔为司寇"[⑤]，文献所见司寇由诸侯苏公、吕侯、卫侯等担任，地位较高。有学者认为司寇的地位并不十分显要[⑥]，但新见共王时器《士山盘》铭文记载周王命司寇之属

---

① 王辉：《商周金文》，文物出版社，2006年，第226页。
② 李学勤主编：《十三经注疏·礼记正义》上册，北京大学出版社，1999年，第412页。
③ 李学勤主编：《十三经注疏·尚书正义》，北京大学出版社，1999年，第478页。
④ 李学勤主编：《十三经注疏·尚书正义》，北京大学出版社，1999年，第533页。
⑤ 李学勤主编：《十三经注疏·春秋左传正义》下册，北京大学出版社，1999年，第1551页。
⑥ 张亚初、刘雨：《西周金文官制研究》，中华书局，1986年，第25页。

的士山立莁侯为君，郱、方二国反对，因此遭到了周人的"惩"和"刑"，莁国内部的反对者虘、履、六蛮都遭到了流放，可知周人司寇能定诸侯之狱讼[1]。这也符合《周礼·秋官司寇·大司寇》"佐王刑邦国""诘四方"[2]对其职务的记载。除大司寇，周王也会任命专职的王官去掌管司法仲裁。如《䚄簋》铭文就记载周王任命䚄去掌管成周里人、诸侯、大亚的"讯讼罚"[3]，属于掌管司法的王官。《舲簋》铭文记载，周王命令舲"邑于郑，讯颂"，就是掌管郑地的司法[4]。另外琱生诸器所见召氏领主的土地诉讼，也是向执政的王官上诉的[5]。

（2）领主的仲裁

尽管西周有专职的司法王官，但更多情况下的司法仲裁仍然依赖于传统习惯法中的领主裁判权、长老会议之类，或者由当事人根据习惯法自行解决，并不需要王官的介入。典型的领主裁判权见于《诗经·甘棠》记载召伯虎在领地中巡游仲裁，鲁诗认为是"巡行乡邑，有棠树，决狱政事其下"[6]，周人的封建领主在领地内巡游，以习惯法的领主裁判权裁决其臣民的诉讼，《行露》诗中提到的"何以诉我狱""何以诉我讼"这些内容都与召伯虎作为领主的裁判权有关。

领主裁判权的例子还见于《训匜》铭文，牧牛向领主伯扬父讼

---

[1] 李学勤：《论士山盘：西周王朝干预诸侯政事一例》，《文物中的古文明》，商务印书馆，2008年，第195—198页。
[2] 李学勤主编：《十三经注疏·周礼正义》下册，北京大学出版社，1999年，第902页。
[3] 郭沫若：《两周金文辞大系图录考释》释文，科学出版社，2002年，第119页。
[4] 吴镇烽编著：《商周青铜器铭文暨图像集成》12册，上海古籍出版社，2012年，第344页，编号05258。
[5] 朱凤瀚：《琱生簋与琱生尊的综合考释》，朱凤瀚主编《新出金文与西周历史》，上海古籍出版社，2011年，第74页。
[6] [清]王先谦：《诗三家义集疏》上册，中华书局，1987年，第83页。

告自己的上司"师"，领主伯扬父定谳，命其缴纳两项罚金，但也免除了对牧牛的鞭刑，牧牛立誓不再上告，此事被属吏记录下来[1]。又如《曶鼎》铭文中，曶的五名家臣被效父扣押，发生纠葛，曶因此向领主邢叔提起诉讼，由邢叔进行仲裁。另一件关于"寇禾"的诉讼对象，则是"东宫"[2]。"东宫"一词，或以为是"太子"，但《效卣》《驭簋》中又分别有"公东宫""伯东宫"之说[3]，可知"东宫"为公、伯之类的领主而非太子。曶曾因司法纠纷，分别曾向邢叔、东宫两位领主提起诉讼。

由封建领主依据习惯法进行仲裁的情况较为常见，至东周之时仍有此风。《左传·成公四年》记载郑伯夺占许男之田，"郑伯与许男讼焉"，此次诉讼由楚君担任仲裁者[4]；《左传·成公十一年》记："晋郤至与周争田。"郤至认为这是"吾故也"，周王也只能"命刘康公、单襄公讼诸晋"[5]，晋侯这一封建领主担任了仲裁者角色；《左传·昭公二十三年》晋为盟主，鲁国夺取邾国田地，邾国寻找晋侯进行诉讼，使鲁卿与邾大夫坐，杜注："坐讼曲直。"[6]《国语·晋语九》记载邢侯与雍子发生土地纠纷，讼于叔鱼[7]，也是根据周礼习惯

---

[1] 李学勤：《岐山董家村训匜考释》，《新出青铜器研究》，人民美术出版社，2016年，第93—96页。
[2] 王辉：《商周金文》，文物出版社，2006年，第170—171页。
[3] 黄凤春：《从叶家山新出曾伯爵铭谈西周金文中的"西宫"和"东宫"问题》，《江汉考古》2016年3期，第81页。
[4] 李学勤主编：《十三经注疏·春秋左传正义》中册，北京大学出版社，1999年，第718页。
[5] 李学勤主编：《十三经注疏·春秋左传正义》中册，北京大学出版社，1999年，第747页。
[6] 李学勤主编：《十三经注疏·春秋左传正义》下册，北京大学出版社，1999年，第1431页。
[7] 徐元诰：《国语集解》，中华书局，2006年，第443页。

法寻找领主仲裁者。

（3）领主长老会议

除了向领主诉讼，也可以向领主组成的长老会议提起诉讼，而不必诉诸王官。《卫盉》记载的土地交易是通过伯邑父、荣伯、定伯、𤔲伯、单伯五人组成的领主会议依据习惯法作证通过了土地交易。在《五祀卫鼎》铭文中，卫与邦君厉之间的土地纠纷是通过由邢伯、伯邑父、定伯、𤔲伯、伯俗父五名领主组成的长老会议进行裁决的[1]，夏含夷将《五祀卫鼎》中这五位领主称为"五人陪审团"[2]。这两次仲裁土地交易长老会议的人员有相同的，也有不同的，是当时人寻找德高望重的领主长老来组成的。

（4）当事人依据习惯法自行调解

除了以上方式，一些土地交易或争议也可以由当事人根据周礼习惯法自行调解。如《九祀卫鼎》铭文中，裘卫与矩、颜之间的土地交易，便是依据周人习惯法自行完成的，既没有通过王官，也没有通过领主或领主长老会议。又如在《倗生簋》铭文中，领主格伯与倗生之间"贾卅田"的土地交易，也是由两名当事人根据习惯法自行完成的[3]。还有一个著名的例子是《散氏盘》铭文，矢国与散国之间的土地纠纷，由当事人双方自行调解，由矢将眉、井邑的土地赔付给散，矢方派出十五人，散方派出十人勘验土地边界，并以习

---

[1] 王辉:《商周金文》，文物出版社，2006年，第134—139页。
[2] ［美］夏含夷:《西周青铜器铭文》，陈双新译，夏含夷主编《中国古文字学导论》，中西书局，2013年，第84页。
[3] 唐兰:《西周青铜器铭文分代史征》，中华书局，1986年，第442—443、第464—465页。

惯法"誓"的方式达成了协定①。散氏盘所见案例，白川静指出是"由当事者间自行解决"，"并无其他官署介入"，"在当事者双方之与会者见证之下，进行定界接受的仪式"②。

周代多有当事人自行调解而不必诉诸王官的习惯法案例，赵伯雄先生指出："领主间的土地转让，是并不一定要报告王官的。"③李学勤先生也谈到，《佣生簋》《散氏盘》《九祀卫鼎》所见案例"都没有王官参与"④。正如罗曼·赫尔佐克所说，古代习惯法大多讲述它们源于天神和英雄的神话传说联系在一起，违反它们容易带上亵渎神明的色彩⑤。周人司法的裁决，无论是领主裁判或是当事人自行调解，都会伴随着"誓"这一带有宗教礼仪色彩的仪式。

封建习惯法的特点，正是这些"礼"与各类宗教性的传统惯例相混杂，因此形成强大的社会效力，约束各方依据传统和惯例行事。由于依据惯例的有效性，因此大量裁决并不需要王官政府机构的介入，而是可以通过各级领主、长老或不同小共同体之间自行调解，具有更强的自治能力与灵活性，社会的一般公序良俗与法规之间互为一体。

---

① 王辉：《商周金文》，文物出版社，2006年，第228—229页。
② [日]白川静：《金文的世界：殷周社会史》，温天河、蔡哲茂译，台湾：联经出版事业公司，1989年，第133页。
③ 赵伯雄：《周代国家形态研究》，湖南教育出版社，1990年，第113页。
④ 李学勤：《西周金文中的土地转让》，《新出青铜器研究》，人民美术出版社，2016年，第91页。
⑤ [德]罗曼·赫尔佐克：《古代的国家：起源和统治形式》，赵蓉恒译，北京大学出版社，2003年，第346页。

以儒化耶：以儒学背景信仰基督教的蒋中正

基督教的分支聂斯脱利派（Nestorianism）在唐代传入中国，被称为"景教"。其碑文之"印持十字""三一妙身""室女诞圣"等关于十字架、三位一体、圣婴诞生诸基督教义理的话语，可被视为最初汉语思想与基督教的融合。在景教碑文中，除了主张崇拜"天尊（上帝）"，还要求信徒"事圣上（皇帝）""孝父母"[1]，还呈现出与汉语思想传统儒学义理融合的趋势。由于聂斯脱利派关于基督位格的二元性理解，一直被正统教会视为异端[2]。因此，真正意义上正统教

---

[1] 翁绍军：《汉语景教文典诠释》，生活·读书·新知三联书店，1996 年，第 94—95 页。
[2] ［俄］索洛维约夫：《俄罗斯与欧洲》，徐风林译，河北教育出版社，2002 年，第 30 页。

会进入中国，并与儒学发生融合，则是蒙元之时。元朝西域人阔里吉思，信仰天主教，同时又信奉儒学，参与"兴建庙学"，还从宋末儒士吴鄹处问《易》[①]。根据笔者所见资料，这是第一位既信奉基督教又尊信儒学的士人。不过，第一位耶儒之间的士人却非汉人，而是来自西域的蒙元色目人。

汉族儒士大批接受基督教信仰，则是在众所周知的明代晚期，与耶稣会士之传教关系紧密。在这些儒士看来，儒学与基督教信仰，是并行不悖的。例如，李之藻在受洗之后，真心相信儒家经书中的"天"和"上帝"与天主教的"天主"本来为一，二者之间并行不悖，相互补足[②]。但士人的纳妾习俗及明代灭亡后自杀殉国等价值观，又与基督教伦理发生了矛盾。随着清初的"礼仪之争"导致1720年基督教在华被禁止，直到鸦片战争后，基督教信仰的合法化，中国儒士才又开始跻身"耶儒之间"的张力之中。例如，思想比较西化的王韬在1854年8月26日受洗加入基督新教，他的《蘅华馆日记》中有参与教会活动如"听圣书""受主餐"的记载，但他却又指出，作为历史人物的孔子对"道"的解释最臻完善[③]。王韬属于青年时期即在上海与西方人紧密交往，并有游离海外的经历。可即使如此，他作为一名基督徒，仍然将孔子之道视为"完善"。这种将儒学价值观置于基督教信念之上的判断，显示了"耶儒之间"的确存在着还远未成熟的内在距离。

---

① 陈垣:《元西域人华化考》，上海古籍出版社，2008年，第23—25页。
② 黄一农:《两头蛇：明末清初的第一代天主教徒》，上海古籍出版社，2008年，第82页。
③ ［美］柯文:《在传统与现代性之间：王韬与晚清革命》，雷颐、罗检秋译，江苏人民出版社，1998年，第22—23页。

降至民国，亦有基督徒文人认为基督教的人格是"忠""诚""仁""义"等儒学人格价值。针对这种"与儒家文化站在一起"的信证趣味，有现代学者进行了批评，并认为现代汉语神学的精神质素，不能以迎合儒学的口味为准绳[①]。但现代自由主义神学家汉斯·昆（Hans Kung）为代表的普世主义神学思考，仍将与儒学的对话及义理沟通视为可能[②]。杜维明先生就讲到，因为有了儒学与基督教的对话，现在美国出现了"波士顿的儒学"（Boston Confucianism）。"这批学者都是基督教传统中极为杰出、影响很大的神学家，他们认同儒学，就自称为'儒家的基督徒'（Confucian Christians）。"[③]这亦表明，"耶儒之间"的对话，确实取得了效果，尽管从大历史的角度来看，也许这种互动还需要非常漫长的时间。

在此，笔者并不尝试在基督教神学思想内部来讨论蒋中正先生的信仰问题。交代这一背景，是要指出，基督教的汉语思想自有其久远传统，与儒学之间亦有其复杂渊源。如何在思想内部探讨基督教汉语神学与传统儒学资源，是另一个复杂的思想问题。笔者是要强调，从历史维度理解蒋中正在"耶儒之间"的信仰，并以儒为体，以儒化耶的这一思想史背景。

---

① 刘小枫：《圣灵降临的叙事》，生活·读书·新知三联书店，2003年，第47页。刘小枫在更早的《拯救与逍遥》中，甚至将儒学称为基于历史主义的残酷王道，是基督信仰圣爱品质的敌对性力量，见《拯救与逍遥》，上海生活·读书·新知三联书店，2001年，第81—135页。对此，陈来先生从为儒学辩护的立场进行过回应，见《王阳明哲学的有无之境》，《陈来自选集》，广西师范大学出版社，1997年，第287—288页。
② ［瑞士］汉斯·昆：《论基督徒》上册，杨德友译，生活·读书·新知三联书店，1998年，第97—118页。
③ 杜维明：《儒家传统现代转化的资源》，自陈来、甘阳主编《孔子与当代中国》，生活·读书·新知三联书店，2008年，第16—17页。

大众心理学家勒庞（Gustave Le Bon）指出："只有世代相传的观念才能对孤立的个人产生足够的影响，变成他的行为动机。"[1]按照勒庞的分析，一个人的行为模式背后，具有深厚甚至决定性的一套文化心理结构，我们考察他的行为动机，就不能仅仅停留在现象层面，而应该重视其背后历史性沉淀构成的文化结构。

实际上，儒学作为一种两千年来对中国甚至东亚文化具有支配性影响力的文化沉淀，对于我们理解中国本土基督徒信仰模式与精神质素是一个重要的维度。在此，笔者必须澄清，这里所说的"儒学"，是一个广义上的文化概括，而非思想史或政治史意义上的精确指定。因为按照中国思想史内部的检讨，我们必须对真正的儒家与"伪儒家"作出区分。例如，余英时先生就指出，先秦儒学本身具有民本和反专制的鲜明价值立场，而以叔孙通等乡原为代表的法家化力量，则造成了一种儒表法里的黑暗政治传统[2]。笔者认同徐复观、余英时、秦晖等先生对作为政治制度意义上对"儒"的划分。但在本文中，使用的"儒学"这一概念，则是与基督教相对的一种历史文化沉淀的事实与传统，或者叫文化心理结构，与政治史中对"儒"的划分无关。

在这个意义上，我们不难发现，从蒙元的阔里吉思，甚至更

---

[1] ［法］古斯塔夫·勒庞:《乌合之众：大众心理研究》，冯克利译，广西师范大学出版社，2011年，第83页。
[2] 余英时:《中国思想传统的现代诠释》，江苏人民出版社，1989年，第89—100页。

久远的唐代景教，一直到民国时代的基督徒，在他们的认信旨趣中，不可避免地首先具有一个文化意义上的儒学背景与传统，并以此传统为基点来理解和认识基督教。民国基督徒除了那位以"忠"、"诚""仁""义"等儒学人格价值来理解基督教的人士，著名的晏阳初先生自己也承认："孔子的道理给予他做中国人的基本性格，耶稣的积极战斗，不惜牺牲自己的精神，指引他为国为民服务的正确道路。"[①] 这种信仰基督教的旨趣，显然有一个深厚的"以天下为己任"的儒学背景。实际上，民国时期的基督教与儒学精神之间存在一种亲和的背景。还有一个更重要的例子，便是信仰基督教的孙中山先生，其精神文化的品质也是儒学为底色，他强调"中国有一个道统，尧、舜、禹、汤、文、武、周公、孔子相继不绝。我的思想基础，就是这个道统[②]"。孙中山还写给蒋中正一句话："养天地正气，法古今完人"，此种对"古今完人"的信仰，其本质上是儒家文化的，因为基督教的原罪论对"完人"持根本否定态度。但此种张力，并不妨碍孙中山先生以华夏圣贤之道为底色而信仰基督教，并对基督教做出儒家式的解读。

龚鹏程先生认为，近代中国儒学和基督教亲和的背景是：1. 它们都是被现代启蒙话语，五四之德赛二先生攻击的传统势力；2. 自晚清以来，章太炎、熊十力、马一浮、梁漱溟等皆多有宗教体验，更能体认宗教的价值；3. 基督教本身的人文主义倾向加强了；4. 二者对中国哲学的理解极为近似，如都不重视宇宙论，而以生命、道

---

① 吴相湘：《晏阳初传：为全球乡村改造奋斗六十年》，岳麓书社，2001 年，第 15 页。
② 中国社科院近代史所等：《孙中山全集》卷六，中华书局，1985 年，第 22 页。

德角度解释中国传统[1]。这四点背景，具体到每个个体，则各有不同的偏向。如果具体到蒋中正的基督教信仰背景中，我们会发现，他与龚鹏程先生归纳的第四点关系更为密切。

蒋中正先生于1930年10月23日正式洗礼信仰基督新教。值得注意的是，在此之前，他除了阅读《圣经》，多次认真思考之外，受洗还有一个原因。1930年10月下旬，蒋中正的岳母病重，为了使其安心，以便早日康复，他才下定决心受洗。"由此可见，蒋介石的入教是出于儒教性质的对岳母的孝顺。因此他的入教行动可以说是含有儒教态度和归依基督教的双重意义"[2]。由此可知，蒋中正接受基督教洗礼，其动机正是勒庞所谓"世代相传的观念"，具体到他身上，就是儒家文化的"孝"。类似的例子，如与蒋中正共同翻译《圣经》的法学家吴经熊先生，是一位深受儒学熏陶的天主教基督徒。当他担任中华民国驻梵蒂冈大使，携家人与教皇合影时，他坚持不要教皇站着，而是请他像一位父亲那样坐着。他自己解释，这样做是出于"中国人的孝道"。吴经熊还认为，一个受过儒学熏陶的基督徒，也会将"孝"的精神应用于与上帝的关系中去[3]。显然，他的基督信仰品质中，也具有浓厚的儒学底色，与蒋中正一样，体现为儒家"孝"与宗教信仰精神的同构性。

在受洗后，蒋中正的宗教信仰日趋笃定，但这种信仰的旨趣，

---

[1] 龚鹏程：《儒学新思》，北京大学出版社，2009年，第328—333页。另外，在世俗现代主义压力下，儒学与基督教的靠拢，参见［美］约瑟夫·列文森《儒教中国及其现代命运》，郑大华、任菁译，广西师范大学出版社，2009年，第103页。
[2] 裴京汉：《蒋介石与基督教：日记里的宗教生活》，中国社会科学院近代史研究所编《民国人物与民国政治》，社会科学文献出版社，2009年，第281页。
[3] 吴经熊：《超越东西方》，周伟驰译，社会科学文献出版社，2002年，第386、第175页。

却是以儒学的人生观为底色。例如，他在 1937 年 4 月 18 日的日记中写道："对于中华民族，孔子的地位是伦理思想的正宗，是政治哲学的鼻祖。而与之相反，宗教，即耶苏（稣）的服务和牺牲精神，则应该成为中华民族的教条"[①]。不难发现，他的这一理解，简直与晏阳初"孔子的道理给予他做中国人的基本性格，耶稣的积极战斗，不惜牺牲自己的精神，指引他为国为民服务的正确道路"这一结论高度相似。实际上，他对基督教的理解，甚至某种程度都是建立在以类比儒家经书与先哲的方式上。"保罗在耶教实为孟子在孔门中同一地位"，并认为《旧约》等于儒家的《五经》，《新约》则似《论语》，四福音书则似四子书[②]。

蒋中正在九岁之前便阅读了《四书》，在 1906 年时便开始接触王阳明与曾国藩[③]。像许多同龄受过教育的中国人一样，他在童年和少年时期便具有儒学教育的背景——尽管这些人在成年后有了各自不同的价值选择，但幼年的儒学教学，作为一种精神底色或文化心理结构，不可避免地对其人格及思维方式具有自觉或不自觉的影响。

通过对蒋中正先生早期思想的研究，杨天石先生指出，蒋中正早年接触的各种思想非常驳杂，既阅读《新青年》，又读马克思主

---

① 裴京汉：《蒋介石与基督教：日记里的宗教生活》，中国社会科学院近代史研究所编《民国人物与民国政治》，社会科学文献出版社，2009 年，第 286 页。
② 刘维开：《作为基督徒的蒋中正》，载《史林》2011 年 1 期，第 131—132 页。
③ Jay Taylor：The Generalissimo：Chiang Kai-shek and the Struggle for Modern China，The Belknap press of Harvard University Press，2009，P12、P16.

义，还阅读孙文著作、泰戈尔、欧洲各国革命史，甚至《心经》等佛学著作。但影响最深刻的，仍旧是王阳明、曾国藩、胡林翼、左宗棠等人的著作[①]。因此，他受到宋明理学"性理书"的影响，模仿理学家通过写日记的方式来修身，甚至在日记中模仿宋明理学家的"功过格"检讨自己的修养[②]。

理学家通过写日记修身的文本，被称为"日谱"。王汎森先生认为，纯正的理学家基本认为鬼神是"二气之良能"，所以在日谱中并不通过安排鬼神来职司监察之事。因此，日谱中真正对德性把关的角色是"天"。而"告天"二字则不断在明末清初的理学日谱中出现[③]。在理学家修身的日谱中，"天"有时也被称为商周以来古典文献中的"上帝"。例如，李塨在1699年的日谱每日下书写"小心翼翼"自课，后又在其下加"昭事上帝"，每日三复之[④]。

蒋中正显然受到了明清以来日谱写作的影响，在信仰基督教之后，儒学的"天"便被代以基督教的上帝。换言之，他的日记既具有儒学日谱修身的功能，但却又以基督教的上帝为修养的监察者，具有明显的"耶儒合一"特点。如他在1940年10月的《反省录》中记载："心神较安，对于交感上帝，似有进步。"1940年1月3日："兢念作圣，全今邪思妄想，尚不能克洗，何以对圣灵？何以成大

[①] 杨天石：《找寻真实的蒋介石：蒋介石日记解读》上册，山西人民出版社，2008年，第13—19页。
[②] 杨天石：《找寻真实的蒋介石：蒋介石日记解读》上册，山西人民出版社，2008年，第36—39页。
[③] 王汎森：《晚明清初思想十论》，复旦大学出版社，2004年，第182—183页。
[④] 《李塨年谱》，中华书局，1988年，第73页。

业? 戒之。"1941年2月25日:"自信修身无亏,上帝必加眷顾。"①这些日记,显示出儒学日谱与基督教上帝信仰功能的融合。蒋中正在修身"似有进步"时,首先认为这是"交感上帝"的结果。而在"邪思妄想"时,则警惕自己何以面对三位一体上帝的"圣灵"位格。"克念作圣"出自《尚书·多方》,在这里,三位一体上帝的"圣灵",居然与儒学的"克念作圣"目标结合在了一起。而蒋中正在修身较为自信时,则相信上帝"必加眷顾"。在此,我们似乎不仅仅是在面对一位基督徒的伦理观,同时也不难感受到强烈的儒学精神底色。

因为按照基督教的"称义"观念,人本身的"修德"并不具有终极性的意义。在奥古斯丁(Augustine)那里,一切善行皆源自外部原因,即上帝的恩典②;在天主教神学阿奎那(Thomas Aquinas)那里,则划分了后天获得美德与上帝灌输美德的区别③;基督新教路德宗及加尔文宗则分别以"因信称义"和"预定论"为信仰义理④。而蒋中正的"自信修身无亏,上帝必加眷顾",则与这些不同的基督教称义观念之间均有差异,反而更接近儒家的精神结构。在《尚书·汤诰》中就有"天道福善祸淫"之说,《国语·周语中》亦有"天道赏善而罚淫",《国语·晋语六》:"天道无亲,唯德是授。"蒋

---

① 杨天石:《找寻真实的蒋介石:蒋介石日记解读》下册,山西人民出版社,2008年,第540、531、503页。
② [美]沙伦·M. 凯、保罗·汤姆森:《奥古斯丁》,周伟驰译,中华书局,2002年,第34页。
③ [美]约翰·英格利斯:《阿奎那》,刘中民译,中华书局,2002年,第116—117页。
④ [美]米尔恰·伊利亚德:《宗教思想史》,晏可佳、吴晓群、姚蓓琴译,上海社会科学院出版社,2005年,第1145、1150页。

中正对上帝"眷顾"的理解，在精神结构上与西方神学传统有一定距离，而恰恰符合儒家对"天道"的理解。

四

蒋中正对基督教上帝信仰的理解，也带有浓厚的儒学底色。很多时候，他直接将基督教三位一体的上帝称为"天"或"苍天上帝"。如日记1950年10月10日："一切吉凶祸福成败存亡皆听之于天"。1943年4月11日"天乎""苍天上帝"[1]。有时，上帝还直接被称为"帝"[2]。

儒家经书中的"天"，常见于古老的《尚书》中。于省吾、徐复观、白川静等认为甲骨卜辞中就出现了"天"[3]，胡厚宣、陈梦家、郭沫若等则认为"天"信仰是周代产生的[4]。无论如何，"天"这一儒学信仰，具有古老的源流，可以追溯到遥远的商周时代，则是毋庸置疑的。在信仰生活中与蒋中正关系密切的吴经熊先生，也曾将孔

---

[1] 黄仁宇：《从大历史的角度读蒋介石日记》，台北：时报出版社，1994年，第322页。
[2] 1945年9月3日，杨天石：《找寻真实的蒋介石：蒋介石日记解读》下册，山西人民出版社，2008年，第433页。
[3] 于省吾：《甲骨文字释林》，中华书局，2009年，第462页；徐复观：《周初宗教中人文精神的跃动》，杜正胜《中国上古史论文选集》下册，台北：华世出版社，1979年，第1044—1046页；［日］白川静·《金文的世界：殷周社会史》，温天河、蔡哲茂合译，台北：联经出版事业公司，1989年，第36页。
[4] 胡厚宣：《甲骨学商史论丛初集》上册，河北教育出版社，2002年，第239页；陈梦家：《殷墟卜辞综述》，中华书局，2004年，第581页；陈梦家：《西周青铜器断代》上册，中华书局，2004年，第54页；郭沫若：《青铜时代》，人民出版社，1954年，第5页。

子所称的"天"理解为基督教的"上主（God）"①。而"帝"的称谓，则更加古老，常见于甲骨卜辞。蒋中正对上帝的古老儒学式称谓，有时也见于他对耶稣基督的理解上。例如，1950年9月7日日记中认为耶稣是"天命天性之表现"，乃"惟天父之冢宰"②。对耶稣的理解，使用了儒书"天命"的概念，对其身份，则使用了《周礼·天官冢宰》和《论语·宪问》"百官总己以听于冢宰三年"的理解。

有时，他的宗教信仰行为模式，居然与数千年前的中国政治家完全一致。如抗击日本的衡阳之战时，由于战事艰难，他在祈祷中，有过一次许愿。见日记1944年7月25日："愿主赐我衡阳战事胜利，当在南岳顶峰建立大铁十字架一座，以酬主恩也。"③这一许愿模式，在中国具有非常古老的传统。早在商代，"当灾祸已被驱除，或者私下的祈祷得到了回答，国王常常要占卜决定，是否宜于作一次感恩的献祭"④。在儒家的《尚书·金縢》中记载，周武王有重病，周公向神祷告，愿亲以身代，如果神能赐武王病愈，则献上玉璧与玉圭以为酬谢。不难发现，蒋中正在遭遇危难时，与商周时代的政治家一样，通过感恩性的许愿，来强烈表明自己祷告的希望，酬谢神的许愿礼物，他的大铁十字架和周公玉璧的功能其实没任何区别。从"天""帝""天命"的上帝，到以"冢宰"理解耶稣，包括感恩性的许愿，这些都显示出蒋中正基督教信仰中，其精神结构具有非常古

---

① 吴经熊:《超越东西方》，周伟驰译，社会科学文献出版社，2002年，第174页。
② 刘维开:《作为基督徒的蒋中正》，载《史林》2011年1期，第126页。
③ 黄仁宇:《从大历史的角度读蒋介石日记》，台北：时报出版社，1994年，第389页。
④ ［英］艾兰:《现代中国民间宗教的商代基础》，《早期中国历史、思想与文化》，杨民等译，商务印书馆，2011年，第19页。

远的儒家底色。而这种古老的背景，一方面帮助他理解基督教信仰，另一方面，实际上已经在参与基督教信仰的汉语思想化过程。

除了非常古老的儒家底色，蒋中正基督教信仰中也存在鲜明的宋明理学理解背景。除了其日记修身方式正是直接延续了宋明理学之日谱，他对耶稣基督的理解，有时又是以理学的方式。如1950年4月7日日记云："因之余尝以耶稣为太极之表现。太极者，无生、无死，不增不减，不垢不净，无我无物，无恐怖，无挂碍……此乃神人也。"[1] 众所周知，"太极"在宋明理学中具有非常重要的理论意义。从周敦颐创立《太极图》，为理学奠定了重要的理论基础，程朱皆言太极阴阳之变化，"太极"即"理"。明代理学家曹端亦深入强调了太极对于"气"具有主导、驾驭的作用[2]。蒋中正以"太极"来理解并以"神人"来赞美耶稣，显示了他对耶稣基督的理解，具有浓厚的宋明理学背景，其本质上是儒家的精神底色。

在对人性的理解上，蒋中正认为，"我们人类的天性受自上帝的灵性，这个灵性，就是仁爱的精神……在中国来说，就是'天命之谓性'的'天性'[3]。""天命之谓性"出自宋明理学的《四书·中庸》，根据朱熹的集注，"性"就是"理"。这样，蒋中正对人性的理解，便将源自基督教上帝的仁爱之性，与理学的天理之性结合了起来。对仁爱精神的强调，既是来自上帝的"灵性"，也是理学的"天性"。显然，蒋中正对人性的理解，与奥古斯丁那种沉痛地强调

---

[1] 刘维开:《作为基督徒的蒋中正》，载《史林》2011年1期，第126页。
[2] 陈来:《宋明理学》，华东师范大学出版社，2004年，170—171页。
[3] 蒋中正:《耶稣受难节证道词》，1958年四月四日，秦孝仪主编《总统蒋公思想言论总集》卷33"书告"，台北：中国国民党中央委员会党史委员会，1984年，第205页。

"在你（上帝）面前没有一人是纯洁无罪的，即使是出世一天的婴孩亦然如此[①]"的幽暗罪性论不同，蒋中正的人性观，则倾向于强调人类仁爱能力的可能，凸显了人具有施行仁爱的潜能，即孔子所言"仁远乎哉？我欲仁，斯仁至矣"（《论语·述而》）。这种理解，与儒家的人性论及道德实践观有密切的关系，却不是原教旨基督教的那种充满了阴郁色彩的原罪论观念。

五 结　语

蒋中正先生受洗之前，便服膺儒学，尤其是理学的修身论。在他早年的日记中反映，曾经有过非常艰难在"天理"与"人欲"间的挣扎经历[②]。基督教信仰，本身延续了他努力修身的这一早期追求，同时也在某种程度上强化了这一实践。自此之后，与民国同时代许多受过教育的人一样，他成为一个以中国文化为基本底色的基督教信徒，其信仰品质带有浓厚的儒学底色，服膺孔孟之道、宋明理学和王阳明的思想。这样一位深刻参与并影响了中国二十世纪现代历史的政治精英，是如何调和二者，并在二者之间游刃有余，最终达到以儒化耶的思想圆融，确实是一个值得深入思考的问题。

外来的佛教在东汉传入中国，到唐代成为"三教"之一，并最终内化到中国传统，发展出禅宗，甚至深刻影响了新儒学思想的转

[①] ［古罗马］奥古斯丁：《忏悔录》，周士良译，商务印书馆，1982年，第10页。
[②] 杨天石：《找寻真实的蒋介石：蒋介石日记解读》上册，山西人民出版社，2008年，第35—54页。

型，用了一千年以上的时间。如果从第一位儒生天主教徒阔里吉思开始算起，"以儒化耶"精神资源对话与调和的历史，有了七百年。如果从明末耶稣会士影响的汉族天主教徒们算起，则有三百余年。很显然，这一过程还有待漫长的时间，才有可能实现充分的内化。将中止的以儒为体的基督教信仰，正是这一漫长历史过程中的组成部分。理解这一点，或许有助于我们更加深入地研究蒋中正、民国人物，甚至当代"耶儒之间"的这一问题。

墨家失败的原因

> 墨子兼爱天下，摩顶放踵，利天下为之。
>
> ——《孟子·尽心上》

> 真实的情况不是"善果者惟善出之，恶果者惟恶出之"，而是往往恰好相反。任何不能理解这一点的人，都是政治上的稚童。
>
> ——［德］马克斯·韦伯《学术与政治》

> 扬墨诋孔，以传西教。后生小子，利其可以抹杀一切，而又能尸"国学"之名，则放恣颠倒，无所不致。
>
> ——柳诒徵

马克斯·韦伯（Max Weber）曾讲到过这样一种人，他要活得像耶稣，像使徒，像圣方济各，他无法忍受这个世界在道德上的无理性。这种人，奉信"基督行公正，让上帝管结果"的信念伦理，因而会按照伟大高尚的信念投入烈火，而不会考虑他点燃烈火的最终结果[1]。显然，那位生活在东周时代的墨翟，满怀兼爱非攻的道德激情，甚至为了天下人的利益，宁愿选择"摩顶放踵"之牺牲，跳入信念的烈火。这样一位思想家，正是奉行了韦伯所谓"信念伦理"之人。

在墨子看来，要实现一个兼爱、非攻的理想乌托邦，需要两种制裁的力量：一种是上帝鬼神的道德监督，在《天志》《明鬼》等篇中，墨子构建出来一整套类似"神义论"（theodicy）[2]的超自然秩序，如果人行不义，则上帝鬼神有主权对该人实施惩罚。而另一种更为重要的制裁力量，则是冯友兰所谓"政治的制裁"。《墨子·尚同下》说："天了得善人而赏之，得暴人而罚之。善人赏而暴人罚，天下必治矣……天下既已治，天子又总天下之义，以尚同于天。"冯友兰敏锐地发现，墨子的政治哲学中，政治制裁的主权者，非常类似于霍布斯（Thomas Hobbes）笔下那种具有绝对武断权力的政治权威。因

---

[1] ［德］马克斯·韦伯：《学术与政治》，冯克利译，生活·读书·新知三联书店，2005年，第106—109页。
[2] "神义论"一词是由德国近代哲人莱布尼茨（Gottfried Leibniz）提出的，其词根为希腊词"神"（theos）与"正义"（dike）组合而成。在这个意义上，神义论架构起的世界正义秩序必然是完美，和谐与合乎神圣的。而人之受到惩罚必然基于其已有过非正义的行为，参见范艾《地震动摇了神正论》，《读书》1990年3期。

此:"则惟天子可上同于天,天子代天发号施令,人民只可服从天子。故依墨子之意,不但除政治的制裁外无有社会的制裁,即宗教的制裁,亦必为政治的制裁之附庸。此意亦复与霍布士之说相合。"最后,冯友兰指出:"依墨子天子上同于天之说,则上帝及主权者之意志,相合为一,无复冲突;盖其所说之天子,已君主而兼教皇矣。"[1] 无独有偶,早在冯友兰著作之前,胡适在其《中国哲学史大纲》上卷中,就已经敏锐觉察到:"墨教如果曾经做到欧洲中古的教会的地位,一定也会变成一种教会政体;墨家的'钜子',也会变成欧洲中古的'教王'(Pope)。"[2] 这两位著名学者,都注意到了墨家的政治学说与西欧中古教皇政治的类似,应该不是偶然的。

"信念伦理"有这样一种价值判断:为了终极与永恒的善,我们可以假手于暂时的恶,只要目的论的至善得以实现,手段性的恶不但算不了什么,也会在至善实现之时被终止。即所谓"善大于正当性"——与康德的伦理原则"正当性大于善"正好相反。例如,很多现代进步主义者,宣称他们在追求一种高于古典自由、消极自由[3]的更高"自由"。为了实现那种最高的"自由",就可以限制或者取消低级的"消极自由"。米塞斯(Ludwig Von Mises)讲到当时英国的进步主义者们,普遍要求为了"更高的自由"而取消各类传统的古典自由:克里普斯爵士要求"政府将被授予无法收回的权力";琼·罗宾逊教授则认为"自由是个靠不住的概念",独立教会、大

---

[1] 冯友兰:《中国哲学史》上册,华东师范大学出版社,2006年,第84页。
[2] 胡适:《中国哲学史大纲》卷上,刘梦溪主编《中国现代学术经典·胡适卷》,河北教育出版社,1996年,第120页。
[3] 自由主义"消极自由"的定义,见[英]以赛亚·伯林:《自由论》,胡传胜译,译林出版社,2011年,第32—34页。

学、学术团体、出版社、歌剧院等都是不好的；科罗特尔则宣称宗教裁判所的美妙①。

正如葛兆光所说："墨子一系则属于十分坚定的现世实用主义。"② 既然为了兼爱，为了非攻，为了人类的永恒幸福，自然可以实用一点，采用一些不那么善的手段，去追求终极的善。为此，墨者分两步，进行了两次实践。

第一次，是在墨子在世时，将信奉自己学说的弟子们组织为一个类似黑帮的严密团体③。黑帮组织有一个特点，就是对首领严密的人身依附关系、对帮派的绝对忠诚，为此不惜自我牺牲。冯友兰说墨学非常类似霍布斯的绝对主权学说，实际上，墨子在创立墨者政治团体之时，他自己就成了帮派最高的绝对首领。《墨子·公输篇》记载，墨子"弟子禽滑釐等三百人"被他派去守卫宋国城池。这说明，墨子的帮派，具有相当的组织，而且是武装化的半军事性团体。《淮南子·泰族》："墨子服役者百八十人，皆可使赴火蹈刃，死不旋踵。"

第二次，这些武装化且高度严密组织起来的墨者，都效忠于教

---

① [奥]路德维希·冯·米塞斯：《官僚体制、反资本主义的心态》，冯克利、姚中秋译，新星出版社，2007年，第100—101页。
② 葛兆光：《中国思想史第一卷：七世纪前中国的知识、思想与信仰世界》，复旦大学出版社，2004年，第106页。
③ 汉娜·阿伦特（Hannah Arendt）指出，纳粹就曾经学过美国的黑社会组织。[美]汉娜·阿伦特：《极权主义的起源》，林骧华译，生活·读书·新知三联书店，2008年，第444页。

主"钜子"(又称"巨子"),巨子一发话,就能全部赴汤蹈火。《庄子·天下》中说,墨者"以巨子为圣人",是君师合一的身份。《吕氏春秋·去私》中记载,墨者的巨子将自己犯法的儿子处以死刑,可知这一集团的教主对其徒众有生杀之大权。在这一团体中,"墨者仅为其领袖之工具而已"[①]。霍布斯说:"主权代表人不论在什么口实之下对臣民所做的事情没有一件可以确切地被称为不义或侵害的。"[②]在这个意义上,冯友兰认为墨者团体的原则非常类似霍布斯的绝对主权说,确实不为过。

既然有了严密组织的准军事化团体,那么下一步自然是按照"信念伦理"的原则,去解救黑暗的苦难世界。在战国时代的中国,天下诸侯众多,墨者要"借君行道",就必须先借助诸侯或其他封君贵族的力量。《吕氏春秋·上德》记载,墨家一位叫孟胜的巨子,与楚国阳城君交好。作为一名封君,阳城君请这位帮派首领助他守卫自己封地的城堡。楚悼王死后,阳城君参与了射杀变法首领吴起的报复行动。由于乱箭也射中了楚王的尸体,因此这些报复者受到了楚国的通缉,阳城君也在通缉令的恐吓中逃亡。楚军要收回阳城君的封地,负责守城的巨子孟胜讲了一番大道理,说如果不死守,天下人就会摒弃墨者,因此最后带着一百八十三名墨者徒众进行了殉道般的战斗,最后全部阵亡。这个悲壮的故事,既说明了墨者为了其信念伦理,确实不惜一切代价。另一方面,也表明早期墨者尝试

---

① 杨宽:《墨学分期研究》,《杨宽古史论文选集》,上海人民出版社,2003年,第678页。
② [英]霍布斯:《利维坦》,黎思复、黎廷弼译,商务印书馆,2008年,第165页。

与较为温和的"封建势力"①合作的尝试。

吴起在楚国推行法家扩充君主权力的实践,受到了楚人的普遍不满。楚国的社会传统,较多保存了小共同体为本位的封建色彩,因此最不能忍受更严格的君主权力。一直到秦末,对秦朝最为不满的便是楚人,而一开始便以推翻秦朝政策为明确目标的,也是楚人②。从出土竹简材料来看,秦国这样的法家社会具有严格的编户之制,秦国编户以伍为单位,楚国则从未实行这一制度③。而在包山楚简中,也显示了楚国血缘宗族的发达④。因此,以阳城君为代表的这些反抗吴起法家政治的"封建主义者",恰恰倾向于认同权力更分散、小共同体为基础的社会。阳城之破,在楚悼王死岁,为公元前381年。根据钱穆先生的观点,墨子死于公元前390年⑤,这就说明,早期墨家尽管已经建成了教主领导下的严密团体,但还未想到将整个社会建设成教主严密控制下的"大家庭",因此墨子死后九年,尚在与坚持反对法家政治的阳城君合作。

随着巨子孟胜与其一百八十三名徒众在阳城的战火中覆灭,"巨子"被传钊了宋国的田襄子。可是,这位墨家巨子并未留下什么事

---

① 显然,"封建"一词在中国大陆语境中已经丧失其原有含义。从陈独秀、瞿秋白等人开始,借用了日本左翼关于"封建"的混用,最后经苏联"五大社会形态说"的塑造,用以指称某种前现代社会的政体。显然,这是一种概念的混乱。本文中,"封建"即该词汇的本来含义,即分封建制,亦秦晖先生所谓"周制"。
② 陈苏镇:《〈春秋〉与"汉道":两汉政治与政治文化研究》,中华书局,2011年,第16—20页。
③ 陈絜:《里耶"户籍简"与战国末期的基层社会》,载《历史研究》2009年5期,第37—38页。
④ 例如,包山楚简第32支记载,楚人的身份,除了地理位置,还有"名族"一项,说明楚人社会中宗族血缘的重要性。竹简内容,见湖北省荆沙铁路考古队:《包山楚简》,文物出版社,1991年,第19页。
⑤ 钱穆:《先秦诸子系年》,商务印书馆,2002年,第694页。

迹，这表明到公元前 380 年时，墨者遭遇到一次危机：一场与反法家人物合作失败后的巨大政治灾难中，墨者手足无措，不知该以怎样的方式介入社会了。不过，就在这静悄悄的危机之中，墨者迎来了自己的福音。在寂静的西部，那片本来就蔑视周代仁义文化的土地上，迎来了旨在建立超强君主国家的商鞅变法。公元前 356 年，秦孝公任命商鞅为右庶长，在残酷镇压了国内的反对者之后，秦国变成了一部耕战机器：整个国家被建设成一个巨大的军营，这个国家中的平民不得离开秦国，每个人被编伍制度严密地束缚在土地上，如果只是偷了不到价值一钱的桑叶，就要被强制劳役一个月[1]。不允许读《诗》《书》，书籍遭到焚毁。血缘组织被拆散，民众被军事化的连坐制度严格控制，并鼓励互相告密[2]。

哈耶克（Friedrich August von Hayek）认为，早期的古埃及实行了较为自由的经济制度，但这一趋势后来被破坏，导致其十八王朝进行了更严格的国家管制，包括对面包的分配，以及价格管制等[3]。另一方面，哈耶克也认为，古罗马的衰落是因为从公元 2 世纪起实

---

[1] 云梦秦简规定："有为故秦人出，削籍，上造以上为鬼薪，公士以下刑为城旦"。可见，如果帮助秦国人逃出国境，就会被判为奴隶，见睡虎地秦墓竹简整理小组：《睡虎地秦墓竹简》，文物出版社，1978 年，第 130 页。采桑叶被判处劳役，见同书第 154 页。
[2] 《韩非子·和氏》："商君教秦孝公以连什伍，设告座之过，燔《诗》《书》而明法令。"
[3] ［英］弗里德里希·奥古斯特·哈耶克：《致命的自负》，冯克利、胡晋华等译，中国社会科学出版社，2011 年，第 33 页。

行了大量管控、食品分配和经济干预的结果①。他的问题意识非常明确，即人类社会组织与渐进发展，本身具有一种"自发秩序"，任何强烈的国家外部干预，都构成了对这一自发秩序的破坏，也是对社会自然演化的威胁。在这个意义上，以严酷手段破坏原有自发社会，建立严酷国家的秦国，其实是一个糟糕的趋势。

公元前337年，秦惠文王继承了秦孝公的君位。而此时，经过了二十年的变法，秦国已经逐渐崛起。生活在这个军事化管制的国家，平民不能自由迁徙，不能读书求学，也不能自由从事商业活动，所谓"利出一孔"。唯一能做的，便是努力为官府耕田，在战争中砍下一颗敌军的脑袋，这颗脑袋可以使自己在这个军事化的社会系统中升一级，享受到田宅和仆人"庶子"的服务——而没有爵位则很可能会沦为"庶子"，每个月为高级爵位者服劳役六天②。而没有爵位的穷苦人，就被视为"人貉"，基本是半人半动物了，只配给有爵位者当奴隶。当然，如果能告发你邻居犯法的秘密，也算是一功，等于砍了一颗脑袋，可以获得爵位。

为了争夺敌人的首级，秦国士兵经常互相争夺，不惜大打出手。云梦秦简《封诊式》中记载了两个真实案例，其中有"夺首"案，持剑抢夺人头。还有两个士兵在邢丘城作战，获得了一颗人头，但这两名士兵为了人头，互相争夺，最后案子被递交到官府③。生在这

---

① ［英］弗里德里希·奥古斯特·哈耶克：《自由宪章》，杨玉生、冯兴元、陈茅等译，中国社会科学出版社，2012年，第247页。
② 《商君书·境内篇》："其有爵者乞无爵者以为庶子，级乞一人。其无役事也，其庶子役其大夫月六日。其役事也，随而养之军。"
③ 睡虎地秦墓竹简整理小组：《睡虎地秦墓竹简》，文物出版社，1978年，第257—258页。

个"尚首功"的国家,活着唯一的任务,除了种田,就是不断制造和不断抢夺脑袋。当然,监视并告发自己的邻居,也成为发家致富的重要手段。通过这一系列的制度,秦国饮鸩止渴一般地成了"强大"的兵强马壮国。

这样一个强有力的国家,引起了墨者们普遍的兴趣。既然我们与那些"封建势力"不能更好合作,那为什么不与秦国合作呢?墨者有一种叫"尚同"的理论,《墨子·尚同上》:"古者圣王为五刑,请以治其民,譬若丝缕之有纪,罔罟之有纲,所连收天下之百姓不尚同其上者也。"《墨子·尚同中》:"下比而非其上者,上得诛罚之。"根据这一理论,墨者认为,我们"兼爱""非攻"是为了人类的永恒幸福,因此这就是唯一真理。国家的目的,也应该让所有人都服从这一真理,如果不服从,那就应该用"五刑"或"诛罚"的手段,对其进行镇压。这一理论,正是试图将墨者组织内部实行的原则,扩展到整个社会。正如汉学家尤锐(Yuri Pines)所说,"墨子最为显著的新思想是他强调权力集中于天子一人。作为人民的道德楷模和统一伦理的源头"[1]。

前面提到,对于信念伦理的信奉者,善大于正当性。为了多数人的幸福,墨者使用铁腕方法和酷刑作为手段,统一纲纪、伦理和思想,这些次要的恶,是服务于最伟大的善。这一点,也正如杨宽所说:"墨子既尚同,不欲民之稍异义,故治民,主用刑。"[2]

---

[1] [以]尤锐:《展望永恒帝国:战国时代的中国政治思想》,孙英刚译,上海古籍出版社,2013年,第46页。
[2] 杨宽:《墨经哲学》,《杨宽古史论文选集》,上海人民出版社,2003年,第580页。

这样，在秦惠文王时代，墨者们纷纷将注意力转移到遥远的秦国。《吕氏春秋·去私》中记载，墨家的巨子腹䵍"居秦"，他的儿子杀了人，秦王对他说："寡人已令吏弗诛矣。"这条材料表明，当秦成为兵强马壮国之后，墨者兴趣浓厚，跑到了秦国长期定居，以全家人在当地犯罪。而秦王显然与这位墨家教主关系亲密，所以愿意为其子开脱罪责。关系如此紧密，则可以想见，墨者的半军事性团体，此时已经参与了这个兵强马壮国的一些活动。《吕氏春秋·去宥》："东方之墨者谢子，将西见秦惠王。惠王问秦之墨者唐姑果，唐姑果恐王之亲谢子贤于己也，对曰：'谢子，东方之辩士也，其为人甚险，将奋于说，以取少主也。'"这位"秦之墨者"唐姑果，显然并不是秦国人，而是来自山东六国，因此秦王才会向他询问谢子的情况，而他也对谢子了解，可知他也是东方六国人，被秦制度吸引而来。谢子这位墨者显然晚了一步，但秦这个兵强马壮国，还是吸引着他。资源有限，比他先来的墨者，便在秦王面前诋毁自己的这位竞争者。秦还远未席卷六合，墨者们却早已在秦王面前争风吃醋。

由于大批身怀攻城、守城军事技术，又充满了理想豪情的墨者还在源源不断从东方赶来，秦王也感到烦闷了，因此多采取避而不见的态度。《吕氏春秋·首时》："墨者有田鸠，欲见秦惠王，留秦三年而弗得见。"可是，秦王已经烦闷了，墨者却还有足够而坚定的希望等候三年。这份期望中，难道还不能见到墨者们对秦这个奇葩国家抱有的浓厚兴趣与深切期待？

（四）

韩愈曾经说，儒家和墨家都是追求仁义，反对桀纣的，可是为什么二者之间会水火不容呢？他想不通，于是感叹："儒墨同是尧舜，同非桀纣，同修身正心以治天下国家，奚不相悦如是哉？"（《昌黎集·读墨子》）在韩愈看来，儒家和墨家都认同尧舜的"天下为公"，也都反对桀纣的残暴，二者应该是盟友关系，可为什么儒家和墨家之间势如水火呢？

这是一个有趣的问题值得注意，在战国一直到秦朝，没有墨者反抗秦的记录，所能看到的，却是墨者积极与秦合作。郭沫若认为，正是因为后期墨家到秦国去帮忙，秦朝最后臭掉，墨家也就随之完蛋[①]。应该说，郭氏对墨家最后伴随着秦朝灭亡而走向末路的分析，是有道理的。而那些最坚决反对秦国的人，恰恰是素来以"温良恭俭让"而著称的儒家。

《战国策·赵策三》记载，战国时期，秦王想称帝，包围邯郸，鲁仲连前往赵国，坚决反对，称如果秦王称帝，"则连有赴东海而死耳"。最后经过艰难辩论，说服了赵国，拒绝秦的称帝。对于平原君所赠的千金，鲁仲连也分文不受。根据《汉书·艺文志》，汉代所传先秦儒家古书有《鲁仲连子》14篇[②]。由此可知，坚决反对秦王的鲁仲连，正是一位儒家。到了秦朝建立，儒家对秦的反对，更是包括了

---

① 郭沫若:《墨子的思想》,《沫若文集》第16卷，人民文学出版社，1962年，第156—180页。
② 李零:《兰台万卷：读〈汉书·艺文志〉》，生活·读书·新知三联书店，2011年，第78—79页。

从理论话语到直接的武装反抗。《说苑·至公》中记载了一位叫鲍白令的人,讲儒家"五帝官天下,三王家天下"。根据儒者此说,天下为公,当"选天子",并以此说来面责秦始皇为桀纣,反对秦的"家天下"。蒙文通推测此人可能即传《诗》的浮丘伯[1]。无论此人是否就是文献中的浮丘伯,但秦王朝的建立,在理论上受到儒者的反对,则是毋庸置疑的。到了秦朝在全国推行焚书坑儒之后,儒者更是直接参与了武装抵抗。《史记·儒林列传》:"及至秦之季世,焚《诗》《书》,坑术士,六艺从此缺焉。陈涉之王也,而鲁诸儒持孔氏之礼器往归陈王。于是孔甲为陈涉博士,卒与涉俱死。"可见,秦朝要彻底毁灭社会上的学术自由,只能"学在官府",学一些被删改过的儒书[2]。儒家除了在孔壁中藏书以保存文脉,还大批抱着孔子的礼器,去投奔陈涉的反秦武装。孔子的后裔孔甲,最后也战死在反抗秦朝的战火中。

与之相反的是,很多历史证据表明,墨家与秦合作,关系越来越紧密。最后实现了有机融合。在墨者文献中,有一些理念与制度设计,已经与秦制完全一样。蒙文通早就发现,在《墨子·备城门》以下诸篇中,多有秦制,他推测这些篇章是"秦墨"的作品。如伍长、什长、亭尉、县令、县丞、县尉、乡三老,这些全部是秦的制度。此外,还有灭三族的酷刑,还有"城旦"这一奴役制度[3]。足见墨者在秦生活久了,不但熟悉秦的制度,还推崇秦的刑法,诸如灭族、奴役等制度。而《墨子·尚同下》中甚至有鼓励告密的内容:

---

[1] 蒙文通:《经学抉原》,上海人民出版社,2006年,第164、216页。
[2] 陈梦家:《尚书通论》,中华书局,2005年,第141—142页。
[3] 蒙文通:《儒学五论》,刘梦溪主编《中国现代学术经典·蒙文通卷》,河北教育出版社,1996年,第585—589页。

"若见恶贼天下不以告者，亦犹恶贼天下者也；上得而罚之，众闻则非之。"这种鼓励向君主告密的立场，与出土秦律非常相似。云梦秦简律法中就有所谓"公室告"，如"贼杀伤""盗它人"等，秦律鼓励"公室告"，甚至认为，即使是"子告父母"，如果符合"公室告"，就应该听从①。可见，秦律也是鼓励为了"天下"利益而"大义灭亲"的。这与墨者所谓对父母之爱与路人之爱无等差，在价值观上也是很相符的。因为按照墨者的这一逻辑，如果父母损害了所谓"天下"的利益，那么就同样应该将父母揭发举报。

五

让我们回到韩愈的困惑中来。为什么墨者口口声声追求仁义，最后却投向了不仁义的秦国？而儒家，则一直坚持了"吾道一以贯之"(《论语·里仁》)的立场。

在儒家看来，好的治理是"恭己以正南面而已矣"(《论语·卫灵公》)——比如像舜这样的君主。这种人君端坐，无为而治的思想，其实是古儒和道家所共有的②。儒者反对秦国式的绝对君主制，

---

① 睡虎地秦墓竹简整理小组：《睡虎地秦墓竹简》，文物出版社，1978年，第195—196页。
② 《大戴礼记·主言》"昔者舜左禹而右皋陶，不下席而天下治。"《中庸》"是故君子笃恭而天下平""舜举众贤在位，垂衣裳恭己无为而天下治"。《淮南子·泰族》："舜为天子，弹五弦之琴，歌《南风》之诗，而天下治。周公肴儒不收于前，钟鼓不解于悬，而四夷服。赵政昼决狱而夜理书，御史冠盖接于郡县，复稽趋留，戍五岭以备越，筑修城以守胡，然奸邪萌生，盗贼群居，事愈烦而乱愈生。"《淮南子·主术训》："君人之道，其犹零星之尸也。俨然玄默，而吉祥受福。"王夫之："夫古之天子，未尝任独断也，虚静以慎守前王之法，虽聪明神武，若无有焉，此之谓无为而治……则有天子而若无。"(《读通鉴论》卷十三)。

在儒者看来，好的治理结构应该是君主权、贵族权、民众权之间达成的平衡，而不是哪一头独大，在《尚书·洪范》中，就强调"君、卿士、庶人的意见，其重要性基本上处于同一水平。这意味着君主在作出某种政治决策的时候，并不能无视卿士以及庶人的意见"①。孟子强调，冢宰、巨室、贵戚之卿等诸多贵族对于限制君权具有积极意义，而民众的价值也很高，所谓"民为贵，社稷次之，君为轻"（《孟子·尽心下》），这里的"民"，其实是广义上包含了贵族和平民在内的。

人君受命于天，而"天听自我民听，天视自我民视"（《尚书·泰誓》），因此人君实际受命于民。洛克（John Locke）在《政府论》中提到，一旦这个政府"滥用职权"，那么"人民便有权用强力来加以扫除"。"越权使用强力，常使使用强力的人处于战争状态而成为侵略者，因而必须把他当作侵略者来对待。"②儒家也同样给贵族和平民"有权用强力来加以扫除"提供了理论基础——汤武革命。如果君主变为桀纣，则诸侯、贵族和平民有权利"用强力来加以扫除"。周厉王破坏了古老的自由传统，因此也被豪族、国人等贵族平民的联合给赶走了，即孟子所说"反复之而不听，则易位"。这是儒者反绝对君主的理论基础，而墨者却可以用"非攻"的理由，反对一切战争，当然也包括了贵族、平民们驱逐夏桀、商纣、周厉王的战争。

---

① ［日］高木智见：《先秦社会与思想：试论中国文化的核心》，何晓毅译，上海古籍出版社，2011年，第180页。
② ［英］约翰·洛克：《政府论》下篇，叶启芳、瞿菊农译，商务印书馆，2009年，第97—98页。

儒家认为，君臣关系与朋友属于一伦。郭店楚简出土战国儒书《语丛一》说："友、君臣，无亲也"（简80—81）；"君臣、朋友，其择者也"（简87）[1]。庞朴、丁四新等学者都指出，出土文献很好地说明了早期儒家认为君臣关系属于朋友之道。是一种基于自愿的双向选择[2]。因此，对人君可以批评，如果其道不能相合，则可"卷而怀之"[3]走人。儒家的礼，是一种权利和义务对等的关系，"君使臣以礼，臣事君以忠"（《论语·八佾》），因此君臣之礼为互相答拜。士大夫有议政权之外，也强调民众的言论权。"防民之口甚于防川"[4]，"天下有道，则庶人不议"（《论语·季氏》），正因庶人议政对促成"天下有道"的意义，儒者对乡校的议政权利，予以坚定支持。反观墨者主张如果不"尚同"于统治者，就将遭受"五刑"的诛杀，"不欲民之稍异义"，说二者之间如水火不能相容，确实就很好理解了。

在墨者主张灭三族之时，儒家主张"罪人不孥"（《孟子·梁惠王》），反对残酷的连坐、灭族。墨者主张实行奴隶制，将"城旦"作为一种制度。过去的学者，都倾向于将"城旦"理解为一种六年有期徒刑，学者通过对秦律研究发现，秦的"城旦"就是终身服役的国家奴隶[5]。实际上，倒是齐国这种东方国家，反而实行一年或两

---

[1] 李零：《郭店楚简校读记》，北京大学出版社，2002年，第160页。
[2] 庞朴：《初读郭店楚简》，《历史研究》1998年4期，第8页；丁四新：《郭店楚墓竹简思想研究》，东方出版社，2000年，第233页。
[3] "邦有道，则仕；邦无道，则可卷而怀之"，见《论语·卫灵公》。
[4] 《国语·周语上》。其实，通过对《尚书·洪范》的研究，学者发现，君、卿士、庶人各自意见的重要性，基本上处于同一水平。[日]高木智见：《先秦社会与思想：试论中国文化的核心》，何晓毅译，上海古籍出版社，2011年，第180页。
[5] 曹旅宁：《秦律新探》，中国社会科学出版社，2002年，第241—246页。

年的有期徒刑①。因此，秦墨者书中的"城旦"制度，就是秦的奴隶制。而儒家，则反对奴役人类。先秦儒书《孝经》中"天地之性人为贵"的内容，一直被儒家作为解放奴隶的价值宣言。而董仲舒也要求"去奴婢，除专杀之威"(《汉书·食货志上》)。正如余英时先生在克鲁格奖颁奖仪式上的演讲所说："了不起的是最迟到公元1世纪，在皇帝的诏书中，儒家强调人类尊严的观点已被公开引用来作为禁止买卖和杀戮奴隶的充分依据……奴隶作为一种制度，从来没有被儒家接受为合法。"②

韩愈也许会反问：余英时先生说儒家价值立场基于人道主义，可是墨者的"兼爱""非攻"，从价值上讲，难道不也是一种人道主义吗？当然，我们可以回答：从纯粹价值维度中，是一种人道主义。可是，韩愈会追问，人道主义的出发点，又如何会导致最后走向通往奴役之路呢？

波普尔（Karl Popper）曾谈到，自己在少年时代曾是一名激进的极左翼人士，后来经历反省而转型，转向了更保守的立场。直到晚年，他仍强调："穷人受苦受难，在道德上，我们当然应该要同情他们，要帮助这些活在下层社会的人民。就算是到了今天，我还是

---

① 陈苏镇：《〈春秋〉与"汉道"：两汉政治与政治文化研究》，中华书局，2011年，第127页。
② 余英时：《在2006年克鲁格奖颁奖仪式上的演讲》，何俊译，余英时《人文与理性的中国》，上海古籍出版社，2007年，第422页。

觉得帮助下层人民是没错的"[①]。同情、怜悯、帮助弱者这些近似"兼爱""非攻"的伦理，本身是没有问题的，是符合人道主义的。可是，手段非常关键，无论是传统中国还是西方的传统社会，一般都是通过各种有机的中间社会组织，如家族、社区、社团等小共同体来完成这些帮助或救济，而不是强行将这些有机的结构打断，而通过无所不管的国家来完成。现在欧洲福利国家的大量社会弊端，不是因为他们最初仁心动机的错，而是"从摇篮到坟墓"的巨大触手瓦解了传统的自然秩序，甚至对家庭价值的毁坏。此外，还产生了一系列的寻租空间和利益链条。如果仅仅具有这样的一番豪情壮志，满腔热忱，就能追求到正义吗？答案显然是否定的。

因此，问题不在于一种观念或实践的出发点是否具有伟大的道德美感，而是在于怎样最低限度的保护人道主义的底线，坚持最小伤害原则。不是让最多的人止于至善，而是首先考虑让最少的人免于伤害。正如本文开头引言中韦伯所说："真实的情况不是'善果者惟善出之，恶果者惟恶出之'，而是往往恰好相反。任何不能理解这一点的人，都是政治上的稚童。"[②]善的动机往往结出恶的果实，这是政治上的稚童们往往难以理解的。因此，公共生活的最高形式，其正义的基础与实践，不是在人间追求最伟大的善，而是捍卫最常态的权利与责任，即韦伯所谓"责任伦理"。

墨者认为，为了拯救天下，从教主巨子到普通徒众都必须上刀

---

① ［英］卡尔·波普尔:《二十世纪的教训：卡尔·波普尔访谈演讲录》，王凌霄译，广西师范大学出版社，2004年，第15—16页。
② ［德］马克斯·韦伯:《学术与政治》，冯克利译，北京生活·读书·新知三联书店，2005年，第110页。

山、下火海,"兼爱天下,摩顶放踵,利天下为之"。在最高的善那里,人们只面对正义的神灵与人间掌握了最高正义的绝对主权者,因此"爱无等差",对父母之爱应当与对路人之爱持等同,反之亦然。为了追求最高之正义,终极之幸福,巨子都可以牺牲,墨者的精英团队都可以全部牺牲,遑论其他人?相反,儒者的伦理认为,爱有等差,这既是一个基于自然事实基础的常识,和家庭、私有财产、商品交易一样,是人类文明的自发产物,是不能依靠人类致命的狂妄——无论是理性的狂妄,还是道德的狂妄去强制改变的。因此,儒者坚持,对父母的爱大于对旁系宗族的爱,而对旁系宗族和朋友们的爱,又要大于对陌生路人的爱。这并非意味着,我们不爱陌生的路人,而是这种爱,首先要符合人类伦理与生存境遇的自发事实,一层层的关系不能被粗暴地拉平。

另一方面,儒者也强调正义的基础在于伤害最小的责任伦理,即"行一不义,杀一不辜而得天下,皆不为也"。(《孟子·公孙丑上》)这让我们想起了陀思妥耶夫斯基小说中的一个可怕问题:我们能否以一个无辜小女孩受苦的眼泪来换取这个世界的最终"永恒和谐"[①]?对儒者而言,毫无疑问,为了建立人类幸福的千年大厦,哪怕牺牲一滴无辜小女孩的眼泪,也是决不允许的,这正是鲜明的责任伦理。但对于墨者而言,不要说一个无辜小女孩的眼泪,就是更多一些人的眼泪和生命,在为了大部分人幸福的这个前提下,也是可以牺牲的。冯友兰所谓墨子思想"为功利主义",将一切事功皆作

---

① [俄]陀思妥耶夫斯基:《卡拉马佐夫兄弟》,荣如德译,上海译文出版社,2004年,第287—290页。

出价值的衡量计算①,这个分析是有道理的。因此,在为了绝大多数人幸福的这个所谓价值计算的前提下,墨者可以不择手段,为了提高行政效率,甚至可以和秦这样的奇葩国家合作。而这种合作的结果,也在某种程度上迎合了墨者"尚同"的君师合一主义口味,为战国晚期墨者理论的完全秦制化提供了条件。所以,到最后,墨者甚至开始赞扬灭三族和奴隶制来了,将其写入《墨经》之中,这不是没有深层原因的。

七

墨家教团基本伴随着秦朝一起走向毁灭,汉代或许还有一些残存,但也仅仅只是历史的灰烬了。《史记·平津侯主父列传》有汉武帝时"招俊乂,以广儒、墨"之说。《淮南子·主术训》"天下遍为儒、墨矣",这里的"儒墨"可能是一种修饰词,描述有知识文化的百家言,类似的例子还有成都天府广场出土东汉《李君碑》"同心齐鲁,诱进儒墨"②,是用"儒墨"修饰,代指教育和知识。唯一能见到证明汉初还有墨者活动的材料,是《盐铁论·晁错》所言"山东儒墨咸聚于江淮之间",说明汉初的江淮之间确实可能还有墨者活动,但他们是跟随儒家一起活动,并且早已丧失了原来的教团组织,变得更加的儒家化。在西汉中期以后,基本不再有墨者活动的痕迹,《墨经》的传承也几乎断绝,除了晋朝鲁胜等极少量的注③,或明代李

---

① 冯友兰:《中国哲学史》上册,华东师范大学出版社,2006年,第70—72页。
② 赵超、赵久湘:《成都新出汉碑两种释读》,《文物》2012年9期。
③ 《晋书·隐逸传》仅存鲁胜的《墨辩序》。

贽、清朝汪中那样的迷狂怪诞之人尚有对墨学的肯定言论，墨学本身其实已经成为死去多年的尸体。

只是到了晚清，才又有人开始研究墨学，将其作为救世的新方法，试图通过复活一个死去了两千年的古代异端思想，来完成对现今的拯救。根据王汎森先生研究，这种试图复活死去多年古代异端来救世的想法，在晚清比较常见，而且是走向激进主义，走向毁坏传统的第一步。如章太炎赞美盗跖、商鞅、王充、刘歆、曹操等异端："当异端一个个被从坟墓中唤醒，一个个站在历史的幕前时，也正是传统的基础一步步崩坠的时候，章太炎把久为士人所不愿道、不敢道的异端，一一表彰，并寄深意，这些作为，便直接或间接地促发清末民初传统的大崩溃[①]"。晚清墨学从坟墓中复活，也正是在这一背景下的产物，是为了打倒一个延续了两千年演化秩序的武器。

谭嗣同在讨论"仁"时，除了引用孔学的"仁""性"，还迅速提到墨学的"兼爱"，认为墨学之兼爱就是"仁"。"善用爱者，所以贵兼爱矣"；"呜呼，墨子何尝乱亲疏哉！……不达乎此，反诋墨学，彼乌知惟兼爱一语为能超出体魄之上，而独任灵魂，墨学中之最合以太者也"[②]。谭嗣同要冲决一切落网，破除纲常名教，将复活墨学作为手段之一，用其调和佛教和基督教，用爱无等差的"兼爱"取代传统的等差，并辅之"以太"等近代科学术语。

到了梁启超那里，墨学得到了更高评价，1904年梁启超作《子墨子学说》提到："今欲救之，厥惟墨学，惟无学别墨而学真墨"，

---

① 王汎森：《章太炎的思想》，上海人民出版社，2012年，第204页。
② ［清］谭嗣同：《仁学》，华夏出版社，2002年，第12、30、45页。

"墨子之政术，民约论派之政术也。泰西民约主义起于霍布士，盛于陆克，而大成于卢梭。墨子之说，则视霍布士为优"，"墨子论国家起原，与霍氏、陆氏、卢氏及康德氏之说，皆绝相类者也"，"墨子之政术，非国家主义，而世界主义、社会主义也"①。到了1922年写的《先秦政治思想史》中，也认为："墨子固自有其最高之精神生活存，彼固以彼之自由意志力，遏其物质生活几至于零度以求完成其精神生活者也。古今中外哲人中，同情心之厚，义务观念之强，牺牲精神之富，基督而外，墨子而已"②。由此可见，从晚清一直到民国，梁启超对从坟墓中复活的墨学，寄予了强烈的希望和高度评价，将其视为救世良方，并且赞扬其同情心、义务和牺牲精神，和耶稣一样伟大，其政治思想和卢梭、康德是同一高度的。显然，梁启超是要将墨学作为引入基督教思想、欧陆启蒙思想的对接桥梁，落脚点仍在摧毁两千年来的自然演进。

墨学从坟墓中的复活，一直伴随着晚清以来激进主义的发展过程。1905年10月《民报》第一号，"图画"就刊登黄帝、卢梭、华盛顿、以及"世界第一之平等博爱主义大家墨翟"，将其视为卢梭式的"平等博爱主义大家"。李泽厚提到："时间过去了一二百年，墨子在近代中国再一次被重新发现。《民报》第一期撇开孔孟老庄，把墨子捧为'平等博爱'的中国宗师，刊登了臆想的墨子画像。连梁启超在《新民丛报》上也呼喊'杨学遂亡中国，今欲救亡，厥惟学墨'。

---

① 梁启超：《墨子学案》，《梁启超全集》第11卷，北京出版社，1999年，第3158页。
② 梁启超：《先秦政治思想史》，上海古籍出版社，2014年，第136页。

当时及以后，从各种不同角度治墨家墨学和服膺墨子者盛极一时。"[1]

到了新文化运动时期，墨学更是得到了各种赞美，如"打孔家店的老英雄"吴虞，就在《墨子的劳农主义》一文中认为："他的通约，就是卢梭的《民约论》；他的主张，就是列宁的劳农主义了[2]"；胡适则将墨了视为天人："这是何等精神！何等人格！那反对墨家最厉害的孟轲道'墨子兼爱，摩顶放踵利天下，为之'。这话本有责备墨子之意，其实是极恭维他的话。试问中国历史上，可曾有第二个'摩顶放踵利天下为之'的人么？"[3]

偏保守稳健的士人，则对墨学复活持否定态度。如张之洞就认为，墨学属于"至为狂悍"的学说："《墨子》除《兼爱》已见斥于孟子外，其《非儒》《公孟》两篇至为狂悍，《经》上下、《经说》上下四篇，乃是名家清言，虽略有算学、重学、光学之理，残不可读，无裨致用。"[4]民国时期四川的保守派史学家刘咸炘也对墨学进行批评："翟之说适与朱反，重大群而以之没小己，其视天下也，惟有大群之效率耳。凡在群之中皆当服其首领，舍身家以奉公利，自首领以下皆等视之，即父亦群之一耳，故曰无父。"[5]墨家教团是只有大共同体，而没有多层次等差的多元小共同体的丰富结构，这是无父的本质。

---

[1] 李泽厚:《墨家初探本》,《中国古代思想史论》,天津社会科学院出版社,2004年,第66页。
[2] 吴虞:《墨子的劳农主义》,《吴虞文录》,黄山书社,2008年,第85页。
[3] 胡适:《中国哲学史大纲（卷上）》,《中国现代学术经典・胡适卷》,河北教育出版社,1996年,第104页。
[4] 张之洞:《劝学篇》,中州古籍出版社,1998年,第79页。
[5] 刘咸炘:《群治》下篇,《推十书增补全本:甲辑・贰》,上海科学技术文献出版社,2008,第651页。

1922年，对于当时各种鼓吹复活墨学尸体的声音，柳诒徵评价道："疑经蔑古，即成通人。扬墨诋孔，以传西教。后生小子，利其可以抹杀一切，而又能尸'国学'之名，则放恣颠倒，无所不致。"① 他对晚清以来各类复活远古异端思潮的现象看得很清楚，复活墨学等远古幽灵，其实是为了传播各类奇怪的"西教"极端思潮。此外，墨学还可以打着"国学"的旗号，对汉代以来中国的主流历史文化传统作无所不至的彻底摧毁和抹杀。柳诒徵对晚清民国知识界的观察，其实同样可以印证到当代，比如王小波自称"墨子门徒"，理由就是"墨子很能壮我的胆。有了他，我也敢说自己是中华民族的赤诚分子，不怕国学家说我是全盘西化了"②。

八 结　语

　　柳诒徵在1922年的观察和预言，在数十年后1996年的王小波身上继续应验，这确实是一个荒谬的画面。晚清民国以来那些试图通过复活远古异端尸体以"冲决罗网"的潮流，让笔者想到了沃格林（Eric Voegelin）对"灵知主义"的论述，在灵知主义的本体论中："是通过对一个'陌生的''隐蔽的'神的信仰来实现的，这位陌生的神是来帮助人的，带给人他的消息，给人指示逃脱此世之恶神的

---

① 柳诒徵：《柳教授覆章太炎先生书》，《史地学报》第1卷4期，1922年8月。
② 王小波：《知识分子的不幸》，《东方》1996年2期。

道路……拯救的工具就是灵知本身。"[1]普罗米修斯是古老、陌生的提坦之神,最终成了灵知主义者永恒的精神象征,是反抗宙斯统治世界的盗火者。晚清以来对墨子等古代异端知识的发掘,正是希望这些陌生异乡之神的知识,能够逃脱两千年来"孔孟之道"这一"宙斯"的统治和家园,用遥远而陌生的《墨经》作为获得解放的"诺斯"知识。这个意义上,从谭嗣同到王小波,就是中国现代灵知人不断寻找远古异乡之神的过程。

---

[1] [美]埃里克·沃格林:《没有约束的现代性》,张新樟、刘景联译,华东师范大学出版社,2007年,第20页。

孟子与三代时期的小共同体治理

孟子井田与三代村社小共同体

孟子推崇井田,认为井田时代的村社共同体之中"乡田同井,出入相友,守望相助,疾病相扶持"(《孟子·滕文公上》)。此种三代田制,由于孟子的描述非常规整,因此有学者对此表示怀疑。如朱子认为"孟子当时未必亲见,只是传闻如此,恐亦难尽信也"[1],至民国时期,胡适也认为历史上并没有孟子所说"豆腐干块"一样的田制,孟子不过是在"托古改制"[2]。钱穆先生也认为"夏后氏五十而贡,殷人七十而助,周人百亩而彻"是孟子在引用当时的成语,"而

---

[1] [宋]黎靖德:《朱子语类》卷五十五,中华书局,2004年,第1310页。
[2] 胡适:《胡适之先生寄廖仲恺先生的信》,《井田制度有无之研究》,上海华通书局,1930年,第2—3页。

实际却不可信"[1]。

当然，如果不非常机械地将孟子字面描述的"方井而里""百亩而彻"解读为一种"豆腐干"式的制度的话，而是将孟子的描述作为对三代村社小共同体精神的某种描述，那么孟子所说的井田就并非只是所谓"托古改制"的乌托邦。如钱穆先生就认为，井田并非八家和百亩数字的硬性规定，而是有公田和私田的区别。封建领主将自己受封的一块土地，赐给耕户，作为对领主的报偿，耕户一起耕作另一区的领主土地[2]。杜正胜先生也认为，孟子描述周代村社共同体的亲睦团结，正符合农庄共同体的精神遗意，井田论的精意在于当时村社共耕，是不是九百亩的井字耕地倒是无关紧要[3]。晁福林先生虽认为"方井而里"的井田规划是孟子的"乌托邦"，但也认为井田本身是存在的，属于贵族宗族的土地占有权[4]。王玉哲也认为，"若认为'井田论'完全是孟子的空想、是乌托邦，也是不够谨严的"[5]。对于孟子论井田之说的义字，不可作机械的解读，而应该视为孟子对三代村社共同体治理的向往。

孟子所言公田的"公"，并非"土地国有"，而是封邑主的意思，"和英国封建社会所谓公田（Lord's demesne）相仿佛"[6]。"井田"并不需要被僵硬地理解为"井"字形的土地，因为从西周金文的术

---

[1] 钱穆:《周官著作时代考》,《两汉经学今古文平议》,商务印书馆,2003年,第408—409页。
[2] 钱穆:《周官著作时代考》,《两汉经学今古文平议》,商务印书馆,2003年,第409页。
[3] 杜正胜:《周代城邦》,台北,联经出版事业公司,1985年,第75页。
[4] 晁福林:《夏商西周的社会变迁》,北京师范大学出版社,1996年,第272—275页。
[5] 王玉哲:《中华远古史》,上海人民出版社,2003年,第688页。
[6] 瞿同祖:《中国封建社会》,商务印书馆,2015年,第93页。

语来看,"井"一般是土地的计量单位,如《虞簋》铭文中提到"君公伯赐厥臣弟虞井五量(粮)","井五粮"即赐给虞五井粮田[①]。《国语·鲁语下》有"田一井"之说,以井为田的单位。《周易·井卦》"改邑不改井",亦可知井与"邑"关系密切。周代的邑,有多种含义,既可以指诸侯之邦、城邑,也可以指称村社聚落。从出土金文来看,很多邑的规模非常小,如《论语·宪问》"夺伯氏骈邑三百",这里说的是伯氏的封地,骈在今山东青州临朐县东南[②],是一个县份东南角的一小块区域,但是却分布着三百个"邑",显然说明这些"邑"非常小,一个邑就是一个村社聚落。《论语·公冶长》还提到了"十室之邑",一个小邑只有十户人,显然指称的是乡村聚落。

浠水县出土西周铜盘铭文有"邑百"的残文[③],又如一件齐国铜镈铭文提到齐侯赐鲍子"邑二百又九十九邑"[④],邑的数量动辄上百乃至数百,也明显是规模很小的农村据点。西周铜器《宜侯夨簋》中提到王赐给宜侯"邑卅又五","庶人六百又十六夫"[⑤],一个登记的庶人"夫"即村民户主,三十五个邑中只有六百多个村民家庭,规模和孔子所说"十室之邑"相差不远。另外,在出土的《季姬方尊》铭文中,提到女君将一处叫"空桑"的聚落赐给季姬,这处聚落上

---

① 李零:《西周金文中的土地制度》,《待兔轩文存·读史卷》,广西师范大学出版社,2011年,第122页;王晖:《从虞簋铭看西周井田形式及宗法关系下的分封制》,《考古与文物》2000年6期,第47页。
② 于省吾:《论语新证》,《社会科学战线》1980年4期,第139页。
③ 浠水县博物馆:《浠水县出土西周有铭铜盘》,《江汉考古》1985年1期,第104—105页。
④ 马承源主编:《商周青铜器铭文选》,文物出版社,1987年,第534页。
⑤ 王辉:《商周金文》,文物出版社,2006年,第56—57页。

有一起封赐的佃臣"厥友廿又五家"[①]。通过铭文可知，一个典型封赐的村社聚落"邑"，有二十多户人家。而且这些聚落居民之间的关系是"厥友"，"友"在周代指称有血缘的家族亲属[②]，这些人家之间应当具有血缘上的联系，即聚族而居的状态。这也符合《周颂·良耜》对耕作者聚族而居状态的描述，"以开百室"，郑玄笺"出必共洫间而耕，入必共族中而居"，即同耕同居的小共同体。当然，周代村社共同体的主体是血缘性的聚族而居，但从一些铜器铭文来看，也存在一些家族血缘以外人群的情况[③]。

井田的基础是十户、十多户或二十多户小规模的村社聚落"邑"，邑的周边则是耕地"田"，铜器铭文中多有"邑"和"田"相联系的材料。如《五祀卫鼎》铭文记载"履裘卫厉田四田，迺舍宇于厥邑"，《曶鼎》铭文则云"俾处厥邑，田厥田"[④]。可知，聚落邑必然与耕地相邻，因此邑、田并称。对于田的耕作，这些以血缘小共同体为主的村社居民往往是一起同耕，即孟子所说的"藉"。

"藉"字见于甲骨卜辞，作推耒耕作之形。藉田共耕，见于卜辞，如"众作藉"(《合集》8，宾组)，"人三千藉"(《合集》32276，历组)。藉田耕作，都是众人参与共耕，大的规模甚至可以达到三千人同时行动。籍田也见于金文，如《令鼎》"王大藉农于諆田"[⑤]，也是一次大规模的共耕。村社的份地由封建领主赐予，根据

[①] 蔡运章、张应桥:《季姬方尊铭义及其重要价值》，《文物》2003 年 9 期，第 87—90 页；李学勤.《季姬方尊研究》，《中国史研究》2003 年 4 期，第 11—14 页。
[②] 朱凤瀚:《商周家族形态研究》，天津古籍出版社，2004 年，第 292—293 页。
[③] 陈絜:《周代农村基层聚落初探：以西周金文资料为中心的考察》，朱凤瀚编《新出金文与西周历史》，上海古籍出版社，2011 年，第 126—127 页。
[④] 王辉:《商周金文》，文物出版社，2006 年，第 139、第 171 页。
[⑤] 唐兰:《西周青铜器铭文分代史征》，中华书局，1986 年，第 231 页。

习惯法，村社共同体作为回报，共同为领主的"公田"耕种收获。另一方面，由领主赐予村社的土地，则由村社分配给各户使用的份地[①]。《小雅·大田》："雨我公田，遂及我私。彼有不获稚，此有不敛穧，彼有遗秉，此有滞穗，伊寡妇之利。"诗中描述周代村社共同体的耕种，有领主的公田、村社的土地（我私）两种，每户耕种自己的份地，从孟子所说"守望相助"来看，可能多有互助共耕的情况，但是收获则以户为主。因此要在田地上留下一些谷穗，给没有壮劳力的寡妇，这也属于村社共同体的互助行为。

　　孟子所推崇的"乡田同井，出入相友，守望相助，疾病相扶持"这种以小共同体为基础的治理，具有相当真实的历史依据，是三代时期村社治理的真相。村社共同体内部紧密互助，村社与领主之间的关系也较为融洽。傅斯年先生提到："人民之于君上，以方域小而觉亲，以接触近而觉密。试看《国风》，那时人民对于那时公室的兴味何其密切。"[②] 傅斯年对三代时期领主与属民之间关系的洞察，是非常正确的，关键便在于领主不过是若干个很小的村社之君，在小共同体、熟人社会的范围内，需要长期博弈，关系就不能太恶化。更早的王夫之也提出，三代时期，"名为卿大夫，实则今乡里之豪族而已。世居其土，世勤其畴，世修其陂池，世治其助耕之氓，故官不侵民，民不欺官"[③]。当时的领主，名义上是各种卿大夫，其实只是相当于后世乡下的豪族，与属民世代相处，形成了紧密的共同体。学

---

① 杨宽:《西周史》上册，上海人民出版社，2016年，第202页。
② 傅斯年:《论孔子学说所以适应于秦汉以来的社会的缘故》，《史学方法导论》，上海古籍出版社，2011年，第127页。
③ ［清］王夫之:《读通鉴论》卷十九，中华书局，1975年，第640页。

者注意到，在这种井田小共同体的社会，"社会各阶层之间比较和谐，周代社会从未见到大规模的农民起义就是一个明证"①。

世臣、世禄、巨室与小共同体

孟子推崇三代的治理，而三代封建的凝结核依靠的是世袭的各级领主与属民之间形成的紧密共同体。孟子主张"仕者世禄""所谓故国者，非谓有乔木之谓也，有世臣之谓也"（《孟子·梁惠王下》）。在《滕文公上》，孟子对滕国仍然在实行"世禄"表示赞赏。滕是小国，据考古发掘资料，滕国故城位于山东省滕州市西南七公里的"滕城"遗址。该城分为内城和外城，内城周长2795米，外城周长20里，是一座不大的城②。这种小国的规模，比较接近三代时期的诸侯国。杜正胜据顾炎武对古今里程的考证，孟子所说的"百里之国"，不过相当于现在的方圆六十多里地，也就是一个城堡加上四周田园、村社、牧场和森林而已，是非常小的③。吕思勉也提到："古者地广人稀，百里、七十里、五十里之国，星罗棋布于大陆之上，其间空地盖甚多。"④

在这些小国内部，卿士之官都世袭，卿士家族拥有自己世代的宗庙、住宅、领地和属民，其恒产不变，因此颇有恒心，能谋千秋

---

① 晁福林：《天命与彝伦：先秦社会思想探研》，北京师范大学出版社，2012年，第237页。
② 张志鹏：《滕国新考》，载《河南大学学报》2011年7月，第77页。
③ 杜正胜：《周代城邦》，台北：联经出版事业公司，1985年，第56页。
④ 吕思勉：《先秦学术概论》，东方出版中心，2008年，第86页。

万世。小国内部若干个这样的世卿、世禄家族,就成了该国内部的凝结核,维持着基层共同体的长期治理。著名的世卿家族,有郑国的七穆、鲁国的三桓、齐国的国高、宋国的华氏、卫国宁氏等。世卿世代不绝,用当时术语称为"保姓受氏,以守宗祊,世不绝祀"(《左传·襄公二十四年》),选官之法,则是"内姓选于亲,外姓选于旧"(《左传·宣公十二年》),亲昵宗亲、旧臣,凝聚成君臣相爱如一体的小共同体。

在周代铜器铭文中,也多有世卿世禄的记载。如著名的《墙盘》,其家族世代为史官,铭文记载了微氏家族七代人,从高祖、烈祖、亚祖、乙公到微伯,共经历了武王、成王、康王、昭王、穆王、共王、懿王、孝王、夷王九代周王的世官历程[1]。又如穆王时器《虎簋盖》铭文记载,周王朝的一位重臣"虎",他的"乃祖考事先王",因此周王任命他"赓乃祖考,足师戏司走马驭人暨五邑走马驭人",继承祖先的职务。虎也对周天子表述,"朕烈祖考……克事先王","天子弗忘厥孙子"[2],让他继续继承家族的世官。在著名的懿王铜器《舀鼎》铭文中:"王若曰:'舀!命汝更乃祖考司卜事。'"[3]周王任命舀继续担任自己祖先和家族世代为职的卜筮官。

《师㝨簋》铭文记载,一位封君伯和父赐封给自己的臣师㝨,"乃祖考有劳于我家,汝有虽小子,余命汝尸我家"。师㝨的家族世世代代是伯和父家族之臣,因此他虽然年龄偏小,但仍然被委任继

---

[1] 李学勤:《论史墙盘及其意义》,载《考古学报》1978年2期,第150页。
[2] 王翰章、陈良和、李保林:《虎簋盖铭简释》,《考古与文物》1997年3期,第78—80页。
[3] 陈梦家:《西周铜器断代》上册,中华书局,2004年,第197页。

承了家族的世官职务;在《逆钟》铭文中,封君叔氏任命世臣,强调该家族"乃祖考许政于公室",世代为公室之臣[1];《卯簋》铭文记载说,荣伯任命卯继续担任世臣,因为卯的家族"乃先祖考死嗣荣公室"[2];《献彝》记载献的世官家族,"十世不忘,献身在毕公家"[3],整个家族连续十代人担任毕国的世官。

周代任命世卿,往往举行仪式,君主会强调该世官家族的光荣,希望新的继承者要发扬其祖先的光荣。如在著名的《大盂鼎》铭文中,周王就强调"命汝盂型乃嗣祖南公"[4],即发扬该世官家族祖先南公的美德。除了强调家族美德的继承,周王还将"乃祖南公旂",将其祖南公用过的旗帜赏赐给继承者。白川静认为,周代金文中多见世官受命者被赏赐自己祖先之物的情况,以其父祖旧物赏赐,带有灵魂交流的意义,君臣之间不仅仅只是官制的世袭,更是通过这些灵的交流而再次获得确认[5]。世官、世禄被赋予了精神层面生命之河延绵不绝的意义,一个个平行存在延续不断的世家小共同体,共同组成了当时华夏世界的有效治理。

当时"国"的规模小,因此这些小国内部的各个世臣家族,就显得是"巨室"了。孟子对"巨室"颇为推崇:"为政不难,不得罪于巨室。巨室之所慕,一国慕之;一国之所慕,天下慕之。"(《孟子·离娄上》)一个诸侯国内部,有若干个世代延绵的世官世家巨

---

[1] 王辉:《商周金文》,文物出版社,2006年,第204、第186页。
[2] 唐兰:《西周青铜器铭文分代史征》,中华书局,1986年,第433页。
[3] 郭沫若:《两周金文辞大系图录考释》释文,科学出版社,2002年,第45页。
[4] 王辉:《商周金文》,文物出版社,2006年,第66页。
[5] [日]白川静:《金文的世界:殷周社会史》,温天河、蔡哲茂译,台北:联经出版事业公司,1989年,第122—123页。

室,这些巨室都是君权的限制者。杜正胜提到,当时君臣共治,政事并非一人一王可以独断,"由集团共理,犹之乎西洋古典时代的元老院,有政事成员与共之遗意","巨室自有政治资本,不是国君诸侯能贵能贱的"[1]。在周王室层面,由"三公"执政集团共治,三公并非只是三人,"三"只是言其多,周王绝非可以独断专行。清华简《祭公》提到的祭公、毕公、井伯、毛公都是世袭诸侯,在王朝组成执政集团,与周王共治[2]。

周王一旦得罪这些王朝层面的巨室,便会遭到废黜。周厉王专利,对各巨室实行经济掠夺,引起了众巨室的不满。《小雅·大东》毛序记该诗是谭国大夫的作品,王先谦考证谭大夫是周厉王时代的[3]。诗云"小东大东,杼柚其空",丝织品被取空了,孔疏"不欲使周人极敛之"。《小雅·瞻卬》"人有土田,女反有之。人有民人,女覆夺之",郑笺:"此言王削黜诸侯及卿大夫无罪者"。根据周礼习惯法[4],周王无权剥夺巨室的财产,周厉王破坏周礼习惯法的结果,便是遭到了巨室的流放。取而代之的,是由巨室、豪族实行的"共和"政治。关于"共和",历来有周召二公说、共伯和说等不同观点,笔者比较倾向于白川静的观点,即共和是巨室、豪族轮番执政的时代,共和早期、中期、晚期的执政家族不同[5]。众多巨室的存在,有效地限制了武断专横王权的可能性。周厉王被赶走后,周代社会并未陷

---

[1] 杜正胜:《周代城邦》,台北:联经出版事业公司,1985年,第99页。
[2] 杜勇:《清华简〈祭公〉与西周三公之制》,载《历史研究》2014年4期,第4—20页。
[3] [清]王先谦:《诗三家义集疏》下册,中华书局,1987年,第727页。
[4] 李竞恒:《试论周礼与习惯法》,载《天府新论》2017年6期,第44—52页。
[5] [日]白川静:《金文的世界:殷周社会史》,温天河、蔡哲茂译,台北:联经出版事业公司,1989年,第169—185页。

入混乱和溃败，而是由若干巨室、豪族世家肩负起共治的责任。

在诸侯国层面，君主同样无法做到独断专横，而是必须与国内若干巨室、世家之间合作。《左传·襄公十四年》记载，卫献公对卿士孙文子无礼，孙文子便据采邑威讨伐卫君，将其驱赶到齐国。《史记·蔡世家》"昭侯私许，不与大夫计"，"大夫恐其复迁，乃令贼利杀昭侯"，过于得罪国内巨室，甚至可能被杀。《左传·昭公十二年》"周原伯绞虐"，"原舆人逐绞，而立公子跪寻"，封君原伯暴虐，封臣便将其驱赶走。甚至在没有君主的情况下，诸侯国内的世官、巨室们，也可以对国政进行有效治理。如清华简《郑武公夫人规孺子》中，谈到郑国朝政全部委托给大夫们，君主武公因为有难，三年不能回国，因此郑国这三年都是由大夫们治理，"如毋有良臣，三年无君，邦家乱也。①"此外，鲁昭公出奔，鲁国七年无君，但却一切照常，"此最可显示当时世族在社会上的力量"②。

没有周王，由巨室、豪族们共治的共和长达十四年，一切照常运转。郑国三年没有君主，鲁国七年没有君主，都一切正常，显示了巨室是当时社会的中流砥柱，也是限制君权的有效力量。这种格局也符合马基雅维利（Nicolas Machiavel）对君权的观察，即通过贵族获取到权力的君主，更难保持其地位，因为他周围许多人认为同他是平等的③。梁启超描述当时的政体为："庶政又非一人所得而专

---

① 李学勤:《有关春秋史事的清华简五种综述》，载《文物》2016 年 3 期，第 79—80 页。
② 何怀宏:《世袭社会：西周至春秋社会形态研究》，北京大学出版社，2011 年，第 116—117 页。
③ ［意］尼科洛·马基雅维利:《君主论》，潘汉典译，商务印书馆，2009 年，第 45—46 页。

制，非咨决于群贵，事不竞举也。"[1]孟子推崇世官、巨室，是有深刻历史渊源的，此种观念也和他的"君为轻"思想内在相通。

贵戚之卿与冢宰

孟子将一国之臣分为"贵戚之卿"与"异姓之卿"两种，根据家族小共同体内外的关系，来划定各类权利，《孟子·万章下》记载：

> 齐宣王问卿。孟子曰："王何卿之问也？"王曰："卿不同乎？"曰："不同。有贵戚之卿，有异姓之卿。"王曰："请问贵戚之卿。"曰："君有大过则谏，反复之而不听，则易位。"

赵岐注本认为"贵戚之卿"是"内外亲族"，杨伯峻辨析此说，贵戚之卿与异姓对文，因此不应该包含外戚，而只是同宗同姓的亲属[2]。此种君主的至亲之卿，其"贵"也体现为在家族中为耆老尊长，因此根据小共同体内部的宗法之道，对于君主甚至有废立的大权。此种君有大过反复不听则易位的例子，最早见于伊尹放太甲之事。《孟子·尽心上》对伊尹放太甲之事有过讨论：

> 公孙丑曰："伊尹曰：'予不狎于不顺'，放太甲于桐，民大

---

[1] 梁启超：《中国上古史》，商务印书馆，2016年，第188页。
[2] 杨伯峻：《孟子译注》，中华书局，2013年，第233页。

悦。太甲贤，又反之，民大悦。贤者之为人臣也，其君不贤，则固可放与？"孟子曰："有伊尹之志，则可；无伊尹之志，则篡也。"

伊尹放太甲之事，也见于《史记·殷本纪》"伊尹摄行政当国，以朝诸侯"，《左传·襄公二十一年》云"伊尹放太甲而相之，卒无怨色"。由于后人与三代文化之间的隔阂，战国时人已有人不相信伊尹放太甲是一种共同体治理的合法手段，而仅仅是政治阴谋，古本《竹书纪年》就大谈"太甲潜出自桐，杀伊尹"。实际上，这只是盛行阴谋诡诈的战国人以自己时代对古人作的想象投射，并不符合事实。

在甲骨卜辞中，历来商王室对伊尹祭祀颇为隆重，足证伊尹为商朝耆老勋旧、股肱盐梅，如多将伊尹与著名先王合祀：

侑伊尹五示（《合集》33318，历组）；

王祝伊尹，取祖乙鱼，伐告于父丁、小乙、祖丁、羌甲、祖辛（《屯南》2342，历组）；

侑㚔伐于伊，其㚔大乙（《合集》32103，历组）；

其卯羌宾伊，王其用羌于大乙（《合集》26955，何组）；

上甲岁，伊宾（《合集》27057，无名组）。

历组卜辞时代属于武丁晚期到祖庚，何组为廪辛、康丁、武乙时期，无名组则晚至武乙、文丁[①]。从时间上看，祭祀伊尹的甲骨延

---

① 黄天树：《殷墟王卜辞的分类与断代》，科学出版社，2007年，第189、第233、第237、第265页。

续了很长时间，经历了多个王，这表明祭祀伊尹一直是商王室的重要仪式。《合集》32103、26955 都是将伊尹与商汤（大乙）合祭的，《合集》27057 则与著名先王上甲合祭，另有与"五示"合祭的，礼仪规格都非常高，显示了崇高的政治地位。

伊尹地位崇高，有学者认为他是与汤平行的商王室另一组的首领[①]，或以为伊尹属于商王的舅族[②]，也有认为伊尹的伊族是从商王族内部分化出的一支[③]。无论哪种观点，都承认伊尹与商王族之间存在亲属关系。即使是母系的舅族说，在重视母系的殷人那里[④]，其实也具有贵戚之卿的身份。因此，能够废立太甲的伊尹，其实正是商王的贵戚之卿。

贵戚之卿权高位重，能够废立君王，并非战国阴谋论者理解的宫廷内斗，而是三代时期的合法制度。这种情况，在酋邦、早期国家阶段是很常见的，如学者所言："'反复之不听则易位'，应该有着很深的渊源，根据在于'君'最早是由'贵戚之卿'也即比较近的'亲戚们'推举出来的，他们既有推举'君'的权利，自当也有将其'易位'之权。"[⑤]不仅仅是伊尹生活的商代，一直到周代，君主仍然只是被认为只是贵族之一而已，世卿贵族有权废立国君。杜正胜就认为，周代世卿贵族相当于元老院[⑥]。在文献中，可以看到君权其实

---

① 张光直：《中国青铜时代》，生活·读书·新知三联书店，1983 年，第 193 页。
② 蔡哲茂：《伊尹（黄尹）的后代：武丁卜辞中的黄多子是谁》，《甲骨文与殷商史》新五辑，上海：上海古籍出版社，2015 年，第 8 页。
③ 杜勇：《清华简与伊尹传说之谜》，《中原文化研究》2015 年 2 期，第 36 页；刘源：《商周祭祖礼研究》，商务印书馆，2004 年，第 318 页。
④ 王晖：《商周文化比较研究》，人民出版社，2001 年，第 386—391 页。
⑤ 易建平：《部落联盟与酋邦——民主·专制·国家：起源问题比较研究》，社会科学文献出版社，2004 年，第 515—516 页。
⑥ 杜正胜：《周代城邦》，台北：联经出版事业公司，1985 年，第 99 页。

也属于这些贵戚世卿的证据，如《左传·僖公十八年》"卫侯以国让父子兄弟"，可见卫国主权属于卫侯"父子兄弟"整个家族，其君权来源于此，因此贵戚之卿们可以废君。又如《左传·定公八年》"寡人辱社稷，其改卜嗣，寡人从焉"，杜注："使改卜他公子以嗣先君，我从大夫所立。"为了社稷，可以改变国君，这也符合孟子社稷贵于君的思想，而选择新君，也是由"大夫"们来选立。

贵戚之卿中地位最高者为冢宰，相当于平行存在的另一位君主，即《左传·襄公十四年》所谓"有君而为之贰，使师保之，勿使过度"。《孟子·滕文公上》引用孔子之言"君薨，听于冢宰"，该话也见于《论语·宪问》："古之人皆然。君薨，百官总己以听于冢宰三年。"关于冢宰执政，人君无为的记录，也见于新见战国竹简。上博楚简《昔者君老》简4中记载，国君逝世后，"大（太）子乃亡（无）酣（闻）亡（无）圣（听），不酣（问）不命（令），唯哀（哀）悲是思"。[①] 该篇简1中，记载老国君有一位同母弟弟，在老国君病重时，与太子一起"并听之"。而老国君死前的遗言，希望"尔司"能够"各共尔事"（简4）。这样看来，这篇文献中的"冢宰"，应该就是老国君的同母弟弟，正是孟子所尊崇的"贵戚之卿"，在家族小共同体内部是比新君更尊贵的长老，因此可以执政，新君只用"哀悲是思"即可。

此类地位接近伊尹的著名冢宰，典籍也有记载，《尚书·君奭》云：

[①] 马承源主编：《上海博物馆藏战国楚竹书（二）》，上海古籍出版社，2002年，第246页。

> 在昔成汤既受命，时则有若伊尹，格于皇天。在太甲，时则有若保衡。在太戊，时则有若伊陟、臣扈，格于上帝；巫咸乂王家。在祖乙，时则有若巫贤。在武丁，时则有若甘盘。

伊尹之后，商代著名的冢宰有保衡、伊陟、巫咸、甘盘等人。周初最著名的冢宰，则是周公。周公的身份，向来有二说，一种认为周公只是冢宰辅佐成王，一种观点认为周公也称王，如章太炎就根据《康诰》中"王若曰孟侯朕其弟小子封"的语言，王将卫康叔称为弟，显然是周公的口吻①。顾颉刚②、杨树达③、杨宽④、杜勇⑤、晁福林⑥等诸多学者都主张周公称王摄政之说。笔者也赞同周公称王说，三代时期君臣之分不如后世如天壤之隔、尊君卑臣，周公作为贵戚之卿之首、超级冢宰，实际上就是王。钱穆先生就指出："君臣上下之名分，古代不如后世之截然不可易。"⑦

冢宰与君并存，形成一种双头的制度，对权力进行制衡。杜勇先生对历史上的双首领制度有论述，易洛魁联盟成立时就有两名军事酋长，斯巴达也有两名国王，罗马共和国有两名执政官，周初的情况应该与之类似⑧。此外，古代泰国也有"副王"，称为乌巴腊

---

① 章太炎:《国学概论》，巴蜀书社，1987年，第26页。
② 顾颉刚:《周公执政称王：周公东征史事考证之二》，郭伟川编《周公摄政称王与周初史事论集》，北京图书馆出版社，1998年，第16—62页。
③ 杨树达:《积微居金文说》，上海古籍出版社，2007年，第380—381页。
④ 杨宽:《西周史》上册，上海人民出版社，2016年，第147—151页。
⑤ 杜勇:《〈尚书〉周初八诰研究》，中国社会科学出版社，1998年，第27页。
⑥ 晁福林:《夏商西周的社会变迁》，北京师范大学出版社，1996年，第132页。
⑦ 钱穆:《周公》，九州出版社，2011年，第24页。
⑧ 杜勇:《〈尚书〉周初八诰研究》，中国社会科学出版社，1998年，第27页。

（Upparat），一般是国王的儿子或同母弟弟担任[1]，在古埃及、希伯来也都存在副王的制度[2]。徐中舒先生曾引用《隋书·女国传》的记载，女国除了有王，还有一位小王，"共知国政"[3]。在周公以前的商代，除了商王，也还有"小王"的存在，见于师组卜辞、子组卜辞等[4]。周公称王，其实并不奇怪，既是世界史上的常见现象，也是商代传统的继续。

孟子所赞赏的冢宰执政，即类似副王、小王一类的双头共治，以贵戚之卿中最为权威的家族耆老执政，以制衡权力的集中。冢宰之外，贵戚之卿集团、世官世家巨室等，都能有效限制君权，以小共同体的优势实现治理，实现混合政体的运作。

四 结　语

孟子的治理思想，是推崇以三代小共同体为本位的历史经验。在基层组织方面，主张行井田，根据封建习惯法的权利和义务实行领主和村社的土地划分，村社则由紧密互助的血缘小共同体为基础，守望相助，疾病相扶持。领主与属民村社之间世代相处，关系密切

---

[1] 赵永胜：《古代泰国政治中的亲属关系和依附制度》，《东南亚》1999年1期，第62、64页。
[2] 李晓东：《神王的得意与厄运：古埃及共治传统的诞生》，《读书》2007年12期，第42页。
[3] 徐中舒：《殷商史中的几个问题》，《四川大学学报》（哲学社会科学版）1979年2期，第111页。
[4] 黄天树：《殷墟王卜辞的分类与断代》，科学出版社，2007年，第154—156页，黄天树：《子组卜辞研究》，《黄天树古文字论集》，学苑出版社，2006年，第97页。

和谐。在诸侯国、王朝层面，孟子主张以家族小共同体为核心，形成若干世卿、世家、巨室，君臣共治，实现对君权的制衡。世臣之中有贵戚之卿集团，这些家族耆老可以改立君主，体现了社稷重于君的思想。贵戚之卿中的最高冢宰，可以达和君主完全相等的地位，如周公、成王二王并立共治。此种结构，属于一种混合政体。当然，需要补充的是，孟子并不是主张完全由世家贵族以血缘垄断权力，"舜发于畎亩之中，傅说举于版筑之间，胶鬲举于鱼盐之中，管夷吾举于士，孙叔敖举于海，百里奚举于市"（《孟子·告子下》）。孟子举了大量寒人被启用的故事，主张给寒人中精英的上升留下空间，作为给世卿社会的必要补充。显然，孟子并不反对选拔寒人精英，他本人也不是世卿出身，而是游士。但是孟子的治理思想资源是三代历史，是以世家小共同体为基础。对三代小共同体、世家的历史背景加以梳理，能够更深入理解孟子的思想。

王官学新说：论三代王官学不是"学在官府"

三代时期有众多平行存在的"王"

（一）"王""士"同源

"王"字最初源于斧钺之形，见于甲骨、金文如 🗡（《合集》21471反）[1]、🗡（《合集》19946反）、🗡（《合集》19777）、王（《小臣系卣》）、王（《小子射鼎》）等，皆作斧钺之形。林沄先生指出，"王"字上古音源自斧钺的"钺"之音"扬"，古籍中王者必杖黄钺或负斧，均反映出"王"源自斧，而非"三画而连其中"[2]。与之相应的是，士"士"字也源出自斧钺之形，如金文士（《臣辰卣》）、士

---

[1] 郭沫若主编、胡厚宣总编辑：《甲骨文合集》，中华书局，1999年，第21471片反。以下引用《甲骨文合集》，均简称《合集》，并附注编号。
[2] 林沄：《说"王"》，《考古》1965年第6期。

(《士卿尊》)等，和"王"字一样，作倒立的斧钺形。对于此种现象，徐中舒先生最早指出"王""士"二字之间存在同源的关系[1]，其后吴其昌、严一萍、林沄亦持此说，林沄还认为甲骨中的一些"王"字实际上应该读为"士"[2]；日本学者白川静认为，士的象征是小钺，王的象征是大钺，诸士追从于王[3]。

从考古资料来看，中原地区自仰韶文化以来，聚落、氏族之间的战争不断增多，氏族成员随葬石斧的现象十分常见，而氏族首领则往往随葬更为精致的斧钺，显示出其权威身份。早在仰韶文化时期，斧钺便已经被作为氏族首领或军权的象征[4]；龙山文化的陶寺遗址墓葬中出土一件石钺，残留着涂饰朱彩的木柄与垂直装饰，属于君长或首领的权威象征[5]；到了二里头文化时期，青铜还十分稀有和珍贵，但这时却出现了专门为君长铸造的青铜斧钺，也是目前所见中国最早的青铜斧[6]。在商代大型墓葬中，也多见以大斧钺随葬的现象。《太平御览》卷三四一引《宋林》云："钺，王斧也"，是言大钺为王者的象征。手持武器斧是氏族共同体成员基本资格和身份的象征，氏族一般战士成员"士"使用普通的斧，而氏族的首领"王"则持大斧，体现的是氏族共同体成员中尊长者的身份。

在这个意义上，"士""王"确实同源，可以佐证古文字上的关

---

[1] 徐中舒：《士王皇三字之探原》，《中央研究院历史语言研究所集刊》1934年第四分。
[2] 林沄：《王、士同源及相关问题》，《林沄学术文集》，中国大百科全书出版社，1998年，第22—28页。
[3] ［日］白川静：《常用字解》，九州出版社，2010年，第166页。
[4] 严文明：《仰韶文化研究》，文物出版社，1989年，第306—307页。
[5] 杨泓：《考古学与中国古代兵器史研究》，《文物》1985年第8期。
[6] 中国社会科学院考古研究所二里头工作队：《河南偃师市二里头遗址发现一件青铜钺》，《考古》2002年第11期。

联。"王"只是众士之首,而非高高在上的皇帝或独此一家的"官府"。远古时期遍地分布众多部族,即朱熹所谓"执玉帛者万国"时代,只是"如今溪、洞之类,如五六十家,或百十家,各立个长"①。这些规模不大的部族中,手持斧钺的共同体基本成员便是"士",而多士之长便是"王",故士、王同源。国与国之间的交战,"不过如今村邑之交哄"②,村邑、部族中的"王"便率领多士参与械斗,保境安民。换言之,当时天下并非只有一个"王",而是遍地分布有众多的王。例如,商族的先公时代是夏朝,当时夏朝有夏王,但商族的先公王亥、王恒之名同样冠以"王"的称谓③,而夏王并不干涉,可知当时各族首领称王属于常态。商汤伐夏王,《尚书·汤誓》记录的誓师也是称"王曰",是王对王的战争。"王"字的初意,就是远古时代遍地分布的部族首领,普遍而常见,并无后世至尊、独尊的意味。

(二)商周时期诸侯称"王"

到了商代,除了商王,其他各族、方国亦有称王者。齐文心曾考察甲骨卜辞,认为其中多有方国之王,如听王、应王、麇王等④。齐文对卜辞的解释存在一些问题,如"土何"其实是"河祟王",即河神对商王作祟,并不是有一位叫"土何"的国王。不过齐文的思路是值得注意的,即三代时期对"王"的理解,与后世有所不同,"王"并非独一无二的至尊。夏朝时商族首领王亥、王恒也称王,与

---

① 《朱子语类》卷55。
② 吕思勉:《先秦学术概论》,东方出版中心,2008年,第86页。
③ 王震中:《先商社会形态的演进》,《中国史研究》2005年第2期。
④ 齐文心:《关于商代称王的封国君长的探讨》,《历史研究》1985年第2期。

夏王同时并存；商朝时期，周部族的祖先古公亶父称"大王"，即《诗经·鲁颂·閟宫》所载"后稷之孙，实维大王"，与商王同时并存。大王之子，又称"王季"，古本《竹书纪年》记载商王武乙三十五年，"周王季伐西落鬼戎，俘二十翟王"，可知当时不但商王是王，周族首领是王，西部的翟人部族也存在大量的王，一次战斗便能俘获二十个王。王季之后的周人首领文王、武王，也继续和商王并存①。有考古学者认为，所谓商代"多次迁都"，其实是当时有多个都城并存，也并非只有一个单线条的王室，而是呈现为多个区域中心结构②。这一现象，也是商代有多个王并存的体现。

周代诸侯称王的现象，最早是王国维先生进行过探讨。他在《古诸侯称王说》一文中指出："盖古时天泽之分未严，诸侯在其国自有称王之俗，即徐、楚、吴、越之称王者，亦沿周初旧习，不得尽以僭窃目之。"③此后，张政烺先生对此亦有补充，指出"周时称王者皆异姓之国"④。周代诸侯矢君称王者，见于《矢王鼎》《散氏盘》，皆称矢国之君为"矢王"。其后在陕西宝鸡又发掘有《矢王簋盖》，铭文作"矢王作郑姜尊簋"⑤，以及《同卣》铭文"矢王赐同金车、弓

---

① 李零认为，周文王"起码在商王面前不敢自称为王"，《读周原新获甲骨》，《待兔轩文存·说文卷》，广西师范大学出版社，2015年，第95页。即使真的如此，也并不能否定当时也是"王"的身份，只是并非为诸侯盟主意义上的"王"。
② 刘莉、陈星灿：《中国考古学：旧石器时代晚期到早期青铜时代》，生活·读书·新知三联书店，2017年，第418页。
③ 王国维：《古诸侯称王说》，《观堂集林》下册，河北教育出版社，2002年，第779页。
④ 张政烺：《矢王簋盖跋》，《张政烺文集·甲骨金文与商周史研究》，中华书局，2012年，第231页。
⑤ 王光永：《宝鸡县贾村塬发现矢王簋盖等青铜器》，载《文物》1984年6期，第18页。

矢"(《集成》05398），也都是矢称王的证据；另外如《录伯簋盖》铭文中，录伯作"朕皇考螯王宝尊簋"(《集成》4302[①])，则录国之君也称王，死后谥号"螯王"；又在《乖伯簋》中，乖伯作"朕皇考武乖几王尊簋"(《集成》4331)，乖国之君称王，死后谥号"武乖几王"。矢、录、乖三国或与周人联姻结盟，或自祖上便效忠王室，所谓"祖考有劳于周邦"，属于周人封建秩序的内部成员，可见当时周王之外称王并非违礼，因为周王另有区别于这些诸王的身份——天子。

此外，还有一些周代诸侯称王的资料，如《吕王壶》(《集成》9630)、《吕王鬲》(《集成》635)、《新收殷周青铜器铭文暨器影汇编》第483、1971号[②]分别收录有《吕王之孙戈》《吕王之孙钟》，李学勤先生认为该吕非姜姓之吕，而是南方卢族[③]；2006年在西安发现的《㺇王尊》，记载㺇与矢曾联姻，㺇器亦见于甘肃灵台县，当为称王的西部国族[④]；此外还有《幽王盉》(《集成》9411)、《幽王鬲》(《新收》742、743)、《犬王祖甲鼎》(《集成》01811)；还有申王，见于《申文王之孙州簋》[⑤]，以及《申王之孙叔姜簋》[⑥]，申王之孙为叔姜，则可知该称王之申国为姜姓，与周人属于同盟，并非礼乐之外的蛮夷。同属于申国称王的，有一件铜簋，记载南申国的太宰作其

---

① 中国社会科学院考古研究所编：《殷周金文集成》，中华书局，1987年。以下引用《殷周金文集成》，均简称《集成》，并附注编号。
② 钟柏生、陈昭容、黄铭崇等编：《新收殷周青铜器铭文暨器影汇编》，台北：艺文印书馆，2006年，简称《新收》。
③ 李学勤：《试说青铜器铭文的吕王》，《文博》2010年第2期。
④ 吴镇烽：《近年新出现的铜器铭文》，《文博》2008年第2期。
⑤ 黄锡全：《申文王之孙州簋铭文及相关问题》，中国古文字研究会、浙江省文物考古研究所编《古文字研究》第25辑，中华书局，2004年，第189页。
⑥ 郧阳地区博物馆：《湖北郧县肖家河春秋楚墓》，《考古》1998年第4期。

皇祖考"夷王"器①。此外,《史记·秦本纪》还记载有襄公元年,以其女弟"为丰王妻",则丰国之君亦称王。

周代称王的诸侯,除了楚、徐、吴、越,还有矢、彔、乖、吕、陵、豳、申、丰、犬等,其中多有长期向周王室效劳的诸侯,属于周人礼乐封建共同体内部的成员,其称王现象不能全部视为化外族群的僭越。有学者认为这种现象是因为周初还"没有完全控制全国",因此采用的灵活手段②。但从一些称王者"祖考有劳于周邦"的情况来看,显然不是周王无法控制他们,而是三代时期"王"的概念比我们理解的宽泛,不是独一无二的,而是普遍常见,只是各国、各部族的众士之长而已。

这种文化心理,在后世仍然时有体现,如徽州地区有很多地方豪族的首领就被尊为"王",有汪王、萧王、孙王、吴王、彭王等,这些豪族首领能以私人武力"扞蔽乡邑"③,因此也是众士的首领。甚至土匪头目称"大王"或"山大王",某种意义上也是此种文化心理的体现。在这个意义上,三代时期作为一国之君的诸侯,即使是没有称"王"的,但在实际功能上与王并无二致,其实就是阎步克先生所说的"等级君主制"④,或赵伯雄所说"一个国家内存在着不同层次的众多君主"⑤。"王官学"的"王",其实就是各种大小不等且散布在各地的君主,是更接近早期"王"字对应那种多中心的,更多地

---

① 崔庆明:《南阳市北郊出土一批申国青铜器》,《中原文物》1984年第4期。
② 徐义华:《商周"称王"与政治思想变化》,《南方文物》2016年第1期。
③ 章毅:《理学、士绅和宗族:宋明时期徽州的文化与社会》,浙江大学出版社,2017年,第22页。
④ 阎步克:《宗经、复古与尊君、实用〈周礼〉六冕制度的兴衰变异》,《北京大学学报》2005年第6期。
⑤ 赵伯雄:《周代国家形态研究》,湖南教育出版社,1990年,第245页。

方性的封建贵族政治文化，而不应该只是狭隘地理解为天子之官独家垄断的学问。

王官学并非"官府"垄断之学

三代时期有众多的王，王只是本国众多士的首领，"王官学"并不是只有天子所垄断的知识，而是由若干平行存在贵族世家的家学传承，在各国、各族之间进行治理、征伐、社交的封建贵族知识。其特点是并非为一家"官府"所垄断，而是由众多的"王官"平行分布在各地，传授贵族的六艺技能和知识。周王室有世官掌管王官学的传授，其他各封邦之王侯亦各有王官之学的相应世家[①]。无论是王室，还是畿内、畿外诸侯之学都以贵族世家为基础，而此种封建贵族世传的"畴人"之学，既属于王官系统，但又带有"私学"的性质[②]。

钱穆先生说"古代之《六艺》即《六经》……故称《六艺》为王官学"[③]，即以六艺为核心的封建贵族技能为王官学之核心，王官六艺之学，其本质上是三代封建军事贵族的养成内容。关于六艺，《周礼·地官司徒·保氏》云："养国子以道，教以六艺：一曰五礼，二

---

① 梁启超云："各侯国所有行政机关，大略与天子相同。"《先秦政治思想史》，上海古籍出版社，2014年，第46页；杨树达云："盖列国官职大抵与周同也。"《积微居金文说》，上海古籍出版社，2006年，第134页。
② 张富祥：《从王官文化到儒家学说：关于儒家起源问题的推索和思考》，《孔子研究》1997年第1期。
③ 钱穆：《孔子与春秋》，《两汉经学今古文平议》，商务印书馆，2003年，第278页。

曰六乐,三曰五射,四曰五驭,五曰六书,六曰九数"。根据郑玄注和贾公彦的疏,六艺的五礼是吉、凶、宾、军、嘉;六乐是《云门》《大咸》等六种音乐;五射是和国君同射之礼以及射中箭靶的不同形式;五驭是"过君表""舞交衢""逐禽左"等车战技巧和礼仪;六书是我们熟悉的汉字构成与使用方法学习;九数是对土地丈量、粮食计算等基本数学能力的训练。王官学六艺的知识和技巧,正是在众王时代,各等级封建军事贵族需要掌握的基本能力,围绕以战斗技巧的军礼、射杀、车战,以及国政治理的各种礼乐习惯法[①]和政治活动中书写、计算的能力。当时封建贵族的基本能力,《诗经·鄘风·定之方中》"卜云其吉,终然允臧",毛传云:"建邦能命龟,田能施命,作器能铭,使能造命,升高能赋,师旅能誓,山川能说,丧纪能诔,祭祀能语,君子能此九者,可谓有德音,可以为大夫"[②],讲述了封建贵族的基本王官学知识包括了占卜、狩猎、作器、出使、率兵、祭祀等能力,这些贵族技能与王官六艺是基本重合的。

　　《孟子·滕文公上》言"学则三代共之",是王官之学的主要部分在夏商周一脉相承。三代时期的王官知识传授,并不在"官府",而在封建贵族的若干世家。即以王官六艺的文字书写为例,早期汉字的发生与演化,并不是"中央王朝"发明的结果,而是由若干地方性的诸侯、世家知识汇聚而成。日本学者伊藤道治就认为,殷墟掌握了占卜的贞人,其实很多来自各地方性的国族或世家[③]。体现在甲骨字

---

① 李竞恒:《试论周礼与习惯法》,《天府新论》2017年第6期。
② 类似的记载,见于《隋书·经籍志四》:"古者登高能赋,山川能祭,师旅能誓,丧纪能诔,作器能铭,则可以为大夫。"
③ [日]伊藤道治:《中国古代王朝的形成:以出土资料为主的殷周史研究》,中华书局,2002年,第49—56页。

形、风格等方面，就是分组分类中，王卜辞、非王卜辞各组的字形、风格传承系统的延续性，如非王卜辞"劣体类"卜辞就是"雀"族这一世家的，午组卜辞也属于一个宗族世家[①]。殷墟王畿之外，同样有甲骨占卜与文字的存在，如远在东方的山东济南大辛庄遗址，就发现了甲骨文，其行款与一些字的写法也不同于殷墟甲骨[②]。同样称王的周人在周原地区也留下了与殷商甲骨非常不同的占卜文字。此外，周原以外的山西洪赵坊堆村、长安张家坡、北京昌平白浮各地都发现有周人甲骨文[③]，之前在宁夏彭阳姚河塬商周遗址出土了周人的甲骨文共三十五个字，内容是卜问派人巡查，有无灾祸[④]。无论是殷墟地区各国族，还是各地的周人甲骨，这些文字的书写、使用和传承，都是属于"王官学"范围内的知识，并非只有商王的王卜辞才属于"王官学"。

周代称王的邦国，也都拥有各自的封建贵族王官学知识。以夨王为例，《散氏盘》[⑤]中夨人有司能"履田"，显然是具备了王官六艺中"九数"的知识；又夨人封臣与散人"誓"，正是"使能造命"的王官学技能；最后夨王在豆新宫，以图和书写的契约付给史官佩戴，则夨王亦有史官，正是专掌六艺王官知识的世臣；又《夨王鼎》《夨王簋》等器铭之作，也正符合王官学大夫"作器能名"的知识技能。又如《录伯簋盖》中，录虢工之子录伯接受周王赏赐，应对有序，拜手

[①] 黄天树：《非王"劣体类"卜辞》，《黄天树古文字论集》，学苑出版社，2006年，第112、135页。
[②] 山东大学东方考古研究中心、山东省文物考古研究所、济南市考古所：《济南市大辛庄遗址出土商代甲骨文》，《考古》2003年第6期。
[③] 王宇信：《西周甲骨探论》，中国社会科学出版社，1984年。
[④] 《宁夏彭阳姚河塬商周遗址出土甲骨文》，《文物鉴定与鉴赏》2018年第1期（卜）。
[⑤] 王辉：《商周金文》，文物出版社，2006年，第229页。

稽首，对扬天休，极为知礼，类似的如《乖伯簋》，乖王之子乖伯进退有礼，又作器以用宗庙、享夙夕，这些也正是录王、乖王之国有王官大夫掌教"五礼"的体现。在周人姜姓同盟的申王器铭中，《申文王之孙州奉簋》言申王之孙自作食簋，《申王之孙叔姜簋》言申王之孙叔姜自作食簋，均属于知"六书"以及"作器能名"的体现。

在王官知识的传授方面，商王设立有"大学"等王官学教学机构，但非王卜辞如《花东》中也能见到贵族领主自行习射的情况[①]。商代晚期，周王与商王并存，而周王也设立有王官学的机构，如《诗·大雅·灵台》言文王"于论钟鼓，于乐辟雍"，朱熹注认为这是"天子之学"，实际上各国皆有其学，商王有大学，周王亦有辟雍。当时各国无论称王或不称王，应当都有王官学的存在。《礼记·王制》云"大学在郊，天子曰辟廱，诸侯曰頖宫"，是诸侯无论称王或不称王，都有王官学宫的设置，唯名称略有不同。《诗·鲁颂·泮水》记载鲁国有"泮宫"，即为頖宫，既是献功、饮酒礼之处，也是以王官学知识教学之所。《左传·襄公三十一年》："郑人游于乡校，以论执政。"关于郑国的校，《诗·郑风·子衿》言是所谓"刺学校废也"，而子产不毁乡校，亦可知这是王官的部分，能议国家的执政，是诸侯国的议政、习礼之所。《礼记·学记》言"国有学"，孔疏言"诸侯国中"，是各诸侯国都有学，谓之"国学"。又言"家有塾，党有庠，术有序"，则是各级封建贵族世家、各诸侯国的地方性知识，共同构成了王官学。

[①] 宋镇豪：《夏商社会生活史》下册，中国社会科学出版社，2005年，第680—690页。

"六经皆史"的实质

六经为王官学的精粹，在章学诚以前，就有人提出过"经即史"或"五经皆史"之类的说法[1]。而章学诚提出了著名的"六经皆史""六经皆先王之政典"的观点，则最为著名，也有助于理解王官学六经的实质。常见的理解，是将"史"视为历史或历史学，但钱穆先生指出，此处的史"并不指历史言"，"此所谓'史'者，实略当于后世之所谓'吏'"，"当时宗庙史官之所掌，与其谓之重要性在历史，则实不如谓其重要性在礼乐"[2]。也有学者根据钱穆先生的思路进一步进行解释："所谓'六经皆史'，这个'史'不是今日之谓历史学的史，而是政治故事，是具有传统习俗的权威并作为习惯法予以遵循的政治智慧之来源与治理秩序的构建过程。"[3] 换言之，要理解王官学时代"六经皆史"的实质，就需要回到当时"史"作为一种社会政治活动身份的背景中去考察。

在甲骨卜辞中，"史"常参与或指挥战争活动，如：

贞：在北史有获羌？贞：在北史亡其获羌？（《合集》914 正，过渡②类）

贞：我史其找方？贞：我史弗其找方？贞：方其找我史？贞：方弗找我史？（《合集》6771 正，宾一类）

---

[1] 余英时：《论戴震与章学诚》，生活·读书·新知三联书店，2000 年，第 50 页。
[2] 钱穆：《孔子与春秋》，《两汉经学今古文平议》，商务印书馆，2003 年，第 278 页。
[3] 秦际明：《钱穆论王官学与百家言的政教意蕴》，《政治思想史》2015 年第 3 期。

贞：我史其戋方？贞：我史弗其戋方？贞：方其戋我史？贞：方弗戋我史？（《合集》9472 正，过渡②类）

我史戋缶？我史弗其戋缶？（《合集》6834 正，过渡①类）

其乎北御史卫？（《合集》27897，事何类）

第一条卜辞是卜问领主"北史"是否能以武力捕获羌人；第二、三条是卜问关于"史"和方国之间进行战争的内容，史是否主动攻击方国，或是受到方国的攻击；第四条是卜问史是否主动攻击缶国；第五条是记载史组织武装抵抗。这五条卜辞中的"史"，都不是一般印象中只掌管图书典籍的史官，而是一种封建领主贵族的形象，其掌控的范围大致能对应敌对的方国，可见规模不小。至西周时期，史仍然具有封建武装领主的色彩，如1986年出土的《史密簋》铭文记载，"王命师俗、史密曰：'东征'"，"史密司玄族人、莱伯、㑹、眉，周伐长必，获百人。"周王命令史官"密"率领殷人宗族武装"玄族"、莱伯等西姜武装等参加东征，对东夷部落取得了很大战果。整理者指出，史官参加战争，在西周金文中常见，如《员尊》《员卣》《䗝鼎》等①。此外，《十五年趞曹鼎》铭文（《集成》2784）还记载，周王赐给史官趞曹各种武器，包括了弓、矢、皋、胄、甲、殳等，给史官赏赐大量武器装备，表明周代的史确实是武装化的贵族。

史既典守文教礼制，但又拥有武力，参与战争，这源自史的封建领主身份。"史"的古文字构形，乃是以手持"中"，"中"在甲骨文作旗帜之形，如：

![](《合集》7368）、![](《合集》13375）、![](《合集》32982），

---

① 张懋镕、赵荣、邹东涛：《安康出土的史密簋及其意义》，《文物》1989年第7期。

为旗杆上旗带飘舞之形。甲骨卜辞中，也多见"立中"的记载，如：

其立中亡风（《合集》7369，典宾类）

立中，允无风（《合集》7370，典宾类）

我立中（《合集》811 正，过渡②类）

勿立中？立中？（《合集》811 反，过渡②类）

王惟立中（《合集》7363 正，典宾类）

"立中"与有风无风联系，正是以立旗帜测风以辨阴阳之法。饶宗颐先生指出，"立中无风"之"中"乃是旗帜[1]，胡厚宣先生以为卜辞"立中"乃远古氏族武装垦殖，树立旗帜的圈地活动[2]。朱彦民先生据古文字形、甲骨卜辞"立中"和清华简《保训》关于"中"的用法，都表明"中"最初是一种旗帜。甲骨金文的"史"是手持旗帜"中"之形，清代学者吴大澂以来，包括日本学者林巳奈夫等学者都指出"史"源自旗帜。而三代的王往往手持斧钺外，也手持旗帜，如《诗·商颂·长发》"武王载旆，有虔秉钺"，《史记·周本纪》"王左杖黄钺，右秉白旄以麾"，商王、周王都执旗帜作为统治权的象征[3]。三代时期以各氏族为构成社会的基础，"族"字便是旗帜下设箭矢之形，是当时氏族社会武装的体现[4]。

换言之，最初的氏族首领就是手持斧钺的"王"，而氏族的象征是旗帜，氏族首领"王"既持斧钺又持旗帜。"史"最初作为封建领

---

[1] 饶宗颐：《殷代贞卜人物通考》上册，香港中华书局，2015 年，第 599 页。
[2] 胡厚宣：《记香港大会堂美术博物馆所藏一片牛胛骨卜辞》，《中原文物》1986 年第 1 期。
[3] 朱彦民：《由甲骨文看"史"字本义及其早期流变》，《殷都学刊》2015 年第 4 期。
[4] 丁山：《甲骨文所见氏族及其制度》，中华书局，1988 年，第 33 页；张光直：《美术、神话与祭祀》，郭净译，辽宁教育出版社，2002 年，第 21 页。

主，拥有氏族、封地和武力，是属于广义上"王"这类首领身份的。作为族的治理者，手持旗帜的形象，也成为"史"字的基本构形。即在三代时期，"史"还没有变为后世一般印象中那种只负责掌管典籍的技术专家，其最初身份是掌旗帜号令的封建领主，对内管理典籍文教，对外进行战争，是允文允武的贵族领主。此种史所秉掌的各种文、武技艺与知识，便属于王官之学，是后世所传六经的重要基础，即章学诚所说的先王之政典。

至西周时期，史的种类颇有增多的趋势，金文所见有大史、内史尹、内史、作册内史、右史、御史、中史、省史、书史、濒史、佃史、诸侯之史等多种史[1]。其中的大史，在西周早期铭文中有时是由很高地位的"公"担任，如一件铜卣铭文中的"公大史"的身份就是周武王的弟弟毕公[2]。在湖北黄陂鲁台山出土的西周《公太史鼎》铭文中，作器者也是"公大史"[3]，应当也是诸侯身份级别的"史"。诸侯等级的领主也同时具有"史"的身份，显示了"史"最初的执旗者、治理者身份，而不只是单纯的文职秘书。

西周关于"史"最著名的王官机构便是"卿史寮"和"太史寮"。卿史寮，或的"史"，或读为"事"，其字从《毛公鼎》、《令方彝》铭文来看，作 、，正是手持旗帜之形。史能做政事，故史、事音意具近，"卿史寮"顾名思义，正是具有诸侯、族长身份，能执掌旗帜的贵族领主在朝议政、行政的

---

[1] 张亚初、刘雨：《西周金文官制研究》，中华书局，2004年，第26—36页。
[2] 李峰：《西周的政体：中国早期的官僚制度和国家》，生活·读书·新知三联书店，2010年，第60页。
[3] 黄陂县文化馆、孝感地区博物馆、湖北省博物馆：《湖北黄陂鲁台山两周遗址与墓葬》，《江汉考古》1982年第2期。

机构。《毛公鼎》铭文（《集成》2841）记载，周王命毛公厝掌管卿史寮、太史寮，以及"三有司"和师氏、虎臣，即司土、司马、司工和军队。据《令方彝》铭文记载（《集成》9901），明公掌管卿史寮，负责"三事四方"，即掌管王畿内的各级大夫领主，以及王畿以外四方的诸侯政事[1]。据此可知，卿史寮的"史"，所围绕的正由周人封建政事治理以及军事贵族事务为核心的内容，而王官学的知识也是服务于这一核心内容的。

因此，"史"的基本性质不是秘书职务或简单的历史书写，而是钱穆先生所说的"吏"，或者金文中可通用的"事"，其实质是作为治理政事、实务性的"事"。在封建时代，各种事务性的处理，往往又必须诉诸历史、惯例、判例一类的经验传统，这些"事"的处理，就离不开对历史传统之"史"的知识和传承，因此在卿史寮之外，周人又设置有"太史寮"，掌管历史、典籍、礼仪、制禄、祭祀、历法等，其知识服务于现实的治理，卿史寮与太史寮之间可谓相辅相成。

王官学六经，其诗书礼乐春秋之属，包含了二代的历史传统和封建习惯法的各种具体判例，这些知识是王官学时代各级君主、贵族领主需要掌握的用于治理"事—史"的技艺，涵盖了政治惯例、司法判决、经济管理、军事规则等诸多方面，所谓"杀人之中，又有礼焉"（《礼记·檀弓下》），正是记录王官六经对三代封建军事贵族基本行为的习惯规范。六经皆史的"史"，是治理秩序的基本构建，而不是后人理解中狭隘的秘书、文书工作，或是将六经视为"历史学"。王官六经的知识，由当时遍布在各地的各国士官世家所

---

[1] 杨宽：《西周史》上册，上海人民出版社，2016年，第347—348页。

掌握、传授，共同构成了"先王之政典"。

（四）结　语

　　传统学术界对于三代"王官学"的理解存在某种误解，常见的情况便是强调"学在官府"，或章学诚所说的"官守学业"，认为由国家编制的职官如师氏、保氏、大司乐、乐师、大胥、小胥、大司徒、乡大夫、乡师等掌握着学问。但实际上，三代时期不可能出现国家垄断教育这样具有韦伯意义上的科层官僚机构的组织形式。章学诚认为秦朝"以吏为师"符合三代王官学传统，这其实是很大的误解。秦朝是科层官僚组织下的国家建构，按照顾立雅（Herrlee Glessner Creel）[1]、福山（Francis Fukuyama）[2]的观点，秦朝是带有韦伯意义上现代国家色彩的，因此秦朝实行"以吏为师"的官学并不奇怪。但如果认为三代时期的王官学也是如此，其实是审视历史的视角受到了遮蔽。三代时期遍地存在着多个"王"，是一种多中心的治理结构，其王官学知识掌握在各种自然精英的家族手中，而不是被垄断在独一无二的"官府"那里。王官六经之学，其实质是当时各级封建贵族领主的"史—事"之学，而不是狭隘的"历史学"，其中的历史知识部分，只是作为封建法的惯例部分被保存和传播，但其功能是一种政治治理的学问。

---

[1]　H.G.Creel, "The Beginning of Bureaucracy in China: The Origin of the Hsien", journal of Asian studies, XXXII, 1964.转引自阎步克：《士大夫政治演生史稿》，北京大学出版社，2015年，第14页。

[2]　弗朗西斯·福山：《政治秩序的起源：从前人类时代到法国大革命》，广西师范大学出版社，2015年，第88、117、137页。

大禹时代"执玉帛者万国"与天下治理

大禹治水之说,疑古思潮以来多有怀疑者。王国维曾以东周《秦公簋》《齐侯钟》铭文为证据论述大禹的史实,所谓"春秋之世,东、西二大国无不信禹为古之帝王,且先汤而有天下也"①。这一论证结合了二重证据法,固然可信,但遗憾在于材料偏晚。2002年北京保利艺术博物馆在海外发现并收藏的西周《遂公盨》,则比上述材料早得多,其铭文云:"天命禹敷土,随山浚川,乃差地设征,降民监德,乃自作配享民,成父母,生我王作臣。"②意为大禹治水,有功于民,因此得以成为王者和民之父母。这是目前能见到最早关于大

---

① 王国维:《古史新证》,清华大学出版社,1994年,第4—6页。
② 李学勤:《论遂公盨及其重要意义》,《中国古代文明研究》,华东师范大学出版社,2005年,第126—135页。

禹治水的古文字原始资料，其内容与殷周时期《诗》《书》《山海经》等文献中所记载"禹敷土""禹敷下土方""禹是始布土"相印证。此外，近年来新见战国楚简如上博简《容成氏》《禹王天下》中也都有大禹治平水土山川的丰富记载[①]。

文献中大禹治水的记载，实际上也能得到古气候学和考古学的支持，在公元前 2400 年前后，太阳辐射改变导致亚洲季风减弱和气候异常，暴雨和干旱交织转换，导致大量携带泥沙的洪水。黄河上游官厅盆地、中游关中盆地、洛阳盆地不断出现洪灾，黄河下游河道从南向北移动，河床淤塞[②]。面对洪水，大禹之前的治水活动从来没有停止过，《淮南子·览冥》记载女娲部族曾"积芦灰以止淫水"，《史记·律书》记载"颛顼有共工之陈，以平水害"，颛顼部族也曾进行过治理水患的活动，《左传·昭公十七年》则说"共工氏以水纪，故为水师而水名"，则共工部族也进行过治水。一直到禹的父亲鲧，因为治水失败被诛杀，可以说新石器时代中原地区为解决水患问题的努力，一直没有停止过，大禹的治水活动是这一系列践行中成就最大，对后世印象最深远的。

但是，如果只是依靠传统较松散的方国、部族等小共同体联盟来实现大规模的治水工程，效果很可能是不佳的。因此到了大禹时代，必然出现更复杂的社会组织来应对。大禹治水时期可能是动用了当时天下所有氏族部落的人力资源，将过去小国寡民、民至老死

[①] 马承源主编：《上海博物馆藏战国楚竹书·二》，上海古籍出版社，2002 年，第 247—292 页；马承源主编：《上海博物馆藏战国楚竹书·九》，上海古籍出版社，2012 年，第 226—235 页。
[②] 李旻：《重返夏墟：社会记忆与经典的发生》，《考古学报》2017 年 3 期。

不相往来的局面改变为联合起来，共同听从于具有治理水土能力和经验的夏族首领大禹。"禹治水工程使天下重要劳动力归禹统一调配使用，是便使天下十分分散的星罗棋布的氏族部落迅速产生了向心力、凝聚力，这应是后来夏王朝发展成为早期国家的主要原因"①。考古学者也认为，"洪灾还为某些有能力的个人成为领袖人物，引导前国家政体确立并凌驾于其他政体之上的政治地位提供了机会。二里头文化的扩张和二里头遗址载第二、三期的扩大，也许暗示着二里头贵族达到了对政治支配权最有效的掌控。"②

《汉书·食货志上》云："禹平洪水，定九州，制土田，各因所生远近，赋入贡棐，茂迁有无，万国作乂"，根据汉唐以来学者的注释，这是描述大禹治水，当时大禹劝勉"万国"之间的资源流动，并用竹筐等器物将贡赋整合起来③。《尚书·禹贡》言当时九州五服，或赋"纳总"，或"纳铚"、"纳秸服"以及粟和米，即远近不同的部族提供从人力、器物、粮食等不同等级义务的资源。结合考古和文献可以判断，当时大规模的治水工程加速了众多小共同体之间在政治、经济、文化上的整合力度，夏后氏部族所通过主导公共工程，不但增强了对资源的汲取能力，也产生了更复杂的组织分工和原始官僚管理等机制。中国最早的国家诞生，已经呼之欲出。

此一时期"万国林立"，朱子说"执玉帛者万国"，"当时所谓国者，如今溪、洞之类。如五六十家，或百十家，各立个长，自为

---

① 王晖:《尧舜大洪水与中国早期国家的起源：兼论从"满天星斗"到黄河中游文明中心的转变》，《陕西师范大学学报》(哲学社会科学版) 2005 年 3 期。
② [澳] 刘莉:《中国新石器时代：迈向早期国家之路》，陈星灿等译，文物出版社，2007 年，第 216 页。
③ [清] 王先谦:《汉书补注》参，上海古籍出版社，2012 年，第 1565 页。

一处，都来朝王"①。朱子以自己所处时代观察到南方的溪洞部落情形，用类似"人类学田野"的方式去解释大禹时代的情况，其实是大致无误的。以类似"人类学"的视野描述当时社会的还有王船山，他指出："自邃古以来，各君其土，各役其民，若今化外土夷之长，名为天子之守臣，而实自据为部落。"②也是以"化外土夷"，参照尧舜禹时代小共同体本位的社会。今人熟谙王国维以夏商之王为"诸侯之长"说，但"诸侯之长"说最早源自王船山："古之诸侯，虽至小弱，然皆上古以来世有其土，不以天子之革命为废兴，非大无道，弗能灭也。新王受命，虽有特建之国，亦必视此而不容独异。故天子者，亦诸侯之长耳"③。按照此说，夏商之时天子仍为"诸侯"联盟的盟主而已，遍地分布的各"诸侯"，其高度发育者应该已经演化为原始国家方国，演化中等者或为复杂酋邦水平的部族，其组织简单者应当就是朱子所描述"五六十家""百十家"的扁平小共同体而已。这些小共同体或称"诸侯"，或称"国"，但其中绝大部分显然没有达到原始国家的门槛。但无论如何，大禹开创的夏王朝，都是以这些遍地开花的"国"之拥护作为前提和基础的。

体现在考古材料上，便是龙山文化时期遍布中原各地的古城、聚落，以及远至长江流域沿线的宝墩、三星堆、石家河、良渚等古城、聚落的多元分布。在陕北有石峁、芦山峁等龙山石城，中原有淮阳平粮台、登封王城岗东、西城、襄汾陶寺、新密古城寨、新密新砦、博爱县西金城、温县徐堡、辉县孟庄、郾城郝家台、安阳后

---

① ［宋］黎靖德：《朱子语类》卷五十五，中华书局，2004年，第1312页。
② ［清］王夫之：《读通鉴论》卷十五，中华书局，2020年，第457页。
③ ［清］王夫之：《读通鉴论》卷二十九，中华书局，2020年，第920页。

岗、山东章丘城子崖、邹平丁公、淄博田旺、寿光边线王城、日照丹土村、阳谷景阳冈、皇姑冢、王家庄古城、滕州龙山古城、费县防城,在山东茌平和东阿县附近还有5座龙山古城。目前在黄河流域已经发现了数十座龙山古城,这些遍地分布的史前古城,展现了国家起源前夜"万国林立"时代的社会面貌[①]。考古学者认为,龙山时期城墙的功能应当视为当时社会对抗性竞争的产物[②]。

大禹所开创的夏王朝,作为傅斯年所说"夷夏—东西"联盟的"万国"盟主,将东部、西部集团下的各小共同体整合了起来。一方面是通过治水等公共工程的活动强化了组织结构和资源整合,以至于中国最早的国家不是出现在礼仪、器物更加发达的山东、晋南龙山文化,而是出现在更为简单的伊洛龙山文化[③],这是夏王朝诞生"文"的一面。而在遍地古城对抗战火纷飞中崛起,通过征伐三苗、有扈等部族的军事活动,扩大了直属的领土、人口、资源,增强了军事威慑的声誉,是其"武"的一面。通常来说,战争"武"的这一面对于促进国家的诞生尤其重要,从二里头、东下冯文化的考古材料来看,夏人拥有青铜戈、铜箭镞、铜斧钺等在内当时最先进的

[①] 任式楠:《中国史前城址考察》,《考古》1998年1期。
[②] Li Liu and Xingcan Chen, Sociopolitical Change from Neolithic to Bronze Age China, Edited by Miriam T.Stark:Archaeology of Asia, Blackwell Publishing, 2006, P162.
[③] [澳]刘莉:《中国新石器时代:迈向早期国家之路》,陈星灿等译,文物出版社,2007年,第230—231页。

战争技术，并有手推车等可用于运输后勤物资[①]。夏人在"一文一武"机制的配合下，天下诸侯来朝，形成早期国家的制度，以至于能诛杀迟到的防风氏首领。

　　大禹征伐三苗之事，见于《墨子·兼爱下》引《禹誓》："禹曰：'济济有众，咸听朕言，非惟小子敢行称乱，蠢兹有苗，用天之罚。若予既率而群对诸群，以征有苗。'"此"群对诸群"孙诒让读为"群封诸君"，"言众邦国诸君也"，即大禹率领众多效力于夏后氏的"诸侯"联军武力，对三苗展开战争。《墨子·非攻下》又云："昔者三苗大乱，天命殛之……高阳乃命玄宫，禹亲把天之瑞令，以征有苗，四电诱祇，有神人面鸟身，若瑾以侍，搤矢有苗之祥。苗师大乱，后乃遂几。"[②]据此说，大禹征伐三苗还使用了宗教信仰的动员力量，一系列的战争最终导致三苗各部族的衰微。帮助大禹的人面鸟身之神，孙庆伟先生认为是东夷句芒，这实际上是夷夏联盟与三苗集团斗争的历史，"在与三苗的激战中，皋陶之族以某种方式祈求本族神句芒莅临上空，助其一臂之力"。大禹领导夷夏联盟战胜三苗的结果，便是各类句芒类神鸟玉器在石家河遗址中的勃兴[③]。另外，禹伐三苗之事，还见于银雀山汉墓竹简《选卒》："禹以选卒万人胜三苗"[④]，即大禹动用了精选的华夏族武力，动员"万人"的数量作战，即使是在多年后的商代，在甲骨卜辞中也极罕见。而大禹时代更早，

---

① 李竞恒：《干戈之影：商代的战争观念、武装者与武器装备研究》，四川师范大学电子出版社，2011年，56—57页。
② ［清］孙诒让：《墨子间诂》上册，中华书局，2009年，第121、146—147页。
③ 孙庆伟：《鼏宅禹迹：夏代信史的考古学重建》，生活·读书·新知三联书店，2018年，第420—428页。
④ 银雀山汉墓竹简整理小组：《银雀山汉墓竹简·贰》，文物出版社，2010年，第164页。

人口更少，社会组织结构比商代晚期更简陋，尚能选出上万人的武力，也可见三苗集团是夷夏联盟的心腹大患，且势力强大，实为当时夷夏联盟的劲敌，因此必须最大程度投入精锐而加以打击。

大禹对三苗集团的征伐，既见之于长江中游的石家河文化变迁，也见于最新的考古发现。2019 年 5 月在湖北随州枣树林墓地 M169 出土一套曾国编钟，记载了曾国祖先南宫括受封经营南土的历史。其铭文云："率禹之堵，有此南洍①"，"禹之堵"意为大禹所经过的轨迹，此南土"禹迹"便是大禹征伐三苗，一路自北向南由随枣走廊入长江中游的征服路线，给古人留下了深刻的印象，因此周人分封南土诸侯，仍以此作为记忆的标志性事件。夷夏联盟对三苗集团的战争，巩固了大禹领导的政治秩序，强化了夏后氏对联盟中各邦国的支配性力量。

伐三苗的战争外，大禹还展开对有扈氏的战争。《墨子·明鬼下》引《禹誓》描述了夏和有扈战争前，人禹对军队进行的动员。传世本《尚书·甘誓》的《序》解释此一段战前动员文字是禹的儿子启所作。儒家、墨家所用传本不同，有学者认为墨子错将三苗当作了伐有扈②。孙诒让考证认为，"禹、启皆有伐扈之事"③，调和二说，显得更为合理。段渝师认为，有扈与夏为同姓，本应是夏建构王朝的一个重要层级，但因为破坏了宗教礼仪和政治秩序方面的原因，而遭受了大禹的讨伐④。有扈氏作为夏同姓，一旦违背大禹所主导的

---

① 郭长江、李晓杨等：《嬭加编钟铭文的初步释读》，《江汉考古》2019 年 3 期。
② 詹子庆：《夏史与夏代文明》，上海科学技术文献出版社，2012 年，第 102 页。
③ ［清］孙诒让：《墨子间诂》上册，中华书局，2009 年，第 240 页。
④ 段渝．《大禹史传与文明的演化》，《天府新论》2017 年 6 期。

政治、礼仪秩序便遭受惩罚，这和《禹誓》战前动员不用命戮于社的告诫如出一辙，显示了大禹时原始国家作为强制执行手段的制度化已初见端倪。《左传·昭公六年》记载有夏代有《禹刑》，《昭公十四年》引《夏书》有"昏、墨、贼、杀"的内容，由此可知，大禹时奠定的制度雏形，正是《禹刑》，对于违反制度者，可以判处"杀"刑。

此种制度化的强制手段，也见于诛杀防风氏首领之事。此事最早见于《国语·鲁语下》："昔禹致会群神于会稽之山，防风氏后至，禹杀而戮之。其骨节专车，此为大矣。"同样内容，也见于《史记·孔子世家》。文中所谓"群神"，其实就是"执玉帛者万国"的各方国、部族首领，大禹作为夷夏集团盟主，以制度化的征召方式将集团下各小共同体首领召集一处会盟，而未能准时赴会的东夷防风氏部族君长，竟然被大禹按照制度处死，可见当时天下盟主已经拥有了对盟下君长一定制度化、强制性的权力。《禹刑》中的此种强制权，可能是军事指挥权的延伸，对违规者采用军法。

防风氏之所在，董楚平据《淮南子·氾论》高诱注"封于太山，禅于会稽"，"会稽在太山下"等记载，考证指出此"会稽"是在今山东泰山附近。防风氏作为风姓，为东部土著，大禹正是在泰山附近诛杀了防风首领[①]。泰山是东夷各族的神山，大禹作为夷夏联盟首领，在东部"夷"的区域和宗教圣山诛杀东夷君长，既是当时公共制度形成的产物，也是对东部地区各君长、族团在宗教和政治上的立威。禹死后盟主之位没有传给夷夏联盟的东部首领伯益，而是以

---

① 董楚平：《〈国语〉"防风氏"笺证》，《历史研究》1993年5期。

"父死子继"的方式继续由西部夏后氏君长担任,与此宗教(致群神)加政治立威的遗产也是有一定关系的。

征伐、盟会之际,大禹也开创了当时"天下"通用的早期礼乐制度,并扶持一系列的同姓封国,以拱卫中心的夏后氏。礼乐制度方面,大禹铸造九鼎,作为执玉帛者万国盟主的法统标志。从考古资料来看,大禹前后的龙山遗存中即出现了作为宗教和政治礼仪象征的铜礼器,如陶寺曾出土铜容器口沿残片,王城岗出土过铜鬶残片,新砦出土铜鬶或盉的流部残片[①]。在二里头遗址中,则出土了鼎、斝、盉、爵在内的一系列青铜器,尤其是青铜鼎,高20厘米,沿上立双环直耳,空心四棱锥状足,装饰网格纹饰,显示了早期铜鼎的形制[②]。此外二里头还有陶方鼎,应当也是对青铜方鼎的模拟[③]。李学勤先生说,二里头铜器使用了合范法、分铸、接铸的复杂工艺,其中一些还镶嵌美丽的绿松石、鎏金痕迹等。说明当时人们,能够生产出更大更复杂的青铜器[④]。文献中记载大禹铸九鼎之说,符合考古材料所见的历史背景。

《左传·宣公三年》楚人问鼎之轻重,王孙满回答:"昔夏之方

---

① 方辉:《论我国早期国家阶段青铜礼器系统的形成》,《文史哲》2010年1期。
② 中国社会科学研究院考古研究所二里头工作队:《河南偃师二里头遗址发现新的铜器》,《考古》1991年12期。
③ 中国社会科学研究院考古研究所:《偃师二里头:1959—1978年考古发掘报告》,中国大百科全书出版社,1999年,第209页。
④ 李学勤:《走出疑古时代》,辽宁大学出版社,1994年,第25页。

有德也,远方图物,贡金九牧,铸鼎象物,百物而为之备,使民知神奸。故民入川泽山林,不逢不若。螭魅罔两,莫能逢之。用能协于上下,以承天休。"《史记·封禅书》亦云"禹收九牧之金,铸九鼎"。根据此说,大禹铸九鼎是因为能控制远方各方国、部族的资源,以"贡金"的方式贡献给夏后盟主而铸造。大禹将各地小共同体信仰中的"百物"铸造在鼎上,是通过宗教礼仪将地方—封建性知识整合为"天下"的知识。这些"百物",涵盖了"川泽山林"的各种神奸,即各方国部族的祖先神、自然神、动物纹样等各种大小不等、功能多元,品类丰富的地方性鬼神知识。如东部各族,其以鸟官纪的各种崇拜符号,都可能被以不同鸟纹的形式表现在鼎上。而西部一些方国、部族的龙蛇或山川类神灵也会被以不同形式表现在鼎上。这些神灵有时可能是动物图形,有的可能以"早期文字"或"刻划符号"的形式被表现出来。杨晓能指出:"二里头文化是史前文化渊源与商周青铜器装饰、图形文字之间的桥梁,它承袭了史前装饰与图形文字共用相同题材和造型的传统[1]"。史前时期各部族的"百物"正是包含了图形装饰、刻划符号的,夏代和二里头文化将这些传统结合了起来,这正是因为大禹铸九鼎,将这些知识进行了整理与整合,开创了后来殷周时期的青铜礼乐文明制度进一步演绎发展的先河。

而顾颉刚有一著名论断怀疑大禹是鼎上的龙或蜥蜴一类动物[2],

---

[1] 杨晓能:《另一种古史:青铜器纹饰、图形文字与图像铭文的解读》,唐际根、孙亚冰译,生活·读书·新知三联书店,2008年,第163页。
[2] 顾颉刚:《与钱玄同先生论古史书》,《古史辨自序》上册,河北教育出版社,2001年,第7页。

实际上从大禹到历代夏王，与龙、蛇类信仰的关系极其密切[1]，大禹具有龙蛇之类的神格，本不足为怪。夏禹铸鼎有各地"百物"和夏人的龙蛇，正是在宗教礼仪和文化上整合地方与中心的一种实践。

又如二里头式的夏人玉牙璋，也是夏禹推行天下共同礼仪的一项代表。此种礼器，清代学者吴大澂称为牙璋，也有现代学者认为应当称为玄圭，其流行时期主要是龙山晚期到二里头文化二至四期。其分布除了中原各地以外，还分布于东至山东，西到甘肃，北至陕北，南到四川、湖北，甚至广东、香港、越南北部[2]。对于此种现象，有学者认为牙璋最早源出自山东[3]，或认为最早是源出古蜀三星堆[4]，但结合二里头陶盉和诸多文化元素比较来看，此种牙璋最大可能的起源地便是夏的中原地区，伴随着大禹奠定的礼乐和政治秩序向周边扩散，"实际上揭示了夏王朝的建立"[5]。牙璋以外，二里头重要礼器陶盉、鬹、爵、绿松石兽面铜牌等都呈现向四周的扩散和分布，显现出中原王朝和周边政治团体之间的政治结盟[6]。这些以二里头式礼制标准器向周边扩散的迹象，显示了早在公元前二千年前叶的二里头时代，"中国"的轮廓已显现出其最早雏形[7]。这就意味着，在大

---

[1] 李竞恒：《早期中国的龙凤文化》，人民出版社，2018年，第35—39页。
[2] 许宏：《最早的中国》，科学出版社，2009年，第219—221页。
[3] 杨伯达：《牙璋述要》，《故宫博物院院刊》1994年3期。
[4] 林向：《蜀与夏：从考古新发现看蜀与夏的关系》，《中华文化论坛》1998年4期；彭长林：《越南北部牙璋研究》，《华夏考古》2015年1期。
[5] 孙庆伟：《鼏宅禹迹：夏代信史的考古学重建》，生活·读书·新知三联书店，2018年，第429—438页。
[6] 赵海涛、许宏：《中华文明总进程的核心与引领者：二里头文化的历史位置》，《南方文物》2019年2期。
[7] 许宏：《何以中国：公元前2000年的中原图景》，生活·读书·新知三联书店，2014年，第147页。

禹所主导四方万国的联盟秩序建构中，除了征伐，礼乐制度起到了重要的作用，通过不断向周边输出政治文化中心的标准礼器、礼乐等形制、典章，对于夏朝天下治理具有重要的意义。

四

大禹以治水的公共工程服务、武力的军事征伐、礼乐的典章输出等综合手段，文武结合，构建起中国最早"天下"的治理秩序。这一秩序，既有一统的一面，也有尊重和保护地方小共同体的一面。在此秩序下，夏人当然是首先扶持、倚靠同姓邦国不断壮大和发展，这些同姓之邦在后来的少康中兴事件中对于夏朝的复兴起到了重要作用。目前来看，有有扈氏，《淮南子·齐俗》高诱注认为有扈是"夏启之庶兄"所建。从大禹、启父子都征伐有扈的情况看，"庶兄"之说不太可信，但有扈是夏人分支，则是无疑的。从《史记·夏本纪》看，比较著名有斟寻氏、斟戈氏（亦作"斟灌氏"），另外有彤城氏、有男氏、褒氏、费氏、杞氏、缯氏、辛氏、冥氏。

当然，依靠同姓之外，夏朝也更多是将异姓诸邦整合进自己的天下秩序，出现了三代封建的萌芽。晁福林先生认为，夏朝已经出现了同姓、异姓封建的萌芽。而异姓邦族经过封建，建立起效忠的封建义务，对于夏朝的治理具有重要意义。"经过封建的氏族是夏王朝统治的基础，许多氏族担负着夏王朝所委派的任务"，如羲氏、和氏为夏朝观天象制定历法，周族为夏主持农官，封父部落为夏造良弓，商族为夏水官，薛君奚仲家族为夏车马官。"这个联盟由夏实行封建而形成，受夏之封者，便与夏王朝保持着一定的关系，也受到夏王朝的保护。"①

　　大禹创造的天下治理秩序中，各地方封建的方国、部族既履行对王朝的义务，也享有受到王朝保护的权利，这是开创了华夏"三代"之治的核心部分。对于各地方的方国、部族，在履行纳贡、军事服务等封建义务之外，夏朝对其内政、习俗并不加以干预，而是尊重各地方的礼俗，甚至将各地的"百物"铸造在王朝的九鼎之上，显现出"万物并育而不相害"的多元气象。大禹本人，便是尊重和践行此王道的典范。《吕氏春秋·慎大》云："禹之裸国，裸入衣出"；《战国策·赵策二》："禹袒入裸国"；《淮南子·道应》："禹之裸国，解衣而入，衣带而出"；《风俗通》佚文云："禹入裸国，欣起而解裳。俗说禹治水，乃播入裸国。君子入俗，不改其恒，于是欣焉而解裳也"②。大量文献都记载，大禹时期有一些方国、部族有裸身的地方性习俗，大禹到了这些方国，也尊重当地礼俗而裸身，而不是粗暴武断地侮辱或干涉当地的文化、礼俗，此所谓"君子入俗，不改其恒"，高度尊重各地方性的文化、礼仪、习俗，允许其高度自治，这正是三代时期天子公天下的体现。后世商汤"欲左，左；欲右，右；汤德及禽兽"的做法，其实也是继承了大禹以来作为方国盟主尊重各地方共同体自治的这一优良传统。

　　当时各方国、部族在履行了封建义务之外，其地方性制度、文化都得到很好的延续和发育。如当时的商部落，据《诗经·商颂·长发》"相土烈烈，海外有截"，郑笺云"入为王官之伯"，即

---

① 晁福林：《夏商西周的社会变迁》，北京师范大学出版社，1996年，第237—238页。
② 王利器：《风俗通义校注》下，中华书局，2010年，第607页。

当时商族酋长既担任夏朝的"伯",履行封建义务,但更多是自治,从事"海外有载"的各类经营性活动。同时期的周族首领不窋,根据《史记·周本纪》记载,他虽然担任夏的农官,但也能自由地选择"去稷不务",而不必担心夏朝的惩处,可见有高度的自治权。类似的,西南的古蜀国,虽然在礼制上一直坚守用夏朝的牙璋、陶盉、绿松石兽面牌,但政治上基本是完全自治的,文化上则独立发展出一套独特的地方性礼俗。夏朝时与商、周等部族并存,夏、商、周既具有朝代的含义,更是平行并存的各邦国,清华简《子产》将夏、商、周称为"三邦"①,其实夏朝和各方国之间便是这种平行的国与国之关系,各国、各部族小共同体具有极高的自治权。

禹高度尊重各地方小共同体的自治,因此也得到了"诸侯"的拥护,其遗泽正是开创夏朝的重要基础。《史记·夏本纪》云:"及禹崩,虽授益,益之佐禹日浅,天下未洽,故诸侯皆去益而朝启,曰:'吾君帝禹之子也。'"《孟子·万章上》云:"朝觐讼狱者不之益而之启,曰:'吾君之子也。'讴歌者不讴歌益而讴歌启,曰:'吾君之子也。'"大禹治理天下,对于各方国、部族不但要提供公共工程如治水的保护,以及军事上的保护,还要提供当时习惯法的司法服务。此种以大人领主作为司法调解的活动,广泛见于早期的法律史实践②。大禹显然经常为这些"执玉帛者万国"提供司法诉讼的正义和调解服务,因此夏朝在这方面口碑极佳,以至于禹死后"万国"仍然继续寻求其子启的司法服务。夏朝提供的司法服务,也是尊重各

---

① 李学勤主编:《清华大学藏战国竹简(陆)》,中西书局,2016年,第138页。
② 李竞恒:《试论周礼与习惯法》,《天府新论》2017年6期。

地方性的习惯法，其精神应当和"禹袒入裸国"是一脉相承的，而不是以自己的一套标准武断地裁决。

　　提供各种公共服务，整合各地方性的资源和文化，但又尊重地方的自治和地方性的知识、礼俗。这一系列的践行，正是夏朝治理"执玉帛者万国"时代的重要技巧，将"满天星斗"的画面初步拧成"天下"的秩序，为三代之治开创了良好的开端。从这个意义上来看，大禹是中国文明史的里程碑式人物。

孟子的"性善论"是为小共同体自治的辩护

孟子的"性善论"长期以来被误解,说这是"人治"的理论基础,所以中国文化无法发展出"法治",而信基督教"原罪"和"性恶论"的"西方",不相信人性可靠,所以发展出用法律约束人性恶的"法治社会"。《孟子·告子上》说"人性之善也,犹水之就下也。人无有不善,水无有不下",以及《孟子·滕文公上》所谓"孟子道性善,言必称尧舜",现代经过"启蒙"的读者看了会觉得非常不可思议,人性的善怎么会是像水往低处流这种物理现象一样?而且"仁义礼智非由外铄我也,我固有之也",人性善成了天然而然的本性,还不是外部教育和输入的结果,实在荒谬。所以"启蒙"读者会说,中国文化没"幽暗意识",盲目相信人性善,不防备人性恶,所以走向了"人治社会"。

但问题是,最讲人性恶的韩非子,是不是就引导大秦朝走向了"法治社会"?毕竟韩非对"人性恶"的观察达到了极限,《六反》篇中国父母和儿女之间也只是互相利用和利用罢了，《条内》篇中就疆于为仕已经破碎且已古死，苦于没有血缘关系的君臣之间，就更是互相算计和攻战了。由于孩有无民之间，"兄弟如为和攻战，事力的你也像来汗腊草，苦视恶不思之间，同在，"只比能加残的算，在杀血而都基苦遭遇致的人性蜂奉纷争"，由此可见异斥之间的画面，其的以暴易暴且道难睡的人性蜂奉者的困境。那么据从人性和此张，都难怪孔子能引鸟汗仅兰身王的最极因题。那么据从人性和此张，都难怪孔子能引鸟汗仅兰身王在罚非于的人性恶劣中，人与人之间要互相残迹于女，我父母如于不予之间发生的，那么扶孙世界之必问儿存在巨极蜂奉纷的互相残杀不复杀的？甚至转非本来孩子自己们因容未解之手，也不足各种青兰出"发洪社会"，因此可能是有助于动国瓦解—切的因体本组和社会情系的罪殆。

是于为人性蜂奉的，其实有一个也更基。就是既故国的困境已好也理既的困境。

的民政度的暴随退立，退进瓦解了可啊能巨相合中有且相残九永复要料料，否雕参小的周体，人们以为其兵之。由此看昌但不相格对的阳于能妇，家庭这意来和夢的乐，进一步暗客了人性中残的亡秦。求为坏迹，绳是国家然没有想到着国困境就然处伤之"天展"，但也想到其要强起来强化了诸狂的城级和能力和军国的罪力，秦重王对于敌斗战起手天，长于于死底。次就头一场勾战之战。秦国就我有了十九万矢。的其国象流直恶。而其活后果更敢的后决既决已战至。《孔雀年》—素的意巨然敢取斗思。祖然都北人陆家致人性是因定的。也不显要我，那么克手杖相我去，有上又使人性暴。一岁这他设法官社会对统治的状方式来造用形成合的。

是于此末中的诸侯至卿各级的，甚至或到西周时期的村社上，家族等级民以共同体为单元征收的田租。后人对井田制的描绘很夸大，以为是"井井有条"的，"土地国有"，"普天之下莫非王土"，等等。其实在《孟子·滕文公上》代所描绘的小农间互助互济式的共同体上："国有公田"，并由随所谓不是"共财"（《孔子家语》2020年1月）中指出，并田瞻不是"国有地"，而是一种来自农村家族村社时代的土地关系，所以不是"私有"，把游牧国家社会和耕田社会混合起家的洛克（Lord's demesne）相仿佛"（《中国村社化论》），通过封建家族和保有的方式"公田"，孩接遭到强烈的分裂后是的新器时代的诸侯以所谓自己的《孟子》中记载，维系着这种纽带："雨泽降于天以至矣，亦我同王、士地以属以长：一直维系着封建家族共同体村社，在周代还有"地方相"，记载着维系着这种："雨泽降于天以至矣，亦我同姓关系的族人。因此这是一个以家族组织为纽带的封建社会，这是有组织表，不是国家家族。就像"管仲乡子"，以后之，是最基础下的领户生产者。而起有其组织能力的小农同体。

《孟子·滕文公上》描述这种维系小农同体的画面是："乡田同井，出入相友，守望相助，疾病相扶持"，他们为什么能够抵御内外各种来源的关系？是"乡"，在日常生活中保持互助，并田的共同耕作与收获也是及其重要的纽带，在灌溉浇水这养的事情上，小农同体也有自己之间互相的租借，而不是像后羿那么互相争夺。这种小农同体互助的画面，是一种历史的真实。《诗经·小雅·大田》："雨我公田，遂及我私。这是不精耕，北有不能种，没有灌溉，还有撇种，但家有之故到，精选国家在村社中，我们可以在古曲中思下一些经验，在之外。"

人性是深度复杂的。孔子和七十子所生著水不均的人的诸遂没有非等力的事情，这些常被误读为小农国体的互助互助。

人性是深度复杂的。孔子和七十子所生著水不均的人的诸遂没有非等力的事情，这些常被误读为小农国体的互助互助。
向隅。这是因为人性多渐，强调首效为关系不放，但是有同情上则对某后的诸多遂小农国体具有渡多于常上周水和加难保护的自觉性。

知发，确认少数和更强劲有力的首领在内部组织已经建立之后出现，在水清草美的地方，更于此时伴生在一定程度上伸肘开末者重数的周围的"井田"，其亲疏喜疏者随"多田井"。出入相友，守望相助，疾病相扶持"的形式与小羊团体一样持续圆着因于一口之气。那么人工样集花说，将林与小羊团体的结构相匹配，因为人生说花簇人社会，尤其是有且多能力的社区，人们之间的情谊的关系非常的长久，谁可能是诸多化或团体靠着相互交感，那么这种社会结构中使的仅仅不就非正常，但紧接着并非团体靠着本是其团体的固有，这是非常不为算的，因少在诸因体内部融入人们暴露加行为展。反之，特非于子的观惑花似以又不是团体内部发挥着她的暴露出来的是又少必然命定。

在这个周节点上，孟子指出了梯暴花，并不是一种"猛内提"行为，梯花相尾处，这是在花汝区居有互相扩展和其且俱的能力，才是盂轲之梯子是者。

这本小书的问世，从不同角度展现了我对中国传统人文与艺术的理解。若能籍由一些例图搭配上的趣事，带着年轻朋友们看见他们自己的内涵，其中一两位小读者在未来的时间长河中，振笔疾书，在纸上流行了文化的薪传，籍以传承出新的力量，那便确实为读者起一些有用的参考。

小书的出版，得到了很多老师、朋友们鼎诚的帮助和鼓励，感谢瞻瞻山老师在百忙之中为小书精雕了装帧题写的《序》，无其令人感佩的是，哪老师遂近几年来兼光无下辈为入与子为，但在被推出这一本书之前时，他一则也没有放弃，乃上至历历，因为哪老师兼心"我们有着同样的关怀"，为我十分感动。我要感谢陈胡老师，这本书的深浅互动，涵及其民族文及，语法多有教思与措辞，若要亲至远近，涵盖其民族文及思致互动，涵及其民族文及，无其对及资源。我要感谢张白老来老师，以辅助中的冬本来。我要感谢成又老师，在目中推荐了小书《花灯姐》。这次文化遗产的工作中能用得到周薇小书又稿，感谢四川人民出版社老出版者中心的朱静芳，在非常紧迫时间对极耐的状态下，使整本小书的情境化与完善，提师出版了小书。

并致于谢忱。

后 记

以其为班书图版作，提供及协理次。在繁杂忙碌的工作过程中，虽有遗憾，但也情谊到了另种乐。王亚光先生、魏峨宏志等友人的鼓励帮助，在此一并致以谢意。

李效伟

2021 年 12 月

图书在版编目（CIP）数据

иф有此理？：中国文化新读 / 李蕊佚著. -- 成都：四川人民
出版社, 2023.1 (2023.11重印)
ISBN 978-7-220-12937-7

Ⅰ. ①岂… Ⅱ. ①李… Ⅲ. ①传统文化－中国－文集 Ⅳ.
①K203-53

中国版本图书馆CIP数据核字（2022）第222210号

四川师范大学学术著作
出版基金资助

岂有此理？：中国文化新读
QIYOUCILI？：ZHONGGUO WENHUA XINDU

李蕊佚 著

出 品 人	黄立新
策划编辑	王其进
责任编辑	王其进
责任校对	舒晓利
装帧设计	戴雨虹
责任印制	周奇

出版发行	四川人民出版社（成都市三色路238号）
网 址	http://www.scpph.com
E-mail	scrmcbs@sina.com
	⑩ 四川人民出版社
新浪微博	@四川人民出版社
微信公众号	四川人民出版社
发行部业务电话	（028）86361653 86361656
防盗版举报电话	（028）86361661
照 排	四川胜翔数码印务设计有限公司
印 刷	四川煤田地质制图印刷厂有限公司
成品尺寸	145mm×210mm
印 张	14.75
字 数	330千
版 次	2023年1月第1版
印 次	2023年11月第2次印刷
书 号	ISBN 978-7-220-12937-7
定 价	79.00元

■版权所有·侵权必究
本书若出现印装质量问题，请与我社发行部联系调换
电话：（028）86361656

官方微博：@喜阅yeBook
官方豆瓣：喜阅yeBook
微信公众号：喜阅yeBook
媒体联系：yebook2019@163.com

重庆工作室
微信公众号